■ J. S. Berry

■ E. Graham

■ A. J. P. Watkins

# Mathematik lernen mit *DERIVE*

Aus dem Englischen übersetzt
von Josef Böhm

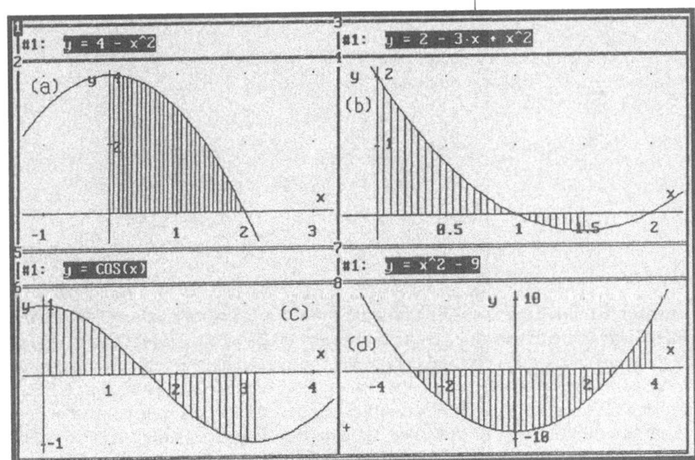


Springer Basel AG

Die englische Originalausgabe erschien 1993 unter dem Titel
*Learning Mathematics Through DERIVE* beim Verlag Ellis Horwood.


Adresse der Autoren:
J. S. Berry, E. Graham, A. J. P. Watkins
Centre for Teaching Mathematics
University of Plymouth
Drake Circus Plymouth
Devon PL4 8AA, UK

Die Deutsche Bibliothek – CIP-Einheitsaufnahme

**Berry, John:**
Mathematik lernen mit *DERIVE* / J. S. Berry ; E. Graham ;
A. J. P. Watkins. Aus dem Engl. übers. von Josef Böhm.

Einheitssacht.: Learning mathematics trough DERIVE <dt.>
ISBN 978-3-7643-5193-9 ISBN 978-3-0348-5044-5 (eBook)
DOI 10.1007/978-3-0348-5044-5

NE: Graham, Edward:; Watkins, Antony J. P .:


Ursprünglich erschienen bei Birkhäuser Verlag, Postfach 133, CH-4010 Basel 1995

Gedruckt auf säurefreiem Papier, hergestellt aus chlorfrei gebleichtem Zellstoff ∞ TCF.
Umschlaggestaltung: Markus Etterich, Basel

ISBN 978-3-7643-5193-9

9 8 7 6 5 4 3 2 1

## Inhaltsverzeichnis

Inhaltsverzeichnis

**Inhaltsverzeichnis**

# Vorwort

Das *DERIVE* Handbuch beginnt mit den Worten:

> Die treibende Kraft bei der Entwicklung von *DERIVE* war und ist der Wunsch, die Beschäftigung mit Mathematik spannender und angenehmer zu gestalten.

Und das ist den Schöpfern von *DERIVE* gelungen. Nachdem wir *DERIVE* in den letzten vier Jahren mit unseren Technik- und Mathematikstudenten verwendet haben, glauben wir behaupten zu können, daß unsere Studenten, befreit von mühsamen und langwierigen Berechnungen und algebraischen Umformungen, Mathematik mit mehr Begeisterung als je zuvor lernen. Der Mathematikunterricht hat sich gewandelt: Der reine Vorlesungs- und Übungsbetrieb hat sich geöffnet und schließt nun interaktive Workshops ein, in denen sich die Studenten ihr Wissen auch durch eigene Untersuchungen und zugehörige Diskussionen aneignen. Dieses Buch ist das Ergebnis unserer Versuche in dieser Richtung.

Der Inhalt dieses Buches besteht aus den mathematischen Grundlagen, die in fast allen Mathematikgrundkursen für Studenten der Naturwissenschaften und der technischen Studienrichtungen gelehrt werden. Er gründet sich auf die Erfahrungen der drei Autoren, die auf diesem Gebiet schon viele Jahre tätig sind. Der Inhalt gliedert sich in natürlicher Weise in drei Abschnitte: Funktionen, Differential-und Integralrechnung und Algebra. Kapitel 1 bietet hauptsächlich einen Überblick, um zu zeigen wie man *DERIVE* einsetzen kann, um mathematische Begriffe zu erforschen, aber auch, um Modelle zu bilden und Probleme zu lösen. In den Kapiteln 2, 3 und 4 werden die Exponential- und Logarithmusfunktion, sowie die trigonometrischen Funktionen eingeführt. Numerische Methoden sind an geeigneten Stellen in das Werk eingearbeitet und finden sich in den Kapiteln 5 und 8. Der Riesenbrocken der Differential- und Integralrechnung nimmt etwa ein Drittel des gesamten Textes mit den Kapiteln 6, 7 und 9 ein. Für den angehenden Ingenieur und Naturwissenschafter stellen diese Abschnitte die mathematischen Werkzeuge für die Behandlung vieler anwendungsbezogener Probleme bereit. Die beiden abschließenden Kapitel 10 und 11 geben eine kurze Einführung in die Mathematik der komplexen Zahlen und der Matrizen. (Ein weiteres Buch dieser *DERIVE*-Buchreihe behandelt den Einsatz von *DERIVE* in einem Lehrgang für Lineare Algebra). In den Schulen und Colleges von Großbritannien wird dieser Lehrstoff durchgenommen und ist ein Teil der voruniversitären Ausbildung. Auf vielen Universitäten ist der in diesem Buch behandelte Lehrstoff Teil von angebotenen Grundkursen.

Der Text besteht aus der Standardtheorie, ausgearbeiteten Beispielen, Übungen und *DERIVE Aktivitäten*. Gerade diese Aktivitäten sollen zum Lernen durch Untersuchungen und kritische Diskussionen ermutigen. Jede Aktivität ist so angelegt, daß sie durch eigene Überlegungen in ein neues Thema einführt, oft noch vor dem streng formalen Zugang. Bei diesen Gelegenheiten werden auch die *DERIVE*-Befehle vorgestellt, die den Umgang mit den mathematischen Formeln wesentlich erleichtern. Die *DERIVE Aktivitäten* könnten als eine Grundlage für die Gestaltung von Workshops mit größeren Gruppen verwendet werden. Sie eignen sich aber auch für das Selbststudium oder für eine Wiederholung eines Gebietes, das zuerst im mehr traditionellen Stil gelehrt worden ist.

Das vorliegende Buch unterscheidet vor sich vor allem im Gebrauch des Computer Algebra Programms *DERIVE* von den meisten anderen auf dem Markt befindlichen Büchern, die einen ähnlichen mathematischen Inhalt bieten. Dieses mächtige Werkzeug erledigt für uns algebraische Manipulationen ebenso leicht, wie der Taschenrechner für uns die numerischen Berechnungen übernimmt. Aber an dieser Stelle wollen wir auch warnen. Die Autoren sind davon überzeugt, daß die Einführung von *DERIVE* in die Schulklassen nicht die Notwendigkeit ersetzen kann, algebraische Rechenfertigkeiten zu lernen und zu verstehen. Wir haben die Erfahrung gemacht, daß gerade die fähigsten Anwender von *DERIVE* Studenten mit guten algebraischen Kenntnissen sind, die die Leitideen von Algebra und Analysis verstehen. Unser Werk versucht die traditionellen Fertigkeiten mit den Möglichkeiten von *DERIVE* zu vereinen. Wir schlagen daher vor, daß viele der angebotenen Übungsaufgaben zuerst „mit der Hand" ausgeführt und dann mit *DERIVE* überprüft werden. Das wird sicher zu einer besseren Beherrschung der Rechentechnik führen.

Der richtige Einsatz einer neuen Technologie ist ein wichtiger Teil des Lernprozesses. Der Taschenrechner wird jetzt bereits als ein ganz selbstverständliches Rechenhilfsmittel in der Klasse angesehen. Er kann auch leicht überall hin mitgenommen werden. Bis vor nicht allzulanger Zeit war der Einsatz von mächtigen Software Paketen auf das Arbeiten in einem PC-Labor beschränkt. Dies wurde oft als Nachteil von *DERIVE* angesehen, da in vielen Schulen den Schülern im Mathematikunterricht der PC-Saal nicht zur Verfügung steht. Doch der technische Fortschritt schreitet rasch voran. *DERIVE* ist auf einem HEWLETT-PACKARD HP 95LX Palm Top Computer ausführbar. Ein großer Teil dieses Buches wurde auf einem HP 95LX während Bahnfahrten und Flugreisen ausprobiert und getestet. Die Kraft von *DERIVE* läßt sich in Hosentaschengröße verpacken.

Eine Frage wird uns immer wieder gestellt: „Warum *DERIVE*?". Dabei ist die Antwort ganz einfach! Nach unserer Meinung konnte und kann noch immer keine andere Computer Algebra Software so viele Möglichkeiten mit so viel Benutzerfreundlichkeit vereinen. Wir haben viele Studenten, sowohl in der Schule, als auch auf der Hochschule getroffen, die nach einer zweistündigen Einführung mit *DERIVE* so vertraut waren, daß sie eigenständig mathematische Ideen erforschen und Probleme lösen konnten.

Die Studenten fühlen sich angesprochen, selbst Mathematik zu betreiben und nicht nur dem Lehrer dabei zuzusehen. Was kann ein Mathematiklehrer mehr erwarten?

Wir nehmen an, daß der Leser bereits erste Kenntnisse im Umgang mit *DERIVE* hat. Er sollte mit den Befehlen **Schreibe**, **Zeichne**, **zusaTz Substituiere**, **Mult**, **Fakt**, **löSChe**, **Vereinfache** und **approX** vertraut sein. Bevor Sie die meisten *DERIVE*-Untersuchungen beginnen, sollten Sie die **Einstellung Genauigkeit** auf **Mixed** setzen.

Wir würden Kommentare von Lehrern und Studenten sehr begrüßen, die uns helfen könnten, dieses Werk zu verbessern. Da dies eines der ersten Lehrbücher ist, das Computer Algebra in den Lernprozeß für Mathematik einbindet ist es natürlich unvermeidbar, daß die Verquickung von Standardtheorie mit *DERIVE* Aktivitäten verbessert werden kann. Sollten Sie konstruktive Kritik üben wollen, die für das Zustandekommen einer allfälligen zweiten Auflage hilfreich ist, dann schreiben Sie bitte den Autoren nach Plymouth.

Wir hoffen sehr, daß Lehrer und Lernende mit dem Einsatz von *DERIVE* an ihren mathematischen Tätigkeiten noch mehr Freude haben.

John Berry
Ted Graham
Tony Watkins

Centre for Teaching Mathematics
The University of Plymouth
Drake Circus, Plymouth
Devon PL4 8AA, UK
Telephone/FAX ++44 752 232772

## Vorwort des Übersetzers

Ich bin selbst Mathematiklehrer an einer österreichischen Handelsakademie und arbeite bereits seit vielen Jahren mit DERIVE in der Mathematikausbildung. Zu den von den Autoren genannten Möglichkeiten des HP 95XL kommt noch im Jahr 1995 mit dem TI-92 ein weiteres Gerät im Taschenrechnerformat auf den Markt, das neben dem Geometrieprogramm CABRI auch über DERIVE verfügt. Das wird für den Mathematikunterricht weit einschneidendere Konsequenzen mit sich bringen, als es vor Jahren die Einführung des Tachenrechners war, der ja im wesentlichen nur ein anderes Hilfsmittel wie Logarithmenbuch und/oder Rechenstab abgelöst hat.

Österreich ist sicher einer der Pioniere für den Einsatz von Computer Algebra im Mathematikunterricht. In einem landesweit durchgeführten wissenschaftlich begleiteten Projekt wird das Für und Wider von engagierten Lehrern gewissenhaft erforscht. Ich selbst habe ausgezeichnete Erfahrungen mit *DERIVE* gemacht. Vor allem das paarweise Arbeiten an einem PC im PC-Saal erzeugt eine noch nie dagewesene Arbeitsatmosphäre. Eine Art von „sozialem Lernen“ entwickelt eine Eigendynamik, die das von den Autoren genannte „exploring learning“ ungeheuer fördert.

Aus Begeisterung über diese neue Art Mathematik zu betreiben, habe ich 1991 die *DERIVE* USER GROUP (DUG) gegründet, in der über 500 Mitglieder aus aller Welt ihre Erfahrungen mit *DERIVE* austauschen. Da in dieser Gruppe auch sehr viele Nichtlehrer vertreten sind, kommen auch Anwendungen aus Forschung, Industrie und Hobby-Mathematik zu ihrem Recht. Die DUG gibt viermal jährlich den *DERIVE* Newsletter (DNL) im Umfang von ca 40 Seiten heraus, der aus Beiträgen der Mitglieder entsteht. Zusätzliche Informationen zur DUG können Sie gerne von mir bekommen.

Dieses Buch lehnt sich an die 1995 freigegebene *DERIVE* Version 3.x in deutscher Sprache an. Es sollte aber nicht schwer fallen, ihn an das englischsprachige Original anzupassen, wenn Sie nur über *DERIVE* 2.x verfügen. (Allfällige Versionsunterschiede habe ich angegeben.)

Zum Unterschied von der Originalfassung habe ich als *DERIVE* - Purist alle Handskizzen mit *DERIVE* neu erzeugt und in den Text eingebunden. Kein einziges Grafikprogramm wurde benutzt. Die Beschriftung der Grafiken erfolgte mit einem *DERIVE*-file LABEL.MTH, das der DUG von S.Biryukow aus Moskau zur Verfügung gestellt wurde. Die strichlierten Linien, schaffierten Flächen usw. wurden mit von mir hergestellten *DERIVE*-Prozeduren erzeugt. In den DNLs wurden diese Files bereits publiziert.

Ich habe mit großer Freude das Angebot der Birkhäuser Verlags AG, dieses Buch für das deutschsprachigen Publikum zu übersetzen nicht zuletzt auch deswegen angenommen, da mich mit den Autoren eine längere *DERIVE*-Freundschaft verbindet.

Es bleibt mir nur noch, Ihnen genau soviel Spaß am Einsatz von *DERIVE* in der Mathematikausbildung zu wünschen wie ihn die Autoren, viele unserer gemeinsamen Freunde und ich bereits gefunden haben.

Josef Böhm
D'Lust 1
A-3042 Würmla
Österreich
Tel./FAX: ++43 2275 8207

# 1 Einführende Funktionen

## 1.1 Lineare Gesetzmäßigkeiten

*DERIVE Aktivität 1a*

Diese Aktivität hat zum Ziel, Sie mit den Algebra- und Grafikfenstern von *DERIVE* vertraut zu machen.

(A) Laden Sie *DERIVE*. Am unteren Rand des Bildschirms können Sie den Menübereich mit Befehlen erkennen. Darüber befindet sich der Arbeitsbereich. Auch unterhalb des Menüs werden einige Informationen angezeigt. In dieser Aktivität werden Sie einige Beispiele von linearen Funktionen untersuchen. Wenn Sie auf die Taste G für **Graphik** und dann auf B für **Beside** und ↵ drücken, teilen Sie den Bildschirm in zwei Hälften, die wir Fenster nennen wollen. Das linke Fenster wird für die algebraische Arbeit benützt. Das rechte dient als Grafikfenster.

(B) Um einen Punkt zu zeichnen, müssen wir diesen als Koordinatenpaar $(x,y)$ definieren. Der $x$-Wert gibt jeweils den waagrecht gemessenen Abstand des Punktes von jenem Punkt in der Fenstermitte an, in dem sich die Achsen schneiden, während der $y$-Wert den senkrecht gemessenen Abstand angibt. Drücken Sie auf K für **Kreuzkoordinaten**. Ändern Sie den $x$-Wert auf 0, drücken Sie dann auf die Tab-Taste und ändern Sie den $y$-Wert auf 2. Betätigen Sie die ↵ -Taste, und Sie werden sehen, daß sich das kleine Fadenkreuz in den Punkt (0,2) begeben hat. Bewegen Sie das Kreuz in die Punkte (0,0), (2,1), (–1,1), (–1,–2) und (0,–3).

(C) Drücken Sie nun wieder auf A für **Algebra,** um ins Algebrafenster zu wechseln. Den **Schreibe** - Befehl benützt man zur Eingabe der meisten Ausdrücke und Daten (diese Tätigkeit nennt man auch Editieren). Drücken Sie S für **Schreibe**, und geben Sie [2,1] über die Tastatur ein. Mit G für **Graphik** wechseln Sie ins Grafikfenster, um mit einem Z für **Zeichne** endgültig den gegebenen Punkt zu zeichnen. Beachten Sie bei dieser Gelgenheit, daß Koordinatenpaare üblicherweise mit runden Klammern () geschrieben werden, daß aber *DERIVE* dafür unbedingt eckige Klammern [ ] verlangt.

Verwenden Sie diese Vorgehensweise, um die Punkte (1,0), (0,–1), (–1,–2) und (–2,–3) zu zeichnen.

Was fällt Ihnen an diesen Punkten auf? Kehren Sie zurück ins Algebrafenster, und editieren Sie mit **Schreibe** den Term y = x – 1. Wechseln Sie ins Grafikfenster und **Zeichnen** Sie diesen Ausdruck. Sie sollten eine Gerade erhalten, die durch all die Punkte verläuft, die Sie vorhin gezeichnet haben. Ihr *DERIVE*-Bildschirm wird dann so aussehen wie Abbildung 1.1.

Wenn der erzeugte Graph - wie in diesem Beispiel - eine Gerade ist, dann sagen wir, daß $x$ und $y$ durch eine *lineare* Gesetzmäßigkeit in Beziehung stehen.

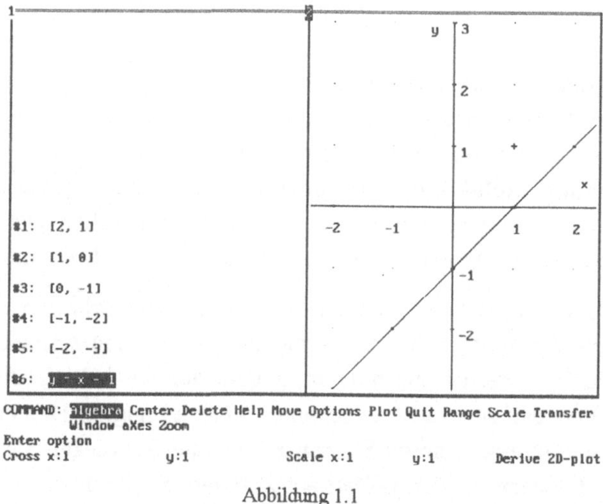


Abbildung 1.1

Die Gleichung $y = x - 1$ definiert eine Beziehung zwischen den $x$- und $y$-Koordinaten. Man erhält jeweils die $y$-Koordinate, indem man 1 von der $x$-Koordinate abzieht. Entfernen Sie nun alle Grafiken aus dem Grafikfenster mit [L] für **lösChe,** [A] für **Alles**.

(D) (i) Verändern Sie jetzt die Skalierung, indem Sie auf [M] für **Maßstab,** 2, [Tab], 2 und [↵] drücken. Jede Markierung auf den Achsen bedeutet nun 2 Einheiten. Beachten Sie bitte, daß die Skalierung am unteren Ende des Schirms angezeigt wird. In *DERIVE* 3 wird außerdem die Beschriftung und Bezeichung der Achsen wahlweise angeboten (d.h. man kann diese Anzeigen über den Menüpunkt **aChsen** aus- und einschalten, bzw. eine eigene Achsenbezeichnung wählen).

(ii) Zeichnen Sie die Punkte (4,5), (–3,–2) und (0,1). **Schreiben** Sie y = x + 1 im **Algebra**fenster und **Zeichnen** Sie erneut. Wiederum sollte eine Gerade durch die drei Punkte gehen.

(iii) Wiederholen Sie (ii) für:

(a) (2,5), (1,3), (–2,–3) und $y = 2x + 1$

(b) (0,0), (2,4), (–1,–2) und $y = 2x$

(c) (3,5), (1,1), (–2,–5) und $y = 2x - 1$

(iv) Sie sollten drei parallele Gerade erhalten. Was haben die drei Gleichungen gemeinsam?

(E) (i) Löschen Sie alle Graphen mit **lösChe Alles**. Editieren und zeichnen Sie die Geraden mit den Gleichungen $y = x + 1$, $y = 2x + 1$ und $y = 3x + 1$.

(ii) Was haben diese drei Geraden gemeinsam? Worin stimmen die Gleichungen überein?

(iii) Welche Gerade ist die steilste? Geben Sie den Befehl **GRAD** (3x + 1, [x]) ein. Anschließend drücken Sie auf [V] für **Vereinfache** und [↵]. *DERIVE* gibt Ihnen die Steigung der Geraden $y = 3x + 1$. Wiederholen Sie dies für $y = 2x + 1$ und für $y = x + 1$. Welchen Zusammenhang zwischen der Gleichung und der Steigung können Sie erkennen?

> Allgemein gilt: Die Gerade mit der Gleichung $y = m.x + c$ hat die *Steigung* $m$ und schneidet die $y$-Achse im Abstand $c$ vom Ursprung. Die Steigung ist ein Maß für die Steilheit der Geraden, $d$ wird auch oft als *Abschnitt auf der y-Achse* bezeichnet. Da der Graph eine Gerade darstellt, sagt man, daß zwischen $x$ und $y$ ein linearer Zusammenhang oder eine lineare Gesetzmäßigkeit besteht. (Für *Steigung* wird auch das Wort *Anstieg* gebraucht.)

(F) (i) **lösChen** Sie **Alles** im Grafikfenster. Dann **Schreiben** und **Zeichnen** Sie die durch die folgenden Gleichungen gegebenen Geraden:

| | |
|---|---|
| $y = -x + 2$ | $y = \frac{1}{2}x +$ |
| $y = -2x + 4$ | $y = \frac{1}{4}x - 1$ |
| $y = -3x - 2$ | $y = \frac{1}{5}x + 2$ |

(ii) Suchen Sie die Steigung aller Geraden mit Verwendung des GRAD-Befehls. Welche Bedeutung hat eine negative Steigung? Überprüfen Sie auch, ob jede Gerade denjenigen Abschnitt auf der $y$-Achse aufweist, den die Gleichung verspricht.

## 1.2 Die Geradengleichung

Die Gleichung einer Geraden ist durch $y = mx + c$ mit $m$ als Steigung und $c$ als Abschnitt gegeben. Die Steigung beschreibt die Neigung der Geraden und ist definiert als:

$$\text{Anstieg} = \frac{\text{Änderung der } y-\text{Werte}}{\text{Änderung der } x-\text{Werte}}$$

Sind die Koordinaten zweier Punkte mit $(x_1, y_1)$ und $(x_2, y_2)$ gegeben, dann ergibt sich für die Steigung:

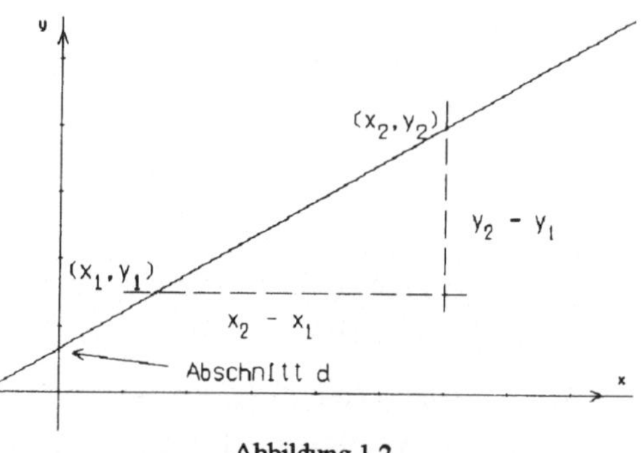


Abbildung 1.2

$$m = \frac{y_2 - y_1}{x_2 - x_1}$$

**Beispiel 1A**

Eine Gerade geht durch die beiden Punkte (2,6) und (1,4).

(i) Welche Steigung hat diese Gerade?

(ii) Welche Gleichung beschreibt diese Gerade?

**Lösung**

(i) Die Steigung ergibt sich aus $m = \dfrac{y_1 - y_2}{x_1 - x_2} = \dfrac{6 - 4}{2 - 1} = 2.$

(ii) Mit dem Wert 2 für die Steigung muß die Geradengleichung die Form $y = 2x + c$ haben. Da die Gerade den Punkt (1,4) enthalten soll, können wir für $x$ und $y$ die Werte 1 und 4 (oder auch 2 und 6) substituieren und erhalten:

$4 = 2\,.\,1 + c \rightarrow c = 2$ und damit für die Gerade: $y = 2x + 2$

**Beispiel 1B**

Suchen Sie zuerst die Koordinaten dreier Punkte, die auf der Geraden $y = 5x - 3$ liegen und zeichnen Sie dann diese Gerade:

**Lösung**

Für $x = 1$ ergibt sich $y = 5 \cdot 1 - 3 = 2$, d.h. (1,2) ist ein Punkt;
Für $x = 2$ ergibt sich $y = 5 \cdot 2 - 3 = 7$, d.h. (2,7) ist ein zweiter Punkt;
Für $x = 0$ ergibt sich $y = 5 \cdot 0 - 3 = -3$, d.h. (0,–3) ist ein dritter Punkt.

Abbildung 1.3 zeigt die drei Punkte mit der durchgehenden Geraden.

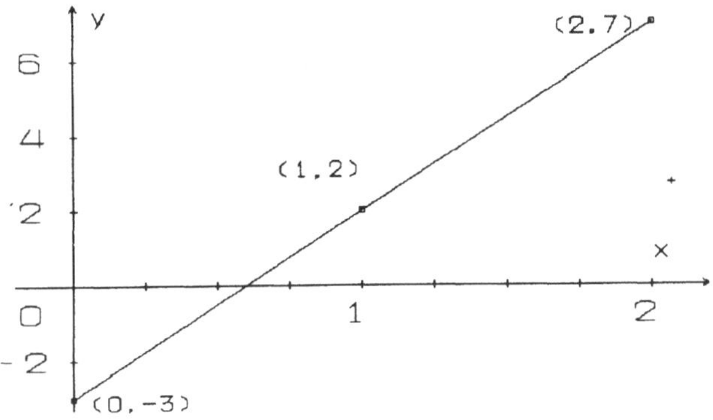


Abbildung 1.3

*Übung 1A*

1. Finden Sie zu jeder Geradengleichung mindestens 3 Punkte, und zeichnen Sie anschließend die Punkte sowie die zugehörige Gerade:

| | | | |
|---|---|---|---|
| (a) | $y = 2x + 3$ | (e) | $y = -2x + 1$ |
| (b) | $y = x - 4$ | (f) | $y = 6x - 2$ |
| (c) | $y = 5x - 4$ | (g) | $y = -4x + 6$ |
| (d) | $y = x + 3$ | (h) | $y = -2x - 4$ |

2. Suchen Sie die Steigung und die Gleichung der Geraden, die jeweils durch ein Punktepaar bestimmt ist:

| | | | |
|---|---|---|---|
| (a) | (0,0), (2,6) | (e) | (3,0), (6,1) |
| (b) | (1,1), (4,5) | (f) | (5,4), (0,5) |
| (c) | (3,7), (0,4) | (g) | (1,4), (3,–2) |
| (d) | (0,6), (2,2) | (h) | (–1,6), (5,–2) |

## 1.3 Proportionalität

Hat eine lineare Gleichung die Form

$$y = k\,x,$$

dann bezeichnet man $x$ und $y$ als *proportional* und verwendet die symbolische Schreibweise $y \sim x$ oder $y \propto x$ ($y$ ist proportional $x$). Die Konstante $k$ heißt *Proportionalitätskonstante.* Wenn nun $y$ proportional ist zu $x$, dann ist der Graph der Gleichung $y = k\,x$ eine Gerade durch den Ursprung mit der Steigung $k$.

**Beispiel 1C**

Tabelle 1.1 stellt die Ausdehnung einer Feder $l$ (in cm) der in ihr wirkenden Kraft $F$ (in N) gegenüber:

| Kraft $F$ [N] | 0 | 0,5 | 1,0 | 1,5 | 2 |
|---|---|---|---|---|---|
| Ausdehnung $l$ [cm]<br>[[cm] | 0 | 4 | 8 | 12 | 16 |

Tabelle 1.1

Zeigen Sie, daß die Kraft proportional zur Ausdehnung ist und ermitteln Sie die Proportionalitätskonstante.

**Lösung**

Abbildung 1.4 zeigt die graphische Darstellung des Zusammenhangs zwischen der Ausdehnung $l$ und der Kraft $F$:

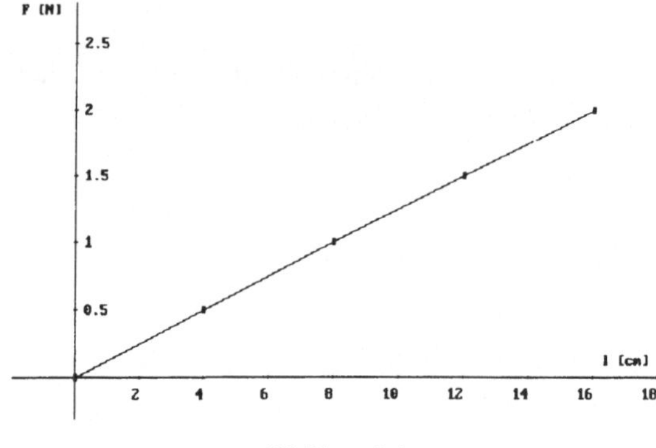


Abbildung 1.4

Wir erhalten eine Gerade durch den Punkt (0,0), daher müssen die beiden Größen proportional sein. Da $F \sim l$, gilt $F = k\,l$. Bei der Ausdehnung von 16 cm beträgt die Kraft 2 N. Daher ergibt sich aus $16 = k \cdot 2$ für $k$ der Wert $k = 8$.

**Beispiel 1D**

Die Geschwindigkeit, mit der ein Stein am Boden aufschlägt, ist proportional zur Quadratwurzel aus der Höhe, von der er losgelassen worden ist. Ein Stein, der aus einer Höhe von 4 m fallen gelassen wird, fällt mit einer Geschwindigkeit von 9 $ms^{-1}$ zu Boden. Ermitteln Sie die Proportionalitätskonstante! Mit welcher Geschwindigkeit trifft der Stein am Boden auf, wenn er aus 9 m Höhe fällt?

**Lösung**

Wir verwenden die Variablen v und h für Geschwindigkeit und Höhe und formulieren:

$v \sim \sqrt{h}$ oder entsprechend: $v = k\sqrt{h}$ .

Substituiert man die gegebenen Werte für $v$ und $h$, so erhält man: $9 = k \cdot \sqrt{4}$.

Das ergibt für die Proportionalitätskonstante $k$ den Wert $k = 4{,}5$. Daher gilt weiter:

$$v = 4{,}5 \cdot \sqrt{4}.$$

Für die Höhe $h = 8$ erhalten wir daher die Geschwindigkeit $v = 4{,}5 \cdot \sqrt{8} \approx 12{,}73\ ms^{-1}$.

*Übung 1B*

1. Überprüfen Sie für jede gegebene Tabelle, ob die angegebenen Variablen proportional sind. Geben Sie im Falle der Proportionalität die Proportionalitätskonstante an!

(a)

| P | 0 | 1 | 3 | 5 |
|---|---|---|---|---|
| Q | 1 | 2 | 4 | 7 |

(b)

| R | 1 | 2,5 | 3 | 5 |
|---|---|---|---|---|
| S | 10 | 25 | 30 | 50 |

(c)

| x | 1 | 2 | 5 | 9 |
|---|---|---|---|---|
| y | 2 | 3 | 6 | 10 |

(d)

| v | 1,1 | 1,2 | 1,3 | 1,5 | 2 |
|---|---|---|---|---|---|
| t | 1,65 | 1,80 | 1,95 | 2,25 | 3,00 |

2. Die auf eine Feder ausgeübte Kraft ist proportional ihrer Ausdehnung. Eine Feder dehnt sich bei einer Anwendung von 5 N um 8 cm. Wie groß ist die Proportionalitätskonstante? Welche Ausdehnung würde eine Zugkraft von 10 N bewirken?

3. Der Treibstoffverbrauch eines Autos ist proportional zur zurückgelegten Strecke. Wie groß ist die Proportionalitätskonstante, wenn für eine Strecke von 480 km 60 Liter Treibstoff verbraucht werden? Wie weit kann dieses Fahrzeug mit 100 Litern Treibstoff fahren?

4. Der Durchmesser eines Pflanzenstieles ist proportional zur Quadratwurzel aus der Wachstumsdauer. Eine bestimmte Pflanze weist nach einem Wachstum von 36 Tagen einen Durchmesser von 0,9 cm auf. Welcher Durchmesser läßt sich nach 100 Tagen Wachstum erwarten?

5. Die Reibungskraft $R$, die auf einen gleitenden Körper wirkt, ist proportional zur Normalkraft $F$. Vervollständigen Sie Tabelle 1.2 und formulieren Sie den Zusammenhang zwischen $R$ und $F$ als Gleichung.

Tabelle 1.2

| Normalkraft $F$ [N] | 19,8 | 16,2 | |
|---|---|---|---|
| Reibung $R$ [N] | 6,1 | | 4,7 |

6. Der Druck $P$ in einer Gasmenge ist proportional zu ihrer Temperatur $T$ und ist außerdem proportional zu ihrer Dichte $\rho$. Was für eine Gleichung beschreibt den Zusammenhang zwischen den drei Größen $P$, $T$ und $\rho$?

## 1.4 Lineare Modelle

Oft liegen experimentell gewonnene Daten nahe bei einer Geraden, die nicht den Koordinatenursprung enthält. So zeigt Abbildung 1.5 die Darstellung der Länge $l$ eines erhitzten Kupferdrahtes (in cm) in Abhängigkeit von seiner Temperatur T (in °C).

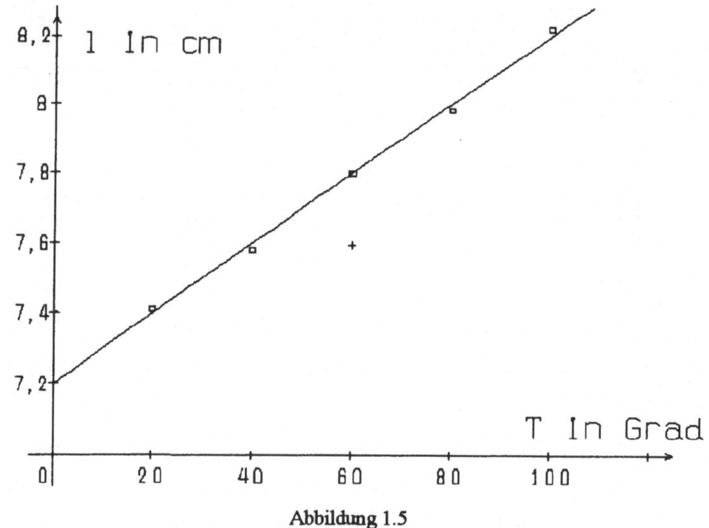


Abbildung 1.5

Die Datenpunkte liegen sehr nahe an einer Geraden, die man als „Ausgleichsgerade", „lineare Anpassungslinie" oder „Regressionsgerade" bezeichnet. Eine einfache Regel für das Einzeichnen dieser Geraden mit der Hand ist, zu darauf zu achten, daß auf beiden Seiten der Geraden gleich viele Datenpunkte liegen.

Die Gleichung der Geraden erhält man, indem man nach bestimmten Regeln die Steigung und den Abschnitt auf der y-Achse berechnet:

$$l = 0{,}01\,T + 7{,}2.$$

Wir sagen, daß zwischen den Variablen $l$ und $T$ eine *lineare Beziehung* oder ein *lineares Modell* besteht. Viele häufig auftretende Modelle in den Naturwissenschaften und in der Technik sind von linearer Natur.

Das folgende Beipiel soll zeigen, wie man mit *DERIVE* lineare Modelle zwischen zwei Variablen bilden kann.

**Beispiel 1E**

Ein Experiment sollte die in einer Feder herrschende Kraft untersuchen. Zu diesem Zweck wurden in verschiedenen Zuständen der Feder deren Ausdehnung $l$ (in cm) und die auftretende Kraft $F$ (in N) gemessen und in Tabelle 1.3 zusammengestellt.

| Ausdehnung $l$ [cm] | 20,0 | 38,5 | 48,0 | 57,0 | 67,0 |
|---|---|---|---|---|---|
| Kraft $F$ [N] | 10,0 | 17,5 | 21,5 | 25,5 | 29,0 |

Tabelle 1.3

Zeigen Sie, daß die Linearität ein gutes Modell für den Zusammenhang zwischen $l$ und $T$ darstellt und ermitteln Sie außerdem die Gleichung der „Regressionsgeraden".

**Lösung**

Laden Sie *DERIVE* und öffnen Sie ein Grafikfenster.

Im ersten Schritt werden die Datenpaare graphisch dargestellt. Zeichnen Sie die Punkte einen nach dem anderen. Um sie deutlich zu sehen, müssen Sie die Skalierung ändern und das Zentrum des Grafikfensters geeignet verschieben. Die Daten lassen für die $l$-Werte (auf der x-Achse) die Skalierung 20 Einheiten/Markierungsstrich und für die $T$-Werte (auf der y-Achse) eine Skalierung von 7,5 Einheiten als vernünftig erscheinen. Als Bildzentrum nehmen wir vorerst den Punkt (45,18) an.

Gehen Sie im Grafikfenster folgendermaßen vor: [M] (Maßstab), x: **20**, [Tab], y: **7.5**, [↵]. Damit ist der gewünschte Maßstab eingestellt. Mit [K] (Kreuzkoordinaten), x: **45**, [Tab], y: **18**, [↵] wird das Fadenkreuz - vorerst unsichtbar - in die Position (45,18) gebracht.

Mit T für **zenTriere** setzen wir diesen Punkt in die Mitte des Grafikfensters. Jetzt müßten Sie auch alle gezeichneten Punkte sehen können. Ihre Lage läßt deutlich einen linearen Zusammenhang erkennen, wie in Abbildung 1.6 ersichtlich ist.

Die *DERIVE*-funktion **FIT** berechnet die Regressionslinie, in unserem Fall eine Regressionsgerade. **Schreiben** Sie im **Algebra**fenster den Term

FIT([[l,k*l+d],[20,10],[38.5,17.5],[48,21.5],[57,25.5],[67,29]]).

Anschließend **Vereinfachen** und **approXimieren** Sie. *DERIVE* antwortet mit der Gleichung für die beste lineare Anpassung. **Zeichnen** Sie diese Gerade, um die Qualität der Anpassung zu überprüfen. Abbildung 1.6 zeigt das Ergebnis.

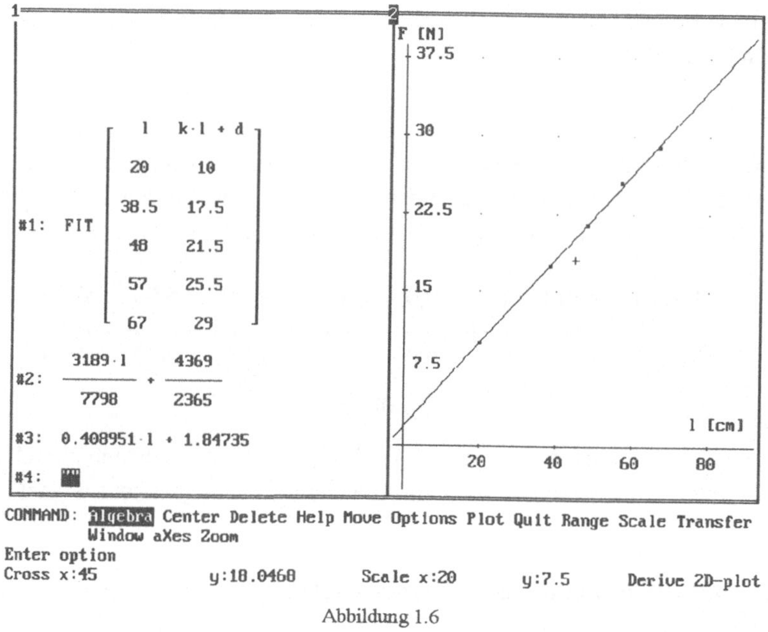


Abbildung 1.6

Die Achsenbeschriftung erhalten Sie mit *DERIVE* 3 über die Tastenkombination C für **aChsen.** Setzen Sie dann die Felder **Darstellen** und **Einheiten** auf **(yes)** und tragen Sie ins Feld **Horizontal: l [cm]** und ins Feld **Vertikal: l [N]** ein.

Das den Zusammenhang zwischen *l* und *F* beschreibende lineare Modell lautet

$$T = 0{,}41\,l + 1{,}85.$$

Die Daten können aber bequemer eingegeben werden, als in Beispiel 1E gezeigt wurde. Verwenden Sie im Algebrafenster die Befehle **Def** (für Definition) und **Matrix** und geben Sie anschließend für die **Zeilen** und **Spalten** die Werte 5 und 2 an. Dann geben Sie der Reihe nach die Daten 20, 10, 38.5, 17.5, ..... jeweils durch ↵ getrennt ein. Die Daten erscheinen im Algebrafenster als ein Zahlenschema mit 5 Zeilen und 2 Spalten. Ein derartiges Schema wird *Matrix* genannt. Die Eigenschaften von Matrizen und die zugehörigen Rechenregeln werden in Kapitel 11 eingeführt. Momentan braucht eine Matrix für Sie nur eine bequeme Art zur Darstellung eines Zahlentableaus zu sein.

**Zeichnen** Sie die Datenmatrix, und Sie erhalten sofort eine graphische Darstellung aller Punkte. Um die FIT-funktion anzuwenden müssen Sie erst die Matrix aktivieren, dann **Schreiben** Sie

FIT ([[l, k l + d], F3 ]).

**Vereinfachen** und **approXimieren** Sie wie vorhin, um die Gleichung der Regressionsgeraden zu erhalten:

$$0{,}40895\, l + 1{,}84735.$$

*Übung 1C*

1. Verwenden Sie die FIT-funktion von *DERIVE* um die Gleichung der Regressionsgeraden für folgenden Daten zu erhalten:

(a)

| x | 0,1 | 0,5 | 0,7 | 1,1 |
|---|---|---|---|---|
| y | 1,1 | 2,6 | 3,6 | 5,1 |

(b)

| t | 1 | 2 | 3 | 4 |
|---|---|---|---|---|
| v | 10,2 | 0,4 | −9,4 | −19,2 |

(c)

| r | 0,1 | 0,5 | 1,0 | 1,4 | 1,7 | 2,1 |
|---|---|---|---|---|---|---|
| s | −3,89 | −2,65 | −1,10 | 0,14 | 1,07 | 2,31 |

(d)

| x | 1,1 | 1,3 | 1,5 | 1,7 | 1,9 |
|---|---|---|---|---|---|
| p | 2,20 | 2,55 | 2,89 | 3,23 | 3,58 |

2. In einem Experiment wurde der elektrische Widerstand eines Drahtstücks bei verschiedenen Temperaturen gemessen. Tabelle 1.4 zeigt die Ergebnisse:

| Temperatur $T$ [°C] | 50 | 80 | 100 | 120 | 160 |
|---|---|---|---|---|---|
| Widerstand $R$ [Ohm] | 53,3 | 58,4 | 61,9 | 65,3 | 72,3 |

Tabelle 1.4

(a) Zeichnen Sie den Graphen des Widerstands in Abhängigkeit von der Temperatur und zeigen Sie, daß ein linearer Zusammenhang ein gutes Modell darstellt.

(b) Wie lautet die Gleichung der Regressionsgeraden?

(c) Verwenden Sie das in (b) gefundene Modell, um den Widerstand des Drahtes bei einer Temperatur von 20°C zu schätzen.

3. Die Geschwindigkeit eines Autos (in $ms^{-1}$), das von einer Kreuzung weg beschleunigt, wird in Tabelle 1.5 in Zeitabständen von einer halben Sekunde beschrieben. Verwenden Sie ein lineares Modell, um die Beschleunigung des Fahrzeugs herauszufinden.

| Zeit t [sec] | 0,5 | 1,0 | 1,5 | 2,0 | 2,5 | 3,0 |
|---|---|---|---|---|---|---|
| Geschwindigkeit v [$msec^{-1}$] | 1,58 | 3,26 | 4,84 | 6,38 | 8,24 | 9,72 |

Tabelle 1.5

## 1.5 Lösen von linearen Gleichungen

*DERIVE Aktivität 1b*

In dieser Aktivität wollen wir eine Methode für das Lösen von linearen Gleichungen genauer betrachten.

(A) (i) Geben Sie die Gleichung $4x - 2 = 10$ ein.

(ii) Drücken Sie [S] für **Schreibe**, gefolgt von [F4] und der ursprüngliche Ausdruck erscheint in Klammern. Schreiben Sie weiter **+ 2** und schließen Sie mit [↵]. Diese Vorgangsweise addiert 2 zu jeder der beiden Seiten der Gleichung. **Vereinfachen** Sie diesen Ausdruck.

(iii) Drücken Sie nochmals [S] und [F4], fahren Sie aber fort mit **/ 4** und [↵]. Damit dividieren Sie beide Seiten der Gleichung durch 4. Nach **Vereinfache** erhalten Sie dann x = 3.

(iv) Verwenden Sie die gleiche Vorgangsweise zur Lösung von

$$5x - 6 = 14 \text{ und } 3x - 2 = 19.$$

(B) (i) Lösen Sie die folgenden Gleichungen ebenfalls mit der Hilfe von **Schreibe** und [F4] wie in (A), beachten Sie dabei aber, daß Sie in diesen Fällen eine Zahl subtrahieren müssen.

(a) $5x + 6 = 26$ (c) $4x + 2 = 18$

(b) $6x + 2 = 14$ (d) $6x + 7 = -5$

(ii) Lösen Sie auch die nächsten Gleichungen:

(a) $6x + 4 = -2$ (d) $6x - \frac{1}{2} = \frac{7}{2}$

(b) $\frac{x}{2} + 3 = 8$ (e) $0{,}31\,t + 7{,}12 = 5{,}3$

(c) $\frac{x}{4} - 7 = 3$ (f) $3{,}06\,y - 4{,}17 = 11{,}24$

(C) (i) Oft wird $x$ auf beiden Seiten der Gleichung vorkommen, wie z.B. in

$$5x + 12 = 7x + 4.$$

Editieren Sie diesen Ausdruck, **Schreibe,** [F4], fügen Sie **– 5x** , [↵] und **Vereinfache** an. Fahren Sie dann fort, bis Sie das Ergebnis x = 4 erhalten.

(ii) Lösen Sie die folgenden Gleichungen:

(a) $5x + 2 = 12x - 54$ (b) $7x - 7 = 6x - 4$

(c) $9x - 11 = 5x - 4$ (d) $6x + 2 = 17x - 15$

(e) $4{,}21x - 1{,}73 = 2{,}63x + 5{,}19$

$13{,}03t + 4{,}82 = -0{,}61t - 2{,}17$

(D) (i) Betrachten Sie nun Gleichungen der Form

$$4(x + 3) = 3$$

Editieren Sie diese Gleichung und **Mult**iplizieren (M) sie aus. Was passiert mit jedem Term innerhalb der Klammern? Lösen Sie die Gleichung fertig auf!

(ii) Lösen Sie jede der folgenden Gleichung, indem Sie mit **Mult** beginnen.

(a) $4(x + 7) = 8$ (c) $6(2x - 5) = 15$

(b) $3(x - 6) = 12$ (d) $7(3x - 9) = 14$

(E) Editieren Sie eine der vorigen Gleichungen und drücken Sie auf L für **Löse**.

Gleichungen können gelöst werden, indem man auf ihren beiden Seiten jeweils die gleiche Rechenoperation durchführt, so daß die Gleichung dadurch vereinfacht wird.

## Aufstellen und Lösen von Gleichungen

**Beispiel 1F**

Wenn man drei aufeinanderfolgende ganze Zahlen addiert, erhält man 144 als Summe. Wie lauten die drei Zahlen?

**Lösung**

Wenn wir die kleinste der drei Zahlen mit $x$ bezeichnen, dann sind $x + 1$ und $x + 2$ die beiden anderen. Damit ist ihre Summe

$$x + x + 1 + x + 2 = 144 \qquad \text{oder} \qquad 3x + 3 = 144$$

Um diese Gleichung zu lösen, subtrahieren Sie zuerst von beiden Seiten 3, dann erhalten Sie $3x = 141.$

Dividieren Sie abschließend beidseitig durch 3 und Sie erhalten: $x = \frac{141}{3} = 47.$

Somit ist 47 die kleinste Zahl, die beiden anderen Zahlen sind 48 und 49.

**Beispiel 1G**

Ein Dreieck habe den Umfang 62 cm. Die längste Seite ist dreimal so groß wie die kürzeste und die verbleibende Seite ist um 8 cm kürzer als die längste. Wie lang sind die Seiten des Dreiecks?

**Lösung:**

x sei die Länge der kürzesten Seite, dann haben die beiden anderen Seiten die Längen 3x und 3x − 8. Damit ergibt sich der Umfang als

$$x + 3x + 3x - 8 = 62.$$

Zuerst addiert man 8 zu beiden Seiten, das ergibt

$$7x = 70.$$

Die anschließende Division durch 7 bringt die Lösung: $x = 10.$

Somit betragen die Seitenlängen 10 cm, 30 cm und 22 cm.

*Übung 1D*

1. Lösen Sie die folgenden Gleichungen ohne Verwendung von *DERIVE*. (Aber überprüfen Sie Ihre Lösungen mit dem **Löse-Befehl**.)

| | |
|---|---|
| (a) $6x - 18 = 12$ | (g) $16 - 2x = x + 10$ |
| (b) $4x + 2 = 6x - 9$ | (h) $4x + 2 = 8 - x$ |
| (c) $7x + 5 = 11$ | (i) $7t - 11 = 2t + 9$ |
| (d) $6 - 3x = 4 + 2x$ | (j) $3(t - 4) = 2(t + 7)$ |
| (e) $16x - 12 = 4$ | (k) $0{,}21(x + 1{,}2) = 0{,}37x$ |
| (f) $5x + 2 = -13$ | (l) $1{,}46(x - 0{,}9) = -4{,}1(2{,}61 - 2x)$ |

2. Die Summe dreier aufeinanderfolgender ungerader ganzer Zahlen sei 141. Welche sind es?

3. Der Umfang eines Rechtecks beträgt 60 cm. Bestimmen Sie Länge und Breite, wenn
   (a) die Länge doppelt so groß ist wie die Breite,
   (b) die Längsseite die Breitseite um 8 cm übertreffen soll.

4. Unter Verwendung der Formel $s = vt + \frac{1}{2}at^2$ suchen Sie die jeweils fehlende Größe:
   (a) $t = 1, s = 6, v = 5,$ (b) $t = 2, s = 4, a = -2,$
   (c) $t = 10, s = 5, a = 0{,}5.$

## 1.6 Lineare Gleichungssysteme

Bei vielen Gelegenheiten müssen zwei Gleichungen gleichzeitig erfüllt werden, wie zum Beispiel: $y = 4x + 6$ und $y = 3x + 10$. So etwas bezeichnet man als ein *Gleichungssystem*. Gibt es ein Zahlenpaar $(x,y)$, das beide Gleichungen erfüllt? Und wenn ja, wie läßt sich dieses finden?

*DERIVE Aktivität 1c*

(A) (i) Nehmen Sie die beiden obigen Gleichungen als gegegeben an. Editieren und zeichnen Sie beide. Um eine geeignete Darstellung zu erhalten, wählen Sie **Maßstab x:5** und **y:5**. Bewegen Sie mit [K] **(Kreuzkoordinaten)** das Fadenkreuz (= Cross) in die Stelle ($x = 5$, $y = 10$) und machen Sie diesen Punkt mit [T] für **zenTriere** zum Mittelpunkt des Grafikfensters.

(ii) Bewegen Sie mit den Pfeiltasten das Kreuz in den Schnittpunkt der beiden Geraden, und lesen Sie in der untersten Bildschirmzeile dessen Koordinaten ab. Sie sollten für $x$ und $y$ etwa die Werte 4 und 22 erhalten.

(iii) Kehren Sie ins **Algebrafenster** zurück und aktivieren Sie die erste Gleichung ($y = 4x + 6$). Nach [T] **(zusaTz)**, [S] **(Substituiere)** überspringen Sie eine Eingabe für $x$ mit [↵], geben aber für $y$ den Term $3x + 10$ an. [L] für **Löse** bringt uns die Lösung der so erhaltenen Gleichung: $x = 4$. Aktivieren Sie jetzt eine der beiden gegebenen Gleichungen, und belegen Sie in ihr über **zusaTz Substituiere** die Variable $x$ mit dem Wert 4. **Vereinfache** ergibt den Wert für $y$.

(B) Lösen Sie mit der beschriebenen Vorgangsweise die angegebenen Gleichungssysteme. Beachten Sie geeignete Einstellungen für das Grafikfenster.

(i) $y = 20 - 5x$
$y = 4 + 3x$

(iii) $y = 10 - x$
$y = 4 + 3x$

(ii) $y = 2x + 4$
$y = x + 10$

(iv) $y = 7 - 2x$
$y = 4 + 3x$

(C) (i) Oft haben lineare Gleichungssystem die Form, daß eine oder beide Gleichungen in *impliziter* Darstellung vorliegen, wie z.B. bei:

$$4x + 2y = 8$$
$$6x - 5y = 10.$$

(ii) Versuchen Sie, die erste Gleichung grafisch darzustellen. Mit *DERIVE* 3 ist die Darstellung impliziter Funktionen möglich, hier können die beiden Gleichungen mit **Zeichne** sofort gezeichnet werden. Sonst müssen die beiden Gleichungen erst in *explizite* Form gebracht werden, d.h. daß sie nach $y$ aufgelöst werden müssen. Verwenden Sie **Löse** im Algebrafenster, um die Gleichungen nach $y$ aufzulösen. Dann können beide Geraden problemlos ins Grafikfenster übertragen werden. Versuchen Sie, mit Hilfe der Pfeil-tasten die Koordinaten des Schnittpunktes abzulesen. Erzeugen Sie auch mit *DERIVE* 3 die explizite Darstellung.

(ii) Aktivieren Sie die erste Gleichung, wenden Sie dann **zusaTz Substituiere** an. Übergehen Sie die Eingabe für $x$, löschen Sie im Eingabefeld für $y$ die Variable $y$, aktivieren Sie mit den Pfeiltasten die explizite Form der zweiten Gleichung, drücken Sie zweimal auf ⇥, und Sie werden erkennen, daß nur mehr die rechte Seite der Gleichung aktiviert ist. Mit der F3 - Taste übernehmen Sie diesen Unterausdruck in die Editierzeile. Beenden Sie die Eingabe mit ↵ und **Lösen** Sie die entstandene Gleichung. Versuchen Sie, auf ähnliche Weise den Wert für $y$ zu finden, indem Sie das Ergebnis für $x$ in eine der beiden gegebenen Gleichungen rücksubstituieren.

(D) Verwenden Sie die in (C) vorgestellte Arbeitsweise zur Lösung der folgenden Gleichungssysteme:

(i) $x + y = 6$
$x - y = 7$

(ii) $2x + 3y = 6$
$5x - 2y = 10$

(iii) $2x + 3y = 5$
$3x - 2y = 4$

(iv) $x + y = 6$
$2x - y = 7$

(E) Zum Abschluß: **Schreibe**: [2x + 3y = 6, 5x − 2y = 10] und **Löse**.

Ein lineares Gleichungssystem kann mit der beschriebenen *Substitutionsmethode* gelöst werden. Überdies man kann in *DERIVE* ein System der Form

$$ax + by = c$$
$$dx + ey = f$$

direkt über **Schreibe** [ a x + b y = c, d x + e y = f ] und **Löse** lösen.

(F) Lösen Sie die Gleichungssysteme aus (D) direkt mit *DERIVE*.

## Weitere Lösungsmethoden für Gleichungssysteme

In *DERIVE Aktivität 1c* wendeten wir die Methode an, einen Ausdruck für $y$ aus der einen Gleichung in die andere Gleichung einzusetzen. Diese Methode funktioniert immer, kann aber manchmal mühsame Rechenarbeit mit sich bringen. Eine andere Möglichkeit, ein lineares Gleichungssystem mit der Hand zu lösen ist es, geeignete Vielfache der beiden Gleichungen so zu addieren, daß eine Variable eliminiert wird. Diese *Eliminationsmethode* wird in den nächsten Beispielen beschrieben.

**Beispiel 1H**

Lösen Sie das Gleichungssystem

$$\begin{aligned} 3x + 2y &= 6 \\ x + 2y &= 4. \end{aligned}$$

**Lösung**

Zuerst ist es hilfreich, die Gleichungen zu numerieren:

$$3x + 2y = 6 \qquad (1)$$

$$x + 2y = 4. \qquad (2)$$

Da in diesem Fall beide Gleichungen die gleiche Anzahl von $y$ beinhalten, kann Gleichung (2) sofort von Gleichung (1) subtrahiert werden und man erhält:

$$\begin{aligned} (3x - x) + (2y - 2y) &= 6 - 4 \\ 2x &= 2, \quad \text{und weiter } x = 1. \end{aligned}$$

Wenn wir dieses Teilergebnis in die erste der gegebenen Gleichungen einsetzen, ergibt dies

$$\begin{aligned} 3 + 2y &= 6 \\ 2y &= 3 \\ y &= 1{,}5. \quad \text{Damit heißt die Lösung: } (x = 1, y = 1{,}5). \end{aligned}$$

**Beispiel 1I**

Lösen Sie das Gleichungssystem

$$\begin{aligned} 3x - 4y &= 2 \\ 2x + 3y &= 7. \end{aligned}$$

**Lösung**

Die Bezeichnung der beiden Gleichungen mit (1) und (2) ist wieder hilfreich:

$$3x - 4y = 2 \qquad (1)$$
$$2x + 3y = 7 \qquad (2)$$

Multiplizieren Sie zuerst Gleichung (1) mit 2 und Gleichung (2) mit 3. Damit erreichen Sie, daß in beiden Gleichungen die gleiche Anzahl von x (nämlich 6) vorkommt:

$$6x - 8y = 4 \qquad 2 \cdot (1)$$
$$6x + 9y = 21 \qquad 3 \cdot (2).$$

Dann subtrahieren Sie die zweite Gleichung von der ersten und Sie werden erhalten:

$$(6x - 6x) + (-8y - 9y) = 4 - 21$$
$$-17y = -17$$
$$y = 1$$

Wenn Sie diesen Wert für $y$ in die erste Gleichung einsetzen und diese nach $x$ auflösen, dann erhalten Sie als vollständige Lösung: $x = 1$ und $y = 2$.

*Übung 1E*

1. Lösen Sie jedes der angebenen Gleichungssysteme „mit der Hand":

(a) $x + y = 16$
$x - y = 4$

(b) $2x + 3y = 12$
$4x + 5y = 22$

(c) $4x + 3y = 30$
$5x - 2y = 26$

(d) $7x - 2y = 18$
$3x + 4y = 2$

(e) $4a + 5b = 6$
$3a - 2b = 16$

(f) $3u + 6t = 24$
$4u + 5t = 17$

(Überprüfen Sie Ihre Ergebnisse mit *DERIVE*!)

## 1.7 Quadratische Gleichungen

In diesem Abschnitt führen wir eine andere Gesetzmäßigkeit zwischen den Variablen $x$ und $y$ ein, die neben $x$ auch den Term $x^2$ verwendet. Man nennt diesen Zusammenhang *quadratisch*, und er hat die allgemeine Form:

$y = ax^2 + bx + c$, wie z.B.: $y = x^2 + 2x - 3$.

*DERIVE Aktivität 1d*

(A) Viele physikalische Größen haben einen quadratischen Zusammenhang. Entnehmen Sie der Tabelle 1.6 den zurückgelegten Weg eines fallenden Steines nach bestimmten Zeiten:

| Zeit [sec] | 0 | 1 | 2 | 3 | 4 |
|---|---|---|---|---|---|
| Weg [m] | 0 | 5 | 20 | 45 | 80 |

Tabelle 1.6

(i) Verwenden Sie die beiden Befehle **Def** und **Matrix**, wählen Sie für die Anzahl der Zeilen und Spalten die Werte 5 und 2. (Erinnern Sie sich bitte daran, daß Sie die Daten in der Reihenfolge 0,0,1,5,.... eingeben müssen.)

Verändern Sie vor dem Zeichnen den Zeichenmaßstab im Grafikfenster mit M auf x:1 und y:20, bewegen Sie das Kreuz in den Punkt (2,40) - mit K - und machen Sie diesen Punkt zur Mitte des Bildes - **zenTriere**. Dann erst **Zeichnen** Sie die Punkte der Wertetabelle.

(ii) Kehren Sie zurück ins **Algebra**fenster. Es ist nämlich möglich, die Gleichung einer quadratischen Kurve zu finden, die durch diese Punkte geht. **Schreiben** Sie:

FIT([x, ax^2 + bx + c], übernehmen Sie mit F3 die aktivierte Datenmatrix, schließen Sie die runde Klammer.

Nach **Vereinfache** können Sie mit G, Z eine quadratische Regressionslinie durch den gegebenen Punkten legen. Diese Kurve ist eine *Parabel*. Abbildung 1.7 zeigt eine mögliche Bildschirmdarstellung dieser Aktivität.

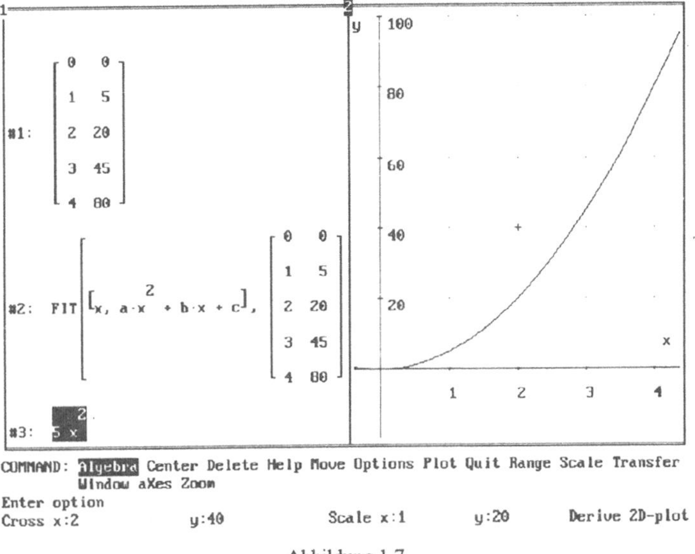


Abbildung 1.7

(B) Im britischen Highway Code findet sich eine Tabelle der Geschwindigkeiten eines Kfz und der zugehörigen Bremsstrecken.

| Geschwindigkeit [$ms^{-1}$] | 8,9 | 13,3 | 17,8 | 22,2 | 26,7 | 31,1 |
|---|---|---|---|---|---|---|
| Bremsweg [m] | 12 | 23 | 36 | 53 | 73 | 96 |

Tabelle 1.7

Geben Sie die Daten in Matrixform ein und stellen Sie die Wertetabelle graphisch dar. Verwenden Sie die FIT-Funktion, um eine quadratische Regressionslinie durch die Punkte zu legen und zeichnen Sie die Parabel zu den Datenpunkten.

(C) (i) Löschen Sie alle Eingaben im Algebrafenster mit C für **lösChe**, sowie alle Grafiken im Grafikfenster mit **Lösche Alles**. Setzen Sie den **Maßstab** zurück auf x:1 und y:1, bringen Sie das Kreuz in den Koordinatenursprung (0,0) und stellen Sie mit **zenTriere** den Ausgangszustand wieder her. Editieren und zeichnen die folgenden Terme:

(a) $y = x^2$ (c) $y = x^2 + 2$

(b) $y = x^2 + 1$ (d) $y = x^2 - 1$

Beschreiben Sie, wie sich die Kurven zu $y = x^2$ verhalten.

(ii) Löschen Sie alle Grafiken. Ändern Sie den Maßstab auf x:2 und y:1. Editieren und zeichnen Sie jetzt die folgenden Terme:

(a) $y = x^2$ (c) $y = (x - 2)^2$

(b) $y = (x - 1)^2$ (d) $y = (x + 2)^2$

Beschreiben Sie, wie sich die Kurven (b), (c), (d) zu $y = x^2$ verhalten. Löschen Sie wieder alle Grafiken.

(iii) Editieren Sie die nächsten Terme. Versuchen Sie, die Koordinaten des Scheitels, d.h. des tiefsten oder höchsten Punktes der zugehörigen Parabel vorauszusagen. Zeichnen Sie die Kurven, um Ihre Vermutungen zu überprüfen.

(a) $y = x^2 + 1$ (d) $y = (x + 2)^2 + 4$

(b) $y = (x + 1)^2$ (e) $y = -x^2$

(c) $y = (x + 1)^2 - 1$ (f) $y = 4 - x^2$

Aktivität (C) zeigt, daß alle Parabeln in ihrer Form der Grundparabel $y = x^2$ gleichen. Alle „anderen Zahlen" bewirken eine Verschiebung dieser Grundparabel.

Die Kurve $y = \pm x^2 + a$ ist gegenüber $y = x^2$ um $a$ Einheiten in Richtung der $y$-Achse (nach oben für $a > 0$) verschoben und hat ihren Scheitel (größten oder kleinsten Wert) für $x = 0$.

Die Kurve $y = (x - b)^2$ ist gegenüber der Grundparabel um $b$ Einheiten in Richtung der $x$–Achse (nach rechts für $b > 0$) verschoben und hat ihr Minimum an der Stelle $x = b$.

Die Kurve $y = (x - b)^2 + a$ ist gegenüber $y = x^2$ um $b$ Einheiten in Richtung der $x$–Achse und um $a$ Einheiten in Richtung der $y$–Achse verschoben und hat ihr Minimum für $x = b$.

**Lösen von quadratischen Gleichungen**

Eine quadratische Gleichung ist eine Gleichung der Form:

$$x^2 + 5x + 6 = 0$$

Die Möglichkeiten, die Sie zur Lösung von linearen Gleichungen kennen gelernt haben, sind hier nicht geeignet. *DERIVE Aktivität 1e* soll Ihnen einige wichtige Ideen zur Lösung dieses Problems vermitteln.

*DERIVE Aktivität 1e*

(A) (i) Editieren und zeichnen Sie $x^2 + 5x + 6$. Sie können erkennen, daß die Parabel die $x$-Achse zweimal schneidet. Somit hat die vorhin genannte Gleichung zwei Lösungen. Kehren Sie bitte ins Algebrafenster zurück und ermitteln Sie mit L für **Löse** diese beiden Lösungen. (Beachten Sie dabei, daß es genügt, die linke Seite der Gleichung einzugeben, wenn die rechte Seite = 0 ist!)

(Falls *DERIVE* nicht sofort die Lösungen angibt, dann haben Sie sicher vorher die **Einstellung Genauigkeit** in den Modus **Approximate** gesetzt. Setzen Sie in den Modus zurück auf **Exact** oder **Mixed**.)

(ii) Wiederholen Sie den Vorgang für $x^2 + 6x + 9 = 0$. Hier werden Sie nur eine Lösung finden.

(iii) Versuchen Sie es ein drittes Mal mit $x^2 + 5x + 10 = 0$. In diesem Fall schneidet die zugehörige Kurve die $x$-Achse überhaupt nicht, und es gibt daher auch keine reellen Lösungen. **Löse** erzeugt merkwürdige Ausdrücke, die das Zeichen î beinhalten. Derartige Zahlen heißen *komplexe Zahlen*. Sie werden im Kapitel 10 behandelt.

(B) (i) Aktivieren Sie $x^2 + 5x + 6$, und faktorisieren Sie diesen Term mit K, R für **faKt** und **Rational**. Können Sie einen Zusammenhang zwischen dieser neuen entstandenen Schreibweise für die quadratische Gleichung und den Lösungen erkennen?

(ii) Wiederholen Sie die Vorgangsweise für $x^2 + 6x + 9$.

(iii) Was geschieht bei $x^2 + 5x + 10$?

(C) (i) **Schreiben** Sie den Term (x + a) (x + b), und multiplizieren Sie ihn mit **Mult** aus. Beantworten Sie **Mult variable 1:** mit x, ↵, ↵. Erklären Sie nun den Zusammenhang zwischen

$$(x + a)(x + b) \text{ und } x^2 + px + q.$$

Notieren Sie $p$ und $q$ als Terme von $a$ und $b$.

(ii) Notieren Sie, ohne eine Zwischenrechnung zu verwenden, was Sie jeweils als Ergebnis erwarten, wenn Sie **Mult** auf die nachstehenden Produkte anwenden, und überprüfen Sie die Antworten mit *DERIVE*:

(a) $(x + 2)(x + 4)$

(b) $(x + 1)(x + 5)$

(c) $(x + 3)(x - 4)$

(d) $(x - 6)(x - 2)$

Lassen Sie anschließend jeden Ausdruck zeichnen, und suchen Sie die Lösungen jener quadratischen Gleichungen, die Sie erhalten, wenn Sie die Terme gleich 0 setzen.

(iii) Wird ein Term der Form $x^2 + px + q$ faktorisiert, dann zerfällt er in das Produkt zweier *Binome* $(x + a)(x + b)$, wobei $a\,b = q$ und $a + b = p$ gilt. So ergibt sich etwa für

$$x^2 + 7x + 10$$

$a\,b = 10$ und $a + b = 7$. Es ist sofort einsichtig, daß $a = 5$ und $b = 2$ diese beiden Forderungen erfüllen, daher gilt insgesamt:

$$x^2 + 7x + 10 = (x + 5)(x + 2).$$

Versuchen Sie nun umgekehrt, die folgenden Terme sofort zu faktorisieren. Überprüfen Sie die Ergebnisse durch Ausmultiplizieren oder mit *DERIVE*.

(a) $x^2 + 5x + 4$ (d) $x^2 - 5x + 6$

(b) $x^2 + 6x + 8$ (e) $x^2 - x - 6$

(c) $x^2 + 3x + 2$ (f) $x^2 + x - 6$

Eine quadratische Gleichung hat:

(i) zwei reelle Lösungen, wenn die zugehörige Parabel die x-Achse zweimal schneidet,

(ii) eine reelle Lösung, wenn die Parabel die x-Achse berührt,

(iii) zwei komplexe Lösungen, wenn die Parabel die x-Achse nicht schneidet.

Der quadratische Term $x^2 + px + q$ läßt sich in die Form $(x + a)(x + b)$ zerlegen, wobei $a + b = p$ und $ab = q$ gilt.

## Lösen von quadratischen Gleichungen durch Faktorisieren

Quadratische Gleichungen lassen sich oft durch Faktorisieren lösen, wie nachstehend gezeigt wird.

**Beispiel 1J**

Lösen Sie die Gleichung $x^2 + 7x + 12 = 0$ durch Faktorisieren.

**Lösung**

Wir müssen den Term $x^2 + 7x + 12 = 0$ in die Form $(x + a)\,(x + b) = 0$ bringen.

Dann muß aber gelten: $a + b = 7$ und $a\,b = 12$. Mögliche Werte für $a$ und $b$, deren Produkt 12 ist, sind 1 und 12, 2 und 6, sowie 3 und 4. Aber die Summe der beiden Zahlen für $a$ und $b$ muß 7 sein. Das gilt aber nur für $a = 3$ und $b = 4$. So erhalten wir:

$$(x + 3)\,(x + 4) = 0.$$

Das Produkt dieser beiden Binome ist genau dann Null, wenn einer der beiden Klammerausdrücke der Wert 0 annimmt, d.h. $x + 3 = 0$ oder $x + 4 = 0$. Das ist für $x = -3$, bzw. für $x = -4$ der Fall. Und diese Werte sind auch die Lösungen der Gleichung.

**Beispiel 1K**

Lösen Sie die Gleichung $3x^2 + 14x + 8 = 0$ durch Faktorisieren.

**Lösung**

Die Gleichung $3x^2 + 14x + 8 = 0$ muß in die Form $(3x + a)\,(x + b)$ gebracht werden. So muß $a.b = 8$ und $a + 3b = 14$ sein. Mögliche Werte für $a$ und $b$, die das Produkt 8 ergeben sind 1 und 8 oder 2 und 4. Nur $a = 2$ und $b = 4$ erfüllen $a + 3b = 14$, daher:

$$(3x + 2)\,(x + 4) = 0.$$

Das Produkt der beiden Klammerausdrücke wird Null, wenn auch nur einer von ihnen den Wert Null annimmt. So kommt man auf:

$$3x + 2 = 0 \qquad \text{oder} \qquad x + 4 = 0, \text{ daher}$$

$$x = -\frac{2}{3} \qquad \text{oder} \qquad x = -4.$$

Die Lösungen der Gleichung sind: $x = -\frac{2}{3}$ und $x = -4$.

### Lösen von quadratischen Gleichungen mit der Formel

Oft ist es schwierig oder sogar unmöglich, eine quadratische Gleichung mit einer geeigneten Faktorisierung zu lösen. Aber da gibt es eine Formel, mit deren Hilfe man die allgemeine quadratische Gleichung der Form $ax^2 + bx + c = 0$ lösen kann.

Sie lautet: $x = \dfrac{-b \pm \sqrt{b^2 - 4ac}}{2a}$.

Wenn Sie diese Formel verwenden, dann beachten Sie bitte die Fälle:

(i) gilt $b^2 - 4ac > 0$, so gibt es zwei getrennte reelle Lösungen,

(ii) gilt $b^2 - 4ac = 0$, so gibt es nur eine Lösung,

(iii) gilt $b^2 - 4ac < 0$, so gibt es keine reellen Lösungen, da vorderhand die Wurzel aus einer negativen Zahl nicht definiert ist (bis Kapitel 10).

(Wir wollen diese Formel hier nicht beweisen. Sie können ihre Ableitung sicher in einem anderen Buch nachlesen.)

**Beispiel 1L**

Suchen Sie die Lösungen von

$$3x^2 + 4x - 8 = 0.$$

**Lösung**

Der Vergleich der Koeffizienten ergibt

$$a = 3, \quad b = 4 \quad \text{und} \quad c = -8.$$

Wenn man nun in die Formel einsetzt, erhält man

$$x = \frac{-4 \pm \sqrt{4^2 - 4 \cdot 3 \cdot (-8)}}{2 \cdot 3} = \frac{-4 \pm \sqrt{16 + 96}}{6} = \frac{-4 \pm \sqrt{112}}{6}$$

und daher weiter: $x_1 = 1{,}10$ und $x_2 = -2{,}43$ (gerundet auf 2 Dezimalstellen).

*Übung 1F*

1. Skizzieren Sie die Graphen der folgenden quadratischen Terme:

(a) $y = x^2 + 6$

(b) $y = (x + 4)^2$

(c) $y = 6 - x^2$

(d) $y = 2 - (x + 3)^2$

(e) $y = (x + 3)^2$

(f) $y = (x - 4)^2 + 2$

2. Faktorisieren Sie die folgenden quadratischen Terme:

(a) $x^2 + 9x + 20$

(b) $x^2 - 7x + 12$

(c) $x^2 + 4x + 3$

(d) $x^2 + 5x + 6$

(e) $x^2 - 1$

(f) $2x^2 - 9x - 5$

(g) $2x^2 + 5x + 2$

(h) $5x^2 - 34x - 7$

(i) $3x^2 - 10x - 8$

(j) $x^2 - 4$

3. Lösen Sie die quadratischen Gleichungen durch Faktorisieren:

(a) $x^2 + 6x + 9 = 0$

(b) $x^2 + 10x + 16 = 0$

(c) $2x^2 + x - 10 = 0$

(d) $x^2 - 16 = 0$

4. Suchen Sie die Lösungen der angebenen quadratischen Gleichungen, falls es überhaupt welche gibt:

(a) $x^2 + 6x - 7 = 0$

(b) $3x^2 + 4x - 9 = 0$

(c) $x^2 + 8x + 20 = 0$

(d) $3x^2 - 4{,}5x + 9 = 0$

(e) $6x^2 - 10x + 2 = 0$

(f) $5x^2 - 9x + 8 = 0$

(g) $13x^2 + 81x - 94 = 0$

(h) $6x^2 - 42 = 0$

## 1.8 Polynome

Die linearen und quadratischen Ausdrücke, die wir bisher in diesem Kapitel behandelt haben, sind einfache Beispiele von Polynomen. Ein Polynom ist ein Ausdruck der Form

$$a_0 + a_1 x + a_2 x^2 + a_3 x^3 + \ldots + a_n x^n .$$

Die Zahlen $a_0$, $a_1$, $a_2$, ...., $a_n$ nennt man die *Koeffizienten* des Polynoms und die höchste auftretenden Potenz $n$ ist der *Grad* des Polynoms.

*DERIVE Aktivität 1f*

(A) **Schreiben** und **Zeichnen** Sie die Graphen der folgenden Terme:

(a) $x^2$ (b) $x^3$ (c) $x^4$ (d) $x^5$ (e) $x^6$ (f) $x^7$ (g) $-x^3$ (h) $-x^4$

Was fällt Ihnen auf? Löschen Sie alle Grafiken.

(B) **Schreiben** und **Zeichnen** Sie nun die folgenden Graphen:

(a) $x^3$ (b) $x^3 + 2$ (c) $x^3 - x$ (d) $x^3 - x^2$

Wieviele Lösungen kann eine Gleichung 3.Grades haben? Gibt es eine Mindestanzahl von Lösungen?

(C) Untersuchen Sie, wie oft der Graph eines Polynoms 4.Grades die $x$-Achse schneidet?

Zeigen Sie, daß die Anzahl der Wurzeln (und der Faktoren) einer Polynomgleichung immer kleiner oder gleich dem Grad des Polynoms ist, indem Sie Polynome von verschiedenem Grad auswählen.

(D) Es ist möglich, Polynome in der Form

$(x - a)(x - b)(x - c)$ ...... darzustellen.

Versuchen Sie, Terme dieser Art für verschiedene Anzahlen von Binomen und für verschiedene Werte in den Binomen zu editieren und zeichnen zu lassen. Was können Sie bemerken? Welche Wirkung hat die Wiederholung von einigen Klammerausdrücken?

*Übung 1G*

Skizzieren Sie die Graphen der folgenden Polynome:

(a) $y = x^5 + 1$ (b) $y = x^6 - 1$ (c) $y = (x + 1)^4 - 1$

(d) $y = (x + 1)(x - 1)(x + 2)$ (e) $y = (x + 1)^2 (x - 1)$ (f) $y = x (x - 2)^2$

## 1.9 Funktionen

In den vorigen Abschnitten haben wir die Idee von solchen Variablen vorgestellt, die untereinander über Gesetzmäßigkeiten oder Regeln in einer Beziehung stehen. So steht die Kraft $T$ in einem elastischen Seil in einer linearen Beziehung zu seiner Ausdehnung $l$. Die gemessenen Größen $T$ und $l$ heißen *Variable*, da ihre Werte in einem Experiment, in dem man die lineare Abhängigkeit finden will, variieren. In einem derartigen Experiment würden wir wahrscheinlich zuerst eine Spannkraft $T$ wählen und dann die dadurch erzeugte Ausdehnung $l$ abmessen. Die frei gewählte Variable heißt die *unabhängige Variable*, und die andere ist dann die *abhängige Variable*, da ihr Wert von dem für die erste gewählten Wert abhängt.

Wenn zwei Variable, etwa $x$ und $y$, so in einer Beziehung stehen, daß die Größe $y$ vom Wert für die andere Größe $x$ abhängt, dann bezeichnet man $y$ als eine *Funktion* von $x$. Die einzige Bedingung, die man an eine solche, Funktion genannte, Beziehung stellt, ist die Eindeutigkeit, d.h. für jeden möglichen Wert für $x$ darf es nur einen zugehörigen Wert für $y$ geben. Ein Beispiel einer quadratischen Funktion ist

$$y = x^2 + 6 \quad \text{für} \quad x \geq 0.$$

Beachten Sie bitte, daß die unabhängige Variable auf nichtnegative Werte für $x$ beschränkt ist. Diese Wertemenge nennt man die *Definitionsmenge* oder den *Definitionsbereich*. Die x-Werte heißen *Argumente*. Für die Werte von $y$ ergibt sich, daß sie auf $y \geq 6$ beschränkt sind. Die Menge aller mögliche Werte, die $y$ annehmen kann, heißt *Wertemenge* oder *Wertevorrat*. Die $y$-Werte selbst nennt man *Funktionswerte*.

Es ist oft gebräuchlich, für Funktionen eine spezielle Schreibweise zu verwenden. So schreibt man z.B. anstelle von

$$y = x^2 + 6 \quad \text{auch} \quad f(x) = x^2 + 6.$$

Den Wert einer Funktion für einen speziellen $x$-Wert notiert man in einer besonderen Weise. Nehmen wir an, daß wir für die eben genannte Funktion den Funktionswert $f(x)$ für $x = 5$ benötigen. Dann schreiben wir: $f(5) = 5^2 + 6 = 31$.
Genau so ist $f(2) = 2^2 + 6 = 10$; der Funktionswert an der Stelle $x = 2$ ist 10.

Verschiedene Buchstaben können dazu dienen, verschiedene Funktionen zu definieren.

Zum Beispiel:

$$g(x) = \frac{x}{2} \quad \text{und} \quad b(x) = x + 5.$$

*DERIVE Aktivität 1g*

(A) Mit *DERIVE* ist es ganz einfach, Funktionen zu definieren.

(i) Nehmen wir an, Sie wollen die Funktion $f(x) = 5x$ definieren. Verwenden Sie die Befehle **Def** und **Funktion** und beantworten Sie die Eingabeaufforderungen auf folgende Weise:

**Def Funktion Name:** f ↵

**Def Funktion Wert:** 5x ↵

*DERIVE* legt dann die Funktion fest mit

F(x) := 5x

(ii) Wiederholen Sie diese Vorgangsweise und definieren Sie $g(x) = x + 2$ und $h(x) = x/2$.

(B) (i) Editieren Sie f(6) und **Vereinfachen** Sie den Ausdruck.

(ii) Ermitteln Sie $h(2)$, $g(7)$ und $f(3)$ auf die gleiche Weise.

(C) (i) Geben Sie nun f(g(x)) ein und **Vereinfachen** Sie.
Welche Erklärung haben Sie für das Geschehen?

(ii) Wiederholen Sie den Vorgang mit $g(f(x))$, $h(g(x))$ und $g(h(x))$.

(iii) Notieren Sie, was Sie als Ergebnis für $f(h(x))$ und $h(f(x))$ erwarten.

(D) (i) **Definieren** Sie weitere Funktionen: $s(x) = x^2$ und $r(x) = \sqrt{x}$.

(ii) **Schreiben** und **Vereinfachen** Sie $s(g(x))$ und $r(g(x))$.

(iii) Notieren Sie, welche als Ergebnisse Sie für $s(r(x))$ und $r(s(x))$ erwarten.
Überprüfen Sie Ihre Erwartungen mit *DERIVE*.

## Zusammengesetzte Funktionen

Wenn zwei Funktionen so kombiniert werden wie in *DERIVE Aktivität 1g,* dann wird eine *zusammengesetzte Funktion* gebildet. Die Regel dabei schreibt vor, daß die Funktionen in der Richtung angewendet werden, wie sie von rechts nach links gelesen werden. So wird bei $fg(x)$ zuerst $g$ auf $x$ angewendet, und auf dieses Ergebnis wendet man die Funktionsvorschrift $f$ an.

**Beispiel 1M**

Gegeben sind $f(x) = x + 5$, $g(x) = x^2$, $h(x) = x - 7$. Ermitteln Sie $fg(x)$, $gf(x)$ und $gh(x)$.

**Lösung**

Um $fg(x)$ zu finden, stellen wir fest, daß $g(x)$ den Term $x^2$ ergibt. Daher gilt

$$f(g(x)) = f(x^2) = x^2 + 5.$$

Für $gf(x)$ wenden wir zuerst $f(x)$ an und erhalten $x + 5$. Darauf wenden wir $g(x)$ an:

$$g(f(x)) = g(x+5) = (x+5)^2.$$

Um $gh(x)$ zu ermitteln müssen wir vorerst $h(x)$ berücksichtigen: $h(x) = x - 7$. Weiter

$$g(h(x)) = g(x-7) = (x-7)^2.$$

*Übung 1H*

1. Gegeben sind $f(x) = x^2$, $g(x) = \frac{x}{2}$, $h(x) = x - 6$. Ermitteln Sie:

   (a) $f(0)$ (d) $f(2)$

   (b) $g(2)$ (e) $g(10)$

   (c) $h(9)$ (f) $h(-1)$.

2. Die Funktionen $f$, $g$ und $h$ von Aufgabe 1 sind gegeben. Suchen Sie:

   (a) $fg(x)$ (d) $hg(x)$

   (b) $gh(x)$ (e) $fgh(x)$

   (c) $gf(x)$ (f) $ghf(x)$

## Inverse Funktionen

Die *Inverse einer Funktion* will die Wirkung der ursprünglichen Funktion umkehren. Sie wird daher auch als *Umkehrfunktion* bezeichnet. Für eine gegebene Funktion $f(x)$ wird die Inverse als $f^{-1}(x)$ geschrieben.

Wenn z.B. $f(x) = x + 5$, dann ist $f^{-1}(x) = x - 5$. Beachten Sie bitte, was mit einem beliebigen Wert für $x$ geschieht, wenn wir auf diesen zuerst $f$ und anschließend auf das Ergebnis $f(x)$ die Inverse $f^{-1}$ anwenden. Für $x = 2$ ergibt sich $f(2) = 7$ und dann weiter $f^{-1}(7) = 2$. Das heißt also zusammenfassend: $f^{-1}(f(2)) = 2$.

Für ein weiteres Beispiel nehmen wir $g(x) = \frac{x}{2}$. Dann ist $g^{-1}(x) = 2x$. Für $x = 4$ ergibt sich $g(4) = 2$ und $g^{-1}(2) = 4$, somit wieder $g^{-1}(g(2)) = 2$.

Aber oft sind Funktionen nicht so einfach. Betrachten Sie die Funktion

$$h(x) = \frac{(x-2)^2}{5}.$$

$h(x)$ könnte mit einem Flußdiagramm folgendermaßen beschrieben werden:

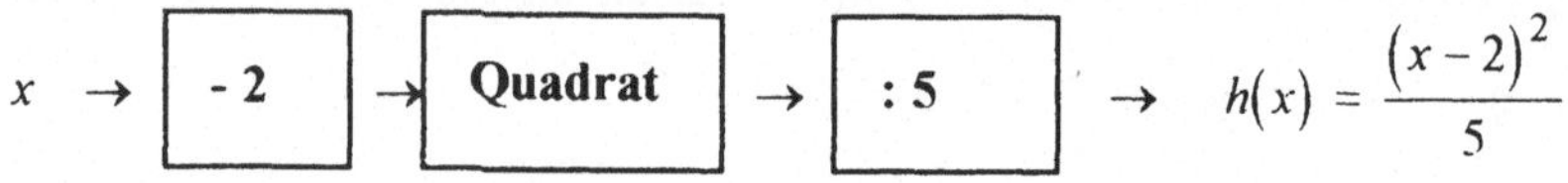

$x$ → **- 2** → **Quadrat** → **: 5** → $h(x) = \frac{(x-2)^2}{5}$

Die Inverse kann man nun erhalten, indem man das Flußdiagramm umkehrt und die Inversen jeder einzelnen Funktion verwendet.

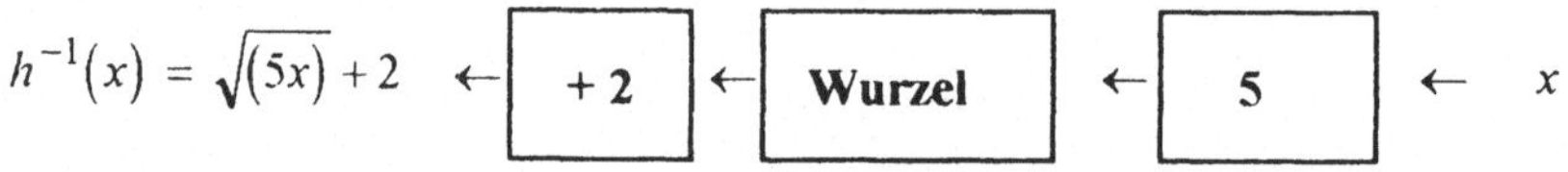

$h^{-1}(x) = \sqrt{(5x)} + 2$ ← **+ 2** ← **Wurzel** ← **5** ← $x$

Wenn man $h$ und $h^{-1}$ zusammensetzt, dann ergibt das:

$$h^{-1}(h(x)) = h^{-1}\left(\frac{(x-2)^2}{5}\right) = \sqrt{\frac{5(x-2)^2}{5}} + 2 = x.$$

> Allgemein gilt: Bezeichnet man die Inverse einer Funktion $f(x)$ mit $f^{-1}(x)$, dann ist
>
> $$f^{-1}(f(x)) = x \text{ und } f\left(f^{-1}(x)\right) = x.$$

*DERIVE Aktivität 1h*

(A) (i) **Schreiben** Sie $x^2$ und $\sqrt{x}$, eine Funktion und ihre Inverse. ( [Alt] + [Q] ergibt die $\sqrt{\ }$ ). **Zeichnen** Sie beide Funktionen. Welche Beziehung besteht zwischen den beiden Graphen. (Hinweis: Lassen Sie auch $y = x$ zeichnen!)

(ii) Wiederholen Sie dies mit den beiden Funktionen $5x$ und $x/5$.

(iii) Machen Sie dies noch einmal für $x + 1$ und $x - 1$.

(B) (i) Wie bestimmt man die Inverse von derartigen Funktionen, wie etwa von $f(x) = 2x + 1$? Editieren Sie $y = 2x + 1$ und **Lösen** Sie die Gleichung nach $x$ auf. Damit erhalten Sie bereits die Inverse $f^{-1}$ aber als Funktion von $y$. Editieren Sie nun diesen Term neu, indem Sie aber peinlich genau alle $x$ gegen $y$ vertauschen und umgekehrt. Die rechte Seite in der so entstandenen Gleichung stellt nun den Funktionsterm der Umkehrfunktion dar und diesen können Sie zeichnen lassen.

(Hinweis: In *DERIVE*-Versionen vor Version 3 kann die Umkehrfunktion schon in der Form $f^{-1}(y)$ gezeichnet werden, da erst Version 3 durch seine Fähigkeit, implizite Funktionen zeichnen zu können, einen - vollkommen berechtigten - Unterschied zwischen den Darstellungen macht.)

(ii) Führen Sie das genannte Verfahren mit den nächsten Funktionen durch:

(a) $f(x) - 6x + 2$ (d) $f(x) = \dfrac{1}{4 - x}$

(b) $f(x) = \dfrac{1}{x + 2}$ (e) $f(x) = \dfrac{1}{x - 3}$

(c) $f(x) = \dfrac{x + 2}{x - 1}$ (f) $f(x) = \sqrt{5 - x}$

(iii) Ermitteln und zeichnen Sie zu jeder der gegebenen Funktionen jeweils die Umkehrfunktion:

(a) $f(x) = x^2 + 8$ (c) $f(x) = 4\,(x - 7)^2$

(b) $f(x) = 8 - x^2$ (d) $f(x) = \dfrac{x^2}{1 - x^2}$

Welche Erklärung haben Sie dafür, daß der **Löse** - Befehl in diesem Fall immer zwei Terme ausgibt?

(C) (i) **lösChen** Sie alle Terme im Algebrafenster. Mit **G** für Grafik, **F** für Fenster und **S** für Schließen, schließen Sie auch das Grafikfenster

(ii) **Schreiben** Sie den Term **y = 6x – 7**. Nun drücken Sie nochmals auf **S**, **F4**, gefolgt von +7. Wenn Sie das **Vereinfachen**, werden Sie bemerken, daß 7 zu beiden Seiten der Gleichung addiert worden ist. Verwenden Sie nochmals **F4**, dieses Mal gefolgt von **/6**. Nach Vereinfachung sehen Sie, daß jetzt beide Seiten durch 6 dividiert worden sind. Jetzt können Sie auch die Umkehrfunktion der Ausgangsfunktion $f(x) = 6x - 7$ mit

$f^{-1}(x) = y = \dfrac{x+7}{6}$ erkennen, wenn Sie nur wieder die $x$ und $y$ vertauschen.

(iii) Suchen Sie die Umkehrfunktion von $f(x) = \dfrac{1}{x+1}$. Editieren Sie $y = \dfrac{1}{x+1}$.

Verwenden Sie **Schreibe, F4**, fügen Sie **(x + 1)** an, ⏎.
**Vereinfache, Schreibe, F4**, dann **/y** und ⏎.
**Vereinfache, Schreibe, F4**, dann **–1** und ⏎.
**Vereinfache**. Jetzt läßt sich erkennen, daß

$f^{-1}(x) = \dfrac{1}{x} - x,$ sofern man nur wieder die Variablen vertauscht.

(iv) Verwenden Sie die eben beschriebene Vorgangsweise dazu, die Inverse zu den folgenden angebenen Funktionen zu ermitteln:

(a) $f(x) = 7x + 4$

(b) $f(x) = \dfrac{1}{5x - 3}$

(c) $f(x) = 4x - 7$

(d) $f(x) = \sqrt{9 - x}$

(e) $f(x) = \sqrt{x - 5}$

(f) $f(x) = \dfrac{5(x - 6)}{7}$

(g) $f(x) = \dfrac{18(x - 5)}{5}$

(h) $f(x) = \dfrac{x + 1}{x - 2}$

## Die Bestimmung von Umkehrfunktionen

Für einige Funktionen mag es gelingen, die Umkehrfunktion mit einem Flußdiagramm zu ermitteln, aber diese Methode wird nicht immer möglich sein. Wie man das, auf die vorhin mit *DERIVE* demonstrierte Art und Weise erreichen kann, sollen die beiden nächsten Beispiele zeigen.

### Beispiel 1N

Suchen Sie die Umkehrfunktion von $f(x) = \dfrac{x}{x-2}$.

### Lösung

Schreiben Sie zuerst die Funktion in der Form

$$y = \frac{x}{x-2}.$$

Dann müssen Sie diese Gleichung nach $x$ auflösen, d.h. die Formel umstellen. Anschließend multiplizieren Sie beide Seiten der Gleichung mit $(x - 2)$.

$$(x-2)\,y = \frac{x(x-2)}{(x-2)}$$

$$x\,y - 2y = x.$$

Ordnen Sie nun so um, daß Sie alle Terme, die die Variable $x$ enthalten, auf einer Seite der Gleichung (etwa der linken) und alle übrigen Terme auf der anderen Seite zusammenfassen. Addieren Sie dazu auf beiden Seiten $(+\,2y - x)$ und Sie erhalten:

$$x\,y - x \quad = 2y$$

$$x\,(y - 1) = 2y.$$

Und nach einer Division durch $(y - 1)$ ergibt sich für $x$

$$x = \frac{2y}{y-1}.$$

Nachdem Sie nun die Variablen vertauscht haben, liegt die Umkehrfunktion vor:

$$f^{-1}(x) = \frac{2x}{x-1}.$$

**Beispiel 1P**

Suchen Sie die Umkehrfunktion von $g(x) = \dfrac{x+3}{x-1}$.

**Lösung**

Schreiben Sie zuerst die Funktion in der Form

$$y = \frac{x+3}{x-1}.$$

Sie müssen Sie diese Gleichung wieder nach $x$ auflösen und dann **Multi**plizieren Sie beide Seiten der Gleichung mit $(x-1)$ und Sie erhalten

$$y(x-1) = x+3$$

oder

$$xy - y = x + 3$$

Bringen Sie wieder alle Summanden mit $x$ auf die linke Seite der Gleichung und alle übrigen auf die rechte Seite.

$$xy - x = y + 3$$

oder

$$x(y-1) = y+3.$$

Nach Division durch $(y-1)$ ergibt sich ein Wert für die Variable $x$

$$x = \frac{y+3}{y-1}$$

Und die Umkehrfunktion lautet somit

$$g^{-1}(x) = \frac{x+3}{x-1}.$$

*Übung 11*

1. Bestimmen Sie zu jeder der gegebenen Funktionen die Umkehrfunktion, indem Sie das zugehörige Flußdiagramm erstellen:

(a) $f(x) = 6x - 10$

(b) $f(x) = 4\,(x + 2)$

(c) $f(x) = \sqrt{2x + 7}$

(d) $f(x) = 8x^3 - 5$

(e) $f(x) = \sqrt{2x - 4}$

(f) $f(x) = 4\sqrt{x + 1} - 5$

(g) $f(x) = \sqrt{\frac{x}{2} + 1} - 5$

(h) $f(x) = \frac{\sqrt{x^3 + 4}}{5}$.

2. Bestimmen Sie die Umkehrfunktionen:

(a) $f(x) = \frac{x - 4}{x + 2}$

(b) $f(x) = \frac{x}{1 + x}$

(c) $f(x) = \frac{x^3}{x^3 + 2}$

(d) $f(x) = \frac{1}{x} + \frac{1}{2x}$

(e) $f(x) = \frac{x - 6}{x + 2}$

(f) $f(x) = \frac{x^3 + 3}{2x^3 + 1}$

3. Die Funktionen $f$, $g$ und $h$ sind definiert durch $f(x) = x^3$, $g(x) = \frac{1}{x + 6}$ und $h(x) = 2x - 5$. Ermitteln Sie:

(a) $f^{-1}(0)$

(b) $f^{-1}g(2)$

(c) $h^{-1}(4)$

(d) $g^{-1}(8)$

(e) $g^{-1}(-2)$

(f) $h^{-1}(0)$

## 1.10 Unstetige Funktionen

Funktionen können aus Bruchtermen bestehen, bei denen der Nennerterm für besondere Argumente den Wert Null annehmen kann. So nimmt im Ausdruck

$$y = \frac{6}{x - 1}$$

der Nenner für $x = 1$ den Wert 0 an. $y$ wird dann unbeschränkt groß oder unendlich. Man nennt die Stelle $x = 1$ eine *Unstetigkeitsstelle*. *DERIVE Aktivität 1i* wird Ihnen helfen, die Eigenschaften einiger derartiger Funktionen kennenzulernen.

*DERIVE Aktivität 1i*

(A) (i) **Schreiben** und zeichnen Sie $\frac{1}{x}$ im **Maßstab x:2** und **y:2**.

An welcher Stelle $x$ hat diese Funktion eine Unstetigkeitsstelle?
Wie verhält sich der Graph für große positive oder negative $x$-Werte?

(ii) Wiederholen Sie die Aufgabenstellung aus (i) für die nächsten Funktionen:

(a) $\frac{1}{x + 1}$ (b) $\frac{1}{x - 1}$ (c) $\frac{1}{x + 2}$

(iii) An welchen Stellen sind die folgenden Funktionen unstetig?

(a) $\frac{1}{x - 4}$ (b) $\frac{1}{x + 10}$ (c) $\frac{1}{x - 3}$

Überprüfen Sie Ihre Antworten, indem Sie die Graphen in geeigneten Maßstäben zeichnen.

(B) (i) **lösChen** Sie alle Ausdrücke im **Algebra**fenster und **Löschen** Sie auch **Alles** im **Graphik**fenster.

(ii) **Schreiben** und **Zeichnen** Sie

$$\frac{1}{(x - 1)(x + 2)}$$

im **Maßstab x:2** und **y:2**. Wo ist diese Funktion unstetig? Wie verhält sich die Funktion für große positive oder negative x-Werte? Für welchen Bereich der $x$-Werte ist die Funktion negativ?

(iii) Wiederholen Sie Aufgabe (ii) für die nächsten vier Funktionen. Sie werden wahrscheinlich verschiedene Maßstäbe brauchen.

(a) $\dfrac{1}{(x+1)(x-3)}$ (c) $\dfrac{1}{(2x-5)(3x-5)}$

(b) $\dfrac{1}{(x-2)(x-4)}$ (d) $\dfrac{1}{x(x-1)}$

(iv) Geben Sie direkt die Unstetigkeitsstellen der folgenden Funktionen an:

(a) $\dfrac{1}{(x+1)(x-7)}$ (c) $\dfrac{1}{x(x-4)}$

(b) $\dfrac{1}{(2x+3)(x+4)}$ (d) $\dfrac{1}{(2x-5)(x+2)}$

Überprüfen Sie Ihre Aussagen durch Zeichnen der Graphen.

(C) (i) Wählen Sie den **Maßstab x:5** und **y:5** und zeichnen Sie

$$\frac{x+1}{x-2}$$

Wo weist diese Funktion eine Unstetigkeit auf? Wie verhält sich die Funktion für große $x$-Werte? (**Schreiben** und **Zeichnen** Sie die Funktion $y = 1$!)

Es sieht aus, als ob der Funktionswert sich für große $x$-Werte immer mehr dem Wert $y = 1$ nähern würde. Das kann man mit den Befehlen **Analysis, Grenzwert,** ⏎ überprüfen, indem man die vorgeschlagene **Variable: x** mit ⏎ bestätigt und für den **Punkt:** den Wert **inf** (für unendlich) einträgt. Die Vereinfachung bringt das erwartete Ergebnis. Der Grenzwert liefert einen Wert, dem sich der Funktionswert für immer größer werdende $x$-Werte immer mehr annähert, ohne ihn jedoch je zu erreichen. Die Gerade $y = 1$ heißt eine *Asymptote*.

(ii) Wiederholen Sie (i) für die folgenden Funktionen:

(a) $\dfrac{2x+4}{x+1}$ (c) $\dfrac{(x-3)(x+4)}{(x+1)(2x-4)}$

(b) $\dfrac{3x-5}{6x+7}$ (d) $\dfrac{(x-1)(x+1)}{(2x-1)(2x+1)}$

## Zusammenfassung

*DERIVE Aktivität 1i* hat den Begriff der Asymptote vorgestellt und die Graphen von Funktionen mit Unstetigkeitsstellen gezeigt. Man findet diese Unstetigkeitsstellen gezielt, indem man den Nennerterm gleich Null setzt und die entstehende Gleichung nach $x$ auflöst.

Um eine waagrechte Asymptote aufzuspüren, führen wir die Idee des *Grenzwertes* einer Funktion ein. Diesen erreicht man, indem man $x$ allmählich auf $+\infty$ anwachsen oder auf $-\infty$ abnehmen läßt. Betrachten Sie z.B. die Funktion

$$f(x) = \frac{(x+1)^3}{(2x-3)(x+2))}.$$

Tabelle 1.8 beschreibt was für wachsende Werte für $x$ geschieht:

Tabelle 1.8

| $x$ | $f(x)$ |
|---|---|
| 1 | - 1,333 |
| 10 | 0,593 |
| 100 | 0,508 |
| 1000 | 0,501 |

Sie können sehen, daß für ein immer größer werdendes Argument $x$ der Funktionswert $f(x)$ gegen 0,5 strebt. Das können wir vorderhand so notieren:

$$f(x) \rightarrow 0{,}5 \text{ für } x \rightarrow \infty.$$

Ähnlich zeigt Tabelle 1.9 was passiert, sobald $x$ gegen $-\infty$ strebt:

Tabelle 1.9

| $x$ | $f(x)$ |
|---|---|
| −1 | 0 |
| −10 | 0,440 |
| −100 | 0,493 |
| −1000 | 0,499 |

Daraus schließen wir, daß

$f(x) \rightarrow 0{,}5$ für $x \rightarrow -\infty$ und daß damit $y = 0{,}5$ eine waagrechte Asymptote darstellt.

Die senkrechten Asymptoten sind $x = 1{,}5$ und $x = -2$. Abbildung 1.8 zeigt den Graphen der Funktion zwischen den Asymptoten.

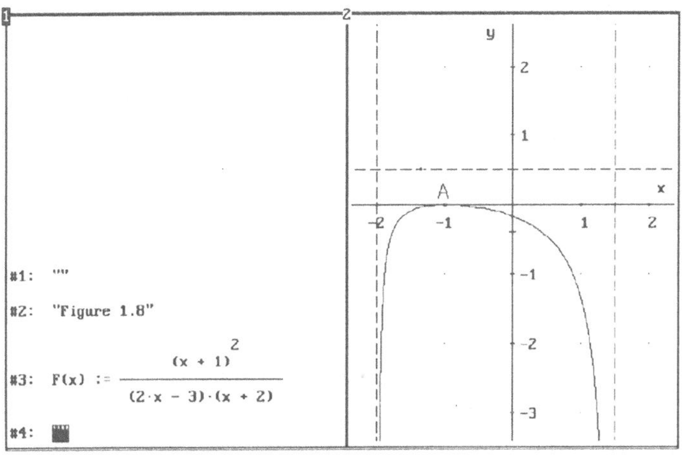


Abbildung 1.8

Im Kapitel 8 werden Sie lernen, wie man zu den Graphen derartiger Funktionen gelangt, indem man zusätzliche Merkmale der Funktionen aus dem Funktionsterm ableitet. So ist z.B. der besondere Punkt $A$ in Abbildung 1.8 ein sogenannter *Extremwert*.

*Übung 1J*

Suchen Sie allfällig vorhandene waagrechte und senkrechte Asymptoten für die folgenden Funktionen. Erstellen Sie die zugehörigen Graphen mit *DERIVE* und überprüfen Sie damit die Richtigkeit Ihrer Behauptungen.

(a) $y = \dfrac{3}{x-1}$  (b) $y = \dfrac{6}{3x+2}$  (c) $y = \dfrac{1}{x-1} + \dfrac{1}{x-2}$

(d) $y = \dfrac{1}{x} + \dfrac{1}{x+2}$  (e) $y = \dfrac{2x}{x+1}$  (f) $y = \dfrac{x}{x-4}$

(g) $y = \dfrac{3}{(x+2)(x-4)}$  (h) $y = \dfrac{x^2}{(x-5)(x+4)}$

# 2 Exponential- und Logarithmusfunktion

## 2.1 Einführung

In Kapitel 1 haben Sie Eigenschaften von linearen und von Polynomfunktionen gesehen und wie man diese dazu verwenden kann, Modelle von physikalischen Sachverhalten zu bilden. So bildet $T = ke$ ein Modell für die Kraft $T$ in einer Feder mit der Ausdehnung $e$, und $s = 0{,}5\ g \cdot t^2$ beschreibt den Weg eines fallengelassenen Balls als Funktion der Zeit. In diesem Kapitel wollen wir weitere Potenzgesetze erforschen.

Betrachten Sie die Bewegung eines einfachen Pendels als ein geeignetes Beispiel: Das ist ein kleines, schweres Objekt, das an einer unelastischen Schnur aufgehängt wird. Tabelle 2.1 gibt die Periodenlängen $T$ [sec] für unterschiedliche Schnurlängen $l$ [m] an.

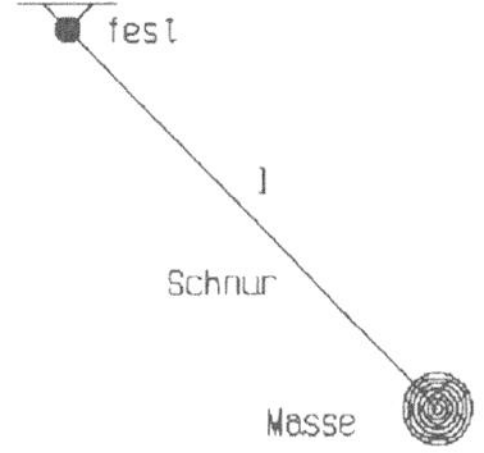


Abbildung 2.1

| Länge $l$ [m] | 0,5 | 0,6 | 0,7 | 0,8 | 0,9 | 1,0 |
|---|---|---|---|---|---|---|
| Periode $T$ [sec] | 1,42 | 1,55 | 1,68 | 1,80 | 1,90 | 2,01 |

Tabelle 2.1

Abbildung 2.2 stellt in einem Graphen die Abhängigkeit der Periode von der Schnurlänge dar. Der Graph ist deutlich nichtlinear und weist auch keine Ähnlichkeit zur Form einer Potenzfunktion $y = x^n$ mit positiver Hochzahl n auf, von denen einige Beispiele in Abbildung 2.3 zu sehen sind.

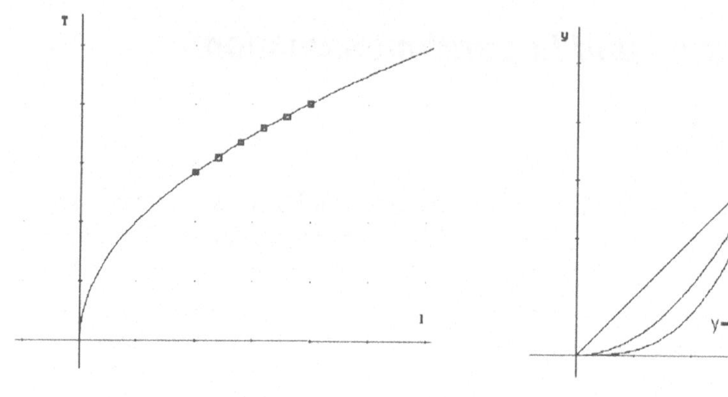


Abbildung 2.2

Abbildung 2.3

Und tatsächlich, Abbildung 2.2 zeigt den Graphen einer Funktion von der Form $a.l^{0,5}$ oder $a\sqrt{l}$. Der genaue Zusammenhang zwischen $T$ und $l$ ist hier

$$T = 2{,}01\sqrt{l} \quad \text{oder} \quad T = 2{,}01\, l^{0,5}.$$

Eine ganz andere Form eines Potenzgesetzes tritt beim Wachstum eines Geldbetrags auf einem Sparkonto auf. Angenommen, Sie können öS 3000.- zu einer Jahresverzinsung von 7% anlegen, dann zeigt Ihnen Tabelle 2.2, wie sich Ihr Kapital im Lauf der Zeit vermehrt.

| Zeit $t$ [Jahre] | 1 | 2 | 3 | 4 | 5 |
|---|---|---|---|---|---|
| Kapital $K$ [öS] | 3210,00 | 3434,70 | 3675,13 | 3932,39 | 4207,66 |

Tabelle 2.2

Das Modell für diesen Prozeß lautet:

$$\text{Kapital } K(t) = 3000 \cdot 1{,}07^{t}.$$

Beachten Sie, daß in diesem Modell die Variable $t$ selbst in der Hochzahl steht. Das kommt bei der Beschreibung von Wachstums- und Zerfallsprozessen oft vor.

Die Notwendigkeit, mit Potenzen von 10 zu operieren, ergibt sich sehr häufig in den Naturwissenschaften und in der Technik. Man verwendet diese für gewöhnlich, wenn sehr große und sehr kleine Zahlen darzustellen sind. So kann man die Masse der Erde als $5{,}98.10^{24}$ kg schreiben, aber die Masse eines Elektrons als $9{,}1 \cdot 10^{-31}$ kg. Das ist sicher viel bequemer, als der Ausdruck 0,000 000 000 000 000 000 000 000 000 000 91.

Jedes der genannten Beispiele zeigt die Gestalt $a^n$. Dabei heißt $a$ die *Basis*, $n$ ist der *Exponent* oder die *Hochzahl* und die Gesetzmäßigkeit nennt man *exponentiell*.

*Mini-Untersuchung*

1. **Vereinfachen** Sie mit *DERIVE* die nächsten Potenzausdrücke:

   (a) $x^2 \cdot x^3$ (b) $x^6 \cdot x^4$ (c) $x^{m} \cdot x^{n}$

   Erkennen Sie eine Gesetzmäßigkeit? Versuchen Sie nun

   (d) $x^4 \cdot y^4$ (e) $x^7 \cdot b^7$ (c) $z^2 \cdot x^2$

   Welche Regel steckt dahinter?

2. **lösChen** Sie alle Terme und berechnen Sie mit *DERIVE*:

   (a) $x^8 : x^5$ (b) $x^6 : x^8$ (c) $z^6 : z^4$

   (d) $x^3 : x^9$ (e) $x^6 : z^6$ (f) $z^4 : a^4$

   Welche Divisionsregeln glauben Sie erkennen zu können?

3. **lösChen** Sie wieder alle Terme und berechnen Sie mit *DERIVE*:

   (a) $(x^2)^4$ (b) $(x^3)^6$ (c) $(x^3)^4$ (d) $(x^n)^m$

   Steckt hinter dem Potenzieren auch eine Gesetzmäßigkeit?

4. Berechnen Sie nun mit *DERIVE*:

   (a) $2^0$ (b) $x^0$ (c) $x^{\frac{1}{2}}$

   (d) $x^{-1}$ (e) $x^{-2}$ (f) $x^{-\frac{1}{2}}$

**Potenzregeln**

Produkt von Potenzen: $a^m \cdot a^n = a^{m+n}$

Quotient von Potenzen: $a^m : a^n = a^{m-n}$

Potenz von Potenzen: $(a^m)^n = a^{m \cdot n}$

**Wichtige Vereinbarungen**:

$\sqrt{a} = a^{\frac{1}{2}}$ und $\sqrt[n]{a} = a^{\frac{1}{n}}$

$\frac{1}{x} = x^{-1}$ und $\frac{1}{x^n} = x^{-n}$ ; $x^0 = 1$

*Übung 2A*

1. Wenden Sie die Potenzregeln an, um die folgenden Ausdrücke zu berechnen. Überprüfen Sie Ihre Antworten mit *DERIVE*.

(a) $x^3 \cdot x^2$ (b) $a^4 \cdot a^2 \cdot a^5$ (c) $(4a)^2 \cdot (2a)^3$

(d) $6x^5 : 2x^2$ (e) $c^7 : c^3$ (f) $(3^4)^2$

(g) $(a^2)^3$ (h) $(a^2 b^3)^4$ (i) $5^{-1}$

(j) $2^{-4}$ (k) $a^{-1} : a^{-3}$ (l) $\dfrac{4a^{-2} \cdot 2a^{-3}}{8a^{-4}}$

(m) $(mg)^2 : \left(\dfrac{g}{m}\right)^{-1}$ (n) $a^x (a^{2x} - a^{-2x})$ (o) $\left(\dfrac{x^2 y}{a^3}\right)^{-2}$

2. Schreiben Sie jeden der folgenden Ausdrücke in der Form $x^n$.

(a) $\sqrt{x}$ (b) $x^2 \sqrt{x}$ (c) $\dfrac{x}{\sqrt{x}}$

(d) $(x^3)^2$ (e) $\left(\sqrt{x}\right)^4$ (f) $\dfrac{x^2 \sqrt{x}}{x^3}$

3. Berechnen Sie die folgenden Ausdrücke ohne Taschenrechner:

(a) $9^{\frac{1}{2}}$ (b) $8^{\frac{1}{3}}$ (c) $16^{\frac{1}{4}}$

(d) $100^{\frac{3}{2}}$ (e) $\dfrac{1}{1000^{-\frac{1}{3}}}$ (f) $4^{-\frac{1}{2}}$

(g) $a^0 . b^0$ (h) $x^0 + 3a^0 + b^0$ (i) $\left(\dfrac{x^0}{a^0}\right)^{13}$

Überprüfen Sie nun Ihre Antworten mit *DERIVE*.

4. Schreiben Sie jede der folgenden Zahlen als Dezimalzahl mit 4 werthabenden (*signifikanten)* Stellen.

(a) $3{,}2 \cdot 10^5$ (b) $1{,}473 \cdot 10^{-4}$ (c) $9{,}81 \cdot 10^3$ (d) $1{,}03 \cdot 10^{-6}$

(e) $(6{,}01 \cdot 10^4) \cdot (3{,}2 \cdot 10^6)$ (f) $(5{,}132 \cdot 10^9) \cdot (1{,}62 \cdot 10^3)$

(g) $(2{,}43 \cdot 10^5)^2$ (h) $(4{,}72 \cdot 10^6) + (1{,}96 \cdot 10^4)$

5. Schreiben Sie die Antworten auf die folgenden Fragen in der Form $A.10^n$ wobei 1 < A < 10.

(a) Wie groß ist die kinetische Energie eines Eisenbahnzuges mit der Masse 300 000 kg, der sich mit einer Geschwindigkeit von 50 $ms^{-1}$ bewegt.
Die kinetische Energie ergibt sich aus $\frac{1}{2}m \cdot v^2$.

(b) Mit dem Elektron verknüpft man eine Wellenlänge (*de Broglie*) der Form $\lambda = \frac{h}{p}$, wobei $h$ das *Plancksche Wirkungsquantum* = $6{,}63 \cdot 10^{-34}$ und $p$ der Impuls = $2{,}1 \cdot 10^{-23}$ Ns sind. Berechnen Sie die Wellenlänge λ.

(c) Nach dem *Newton*schen Gravitätsgesetz herrscht zwischen der Erde und dem Mond die Kraft

$$F = \frac{G \cdot M \cdot m}{r^2},$$

wobei G = $6{,}67 \cdot 10^{-11}$ $Nm^2$ $kg^{-2}$ die Gravitationskonstante, M und m die Massen von Erde und Mond, nämlich M = $5{,}98 \cdot 10^{24}$ kg und m = $7{,}35 \cdot 10^{22}$ kg und r = $3{,}84 \cdot 10^8$ m die Entfernung zwischen Erde und Mond sind. Berechnen Sie F.

(d) Wie groß ist die kinetische Energie eines Elektrons mit der Masse $9{,}1 \cdot 10^{-31}$ kg, das sich mit der Geschwindigkeit $2 \cdot 10^4$ $ms^{-1}$ bewegt?

(e) Welche Kraft ist nötig, um einer Rakete mit der Masse 30000 kg die Beschleunigung von 21 $ms^{-2}$ zu erteilen?
(2. Newtonsches Bewegungsgesetz: Kraft = Masse × Beschleunigung)

(f) Wieviele Sekunden hat ein Jahr (365 Tage)?

## 2.2 Die Exponentialfunktion $y = e^x$

*DERIVE Aktivität 2a*

In dieser Aktivität werden wir Exponentialfunktionen und deren Graphen untersuchen.

Laden Sie *DERIVE* und richten Sie es so ein, daß Sie ein Algebra- und ein Grafikfenster öffnen. Stellen Sie über [E] für **Einstellungen**, [G] für **Genauigkeit** den **Modus Approximate** mit [A] und [↵] ein. Sie sehen die Meldung

Precision := Approximate

am Bildschirm in einer eigenen Zeile. Diese Einstellung bleibt solange erhalten, bis Sie die *DERIVE* - Sitzung abbrechen oder sie über [E], [G] wieder zurücknehmen.

(A) (i) **Schreiben** und **Zeichnen** Sie $2^x$ (2^x).
Beschreiben Sie die Eigenschaften des Graphen für großes negatives $x$, für $x = 0$ und für großes positives $x$.

(ii) Kehren Sie ins **Algebra**fenster zurück und editieren Sie $3^x$ .

**Zeichnen** Sie den zugehörigen Graphen zu dem von $2^x$ .

Wiederholen Sie bitte (ii) für die Terme $5^x$ und $10^x$ .

Welche Eigenschaften haben alle vier Graphen gemeinsam?
Worin unterscheiden Sie sich?

**lösChen** Sie alle Terme und **Löschen** Sie alle Graphen.

(B) Wiederholen Sie alle Aufgabenstellungen aus (A) für die Terme

$2^{-x}$ , $3^{-x}$ , $5^{-x}$ und $10^{-x}$ .

Welche Gemeinsamkeiten können Sie an diesen Graphen entdecken?

Worin unterscheiden Sie sich?

Inwiefern lassen sie sich mit den Graphen von (A) vergleichen?

**Zusammenfassung**

Die Exponentialfunktion $f(x) = a^x$ mit $a > 1$ kann verwendet werden, um Größen zu beschreiben, die rascher anwachsen, als die unabhängige Variable $x$. Die Form der Graphen von $a^x$ legt den Schluß nahe, daß sie für wachsende Argumente immer steiler werden.

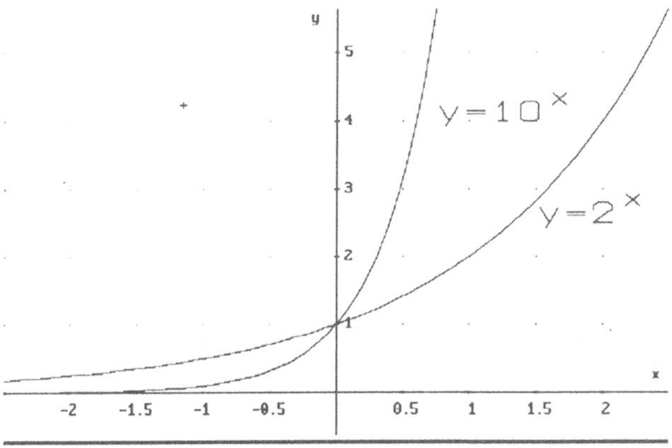


Abbildung 2.4

Für $0 < a < 1$ fällt der Graph von $f(x) = a^x$ für wachsendes $x$, sodaß man Funktionen dieser Bauart nutzen kann, um die Abnahme oder den Zerfall von Größen zu beschreiben. So kann z.B. die Funktion $T(t) = 0{,}16^t$ die Temperatur einer Flüssigkeit als eine Funktion der Zeit $t$ beschreiben, in der sie abgekühlt wird.

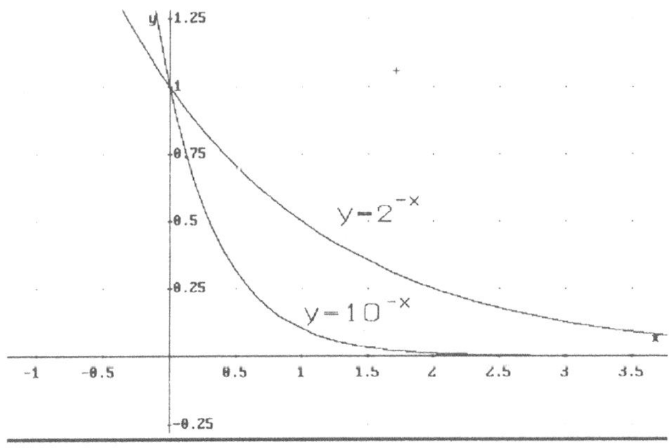


Abbildung 2.5

*DERIVE Aktivität 2b*

In dieser Aktivität werden Sie die Steigung des Graphen von Exponentialfunktionen untersuchen.

Verwenden Sie wieder [E] für **Einstellungen** und [G] für **Genauigkeit**, um den **Modus Approximate** einzustellen, wenn Sie jetzt eine neue *DERIVE* - Sitzung beginnen. Laden Sie nun mit **Übertragen Laden Zusatzdatei** die von den Programmentwicklern bereitgestellte Hilfsdatei DIF_APPS.MTH, indem Sie am einfachsten die [F1]-Taste drücken, worauf Ihnen alle vorhandenen Dateien aufgelistet werden. Mit den Pfeiltasten aktivieren Sie DIF_APPS.MTH und laden diese Datei mit [↵]. In dieser Datei findet sich eine Funktion mit Namen TANGENT, die uns die Gleichung der Tangente an eine, durch Ihre Funktionsgleichung gegebene Kurve in einem frei gewählten Punkt angibt.

(A) (i) **Schreiben** und **Zeichnen** Sie $2^x$ .

(ii) **Schreiben** Sie nun im **Algebra**fenster TANGENT(2^ x,x,0), und **Vereinfachen** Sie diesen Ausdruck.
Zeichnen Sie die Tangente an die Kurve an der Stelle $x = 0$.
Entnehmen Sie der Tangentengleichung deren Steigung und notieren Sie diese.

(iii) **Schreiben** Sie TANGENT(2^x,x,1) und **Vereinfachen** Sie.
Zeichnen Sie auch diese Tangente, und notieren Sie ihre Steigung.

(iv) Verwenden Sie die TANGENT-Funktion, um Tabelle 2.3 zu vervollständigen:

| $x$ | $y = 2^x$ | Steigung der Tangente |
|---|---|---|
| 0 | 1 | 0,693147 |
| 1 | 2 | ........ |
| 2 | 4 | ........ |
| 3 | 8 | ........ |

Tabelle 2.3

(B) (i) Wiederholen Sie Aufgabenstellung (iv) für die Funktion $y = 3^x$ . (Sie brauchen natürlich nicht die Tangenten in jedem Punkt zu zeichnen).

Bestätigt diese Tabelle die in der vorigen Zusammenfassung aufgestellte Behauptung, daß die Graphen für wachsende x immer steiler werden?

Entnehmen Sie den Tabellen weiter die Tatsache, daß alle Steigungen bei der Funktion $y = 2^x$ jeweils kleiner sind als die Funktionswerte, während bei $y = 3^x$ die Funktionswerte an jeder Stelle allgemein größer sind als die Steigungen.

(C) (i) Die nächste Funktion ist ganz speziell.

Entfernen Sie bitte zuerst alle Terme und alle Graphen aus den beiden Fenstern

**Schreiben** Sie ê ^ x, indem Sie zuerst die [Alt] - Taste gemeinsam mit der [E] - Taste drücken. Es erscheint ein e mit einem kleinen Dach darauf. Im **Algebra**fenster sollten Sie jetzt ê $^x$ sehen können. Diese spezielle Funktion wird in der Mathematik als *Exponentialfunktion* bezeichnet. *DERIVE* verwendet die besondere Schreibweise ê, um dieses „e“, das, wie wir bald sehen werden, eine ganz besondere Bedeutung hat, von dem gewöhnlichen Buchstaben e, der eine beliebige Variable sein kann, zu unterscheiden. Zeichnen Sie nun den Graphen von $e^x$ .

(ii) Vervollständigen Sie mit Hilfe der TANGENT-funktion auch Tabelle 2.4:

| $x$ | $y = e^x$ | Steigung der Tangente |
|---|---|---|
| 0 | ....... | 1 |
| 1 | ....... | ........... |
| 2 | ....... | ........... |
| 3 | | ............ |

Tabelle 2.3

(Die Funktionswerte können Sie bequem über **zusaTz Substituiere** und **approX**imieren erhalten).

Kommentieren Sie die Ergebnisse in Ihrer Tabelle.

(D) Wiederholen Sie alle Aufgaben aus (C) für die Funktion $y = e^{-x}$ .
(Vergessen Sie bitte nicht, die Basis e mit [Alt] + [E] einzugeben).

## Zusammenfassung

*DERIVE Aktivität 2b* stellte Ihnen eine für die Mathematik sehr wichtige Funktion, die *Exponentialfunktion* $y = e^x$ vor. Die Zahl e ist eine irrationale Zahl - wie z.B. die Zahl $\pi$ - , sie wird *Eulersche Zahl* genannt und lautet auf 12 Dezimalstellen gerundet

$$e = 2{,}718281828459 .$$

Achten Sie bitte darauf, daß *DERIVE* Ihnen - vorerst - diese Zahl nur mit 6 signifikanten Stellen ausgibt: $e \approx 2{,}71828$.

Die wichtige Eigenschaft der Exponentialfunktion, die sie zu einem der nützlichsten Modelle in der Mathematik macht, haben Sie in Aufgabe (C) kennen gelernt. Diese Eigenschaft hängt mit der Steigung der Tangente an den Graphen einer Funktion $f(x)$ zusammen, den man als die *Änderungsrate von* $f(x)$ **bezüglich** $\boldsymbol{x}$ bezeichnet.

> Die Änderungsrate der Funktion $y = e^x$ bezüglich $x$ ist an jeder Stelle $x$ gleich dem Funktionswert $e^x$.

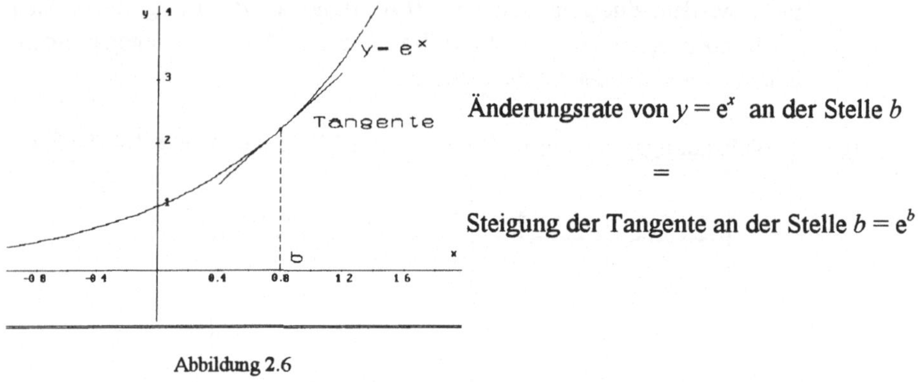


Änderungsrate von $y = e^x$ an der Stelle $b$

=

Steigung der Tangente an der Stelle $b = e^b$

Abbildung 2.6

Das heißt nun, daß die Änderungsrate von $e^x$ in Bezug auf $x$ an der Stelle $x = 2$ wirklich genau den Wert $e^2$ hat. Vergleichen Sie diesbezüglich mit $2^x$ und $3^x$. Die Änderungsrate ist bei $2^x$ immer kleiner und bei $3^x$ immer größer als der Funktionswert.

Theoretisch kann man jede Wachstums- oder Zerfallsfunktion durch eine Funktion der Form $a^x$ mit einer bestimmten Zahl $a$ als Basis beschreiben. Es zeigt sich aber, daß dies recht unbequem ist, und man bedient sich daher besser der Basis e.

Wir wollen annehmen, daß sich eine physikalische Größe beschreiben läßt durch

$$y = A\, a^x\,.$$

Das läßt sich aber auch anschreiben als

$$y = A\, \mathrm{e}^{kx}$$

wobei $a = \mathrm{e}^k$ und weiter $a^x = (\mathrm{e}^k)^x = \mathrm{e}^{kx}$.

In Abbildung 2.7 sehen Sie die allgemeine Gestalt von Funktionen der Form:

$y = A\, \mathrm{e}^{kx}$ für $k > 0$ und für $k < 0$

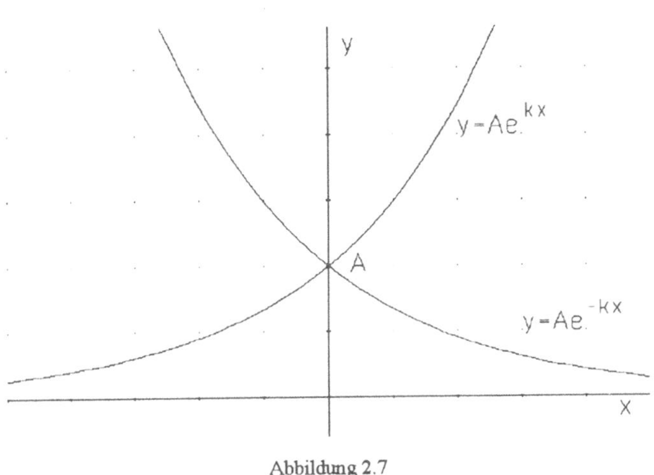


Abbildung 2.7

*Übung 2B*

1. Auf den wissenschaftlichen Taschenrechnern finden Sie die Exponentialfunktion auf einer eigenen Taste. Bestimmen Sie mit dem Taschenrechner die numerischen Werte für die folgenden Terme auf 4 signifikante Stellen genau.

   Überprüfen Sie Ihre Ergebnisse mit *DERIVE*.

   (a) $\mathrm{e}^0$ (b) $\mathrm{e}^2$ (c) $\mathrm{e}^{-3}$ (d) $\mathrm{e}^{1,6}$ (e) $\mathrm{e}^{0,21}$

   (f) $\mathrm{e}^{0,6}$ (g) $\mathrm{e}^1$ (h) $\sqrt{\mathrm{e}}$ (i) $\mathrm{e}^4$ (j) $\mathrm{e}^{-0,2}$

2. Zeichnen Sie mit *DERIVE* die Graphen der folgenden Funktionen:

(a) $y=e^{2x}$ (b) $y=5e^{3x}$ (c) $y=e^{-x}$ (d) $y=4e^{-x}$

3. Betrachten Sie den Term $f(n)=\left(1+\frac{1}{n}\right)^n$.

Vervollständigen Sie mit *DERIVE* Tabelle 2.5 und überzeugen Sie sich, daß $f(n)$ für wachsendes $n$ gegen die Zahl e zu streben scheint.

Tabelle 2.5

| $n$ | $\left(1+\frac{1}{n}\right)^n$ |
|---|---|
| 1 | 2 |
| 1,5 | 2,1516574 |
| 2 | |
| 3 | |
| 4 | |
| 5 | |
| 10 | |
| 100 | |
| 1000 | |
| 10000 | |

4. Verwenden Sie nochmals das „Werkzeug" TANGENT, um die Änderungsrate der folgenden Funktionen auf vier signifikante Stellen genau zu ermitteln.

(a) $y=2^t$ für $t=1{,}5$ (b) $y=e^t$ für $t=2{,}1$

(c) $y=e^{3x}$ für $x=2$ (d) $y=4^{-x}$ für $x=3$

5. In der Statistik hat die Funktion $f(x)=e^{-x^2}$ große Bedeutung. Zeichnen Sie mit *DERIVE* den Graphen dieser Funktion.

## 2.3 Die Logarithmusfunktion

Betrachten Sie nun die Exponentialfunktion $y = \mathrm{e}^x$. Zu einem beliebigen Wert für $x$, etwa $x = 1{,}5$, läßt sich der Funktionswert $y$ leicht bestimmen:

$$y = \mathrm{e}^{1,5} \approx 4{,}48168.$$

Nehmen wir aber den umgekehrten Fall an: Sie kennen der Funktionswert $y = 4{,}48168$. Wie können Sie den zugehörigen $x$-Wert finden? Dazu wäre es nötig, die Gleichung

$$\mathrm{e}^x = 4{,}48168$$

zu lösen.

Abbildung 2.8 zeigt dieses Problem in einem kleinen Diagramm:

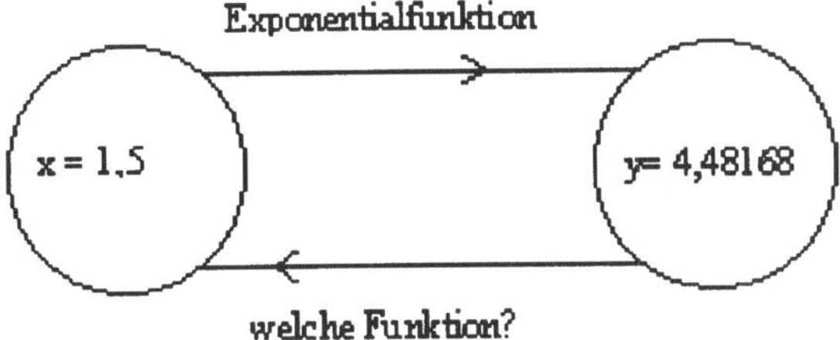


Abbildung 2.8

Wir suchen also die Umkehrfunktion zu $y = \mathrm{e}^x$. Die Umkehrfunktion zur Exponentialfunktion heißt *Logarithmusfunktion*.

**Definition der Logarithmusfunktion**

$$y = \log_a x \quad \text{mit } a > 0,\ a \neq 1$$

ist die Umkehrfunktion von $y = a^x$.

Obwohl die *Basis a* des Logarithmus jeden positiven, von 1 verschiedenen Wert annehmen kann, haben in der Mathematik nur zwei Basen Bedeutung:

$a = 10$ — $\log_{10} x$ nennt man den *dekadischen* oder *Briggschen Logarithmus*

$a = \mathrm{e}$ — $\log_{\mathrm{e}} x$ heißt der *natürliche Logarithmus* und wird als $\ln(x)$ oder nur $\ln x$ geschrieben.

Um also die Gleichung $\mathrm{e}^x = 4{,}48168$ zu lösen, verwenden wir den natürlichen Logarithmus und können schreiben: $x = \ln 4{,}48168 = 1{,}5$.

*DERIVE Aktivität 2c*

In dieser Aktivität werden Sie *DERIVE* dazu verwenden, um die Logarithmusfunktion und deren Graph zu untersuchen.

(A) In *DERIVE* schreibt man die logarithmische Funktion zur Basis a als log($x,a$) und den natürlichen Logarithmus als ln($x$) oder nur ln $x$.

(i) **Schreiben** und **Zeichnen** Sie log(x,2).
Beschreiben Sie die Eigenschaften von $\log_2 x$.

(ii) Schreiben und Zeichnen Sie auch log(x,3).

(iii) Wiederholen Sie das mit den Termen log(x,10) und log(x,ê).

Vergleichen Sie die vier Graphen. Welchen Eigenschaften haben sie gemeinsam, und worin unterscheiden sie sich.

An welchen Stellen schneiden die Graphen die $x$-Achse? Verwenden Sie die Definition der Logarithmusfunktion, um die Antwort zu formulieren.

(B) Machen Sie bitte alle Fenster frei.
Editieren und zeichnen Sie die beiden Terme log(x,ê) und ln x in dasselbe Koordinatensystem. Was fällt Ihnen auf? Welche Erklärung haben Sie dafür?

(C) (i) Löschen Sie neuerlich alle Terme und Graphen.
Editieren und zeichnen Sie $e^x$ und ln $x$.
Vergleichen Sie die beiden Graphen.
Zeichnen Sie den Graphen von $x$ dazu.
Sie stellen sicher fest, daß der Graph von $y = \ln x$ das Spiegelbild von $y = e^x$ bezüglich der Geraden $y = x$ darstellt.

(ii) Wiederholen Sie die Aufträge aus (i) für andere Exponentialfunktion und deren zugehörige Logarithmusfunktionen.
Können Sie das Spiegelungsverhalten wieder feststellen?

(D) Schaffen Sie sich bitte wieder „saubere" Fenster.
Dann zeichnen Sie die Graphen von zu $y = \log_2 x$ und $y = 1$.
Bewegen Sie mit den Pfeiltasten das Fadenkreuz im Grafikfenster, um den $x$-Wert des Schnittpunktes zu finden.
Wiederholen Sie das für $y = \log_3 x$ und $y = \log_e x$.
Leiten Sie daraus eine Lösung für die Gleichung $\log_a(x) = 1$ ab.

**Zusammenfassung**

1. Der Graph einer jeden logarithmischen Funktion hat das in Abbildung 2.9 dargestellte Aussehen..

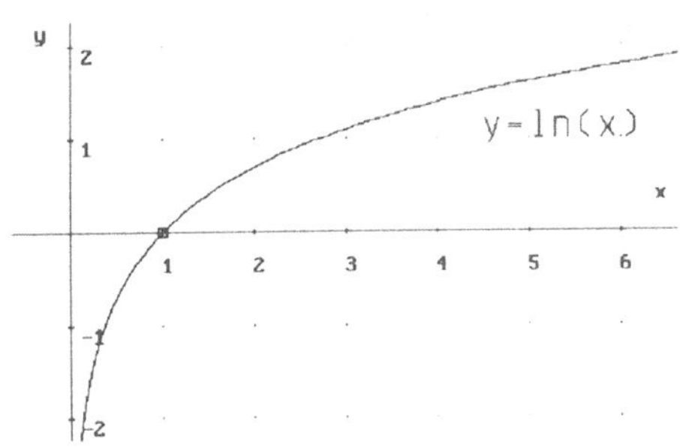


Abbildung 2.9

2. Für jede Basis $a$ gilt: $\log_a (x) = 0$ und $\log_a (x)$.

*Übung 2C*

1. Auf Ihrem Taschenrechner können Sie sowohl den dekadischen als auch den natürlichen Logarithmus finden. Üblicherweise tragen sie die Bezeichnung log bzw. ln.

   Ermitteln Sie mit dem Taschenrechner die Werte der folgenden Logarithmen:

   (a) $\log 2$ (b) $\log 10$ (c) $\log 4{,}2$ (d) $\log 0{,}7$

   (e) $\ln 2$ (f) $\ln 4{,}2$ (g) $\ln 0{,}7$ (h) $\ln 1$

   (i) $\log 1000$ (j) $\ln e^2$ (k) $\log 1$ (l) $\ln e$

2. Beweisen Sie mithilfe der Definition des Logarithmus, daß für jedes $a > 0$ gilt: $\log_a a = 1$. Überprüfen Sie das mit *DERIVE* für verschiedene Werte von $a$.

3. Lösen Sie die folgenden Gleichungen:

   (a) $3{,}1 = 10^x$ (b) $0{,}2 = 10^x$

   (c) $1{,}7 = e^x$ (d) $5{,}1 = e^x$

   (e) $11{,}2 = e^t$ (f) $0{,}47 = e^t$

   (g) $\ln t = 1{,}7$ (h) $\ln x = 4{,}2$

   (i) $\log (3x) = 6$ (j) $\ln (5t) = 3{,}1$

4. Die Ladung eines Kondensators, der von einer Batterie aufgeladen wird, ist gegeben durch

$$Q = Q_0 (1 - e^{-50t}),$$

wobei $Q_0$ eine konstante Größe ist.
Interpretieren Sie die Größe $Q_0$.

Berechnen Sie die Zeit, für die gilt: $\frac{Q}{Q_0} = 0{,}5$.

Zeichnen Sie mit *DERIVE* den Ladungs - Zeit - Graphen für $Q_0 = 10$.
Heben Sie mit **Maßstab** und **zenTriere** den wesentlichen Teil des Graphen hervor.
Wie verhält sich die Ladung $Q$ nach langer Ladezeit $t$?

5. Die Exponentialfunktion ist ein geeignetes Modell für den radioaktiven Zerfall. Für eine Probe eines Eisennuklids wird der verbleibende Anteil $N$ als Funktion der Zerfallsdauer $t$ beschrieben durch die Formel:

$$N(t) = e^{-0{,}25t}.$$

Berechnen Sie den Zeitpunkt, in dem der verbleibende Anteil $N = 0{,}5$. Die bis dahin verstrichene Zeit nennt man *Halbwertszeit.*

6. Radioaktives $C_{14}$ hat eine Zerfallsrate von $1{,}238 \cdot 10^{-4}$ /Jahr, sodaß man den $C_{14}$ - Anteil einer Probe beschreiben kann durch

$$M(t) = e^{-1{,}238.10^{-4} t}.$$

Berechnen Sie die Halbwertszeit von $C_{14}$.
Innerhalb welchen Zeitraums reduziert sich der $C_{14}$ - Gehalt einer Probe auf 10%, bzw. 5% des Ausgangswertes?

7. Der atmosphärische Luftdruck in der Höhe $h$ [km] über dem Meeresniveau gehorcht der Formel

$$p(h) = p_0^{-0{,}15h},$$

wobei $p_0 = 100\,000$ Pascal der Luftdruck in Meereshöhe ist.

(a) Berechnen Sie den Luftdruck in den Höhen 1km, 2km, 5 km und 10 km.

(b) Zeichnen Sie ein $p - h$ - Diagramm.

(c) In welcher Höhe hat sich der Luftdruck auf den halben Wert des Drucks in Meereshöhe reduziert?

(d) In welcher Höhe fällt der Druck auf ein Zehntel?

## 2.4 Logarithmische Rechenregeln

Die folgenden beiden Eigenschaften der Logarithmen wurden schon festgestellt:

| | |
|---|---|
| $\ln(1) = 0$ | $\log_{10}(1) = 0$ |
| $\ln(e) = 1$ | $\log_{10}(10) = 1$ |

*Mini-Untersuchung*

(A) Bevor Sie beginnen, stellen Sie bitte über die Befehle:

**zusaTz** und **Logarithm.umformungen** die **Richtung:** auf **Collect**.

(i) **Vereinfachen** Sie die folgenden Ausdrücke:

(a) $\ln 2 + \ln 3$ (b) $\ln 5 + \ln 10$

(c) $\ln 6 + \ln 2$ (d) $\ln 2 + \ln x$

Können Sie eine Regel erkennen?

(ii) **Vereinfachen** Sie nun:

(a) $\ln 4 - \ln 2$ (b) $\ln 8 - \ln 2$

(c) $\ln 1000 - \ln 10$ (d) $\ln x - \ln 3$

Gibt es hier auch eine Regel?

(iii) **Vereinfachen** Sie auch die nächsten Terme und versuchen Sie, eine Gesetzmäßigkeit zu erkennen:

(a) $3 \cdot \ln 4$ (b) $4 \cdot \ln 2$

(c) $2 \cdot \ln 9$ (d) $\frac{1}{2} \cdot \ln 64$

(e) $3 \cdot \ln 1$ (f) $\frac{1}{5} \cdot \ln 32$

(B) Stellen Sie nun bitte die **Richtung: nach zusaTz Logarithm.umformungen** um in **Expand** und **Vereinfachen** Sie die folgenden logarithmischen Ausdrücke. (Sie können anstelle von **Vereinfache** auch **Mult** verwenden).

(a) $\ln 1$ (b) $\ln 9$ (c) $\ln 2{,}5$

(d) $\ln\sqrt{2}$ (e) $\ln 12$ (f) $\ln 24$

(g) $\ln(2x)$ (h) $\ln\left(\frac{x}{5}\right)$ (i) $\ln\left(\frac{3x}{2}\right)$

(C) Ändern sich diese Ergebnisse, wenn Sie Logarithmen mit einer anderen Basis verwenden ?

**Zusammenfassung**

Sie werden herausgefunden haben, daß es drei wichtige Regeln für den Umgang mit Logarithmen gibt. Sie sind hier zusammengefaßt:

| | |
|---|---|
| Die Produktregel: | $\log_a(xy) = \log_a x + \log_a y$ |
| Die Quotientenregel: | $\log_a(x/y) = \log_a x - \log_a y$ |
| Die Potenzregel: | $\log_a(x^r) = r \cdot \log_a x$ |

Für den Beweis dieser Regeln können wir die Potenzregeln von Seite 40 heranziehen:

Wir setzen $p = \log_a x$ und $q = \log_a y$, dann gilt nach der Definition für den Logarithmus: $x = a^p$ und $y = a^q$.

*Produktregel:* $x \cdot y = a^p \cdot a^q = a^{p+q}$ ,

daher: $\log_a(x \cdot y) = p + q$.

Das ist aber: $= \log_a x + \log_a y$.

*Quotientenregel:* $x : y = a^p : a^q = a^{p-q}$

daher: $\log_a (x : y) = p - q$

das ist aber: $= \log_a x - \log_a y$.

*Potenzregel:* $x^r = (a^p)^r = a^{pr}$

daher: $\log_a x^r = p \cdot r = r \cdot \log_a x$

*Übung 2D*

1. Zerlegen Sie die folgenden Ausdrücke unter Verwendung der logarithmischen Rechenregeln:

   (a) $\ln (a^3 b^2)$ (b) $\ln (0{,}1\, x^2)$

   (c) $\ln\left(\frac{3{,}7t}{a}\right)$ (d) $\ln (3p\,(x+y)^2)$

   (e) $\log\left(\frac{s\sqrt{2}}{t}\right)$ (f) $\log (0{,}2\, v^2)$

   (g) $\log (10x\, y^2)$ (h) $\ln\left(\frac{a\,t^2}{2}\right)$

   (i) $\log\frac{3(a+b)}{s}$

2. Schreiben Sie jeden der folgenden Terme als einen einzigen Logarithmus und vereinfachen Sie so weit wie möglich:

   (a) $\log 40 - \log 5$ (b) $\log(10x) + \log(2x) - \log x$

   (c) $\ln(5a) + \ln(2b) - \ln c$ (d) $3 \ln a + 5 \ln b$

   (e) $2 \ln x - 4 \ln y$ (f) $\log x - \log y + 1{,}5 \log a$

3. Lösen Sie die folgenden Gleichungen:

   (a) $\ln(2x) = 5{,}6$ (b) $2 \ln(3x) - 3 \ln x = 1{,}5$

   (c) $3 \log x + 2 \log(3x) = 3{,}1$

## 2.5 Modellbildung mit Potenz- und Exponentialfunktionen

Naturwissenschaftliche Gesetze entstehen üblicherweise auf zwei Arten: Entweder man verwendet bereits bestehende Theorien, um neue Ideen zu entwickeln, die man anschließend experimentell zu bestätigen sucht, oder man leitet aus Experimenten Schlußfolgerungen ab, die direkt zur Bildung von Modellen führen. Bei beiden Möglichkeiten kann der Einsatz von Logarithmen eine wichtige Rolle spielen.

In Kapitel 1 haben wir gesehen, daß man aus den Daten für zwei Variable, die sich durch eine Gerade beschreiben lassen zur Gleichung dieser Geraden gelangt, und daß man die Beziehung zwischen den Variablen in der Form $y = mx + c$ beschreiben kann. Dabei bedeutet $m$ die Steigung der Geraden und $c$ den Abschnitt auf der $y$-Achse. Aber experimentell gewonnene Datenpaare passen nicht immer auf eine Gerade. Es gibt jedoch viele Situationen, in denen es der Gebrauch von Logarithmen möglich macht, auch die Graphen von Potenzfunktionen $y = a\,x^b$ und Exponentialfunktionen $y = a\,e^{bx}$ in eine Gerade zu transformieren.

*Potenzfunktionen:*
Angenommen, eine Beziehung zwischen den Variablen $x$ und $y$ gehorche einer Potenzfunktion mit der allgemeinen Form $y= a\,x^b$ . Dann hat der Graph etwa die Form aus Abbildung 2.10. Ein wichtiges Merkmal für eine Potenzfunktion ist die Tatsache, daß der Graph immer den Koordinatenursprung enthält.

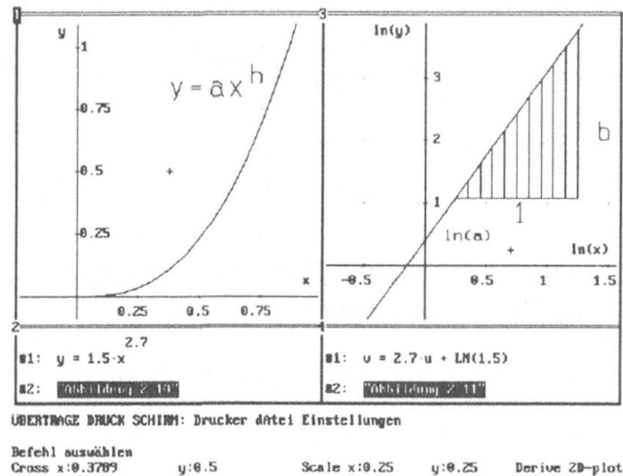


Abbildungen 2.10 und 2.11

Wenn wir auf jeder Seite der Gleichung zu den (natürlichen) Logarithmen übergehen, dann erhalten wir:

$$\ln y = \ln(ax^b) = \ln a + \ln(x^b) = \ln a + b \ln x$$

Daraus folgt, daß der Graph von $\ln y$ in Abhängigkeit von $\ln x$ eine Gerade ist. Dabei stellt die Hochzahl $b$ die Steigung dar und mit dem Abschnitt $\ln a$ auf der vertikalen Achse kann man den Wert $a$ finden.

*Exponentialfunktionen:*
Wenn wir nun annehmen wollen, daß zwischen den beiden Variablen $x$ und $y$ eine Beziehung in Form einer Exponentialfunktion $y = ae^{bx}$ besteht, dann sieht der Funktionsgraph natürlich ähnlich wie in Abbildung 2.12 aus

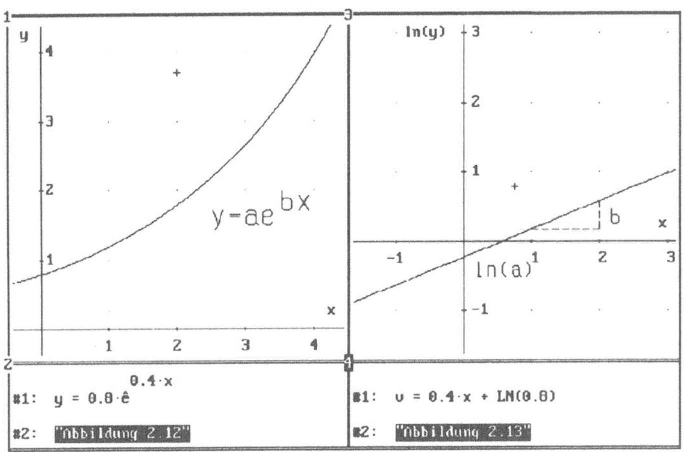


Abbildungen 2.12 und 2.13

Wenn wir auch hier auf beiden Seiten der Gleichung zu den (natürlichen) Logarithmen übergehen, dann erhalten wir:

$$\ln y = \ln(ae^{bx}) = \ln a + \ln (e^{bx}) = \ln a + bx.$$

In diesem Fall herrscht die lineare Beziehung zwischen $x$ und $\ln y$. Die bestimmenden Größen der Geraden - Steigung und Abschnitt - dienen zur Ermittlung von $a$ und $b$.

Das folgende Beispiel wird zeigen, wie wir *DERIVE* dazu verwenden können, um Beziehungen zwischen Variablen aufzuspüren.

**Beispiel 2A**

Tabelle 2.6 zeigt drei Mengen von experimentell gewonnenen Daten. Eine Wertetabelle gehört zu einer Potenzfunktion, eine zu einer Exponentialfunktion und die dritte paßt zu keinem der bisher genannten Funktionstyp.

Verwenden Sie geeignete graphische Darstellungen, um die Beziehungen zu erkennen.

Tabelle 2.6

| $x$ | $y$ |
|---|---|
| 0,1 | 2,010 |
| 0,4 | 0,606 |
| 0,7 | 0,182 |
| 1,0 | 0,055 |
| 1,3 | 0,017 |
| 1,6 | 0,005 |

| $t$ | $s$ |
|---|---|
| 0,1 | 0,084 |
| 0,5 | 1,293 |
| 0,9 | 3,511 |
| 1,3 | 6,561 |
| 1,7 | 10,35 |
| 2,1 | 14,83 |

| $u$ | $v$ |
|---|---|
| 0,1 | 1,00 |
| 0,3 | 0,96 |
| 0,6 | 0,83 |
| 0,9 | 0,62 |
| 1,2 | 0,36 |
| 1,5 | 0,07 |

**Lösung**

Im ersten Schritt müssen wir die Daten in *DERIVE* in Form dreier Matrizen eingeben, damit wir die Daten als ein Punktdiagramm darstellen können. (Verwenden Sie die Befehle **Def Matrix** und definieren Sie die Matrix mit 6 Zeilen und 2 Spalten). Abbildung 2.14 zeigt ein Bild des, in drei Grafikfenster geteilten *DERIVE*-Schirms.

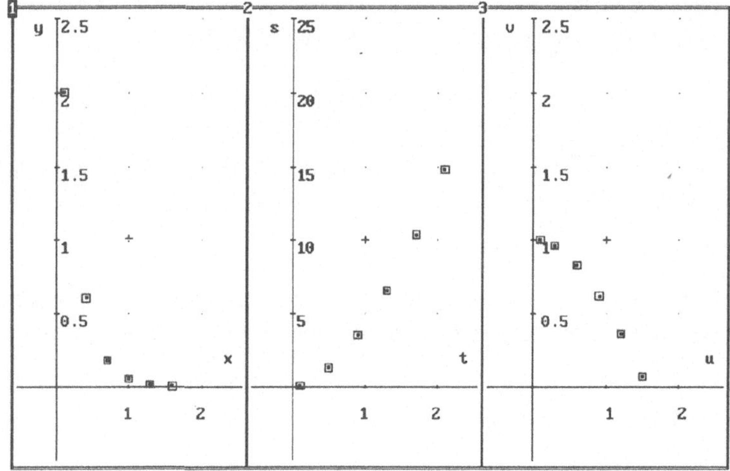


Abbildungen 2.14

Der Graph im mittleren Fenster 2 macht es wahrscheinlich, daß $s$ und $t$ durch eine Potenzfunktion $s = at^b$ zusammenhängen, während die Gestalt des Graphen im ersten Fenster auf eine Exponentialfunktion $y = ae^{bx}$ schließen läßt. Für $u$ und $v$ können wir keine Ähnlichkeit zu einer der bekannten Gesetzmäßigkeiten erkennen

Betrachten wir die Wertepaare $x$ und $y$. Da wir eine Exponentialfunktion $y = ae^{bx}$ erwarten, verwenden wir den schon bekannten FIT-Befehl um die lineare Funktion zwischen $\ln y$ und $x$ zu ermitteln. In Abbildung 2.15 sehen Sie das Ergebnis dieser Bemühungen.

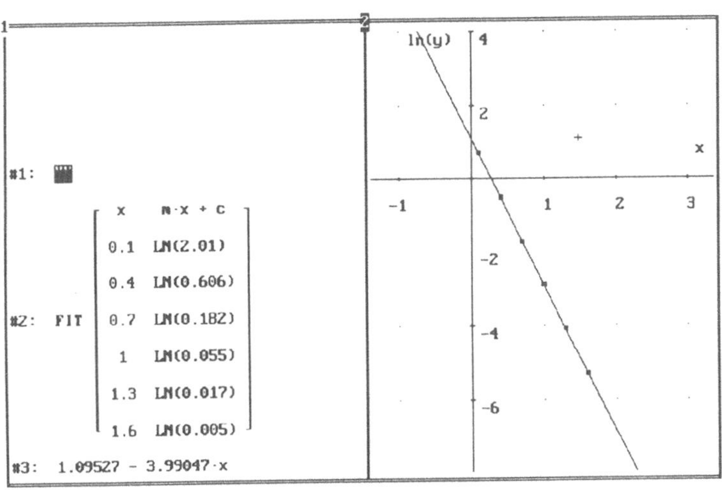


Abbildung 2.15

Es ergibt sich

$$\ln y = 1{,}09527 - 3{,}99047x.$$

Wir vergleichen das Ergebnis mit der allgemeinen Form

$$\ln y = \ln a - b.x$$

und folgern, daß $b = -\ 3{,}99$ und $\ln\ a\ =\ 1{,}095$, d.h. $a = \mathrm{e}^{1{,}095} = 2{,}99$. So gelangen wir durch *Entlogarithmieren* zur Exponentialfunktion

$$y = 2{,}99\ \mathrm{e}^{-3{,}99x}\ .$$

Mit großer Sicherheit dürfte $y = 3\ \mathrm{e}^{-4x}$ ein ausreichend genaues Modell für diese Daten sein.

Sehen wir nun zu den $t,s$ - Daten. Da wir eine Potenzfunktion $s = at^b$ erwarten, versuchen wir, mit dem FIT-Kommando näherungsweise eine lineare Funktion zwischen $\ln s$ und $\ln t$ zu finden. Abbildung 2.16 zeigt, wie das aussehen kann.

($x$ steht im Algebrafenster für $\ln t$, $y$ für $\ln s$).

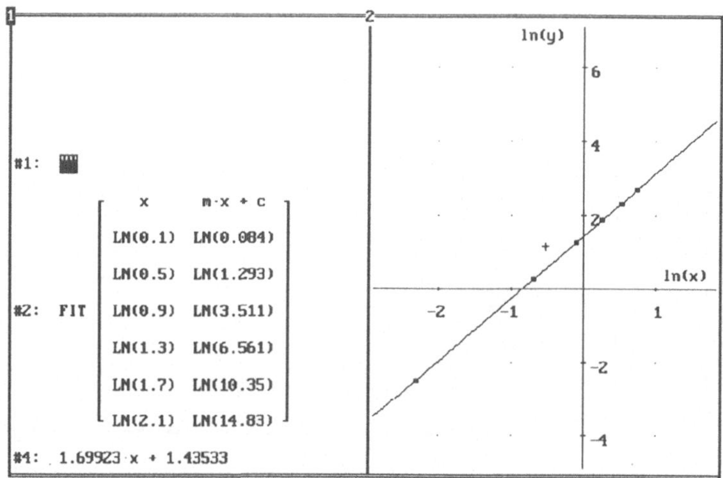


Abbildung 2.16

Hier ergibt sich

$$\ln s = 1{,}69923 \ln t + 1{,}43533.$$

Wir vergleichen das Ergebnis wieder mit der allgemeinen Form

$$\ln s = \ln a - b \ln t$$

und folgern, daß $b = 1{,}699$ und $\ln a = 1{,}435$, d.h. $a = e^{1{,}435} = 4{,}2$. So gelangen wir wieder durch *Entlogarithmieren* zu der Potenzfunktion

$$s = 4{,}2\, t^{1{,}699}.$$

In diesem Fall dürfte $s = 4{,}2\, t^{1{,}7}$ ein ausreichend genaues Modell für diese Daten sein.

*Übung 2E*

1. Welche der Kurven in Abbildung 2.17 verspricht (a) eine lineare Funktion, (b) eine Potenzfunktion, (c) eine Exponentialfunktion oder (d) keine von all den genannten.

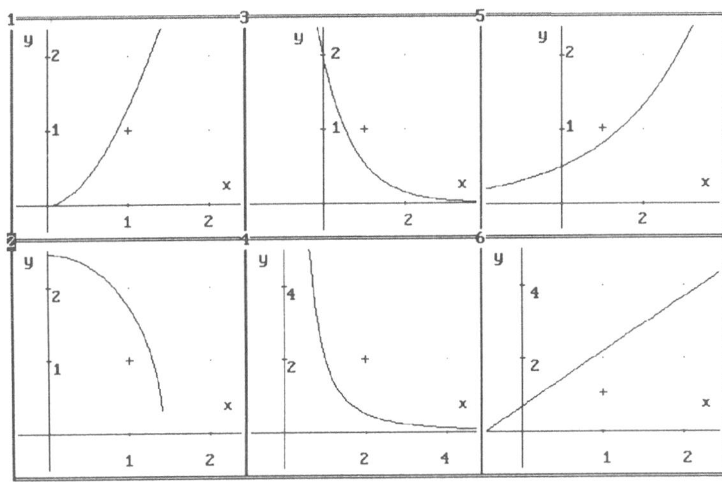


Abbildung 2.17

2. Suchen Sie die Potenzfunktionen, die jeweils durch die beiden Wertetafeln in Tabelle 2.7 beschrieben werden.

Tabelle 2.7

(a)

| $x$ | 1 | 2 | 3 | 4 | 5 | 6 |
|---|---|---|---|---|---|---|
| $y$ | 3,42 | 12,76 | 27,58 | 47,64 | 72,79 | 102,9 |

(b)

| $s$ | 0,3 | 1,1 | 1,9 | 2,3 | 3,2 | 4,1 |
|---|---|---|---|---|---|---|
| $t$ | 16,7 | 1,24 | 0,42 | 0,28 | 0,15 | 0,089 |

3. Die nächsten beiden Wertetafeln in Tabelle 2.8 beschreiben Exponentialfunktionen. Ermitteln Sie deren Gleichungen.

Tabelle 2.8

(a)

| $u$ | 2 | 4 | 6 | 8 | 10 |
|---|---|---|---|---|---|
| $v$ | 2,68 | 1,80 | 1,20 | 0,808 | 0,541 |

(b)

| $x$ | 0,1 | 0,3 | 0,7 | 0,9 | 1,6 |
|---|---|---|---|---|---|
| $y$ | 7,67 | 9,75 | 15,75 | 20,02 | 46,38 |

4. Die Daten in Tabelle 2.9 zeigen für jeden Planeten unseres Sonnensystems die Entfernungen von der Sonne und die Umlaufzeiten um die Sonne.

Tabelle 2.8

| Planet | Entfernung R [Mill km] | Periode T [Tage] |
|---|---|---|
| Merkur | 57,9 | 88 |
| Venus | 108,2 | 225 |
| Erde | 149,6 | 365 |
| Mars | 227,9 | 687 |
| Jupiter | 778,3 | 4329 |
| Saturn | 1427 | 10753 |
| Uranus | 2870 | 30660 |
| Neptun | 4497 | 60150 |
| Pluto | 5907 | 90470 |

Welcher Zusammenhang besteht zwischen $R$ und $T$? (3. *Keplersches Gesetz*)

5. Tabelle 2.10 enthält Daten aus einem Experiment, in dem der Druck von gesättigtem Wasserdampf bei verschiedenen Temperaturen gemessen wurde. Suchen Sie ein mögliches Modell für die Beziehung zwischen den Größen.

Tabelle 2.10

| Druck $p$ [$Nm^{-2}$] | 0,61 | 0,86 | 1,21 | 1,70 | 2,33 |
|---|---|---|---|---|---|
| Temperatur $T$ [°C] | 0 | 5 | 10 | 15 | 20 |

6. In Tabelle 2.11 finden Sie experimentell gefundene Werte für die Potentialdifferenz $V$ und die Stromstärke $I$ einer Halbleiterdiode.

Tabelle 2.11

| Potentialdifferenz $V$ [Volt] | Stromstärke $I$ [Mikroampere] |
|---|---|
| 0,255 | 0,40 |
| 0,315 | 1,60 |
| 0,345 | 3,60 |
| 0,385 | 8,90 |
| 0,410 | 18,20 |
| 0,455 | 52,20 |
| 0,475 | 90,30 |
| 0,495 | 140,00 |
| 0,505 | 182,00 |
| 0,515 | 223,00 |
| 0,530 | 310,00 |

Für diese Daten nimmt man ein exponentielles Modell $I = I_0\, e^{aV}$ an. Zeigen Sie, daß diese Annahme berechtigt ist, und suchen Sie die Werte für $I_0$ und $a$.

7. Tabelle 2.12 zeigt den atmosphärischen Luftdruck, ausgedrückt als Prozentanteil des Wertes auf Meereshöhe für verschiedene Höhen. Suchen Sie ein passendes naturwissenschaftliches Modell für den Zusammenhang zwischen $h$ und $p$.

Tabelle 2.12

| Höhe $h$ [km] | 0 | 5 | 10 | 14 | 20 | 24 | 30 |
|---|---|---|---|---|---|---|---|
| Druck $p$ [%] | 100 | 53,00 | 26,0 | 14,0 | 5,40 | 2,90 | 1,20 |

8. Ein Experiment über das Abbautempo von Lachgas erbrachte die folgenden Daten für die Geschwindigkeitskonstante $k$ zu unterschiedlichen Temperaturen $T$. Für die meisten Reaktionen ist $k = ae^{-b/T}$ mit konstanten $a$ und $b$ ein geeignetes Modell. Zeigen Sie, daß diese Daten dem Modell gehorchen und finden Sie $a$ und $b$.

Tabelle 2.13

| T [K] | 985 | 1005 | 1058 | 1069 | 1105 |
|---|---|---|---|---|---|
| k [Mol min$^{-1}$] | 0,224 | 0,447 | 2,00 | 2,52 | 6,31 |

# 3 Trigonometrische Funktionen

## 3.1 Einführung

Regelmäßige Schwankungen begegnen uns häufig in unserer Umwelt, wie z.B. das Schwingen des Pendels in einer Uhr, die abwechselnden Meereshöhen der Gezeiten, das Auf und Ab einer Nadel in einer Nähmaschine oder die unterschiedlichen Tageslängen im Wechsel der Jahreszeiten. Wir werden sehen, daß alle diese Schwankungen mit den wohlbekannten Sinus- und Kosinusfunktionen beschrieben werden können.

## 3.2 Gradmaß und Bogenmaß

Für die meisten praktischen Anwendungen werden Winkel in Grad gemessen, und das seit den Tagen der babylonischen Kultur vor etwa 4000 Jahren. Doch für Zwecke der höheren Mathematik benötigt man eine andere Maßeinheit, das *Bogenmaß*. Die Einheit für dieses Winkelmaß ist der *Radiant* oder abgekürzt, einfach *rad*.

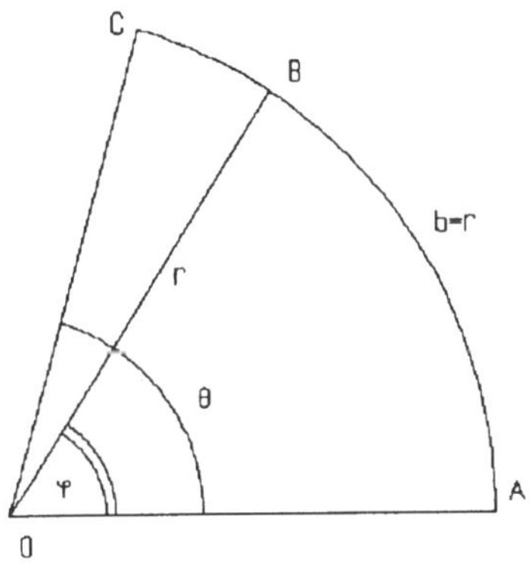


Abbildung 3.1

In Abbildung 3.1 läßt sich das Größenverhältnis der beiden Winkel $\varphi = \angle AOB$ und $\angle BOC$ durch Abmessen der Kreisbogenlängen $AB$ und $BC$ gewinnen, ohne daß man die zwischen den Winkelschenkeln liegenden Grade abzählt. Das ist die Grundlage des Bogenmaßes: Winkel, gemessen in rad sind Aussagen über zugehörige Kreisbogenlängen. Wenn nun wie in Abbildung 3.1 der Bogen $AB$ die Länge des Radius $OA$ hat, dann teilt man dem entsprechenden Winkel $\varphi = \angle AOB$ das Maß 1rad zu. Das Bogenmaß des Winkels $\theta = \angle AOC$ ist dann das Verhältnis der Bogenlänge $AC$ zum Radius $AO$. In dieser Abbildung ist $\theta = 1{,}3$ rad.

Allgemein läßt sich sagen: Der Winkel θ wird in Radiant gemessen durch

$$\theta = \frac{\text{Bogenlänge } AC}{\text{Radius } OC} \text{ rad.}$$

Es läßt sich nun leicht ein Zusammenhang zwischen dem Grad- und dem Bogenmaß herstellen. Dazu betrachten wir einen Kreis mit dem Radius $r$.

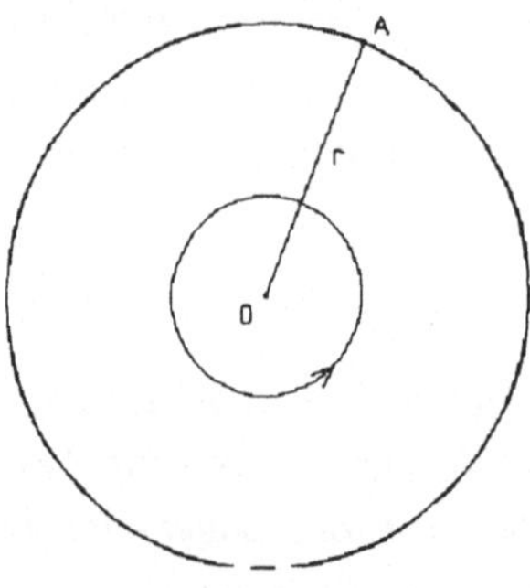


Abbildung 3.2

Während eines vollen Umlaufs überstreicht der Radius $OA = r$ den ganzen Winkel von 360°. Dabei beschreibt der Punkt $A$ den Kreisumfang $2r\pi$.

Daher gilt nach dem vorhin gesagten:

$$\text{voller Winkel} = 360° = \frac{\text{Umfang}}{\text{Radius } OA} = \frac{2r\pi}{r} = 2\pi \text{ rad}.$$

So entsprechen 180° dem Bogenmaß π rad und wir gelangen zu den Umrechnungsformeln:

$$1 \text{ rad} = \frac{180°}{\pi} \approx 57{,}2958°$$

$$1° = \frac{\pi}{180} \text{ rad}$$

Wenn wir den Winkel $\theta = \angle OAB$ in Grad gemessen haben, dann gilt:

$$\theta° = \frac{\theta \cdot \pi}{180} \text{ rad}$$

oder umgekehrt: Liegt der Winkel in $w$ rad vor, dann folgt

$$w \text{ rad} = \frac{180 \cdot w°}{\pi}.$$

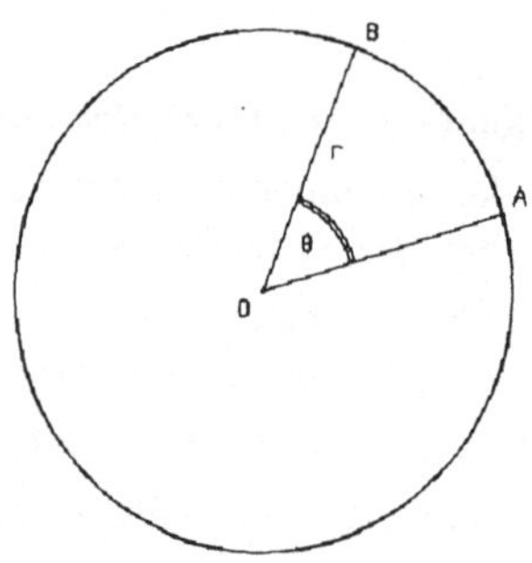


Abbildung 3.3

In der höheren Mathematik ist es üblich, Winkel im Bogenmaß als Vielfache von $\pi$ auszudrücken. So sind z.B.:

$$90^\circ = \frac{\pi}{180} \cdot 90\,\mathrm{rad} = \frac{\pi}{2}\,\mathrm{rad}.$$

Wenn man mit Winkeln auf dem Taschenrechner arbeitet, ist es ganz wichtig, sich zu vergewissern, welches Winkelmaß jeweils eingestellt ist. Mit einer Taste, die meist die Aufschrift DRG trägt, können Sie vom Grad-modus (DEG von degree) in den Rad-modus (RAD von Radiant) wechseln und umgekehrt. Auf dem Display sehen Sie den eingestellten Modus. (Der dritte Modus - GRAD - arbeitet in sogenannten Neugrad, hier beträgt der volle Winkel 400 Neugrad).

Betrachten Sie bitte nochmals Abbildung 3.3. Aus der Definition des Bogenmaßes

folgt: $$\theta = \frac{\text{Bogenlänge } AB}{\text{Radius}}.$$

Mit $r$ als Radius erhalten wir daraus das wichtige Ergebnis

> Bogenlänge $AB = r \cdot \theta$,
>
> wobei $\theta$ in rad gemessen wird.

Der Inhalt der Kreisfläche ist bekanntlich $r^2\pi$ und Flächeninhalt des Kreissektors $OAB$ ist ein Teil der Kreisfläche, gegeben durch

$$\frac{\text{Sektorfläche } OAB}{\text{Kreisfläche}} = \frac{\theta}{2\pi}.$$

Daher erhalten wir für den Flächeninhalt des Kreissektors $OAB$ die folgende Formel:

> Kreissektorfläche $OAB = \dfrac{r^2\theta}{2}$,
>
> mit dem Öffnungswinkel $\theta$ in rad.

*Übung 3A*

1. Verwenden Sie die Umrechnungsformeln, und rechnen Sie mit dem Taschenrechner die vorgegebenen Winkel aus dem Grad- ins Bogenmaß oder umgekehrt um.

   (a) 65° (b) 18° (c) 1,5 rad (d) 0,5 rad (e) 2,8 rad

   (f) 150° (g) 5 rad (h) 279° (i) 1 rad (j) 1°

2. Vervollständigen Sie die nachfolgende Gradtabelle mit den äquivalenten Bogenmaßen:

| Grad | 0 | 30 | 45 | 60 | 90 | 120 | 135 | 150 | 180 |
|---|---|---|---|---|---|---|---|---|---|
| rad | 0 | | $\frac{\pi}{4}$ | | $\frac{\pi}{2}$ | | | | $\pi$ |
| Grad | 210 | 225 | 240 | 270 | 300 | 315 | 330 | 360 | |
| rad | | $\frac{5\pi}{4}$ | | | $\frac{5\pi}{3}$ | | | $2\pi$ | |

Tabelle 3.1

3. Ein Kreis mit dem Radius 20 cm ist gegeben. Welche Winkel, ausgedrückt im Bogenmaß, gehören zu Kreisbögen der Länge

   (a) 8 cm (b) 35 cm?

4. Ein Kreisausschnitt ( = Kreissektor) in einem Kreis mit dem Radius 12 cm weist eine Bogenlänge von 8 cm auf.

   (a) Wie groß ist der Winkel im Zentrum (in rad)?

   (b) Welchen Flächeninhalt hat der Kreissektor?

5. Ein Kreissektor eines Kreises vom Radius 15 cm hat den Flächeninhalt von $A = 9\,\text{cm}^2$. Berechnen Sie die Länge des zugehörigen Kreisbogens.

## 3.3 Rechtwinklige Dreiecke

Sie werden sicher von der elementaren Mathematik her die trigonometrischen Funktionen oder Winkelfunktionen *Sinus, Kosinus* und *Tangens* kennen, die als genau festgelegte Seitenverhältnisse im rechtwinkligen Dreieck definiert sind.

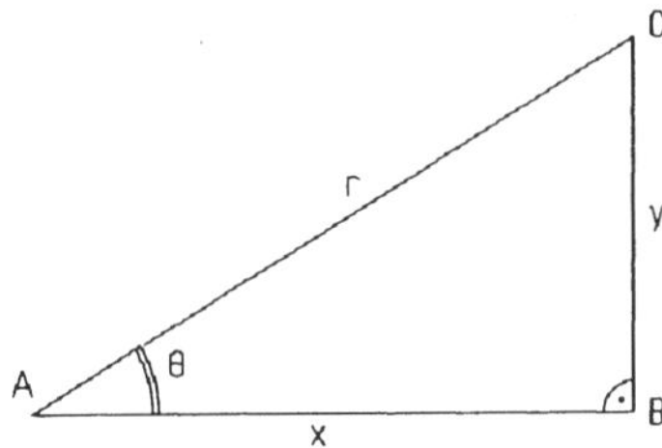


Abbildung 3.4

So ergeben sich im rechtwinkligen Dreieck in Abbildung 3.4 die Seitenverhältnisse

$$\sin\theta = \frac{y}{r} = \frac{\text{Gegenkathete}}{\text{Hypotenuse}}, \quad \cos\theta = \frac{x}{r} = \frac{\text{Ank.}}{\text{Hyp.}}, \quad \tan\theta = \frac{y}{x} = \frac{\text{Gegenk.}}{\text{Ank.}}.$$

Mit dem Pythagoräischen Lehrsatz $x^2 + y^2 = r^2$ sind Sie sicherlich ebenso vertraut.

*DERIVE Aktivität 3a*

*DERIVE* nimmt immer an, daß Sie die Winkel im Bogenmaß angeben, wenn Sie Trigonometrie betreiben. Die ersten Aufträge dieser Aktivität sollen Ihnen zeigen wie sie trotzdem mit Graden umgehen können. Anschließend werden einfache Aufgaben, die mit rechtwinkligen Dreiecken zusammenhängen, gelöst.

(A) **Schreiben** Sie **44** deg. Wenn Sie diesen Ausdruck **Vereinfachen**, werden Sie als Ergebnis den Wert $\frac{11\pi}{45}$ erhalten. Auf diese Weise rechnet *DERIVE* Grade in Radiant um. Mit **approX** erhalten Sie einen dezimalen Näherungswert für dieses Bogenmaß.

(B) **Schreiben** Sie 1.5/deg. Mit **approX** erhalten Sie näherungweise 85,9436 (Grad). So wandelt *DERIVE* das Bogenmaß ins Winkelmaß um.

Wandeln Sie mit *DERIVE* Grad in Radiant und Radiant in Grad um. ($\pi$ erhalten Sie mit der Tastenkombination [Alt] + [P]).

(a) 82° (b) 3,72 rad (c) $\frac{7\pi}{5}$ rad (d) 250°

(e) 310° (f) 0,263 rad (g) 1 rad (h) 1°

(i) 10,6° (j) $\frac{8\pi}{15}$ rad

(C) Abbildung 3.5 zeigt eine gegen eine Mauer gelehnte Leiter, die mit der (ebenen) Grundfläche einen Winkel von 61,3° einschließt. Wie weit von der Mauer entfernt ist das untere Ende der Leiter, und wie hoch auf die Mauer reicht die Leiter?

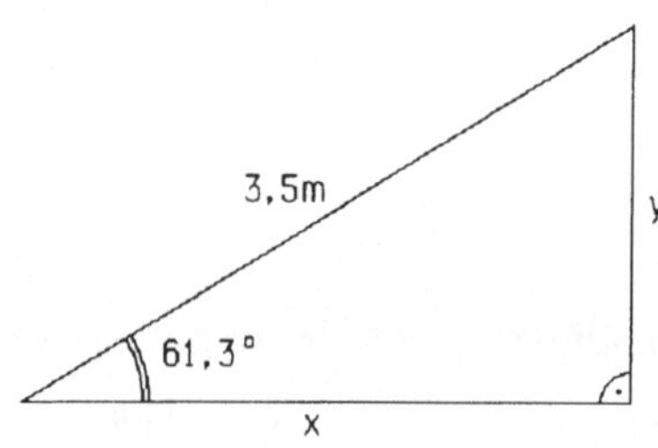


Abbildung 3.5

Mit $x$ und $y$ bezeichnen wir den Abstand des Leiterfußes von der Mauer und den Abstand des höchsten Punktes vom Erdboden. Wir erkennen, daß wir die Ankathete $x$ mit dem Kosinus berechnen können.

**Schreiben** Sie cos θ = x/r (für θ drücken Sie bitte [α] + [H]). **zusaTz Substituiere** 3,5 für $r$ und 61,3 deg für θ. **Lösen** Sie die Gleichung nach $x$ auf und **approXi**mieren Sie, dann erhalten Sie auf 2 Dezimalstellenstellen gerundet das Ergebnis $x = 1{,}68$ m.

Analog finden Sie die Gegenkathete $y$ mit der Sinusfunktion.
**Schreiben** Sie sin θ = y/r. Substituieren Sie die gegebenen Daten, und Sie können für $y$ den Wert 3,07 finden.

Die Leiter steht 1,68 m von der Mauer entfernt am Boden und lehnt in einer Höhe von 3,07 m an der Mauer.

(D) Eine Strebe der Länge $r$ soll ein 75 cm tiefes Ablagebrett stützen. Dazu wird sie 0,5 m unter dem Brett an der Wand verankert. (Siehe Abbildung 3.6). Wie lange muß die Strebe sein, und welchen Winkel schließt sie mit der Wand ein?

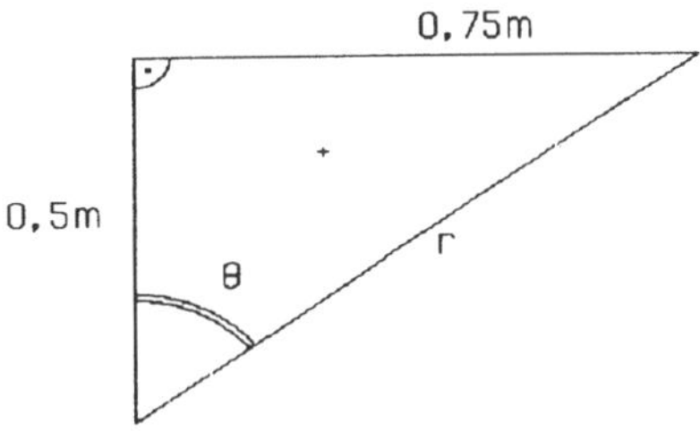


Abbildung 3.6

Zur Bestimmung der Länge $r$ verwenden wir den Pythagoräischen Lehrsatz.

**Schreiben** Sie $x^2 + y^2 = r^2$. Substituieren Sie für $x$ und $y$ die Werte 0,5 und 0,75. Lösen Sie die Gleichung nach $r$ auf und Sie werden **approX**imativ $r = 90{,}1$ cm erhalten. (Die negativen Lösungen können Sie vernachlässigen.)

**Schreiben** Sie $\tan\theta = y/x$. Substituieren Sie und lösen Sie nach $\theta$ auf. Sie erhalten 3 Lösungen - aber im Bogenmaß. **approX**imieren Sie jede der Lösungen und wandeln Sie diese in Grad um ( /deg). Es ist einzusehen, daß hier die einzige sinnvolle Lösung nur $\theta = 56{,}3°$ sein kann.

Die Strebe muß demnach 90,1 cm lang sein, und sie ist unter 56,3° gegen die Wand geneigt.

Lösen Sie nun selbständig die folgenden Probleme.

(E) Ein rechteckiger Rahmen (9 m × 5 m) wird durch diagonale Streben verstärkt.

(i) Wie lange sind diese Streben?

(ii) Welchen Winkel bilden die Streben mit der längeren Rahmenseite?

(F) Die Straße von P-Dorf verläuft 3 Meilen in östlicher Richtung zur Q-Burg. Nördlich von dieser Burg befindet sich in 6 Meilen Entfernung ein TV-Sender. Wie groß ist die Entfernung von P-Dorf zum Sender? Welchen Winkel bildet die Visierlinie Dorf-Sender mit der Ostrichtung?

(G) Ein Fluß verläuft parallel zu einem Bürogebäude. Das Dach dieses Gebäudes liegt 35 m über dem Wasserspiegel. Wenn man von einem Punkt des Daches in gerader Richtung über den Fluß blickt, sieht man das dieseitige und das jenseitige Ufer unter den Tiefenwinkeln 39° und 19°. Wie breit ist der Fluß an dieser Stelle? (Hinweis: Ein Schenkel des Tiefenwinkels ist die waagrechte Visierlinie).

(H) Im Koordinatensystem sind die Punkte $L(-2,-3)$, $M(1,1)$ und $N(2,-1)$ gegeben. Berechnen Sie:

(i) den Winkel zwischen der Geraden $LM$ und einer Parallelen zur y-Achse,

(ii) den Winkel zwischen der Geraden $MN$ und einer Parallelen zur x-Achse,

(iii) schließlich auch den Winkel $\angle LMN$.

## 3.4 Schiefwinklige Dreiecke

Es ist augenscheinlich, daß nicht alle Dreieck rechtwinklig sind. Darum ist es notwendig, weitere trigonometrische Techniken zu entwicklen, wenn man sich mit allgemeinen Dreiecken befassen will. Zwei wichtige Regeln helfen immer dann, wenn es sich um keine rechtwinkligen Dreiecke handelt: der Sinussatz und der Kosinussatz.

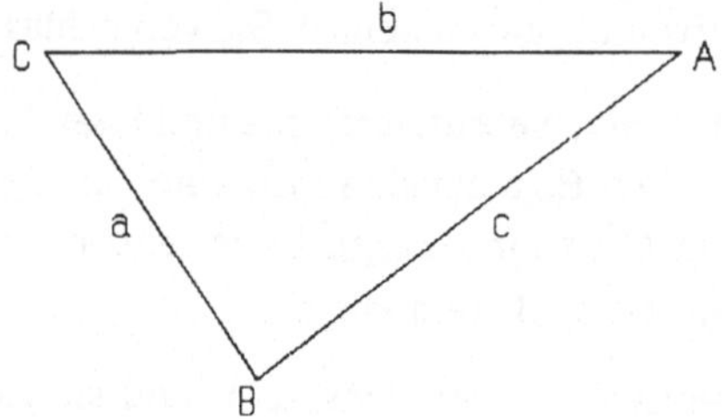


Abbildung 3.7

Abbildung 3.7 vermittelt eine hilfreiche Vereinbarung: Die Seiten, die den Eckpunkten $A$, $B$ und $C$ gegenüberliegen, werden mit $a$, $b$ und $c$ bezeichnet. Ein derartiges Dreieck bezeichnet man als *schiefwinklig*.

In Abbildung 3.8 ist $D$ der Fußpunkt der Normalen von $B$ auf die Seite $b$. $BD$ ist die Höhe $h$. $D$ teilt die Seite $b$ in die Abschnitte $x$ und $b-x$.

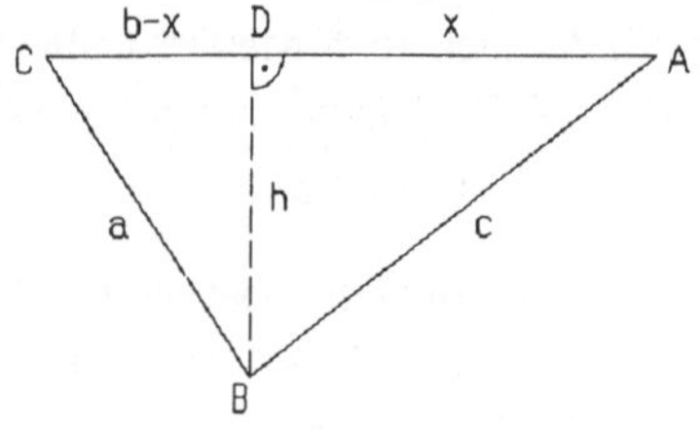


Abbildung 3.8

Den beiden Dreiecken $\Delta ABD$ und $\Delta CBD$ entnehmen wir:

$$\sin A = \frac{h}{c} \text{ und } \sin C = \frac{h}{a} \qquad \text{und daraus weiter } h = c \sin A, \text{ bzw } h = a \sin C.$$

Es folgt: $c \sin A = a \sin C$ oder in anderer Schreibweise: $\dfrac{c}{\sin C} = \dfrac{a}{\sin A}$.

Wenn wir nun auch die anderen Höhen wählen und ebenso vorgehen, finden wir

$$\frac{b}{\sin B} = \frac{a}{\sin A} \text{ und } \frac{c}{\sin C} = \frac{b}{\sin B}.$$

Diese drei Ergebnisse werden im *Sinussatz* zusammengefaßt.

$$\boxed{\frac{a}{\sin A} = \frac{b}{\sin B} = \frac{c}{\sin C}}$$

Nun soll noch der *Kosinussatz* abgeleitet werden. Wir wenden in den Dreiecken $\Delta ABD$ und $\Delta CBD$ in Abbildung 3.8 den Pythagoräischen Lehrsatz an und erhalten

$$h^2 = c^2 - x^2$$

und

$$h^2 = a^2 - (b - x)^2 .$$

Wir setzen die Terme für $h^2$ gleich und vereinfachen:

$$a^2 - (b - x)^2 = c^2 - x^2$$
$$a^2 - b^2 + 2bx - x^2 = c^2 - x^2$$
$$a^2 = b^2 + c^2 - 2bx.$$

Aus dem Dreieck $\Delta ABD$ ersieht man, daß $\cos A = \dfrac{x}{c}$

daher

$$x = c \cos A.$$

Man substituiert für $x$ und erhält

$$a^2 = b^2 + c^2 - 2bc \cos A.$$

Wenn wir auf die gleiche Weise die anderen beiden Höhen verwenden, kann leicht gezeigt werden, daß auch gilt:

$$b^2 = a^2 + c^2 - 2ac \cos B$$
$$c^2 = a^2 + b^2 - 2ab \cos C.$$

Diese drei Beziehungen bilden den Kosinussatz:

$$\boxed{\begin{aligned} a^2 &= b^2 + c^2 - 2bc \cos A \\ b^2 &= a^2 + c^2 - 2ac \cos B \\ c^2 &= a^2 + b^2 - 2ab \cos C. \end{aligned}}$$

Weiter kennen Sie sicher die Formel für den Flächeninhalt des Dreiecks $ABC$ mit

$$\text{Flächeninhalt} = \frac{b \cdot h}{2}$$

Da aber $h = a \sin C$ gilt auch

$$\text{Flächeninhalt} = \frac{a \cdot b}{2} \sin C.$$

Es kann aber wiederum jede der drei Höhen ausgewählt werden, daher gibt es drei Versionen für diese Flächenformel:

$$\boxed{\text{Fläche eines Dreiecks} = \begin{cases} \dfrac{a \cdot b}{2} \sin C \\[2ex] \dfrac{b \cdot c}{2} \sin A \\[2ex] \dfrac{a \cdot c}{2} \sin B. \end{cases}}$$

**Beispiel 3A**

Abbildung 3.9 ist die Skizze eines dreieckigen Feldes, von dem die Seite $AB = 400$ m lang ist, und bei dem die Winkel bei A und $C$ mit 65° und 100° gemessen werden.

(a) Wie groß ist der Winkel beim Eckpunkt $B$?

(b) Wie lange sind die beiden anderen Seiten des Feldes $BC$ und $AC$?

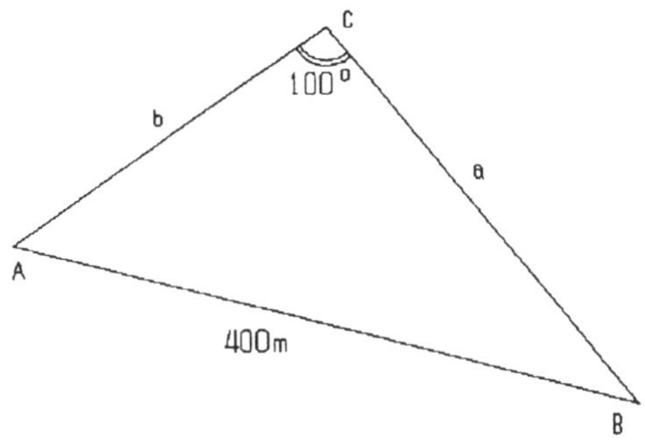


Abbildung 3.9

**Lösung**

(a) Die Winkelsumme im Dreieck ist 180°, daher ist der Winkel bei $B$ 15°.

(b) Mit dem Sinussatz können wir die Längen von $a = BC$ und $b = AC$ berechnen.

$$\frac{a}{\sin 65^\circ} = \frac{b}{\sin 15^\circ} = \frac{400}{\sin 100^\circ}$$

Wir lösen diese Gleichung zuerst nach $a$ auf:

$$a = \frac{400 \sin 65^\circ}{\sin 100^\circ} = 368{,}115\,\mathrm{m}\,.$$

Ebenso können wir die Gleichung nach $b$ auflösen:

$$b = \frac{400 \sin 15^\circ}{\sin 100^\circ} = 105{,}124\,\mathrm{m}\,.$$

Die Seitenlängen des Feldes sind somit auf Ganze gerundet 308 m und 105 m.

**Beispiel 3B**

In Abbildung 3.10 sehen Sie ein schiefwinkliges Dreieck mit den beiden Seiten 3,15 cm und 2,72 cm und dem von ihnen eingeschlossenen Winkel bei 135°. Berechnen Sie die fehlenden Winkel und die dritte Seite.

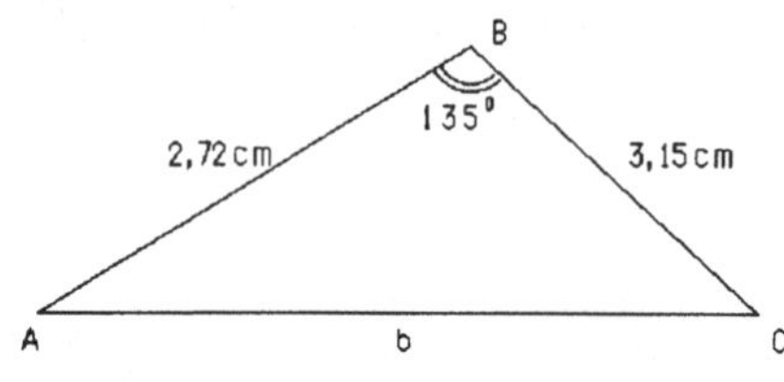


Abbildung 3.10

**Lösung**

Mit dem Kosinussatz finden wir die dritte Seite b.

$$b^2 = a^2 + c^2 - 2\,a\,c\cos B$$

$$b^2 = 3{,}15^2 + 2{,}72^2 - 2 \cdot 3{,}15 \cdot 2{,}72 \cdot \cos 135° = 29{,}44$$

Und weiter $\quad b = \sqrt{29{,}44} = 5{,}43\text{cm}.$

Um einen der beiden Winkel bei $A$ oder $C$ zu berechnen, verwenden wir den Sinussatz. So etwa für den Winkel bei $A$:

$$\frac{a}{\sin A} = \frac{b}{\sin B}.$$

Wir substituieren und lösen nach dem Winkel $A$ auf:

$$\sin A = \frac{a\,\sin B}{b} = \frac{3{,}15\,\sin 135°}{5{,}43} = 0{,}41.$$

Wenn wir diese Gleichung nach $A$ auflösen, erhalten wir für diesen Winkel:

$$A = 24{,}2°.$$

Der noch fehlende Winkel bei $C$ ergibt sich als Ergänzungswinkel auf 180° mit

$$C = 20{,}8°$$

Wichtiger Hinweis: Aus Gründen, die momentan noch nicht einsichtig sind, beachten Sie bitte unbedingt, daß Sie mit dem Sinussatz niemals jenen Winkel ausrechnen, der der längsten Seite gegenüberliegt.

*DERIVE Aktivität 3b*

Diese Aktivität soll Ihnen zeigen, wie Sie *DERIVE* dazu verwenden können, Probleme ähnlich denen in Beispielen 3A und 3B zu bearbeiten. Gehen Sie vorerst über **Einstellungen Eingabe** ins Auswahlfeld **Groß/Klein** und wählen Sie **Sensitive**. Jetzt unterscheidet *DERIVE* zwischen Groß- und Kleinbuchstaben. Das hat zwar den Vorteil, daß Sie die Seite mit *c* und den Winkel mit *C* bezeichnen können, andererseits müssen Sie aber nun die Winkelfunktionen als SIN, COS und TAN mit Großbuchstaben schreiben, damitsie von *DERIVE* auch als mathematische Funktionen interpretiert werden.

(A) Betrachten Sie nochmals Beispiel 3A. Für die Berechnung der Seitenlänge a sind die folgenden Schritte notwendig:

**Schreibe** a / SIN A = b / SIN B

**zusaTz Substituiere** *C*: 100 deg, *A*: 65 deg, c: 400

**Löse** und Sie werden für *a* den Wert 368,115 erhalten.

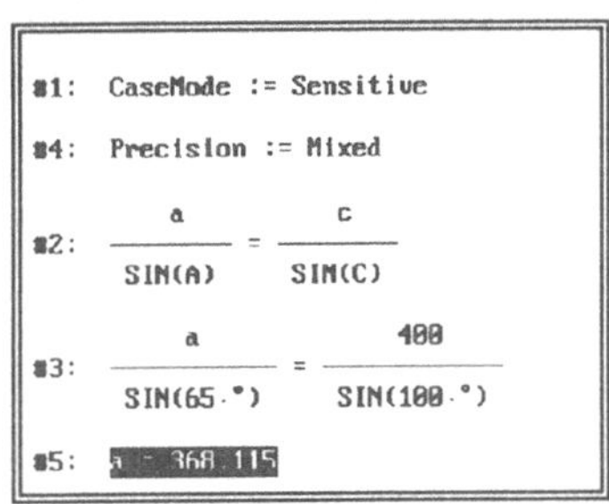


Abbildung 3.11

Ganz ähnlich gehen Sie vor, um *b* zu berechnen:

**Schreibe** b / SIN B = c / SIN C

**zusaTz Substituiere** *C*: 100 deg, *B*: 15 deg, *c*: 400

**Löse** und Sie werden für *b* den Wert 105,124 finden.

(B) Auch Aufgabe 3B soll mit *DERIVE* gelöst werden:

**Schreibe** b^2 = a^2 + c^2 – 2 a b COS B

**zusaTz Substituiere** *B*: 135 deg, *a*: 3,15, *c*: 2,72

**approXimieren** Sie und Sie finden $b = 5{,}42566$. (Ignorieren Sie bitte die negative Lösung).

Zur Berechnung des Winkels bei *A* gehen Sie ähnlich vor wie in (A). Das Ergebnis müßte 0,423033 rad, bzw 24,238° sein.

Verwenden Sie den Sinussatz, den Kosinussatz und *DERIVE* und versuchen Sie die folgenden Aufgaben zu lösen.

(C) $\Delta ABC$: $\angle BAC = 34{,}6°$; $\angle BCA = 80{,}1°$; $c = 10$ cm. Wie groß sind $a$ und $b$?

(D) $\Delta ABC$: $a = 6{,}8$ cm; $b = 10{,}5$ cm, $\angle ABC = 76{,}8°$. Berechnen Sie die fehlenden Winkel und den Flächeninhalt des Dreiecks.

(E) Ein Boot segelt geradewegs auf eine Klippe zu. Der zu einem Punkt auf der Spitze der Klippe gemessene Höhenwinkel steigt von 6° auf 10° während das Boot 250 m zurücklegt. (Ein Schenkel des *Höhenwinkels* ist waagrecht).

(a) Welche Entfernung liegt zwischen dem Boot und dem anvisierten Punkt auf der Klippe?

(b) Welche Höhe über dem Meeresspiegel hat die Klippe?

(F) Die Seite eines dreieckigen Feldes $PQR$ hat die Länge $PQ = 150$ m. Von $P$ mißt man zu $Q$ den *Kurswinkel* 35° und zu $R$ den Kurswinkel 115°. $R$ sieht man von $Q$ unter dem Kurs von 171°

(Unter dem *Kurswinkel* sollen Sie hier den Winkel mit einer fixierten 0-Richtung verstehen. Interpretieren Sie ihn z.B. als Winkel mit der geographischen Ostrichtung).

(a) Wie groß sind die Abstände $PR$ und $QR$?

(b) Welchen Flächeninhalt hat das Feld?

(G) Welchen Winkel schließen die Zeiger einer Uhr um 10 Uhr 20 ein? Wie groß ist der Abstand zwischen den Zeigerspitzen, wenn der Minutenzeiger 20 cm und der Stundenzeiger 15 cm lang ist?

(H) Ein Schiff verläßt den Hafen A und legt 12 sm (Seemeilen) unter dem Kurs 25° zurück. Nehmen Sie bitte für den Kurs die Erklärung aus (F)! Dann wendet es, nimmt neuen Kurs 192° und erreicht nach einer Fahrt von 15 Seemeilen den Hafen B. Wie groß ist die direkte Entfernung zwischen A und B? Unter welchem Kurs sieht man den Hafen A von B aus?

## 3.5 Die Sinus- und die Kosinusfunktion

Die Trigonometrie ist ein sehr mächtiges Teilgebiet innerhalb der Mathematik. Das wird besonders deutlich, wenn man sie unabhängig von ihrer Bedeutung für die Dreiecksberechnung betrachtet. Alles, was mehr oder weniger regelmäßig schwingt (= *oszilliert*) kann mathematisch mit Sinus- und Kosinusfunktionen beschrieben werden. Es wurde schon auf die Pendelbewegung in einer Uhr und auf die Veränderungen der Tageslängen im Verlauf der Jahreszeiten hingewiesen.

Wir betrachten nun einen Kreis mit dem Mittelpunkt im Koordinatenursprung und dem Radius r = 1 Einheit - den sogenannten *Einheitskreis*. (siehe Abbildung 3.12)

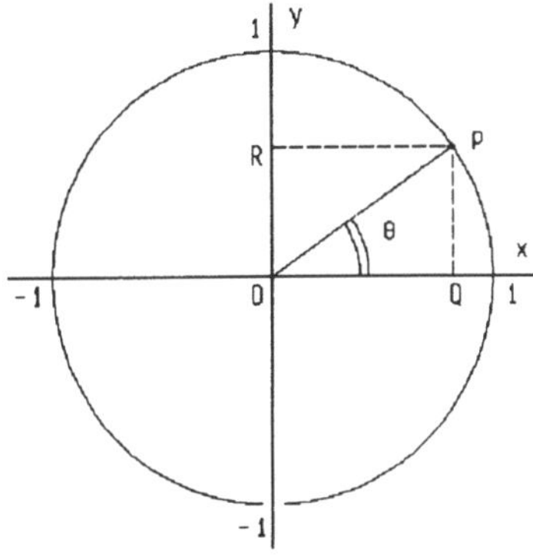


Abbildung 3.12

Der Strahl $OP$ schließt mit der positiven Richtung der x-Achse den Winkel θ ein. Der Einfachheit halber wollen wir den Kreispunkt $P$ im I.Quadranten annehmen. Gerade parallel zu den Koordinatenachsen durch $P$ lassen zwei rechtwinklige Dreiecke mit der Hypotenuse $OP = 1$ entstehen. Damit folgt aber

$$OQ = \cos\theta \quad \text{und} \quad OR = QP = \sin\theta.$$

Wenn wir den Punkt $P$ im mathematisch positiven Sinn - gegen den Uhrzeigersinn - auf der Kreislinie bewegen, und damit den Winkel θ wachsen lassen, dann läßt sich für jede Lage von $P$ definieren:

$$OQ = x\text{-Koordinate des Punktes } P = \cos\theta$$
$$OR = y\text{-Koordinate des Punktes } P = \sin\theta$$

Diese Definition der Winkelfunktionen läßt es nun zu, für jeden Winkel - und nicht nur bis 90° - Werte für Sinus und Kosinus zu bestimmen. Die Graphen der $x$- und $y$-Koordinaten von $P$ in Abhängigkeit von θ finden Sie in den Abbildungen 3.13a und 3.13b. (Eine Bewegung im Uhrzeigersinn entspricht negativen Werten für θ.)

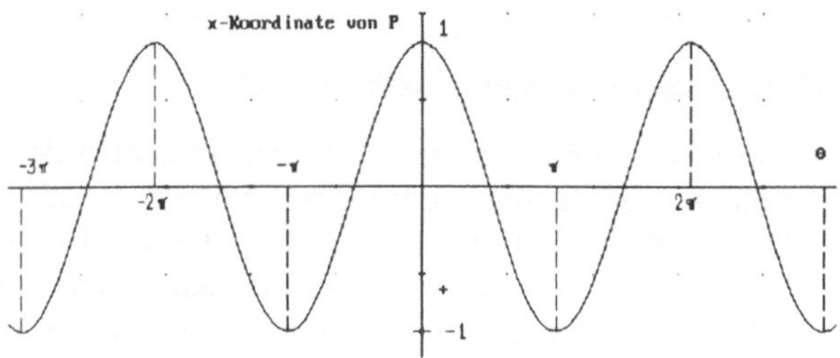


Abbildung 3.13a

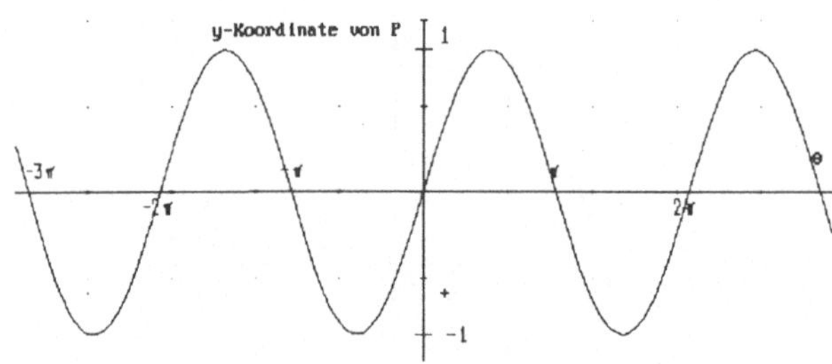


Abbildung 3.13b

In Abbildung 3.13a sehen Sie die Abbildung der **Kosinusfunktion** für $-3\pi \leq \theta \leq 3\pi$ (in Radiant), während 3.13b die **Sinusfunktion** für den gleichen Bereich darstellt. Aus diesen Graphen lassen sich wichtige Eigenschaften der beiden Funktionen ableiten.

1. Die Graphen der beiden Funktionen wiederholen sich in Abständen von $2\pi$rad. Sie sind *periodisch* mit einer *Periode* von $2\pi$.

$$\cos(\theta + 2\pi) = \cos\theta \qquad \sin(\theta + 2\pi) = \sin\theta$$

2. Der Graph der Kosinusfunktion ist symmetrisch zur y-Achse. Er bietet das Beispiel einer *geraden Funktion.*

$$\cos(-\theta) = \cos\theta.$$

3. Der Graph der Sinusfunktion ist zentrisch- oder punktsymmetrisch bezüglich des Koordinatenursprungs. Das ist das Beispiel einer *ungeraden Funktion.*

$$\sin(-\theta) = -\sin(\theta).$$

4. Beide Graphen haben eine begrenzte Wertemenge: Ihre Funktionswerte sind beschränkt zwischen den Werten –1 und +1.

$$-1 \le \cos\theta \le 1 \qquad\qquad -1 \le \sin\theta \le 1 .$$

5. Beide Graphen sind zusammenhängend und ihre Definitionsmengen sind unbeschränkt. Sie sind beide *stetig*.

6. Der Graph der Sinusfunktion geht durch Schiebung um $\frac{\pi}{2}$ rad nach rechts aus der Kosinusfunktion hervor.

$$\cos\left(\theta - \frac{\pi}{2}\right) = \sin\theta .$$

7. Analog erhält man die Kosinusfunktion, wenn man die Sinusfunktion um $\frac{\pi}{2}$ rad nach links verschiebt.

$$\sin\left(\theta + \frac{\pi}{2}\right) = \cos\theta.$$

*Übung 3B*

1. **Zeichnen** Sie mit *DERIVE* die Graphen der Sinus- und Kosinusfunktion. für $-2\pi \le \theta \le 4\pi$ und überprüfen Sie oben genannten Eigenschaften 1 - 7.

2. Zeichnen Sie die Graphen der folgenden Funktionen und entscheiden Sie, ob die Funktionen gerade, ungerade oder keines von beiden sind.

(a) $y = x$ (b) $y = x^2$ (c) $y = x^3$

(d) $y = e^x$ (e) $y = e^{-x}$ (f) $y = 2$

(g) $y = x \sin x$ (h) $y = x \cos x$ (i) $y = x^2 \cos x$

(j) $y = \dfrac{1}{1 + x^2}$ (k) $y = e^{-x^2}$

## 3.6 Die Tangensfunktion

Aus der elementaren Trigonometrie werden Sie sicher wissen, daß

$$\tan\theta = \frac{\sin\theta}{\cos\theta}.$$

Nun können wir auch den Graphen von tan θ über den Ihnen vetrauten Bereich von $0 \leq \theta \leq \frac{\pi}{2}$ hinaus ausdehnen. Abbildung 3.14 zeigt den Graphen von $y = \tan\theta$ für den Bereich von $-3\pi \leq \theta \leq 3\pi$.

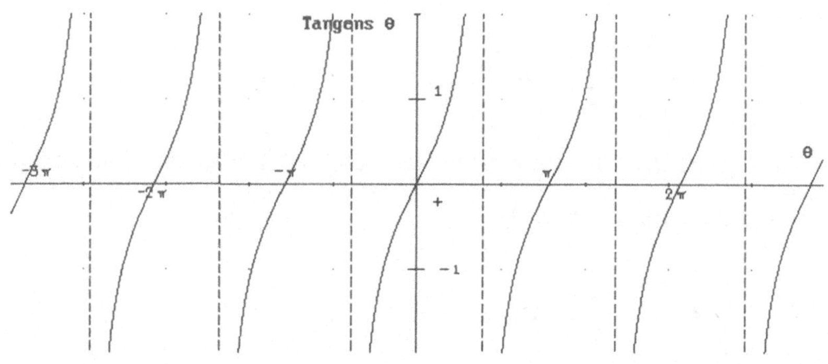


Abbildung 3.14

*Übung 3C*

1. Leiten Sie aus Abbildung 3.14 wichtige Eigenschaften der Tangensfunktion ab. Vergleichen Sie Ihre Ergebnisse mit den Aussagen 1 - 5 über die Eigenschaften von Sinus und Kosinus.

2. Obwohl der tan θ für $\theta = 90° = \frac{\pi}{2}$ rad nicht definiert ist, ist er doch für Winkel, die sehr nahe bei 90° liegen, eindeutig bestimmt. Ermitteln Sie die Werte für

   (a) tan 89° (b) tan 89,9° (c) tan 89,99°

   (d) tan 90,01° (e) tan 90,1° (f) tan 91°

3. Der Graph von y = tan θ hat für θ = 90° eine senkrechte Asymptote. An welchen Stellen treten weitere Asymptoten auf?

## 3.7 Eigenschaften der trigonometrischen Funktionen

*DERIVE Aktivität 3c*

In dieser Aktivität wollen wir einige wesentliche Eigenschaften der Winkelfunktionen und deren Graphen untersuchen.

(A) (i) **Schreiben** und **Vereinfachen** Sie VECTOR (n sinx,n,1,3)
Das ergibt einen Vektor - eine Liste - von Sinusfunktionen
[sin $x$, sin $2x$, sin $3x$, sin $4x$]

**Zeichnen** Sie diese Funktionen im **Maßstab x:** $\frac{\pi}{2}$ **y:** 3.

Welche Gemeinsamkeiten haben die Graphen?
Löschen Sie bitte die Graphen und die Ausdrücke.

(ii) Wiederholen Sie Aufgabe (i) mit VECTOR (n cosx,n,1,3) und auch

(iii) mit VECTOR (n tanx,n,1,3).

(B) (i) Nun erzeugen Sie die entsprechende Liste zu VECTOR (sin(nx),n,1,3) und zeichnen Sie die Graphen im **Maßstab x:** $\frac{\pi}{2}$ **y:** 1.

(Die beste Darstellung werden Sie mit **Zeichnen Under** erzielen; dazu müssen Sie aber das vorhandene Grafikfenster vorher schließen).

Welche Gemeinsamkeiten treten hier auf? Worin unterscheiden sich die Graphen?

(ii) Stellen Sie diese Überlegungen mit der Liste VECTOR (cos(nx),n,1,3) und

(iii) auch mit VECTOR (tan(nx),n,1,3) an.

(iv) Versuchen Sie, aus Ihren gewonnenen Erfahrungen heraus, den Graphen der Funktion y = 3.sin $2x$ zu skizzieren. Überprüfen Sie Ihre Überlegung mit *DERIVE*.

(v) Erzeugen Sie beliebige Funktionen der Form y = $m$.sin($nx$). Skizzieren Sie zuerst den Kurvenverlauf, und überprüfen Sie Ihre Ergebnisse im Grafikfenster von *DERIVE*.

(C) (i) **Schreiben und Vereinfachen** Sie VECTOR (sin(x + n),n,0,1.5,0.5).

**Zeichnen** Sie die Graphen im **Maßstab x:** $\frac{\pi}{2}$ **y:** 1.

In welche Richtung werden die Sinusschwingungen verschoben?

Bewegen Sie das Fadenkreuz längs der $x$-Achse in die jeweils ersten Schnittpunkte, die links vom Koordinatenursprung liegen. Mit der F9 - Taste können Sie sich in das Bild „zoomen". Lesen Sie bitte die Koordinaten der Schnittpunkte mit der $x$-Achse - der *Nullstellen* - links unten am Bildschirm bei **Cross:** ab. Gibt es einen Zusammenhang zwischen diesen Koordinaten und den Werten für $n$ in den Funktionen?

Löschen Sie die Graphen und wiederholen Sie den Vorgang mit der Liste VECTOR (sin(x – n),0,1.5,0.5). Wo liegen die jeweils kleinsten positiven Nullstellen der Graphen?

Mit der F10- Taste „zoomen" Sie sich wieder aus dem Bild heraus. Die Befehlskombination **zOome Richtung: In,** bzw **Out**, erlaubt Ihnen auch, die Grafiken zu vergrößern und wieder zu verkleinern.

(ii) Erzeugen Sie die Funktionenschar VECTOR (cos(x–n),0,1.5,0.5) und untersuchen Sie die Position der höchsten Punkte aller Graphen.

(iii) Wiederholen Sie bitte (i) und (ii) mit den Listen für sin $(2x + n)$. Wählen Sie dazu den **Maßstab x:** $\frac{\pi}{4}$ **y:** 1. Ebenso mit sin$(4x - n)$ und **x:** $\frac{\pi}{8}$ **y:** 1.

(iv) Bei den Scharen von tan$(x \pm n)$ gibt es keine Hochpunkte. Untersuchen Sie dafür hier den Zusammenhang zwischen den Werten für $a$ und den Verschiebungen der Schnittpunkte zwischen den Asymptoten und der x-Achse.

(D) (i) **Schreiben und Vereinfachen** Sie VECTOR (sinx + n,n,0,1.5,0.5).

**Zeichnen** Sie die Graphen im **Maßstab x:** $\frac{\pi}{2}$ **y:** 4.

Welche Verschiebung wird nun bewirkt?

Suchen Sie mit dem Fadenkreuz und einer geeigneten Vergrößerung möglichst genau die Schnittpunkte der Graphen mit der $y$-Achse, bis Sie die Beziehung zwischen den Werten für $n$ und den $y$-Koordinaten der Schnittpunkte zu erkennen glauben.

Löschen Sie alle Graphen und wiederholen Sie Ihre Untersuchung mit der Schar VECTOR (sinx – n,n,0,3).

(ii) Bestätigen Sie Ihre Vermutung mit der Schar $\cos x + n$ und

(iii) mit $\tan x - n$.

Diese vier Untersuchungen haben gezeigt, daß die Graphen der Winkelfunktionen entscheidend transformiert werden können, indem man numerische Werte an bestimmte Stellen in den Funktionsterm setzt oder diese Werte verändert. Von besonderem Interesse sind in diesem Zusammenhang Sinus- und Kosinusfunktion, die sehr oft dazu verwendet werden, physikalische Vorgänge, die mit Schwingungen in Verbindung stehen, zu beschreiben.

Betrachten Sie etwa die folgende Sinusfunktion in Abhängigkeit von der Zeit $t$:

$$f(t) = a \cdot \sin(wt + \alpha) + c$$

als ein typisches grundlegendes Beispiel.

Jeder der vier Parameter $a$, $w$, $\alpha$ und $c$ bewirkt eine ganz spezifische Veränderung des Graphen von $\sin t$, die wir in der Reihenfolge der, in Aktivität 3c vorgenommenen Untersuchungen besprechen wollen.

1. $a$ ist die *Amplitude* (*Schwingungsweite*) der Funktion und beeinflußt die Größe der Schwingung.

2. $w$ ist die *Kreisfrequenz* und wirkt auf die Anzahl der Schwingungen in einer Zeiteinheit.

3. $\alpha$ steht in Beziehung zu einer waagrechten Verschiebung der Funktion - der *Phasenverschiebung*. Der Wert dieser Größe ergibt sich als Nullstelle des Arguments, d.h. als Lösung der Gleichung $wt + \alpha = 0 \rightarrow t_0 = -\frac{\alpha}{w}$ . $\alpha > 0$ zieht eine Verschiebung nach links nach sich, während negative $\alpha$ den Graphen um $t_0$ nach rechts verschieben.

4. Der Parameter $c$ erzeugt eine vertikale Verschiebung um $c$ nach oben für $c > 0$, anderenfalls eine Verschiebung nach unten.

Es gibt noch zwei weitere Grundbegriffe für Schwingungen, die mit diesen Überlegungen im Zusammenhang stehen. Im Abschnitt 3.5 haben wir gesehen, daß die Periode der Grundfunktion $\sin t$ die Länge $2\pi$ aufweist. Da nun $\sin 2t$ doppelt soviele Schwingungen in der Zeiteinheit erzeugt, muß sich die Periodenlänge auf die Hälfte, nämlich auf $\pi$ reduzieren. Bei $f(t) = \sin 3t$ wird sich demnach die Periodenlänge dritteln, da die Kurve in derselben Zeit 3 Schwingungen durchmacht: eine Periode $= \frac{2\pi}{3}$.

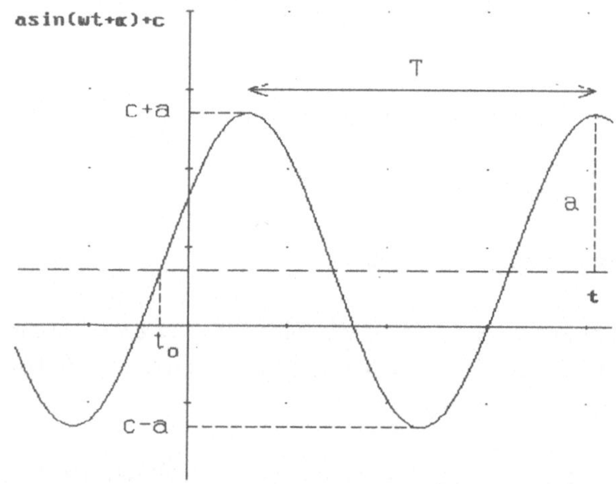


Abbildung 3.15

Die Gerade $y = f(t_o)$ ist eine Symmetrieachse für die Schwingung.

Allgemein läßt sich das folgendermaßen darstellen:

> Die Periodenlänge $T$ einer trigonometrischen Funktion mit der Kreisfrequenz $w$ läßt sich bestimmen aus
>
> $$T = \frac{2\pi}{w}.$$
>
> Mit steigender Kreisfrequenz verkürzt sich die Periode.

Das Wort „Periode" läßt schon einen Zusammenhang mit dem Begriff eines zeitlichen Intervalls vermuten. (Deshalb haben wir auch die Funktion $f$ in Abhängigkeit von der Zeit $t$ geschrieben). Die Bezeichung periodisch paßt zu Funktionen, die sich regelmäßig wiederholen. Dabei ist es oft wünschenswert, die Anzahl der Wiederholungen während einer Zeiteinheit zu kennen. Diese Größe nennt man *Frequenz* und wird in den Anwendungen meist in Schwingungen/sec oder Hertz (Hz) gemessen.

Es läßt sich wieder verallgemeinern:

Die Frequenz $f$ trigonometrischen Funktion mit der Periode $T$ ist gegeben mit

$$f = \frac{1}{T} = \frac{w}{2\pi} \text{ oder } w = 2\pi f.$$

Die Kreisfrequenz $w$ ist direkt proportional zur Frequenz $f$.

*Übung 3D*

1. Bestimmen Sie zu jeder der gegebenen Funktionen:

   (i) die Amplitude, (ii) die Kreisfrequenz, (iii) die Phasenverschiebung und (iv) die Verschiebung in vertikaler Richtung.

   (a) $3 \sin 5t$ (b) $4 \cos\left(t - \frac{\pi}{2}\right)$ (c) $\cos(3t + 2\pi)$

   (d) $\sin 3t + 2$ (e) $\sin(3t + 2)$ (f) $2 \sin(4t - \pi) + 1$

   (g) $\cos\left(\frac{t}{2} - \pi\right) - 3$ (h) $0{,}1 \sin(2\pi t - 3\pi) + 0{,}5$

2. Skizzieren Sie (mit der Hand) die Graphen der Funktionen aus Übung 1 und überprüfen Sie mit *DERIVE*.

3. Notieren Sie bitte:

   (a) die Kosinusfunktion mit der Amplitude 6 und der Kreisfrequenz 2

   (b) die Sinusfunktion mit der Amplitude 3, der Kreisfrequenz 4 und der waagrechten Verschiebung um $-\frac{\pi}{4}$.

   (c) eine Tangensfunktion mit der Kreisfrequenz 5 und einer Vertikalverschiebung 3

   (d) die Sinusfunktion mit der Amplitude 10, der Kreisfrequenz 5 und einer waagrechten Verschiebung von $\frac{\pi}{10}$

(e) die Kosinusfunktion mit der Schwingungsweite 0,5, der Kreisfrequenz 3, einer Horizontalverschiebung von $\frac{2}{3}$ und mit einer Vertikalverschiebung von $-1$

(f) die Periodenlänge einer Winkelfunktion mit der Kreisfrequenz 20

(g) die Frequenz einer Winkelfunktion mit der Periodenlänge $0{,}1\pi$

(h) die Kreisfrequenz einer Winkelfunktion mit der Frequenz von 100 Hz.

4. Lassen Sie *DERIVE* die gefunden Funktionen von (a) bis (e) zeichnen.

5. Ermitteln Sie Periodenlängen und Frequenzen der folgenden Funktionen:

(a) $\cos(3t-1)$ (b) $\sin(5t+\pi)$ (c) $4\sin(8\pi t+1)$

(d) $10\cos(0{,}5\pi t-3\pi)$ (e) $\sin\left(8t-\frac{\pi}{2}\right)$

6. Skizzieren Sie mit der Hand die Graphen aus Aufgabe 5 und überprüfen Sie Ihre Vorstellungen mit *DERIVE*.

## 3.8 Modellbildung mit trigonometrischen Funktionen

In diesem Abschnitt werden wir die Begriffe Amplitude, Frequenz, Periode etc zur Beschreibung physikalischer Vorgänge heranziehen.

**Beispiel 3C**

In der folgenden Tabelle finden Sie eine Zusammenstellung der Stunden mit Tageslicht in der Stadt Plymouth über einen Beobachtungszeitraum von 2 Jahren. Sie sollen die Tageslichtstunden $N$ als eine Funktion $N(t)$ mit $t$ = Anzahl der Tage gerechnet ab dem 15. April 1990 darstellen.

| $t$ | 0 | 91,25 | 182,5 | 273,75 | 365 | 456,25 | 547,5 | 638,75 | 730 |
|---|---|---|---|---|---|---|---|---|---|
| $N$ | 14 | 19 | 14 | 9 | 14 | 19 | 14 | 9 | 19 |

**Lösung**

Wir versuchen, eine Funktion der Form $N(t) = a \sin(wt + \alpha) + c$ anzuwenden. Die extremen Werte für $N$ sind $N = 9$ und $N = 19$, daher können wir für die Amplitude der Schwingung den Wert $a = 0{,}5\,(19 - 9) = 5$ annehmen. Dazu paßt der Wert $c = 14$ für die Verschiebung in vertikaler Richtung.

Die Periode dieser Erscheinung ist 365 Tage, was auf eine Kreisfrequenz $w = \dfrac{2\pi}{365} \approx 0{,}0172$ schließen läßt. Es bleibt noch übrig, den Wert für eine allfällige waagrechte Verschiebung zu suchen.

$$N(t = 0) = 14 \quad \rightarrow \qquad \begin{aligned} 14 &= 5 \sin(w \cdot 0 + \alpha) + 14 \\ 0 &= 5 \sin \alpha \\ \alpha &= 0 \end{aligned}$$

Zum Zeitpunkt $t = 0$ wird der Mittelwert der Schwingungen angenommen. Das Modell für die Anzahl $N$ der Stunden mit Tageslicht als eine Funktion der seit dem 15.4.1990 vergangenen Tage $t$ lautet somit:

$$N(t) = 5 \sin 0{,}0172t + 14 \,.$$

**Beispiel 3D**

Der Blutdruck $P$ (in Millibar mb) eines Patienten kann beschrieben werden durch die Funktion

$$P(t) = 25 \cos 6t + 95 . \qquad t \text{ ist die Zeit gemessen in Sekunden.}$$

Benützen Sie dieses Modell, um den höchsten und den niedrigsten Wert für den Blutdruck (systolischer und diastolischer Wert) dieses Patienten zu ermitteln. Wie lange dauert eine Periode zwischen zwei aufeinanderfolgenden Systolen (Herzmuskelkontraktionen)? Welchen Blutdruck hat diese Person nach 2 Sekunden?

**Lösung**

Die Amplitude $a = 25$ wird dann angenommen, wenn $\cos 6t = 1$ (Systole) oder wenn $\cos 6t = -1$ (Diastole). Damit ergibt sich für den systolischen Wert $25 + 95 = 120$ mb und für den diastolischen Wert $-25 + 95 = 70$ mb.

Aufeinander folgende Höchst- oder Tiefstwerte wiederholen sich jeweils in Abständen von $\frac{2\pi}{6} \approx 1{,}047$ sec.

Nach $t = 2$sec hat der Patient einen Blutdruck von

$$P(t = 2) = 25 \cos 12 + 95 \approx 116{,}096 \text{ mb} \quad \text{(auf 3 Dez.)}.$$

(Vergessen Sie bitte nicht, in Radiant zu rechnen!)

Diese beiden Beispiele zeigen deutlich, wie man Sinus- und Kosinusfunktion dazu verwenden kann, Systeme zu beschreiben, die sich schwingungs- oder wellenförmig verhalten. Alles, was man dazu benötigt, sind entweder ein Graph, der die Bewegung des Systems anzeigt, oder Daten, die die Periode, die Amplitude und die Frequenz betreffen.

*Übung 3E*

1. In den USA hat der Wechselstrom die Frequenz 60 Hz.
   Welche Funktion beschreibt die Stromstärke an einem Widerstand bei einer Amplitude von 80 mA?

2. Ein Körper ist an einer Feder befestigt und oszilliert so, daß seine Abweichung $s$ von der mittleren Position zum Zeitpunkt $t$ (in sec) beschrieben werden kann durch

   $$s(t) = 6 \sin 3\pi t$$

   Wie groß ist die maximale Abweichung von der Mittellage? Welche Frequenz hat diese Schwingung? Wo befindet sich der Körper

   (a) 5 Sekunden nach Beginn des Schwingungsvorgangs?

   (b) 17,3 Sekunden nach Beginn der Bewegung?

3. Die mittlere monaliche Temperatur in Benidorm erreicht im August mit 25°C ihren Maximal- und im Februar mit 5°C ihren Minimalwert. Suchen Sie ein mathematisches Modell für die monatlichen Durchschnittstemperaturen unter der Annahme, daß diese einen sinusförmigen Verlauf nehmen.

   Erstellen Sie mit diesem Modell Prognosen für das Temperaturmittel der Monate Juni und Januar.

4. Der Kanal von Bristol ist bekannt für seine großen Gezeitenunterschiede. Bei einer typischen Springflut herrscht zwischen Ebbe und Flut ein Unterschied des Wasserstandes von 13 m. Man weiß, daß zwischen zwei aufeinander folgenden Flutzeiten eine zeitliche Differenz von 12,4 Stdn besteht. Bestimmen Sie die Parameter $a$ und $w$ in der Funktion

   $$h(t) = a \sin (wt + \alpha).$$

   Dabei ist $h(t)$ der Wasserstand in m über dem mittleren Meeresniveau als eine Funktion der Zeit $t$ (in h).

   An einem bestimmten Tag hat man während einer Springflut genau um Mitternacht ($t = 0$) den höchsten Wasserstand. Wie groß ist $\alpha$?

   Verwenden Sie dieses Modell, um die Wasserstände für die drei folgenden Tage um Mitternacht vorherzusagen.

## 3.9 Goniometrische Gleichungen

In diesem Abschnitt sollen Gleichungen, in denen die Unbekannte als Argument einer Winkelfunktion auftritt, gelöst werden. Diese Gleichungen werden *goniometrisch* genannt. Sie werden sehen, daß sich der Lösungsvorgang wesentlich von dem für Polynomgleichungen unterscheidet.

*DERIVE Aktivität 3d*

(A) (i) **Schreiben** und **Zeichnen** Sie sinx (im **Maßstab x:** $\pi$, **y:** 1).

(ii) **Schreiben** und **Zeichnen** Sie 0.4 in dasselbe Koordinatensystem
Wieviele Schnittpunkte der beiden Graphen können Sie abzählen?
Wieviele Schnittpunkte gibt es überhaupt?

(iii) Verwenden Sie die Pfeiltasten, um mit dem Fadenkreuz einige Lösungen der Gleichung $\sin x = 0{,}4$ näherungsweise zu bestimmen.

(B) Wiederholen Sie bitte Aktivität (A) mit $\cos x$.

(C) Führen Sie (A) ein weiteres Mal mit der Tangensfunktion durch.

Wir können erkennen, daß sogar einfachste goniometrische Gleichungen wie

$$\sin x = 0{,}4 \quad \text{oder} \quad \cos x = 0{,}4 \quad \text{oder} \; \tan x = 0{,}4$$

unendlich viele Lösungen haben. Der Grund liegt in der Periodizität der Winkelfunktionen.

*Übung 3F*

Setzen Sie bitte Ihren Taschenrechner in den DEG(ree)-Modus und lösen Sie die folgenden Aufgaben:

(a) $\sin x = 0{,}4$ (b) $\cos x = 0{,}4$ (c) $\tan x = 0{,}4$

(d) $\sin x = -0{,}8$ (e) $\cos x = -0{,}8$ (f) $\tan x = -0{,}8$

Der Taschenrechner wird Ihnen zu jedem der angeführten Beispiele nur eine einzige Lösung anzeigen können. Eine ausreichende Begründung dafür wird in Abschnitt 3.10 gegeben.

In Abbildung 3.16 sehen Sie die Graphen von $y = \sin x$ und $y = 0{,}4$ für den Bereich $-540° \leq x \leq 540°$

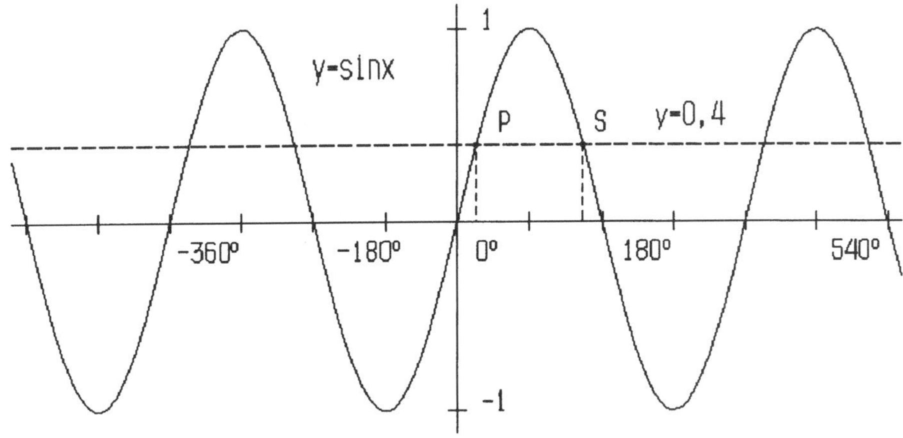


Abbildung 3.16

Der Taschenrechner liefert den Wert 23,6° als Lösung. Diese Lösung finden Sie in Abbildung 3.16 mit der Bezeichnung *P*. (Diese Lösung bezeichnet man gerne als *Primärlösung* oder *Hauptwert*). Aus Symmetriegründen liegt eine weitere Lösung bei $180° - 23{,}6° = 156{,}4°$. Ihr geben wir die Bezeichnung *S* (= *sekundäre Lösung*).

Wegen der Periodizität der Sinusschwingung reichen diese beiden gefundenen Werte vollkommen aus, **alle** möglichen Lösungen der gegebenen Gleichung zu beschreiben. Da wir die Periode mit 360° kennen, erhalten wir alle weiteren Lösungen, indem wir zu den bereits gefundenen Lösungen alle positiven und negativen Vielfachen von 360° addieren. Daher lautet die vollständige Lösung:

$$x = 23{,}6° + k \cdot 360° \qquad \text{oder} \qquad x = 156{,}4° + k \cdot 360°,$$

wobei $k = 0, \pm 1, \pm 2, \pm 3, \ldots\ldots\ldots$

**Beispiel 3E**

Wo liegen die Lösungen der Gleichung $\sin x = -0{,}73$ für $-720° \leq x \leq 720°$?

**Lösung**

Mit dem Taschenrechner finden wir die Primärlösung $P = -46{,}9°$. Die Sekundärlösung ergibt sich symmetrisch zu $-90°$ liegend als $S = -180° + 46{,}9° = -133{,}1°$.

Damit lautet die allgemeine Lösung:

$$x = -46{,}9° + k \cdot 360° \text{ oder } x = -133{,}1° + k \cdot 360°, \text{ wobei } k = 0, \pm 1, \pm 2, \pm 3, .....$$

Für verschiedene Belegungen für $k$ ergeben sich weitere Lösungen:

| | | | |
|---|---|---|---|
| Für $k = 0$: | $x_1 = -46{,}9°$ | und | $x_2 = -133{,}1°$, |
| für $k = 1$: | $x_3 = 313{,}1°$ | und | $x_4 = 226{,}9°$, |
| für $k = -1$: | $x_5 = -406{,}9°$ | und | $x_6 = -493{,}1°$, |
| für $k = 2$: | $x_7 = 673{,}1°$ | und | $x_8 = 586{,}9°$. |

Jeder andere Wert für $k$ führt uns aus dem geforderten Intervall hinaus. Somit ist die vollständige Lösungmenge gefunden: Sie besteht aus den Werten:

$$x_{1,2,3,4,5,6,7,8} = -493{,}1°, -406{,}9°, -133{,}1°, -46{,}9°, 226{,}9°, 313{,}1°, 586{,}9°, 673{,}1°$$

Abbildung 3.17 zeigt die graphische Lösung dieser Aufgabe:

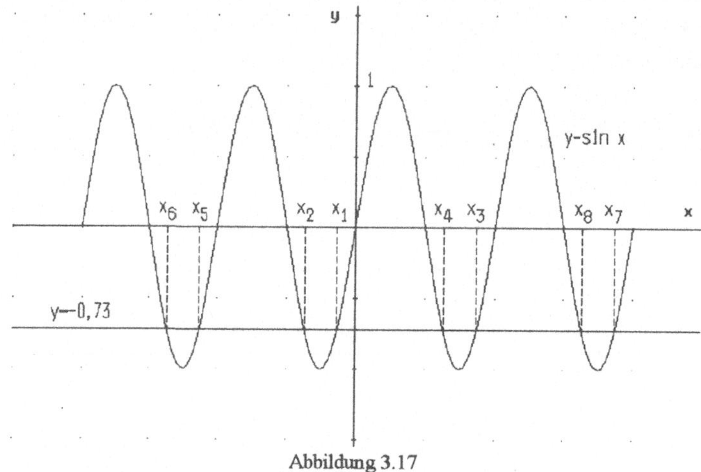


Abbildung 3.17

Eine ganz ähnliche Vorgangsweise kann für Gleichungen verwendet werden, die den Kosinus oder Tangens beinhalten.

**Beispiel 3F**

Lösen Sie die Gleichung $\cos x = 0{,}4$ für $-360° \leq x \leq 360°$?

**Lösung**

Der Taschenrechner liefert die Primärlösung $P = 66{,}4°$. Im Falle der Kosinusfunktion ergibt sich aus Symmetriegründen die Sekundärlösung $S = -66{,}4°$, wie in Abbildung 3.18 ganz deutlich ersichtlich ist.

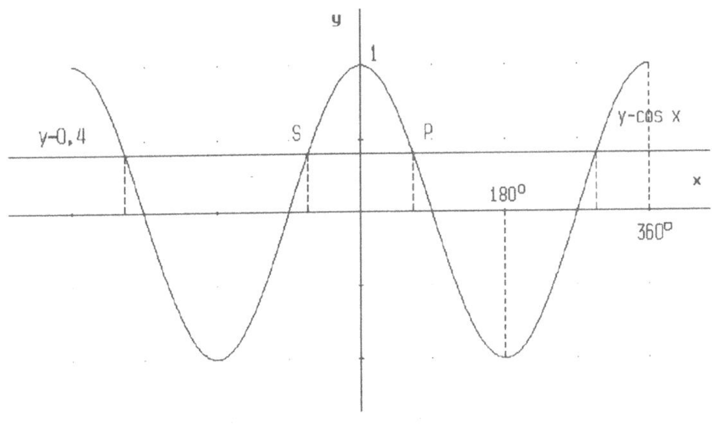


Abbildung 3.18

Die Periodenlänge der Kosinusfunktion ist ebenfalls 360°. So erhalten wir dieses Mal als allgemeine Lösung der Gleichung $\cos x = 0{,}4$:

$$x = \pm\, 66{,}4° + k \cdot 360°;\quad k = 0, \pm 1, \pm 2, \pm 3, \ldots\ldots$$

Für $k = 0$ erhält man $x_1 = 66{,}4°$ und $x_2 = -66{,}4°$,

für $k = 1$ ergibt sich $x_3 = 293{,}6°$ und $x_4 = 426{,}4°$,

für $k = -1$ ergibt sich weiter $x_5 = -293{,}6°$ und $x_6 = -426{,}4°$,

Keine andere Belegung für $k$ führt zu einer Lösung im geforderten Bereich, daher:

$$x_{1,2,3,4} = -293{,}6°;\ -66{,}4°;\ 66{,}4°;\ 293{,}6°.$$

**Beispiel 3G**

Lösen Sie die Gleichung $\tan x = -0{,}8$ für $-450° \leq x \leq 450°$?

**Lösung**

Die Primärlösung ist $P = -38{,}79°$. Abbildung 3.19 macht klar, daß es bei der Tangensfunktion keine Sekundärlösung geben kann.

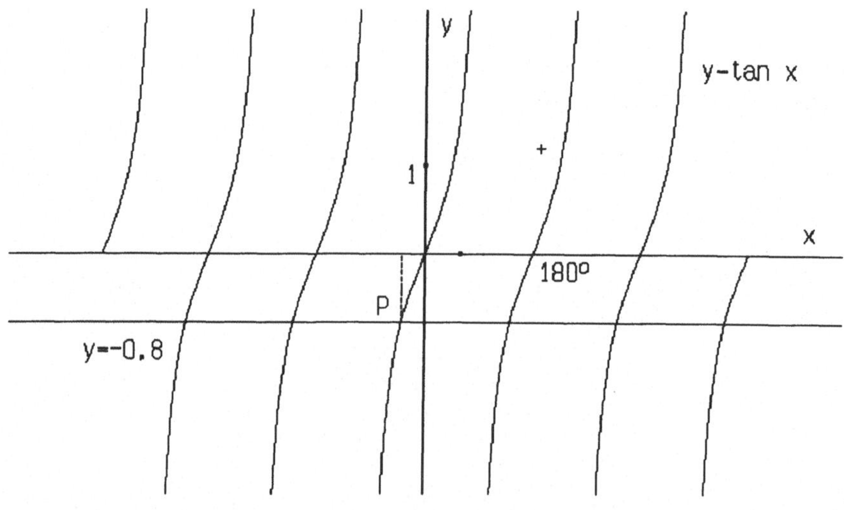


Abbildung 3.19

Die Periodenlänge 180° für die Tangensfunktion verhilft uns zur allgemeinen Lösung der gegebenen Gleichung $\tan x = -0{,}8$:

$$x = k \cdot 180° + (-38{,}7°) \qquad \text{mit } k = 0, \pm 1, \pm 2, \pm 3, \ldots..$$

Die folgenden Belegungen für $k$ führen uns zu Lösungen, die im geforderten Bereich liegen:

$$k = 0,\ 1,\ -1,\ 2,\ -2,\ 3.$$

Wir fassen die Lösungen zusammen:

$$x_{1,2,3,4,5,6} = -398{,}7°,\ -218{,}7°,\ -38{,}7°,\ 141{,}3°,\ 321{,}3°,\ 501{,}3°.$$

*Übung 3G*

1. Lösen Sie für den Bereich $-360° \leq x \leq 360°$ die folgenden Gleichungen:

   (a) $\sin x = 0{,}47$ (b) $\cos x = -0{,}17$ (c) $\tan x = 1{,}4$

   (d) $\cos x = 0{,}68$ (e) $\tan x = -2$ (f) $\sin x = -0{,}89$

2. Stellen Sie mit *DERIVE* die Lösungen zur Aufgabe 1 graphisch dar.

3. Suchen Sie die Lösungen der nächstfolgenden Gleichungen innerhalb des Intervalls $-180° \leq \theta \leq 540°$:

   (a) $\cos\theta = 0{,}31$ (b) $\tan\theta = -0{,}89$ (c) $\sin\theta = 0{,}9$

4. Stellen Sie auch diese Lösungen graphisch dar.

## 3.10 Die Umkehrfunktionen der trigonometrischen Funktionen

Abschnitt 3.9 lehrte Ihnen, daß goniometrische Gleichungen im allgemeinen unendlich viele Lösungen besitzen. Sie sahen dann, wie die allgemeine Lösung für derartige Gleichungen, die nur den einfachen Sinus, Kosinus oder Tangens enthalten, entwickelt werden kann.

Sie stellten auch fest, daß uns elektronische Rechenhilfsmittel wie der Taschenrechner nur eine der unendlich vielen Lösungen, die wir Primärlösung genannt haben, angeben. Zusätzliche, durch die Funktionsgraphen gestützte, Überlegungen führten zu einer zweiten Lösung und schließlich weiter zur Formulierung eines Terms für die allgemeine Lösung.

*DERIVE Aktivität 3e*

(A) (i) **Schreiben** und **Zeichnen** Sie ASINx im **Maßstab x:** 1, **y:** $\pi/2$.

(ii) **Substituieren** Sie $x = 0{,}4$ und **approX**imieren Sie für die Ausgabe des Funktionswertes dieser Funktion in Radiant.

(iii) Konvertieren Sie die Antwort in Grad.

(B) Wiederholen Sie bitte Aktivität (A) mit ACOS$x$ und ATAN$x$.

(C) Vergleichen Sie die Teilergebnisse von (ii) und (iii) mit den Lösungen, die der Taschenrechner für die Gleichungen

(i) $\sin x = 0{,}4$ (ii) $\cos x = 0{,}4$ (iii) $\tan x = 0{,}4$

anbietet. Arbeiten Sie zuerst im Bogen-, dann im Gradmaß.

Es wäre für jeden Taschenrechner oder Computer natürlich unmöglich, alle unendlich vielen Lösungen für diese Aufgaben anzugeben. Wenn wir die *Inverse* oder *Umkehrfunktion* einer Winkelfunktion suchen, dann muß der Bildbereich so eingeschränkt werden, daß nur ein Wert - für gewöhnlich der kleinste oder der am leichtesten bestimmbare - ausgewählt wird. Mit den Methoden aus Abschnitt 3.9 lassen sich dann alle anderen Lösungen bestimmen. Diese nur für einen beschränkten Bereich von Funktionswerten ausgewählten Teile der Umkehrfunktion heißen *Hauptwerte* und in diesen finden sich die Primärlösungen jeder goniometrischen Gleichung.

Die Umkehrfunktionen der Winkelfunktionen werden unterschiedlich bezeichnet. Die gebräuchlichsten Namen für diese Funktionen sind:

$y = \sin^{-1}x$ $y = \arcsin x$ $y = \mathrm{ASIN}\,x$

$y = \cos^{-1}x$ $y = \arccos x$ $y = \mathrm{ACOS}\,x$

$y = \tan^{-1}x$ $y = \arctan x$ $y = \mathrm{ATAN}\,x$

Die Abbildungen 3.20, 3.21 und 3.22 zeigen Ihnen die Graphen der Umkehrfunktionen der Winkelfunktionen - der *Arcusfunktionen* - und die entsprechenden Hauptwerte. Die Hauptwerte werden jeweils im linken Fenster dargestellt.

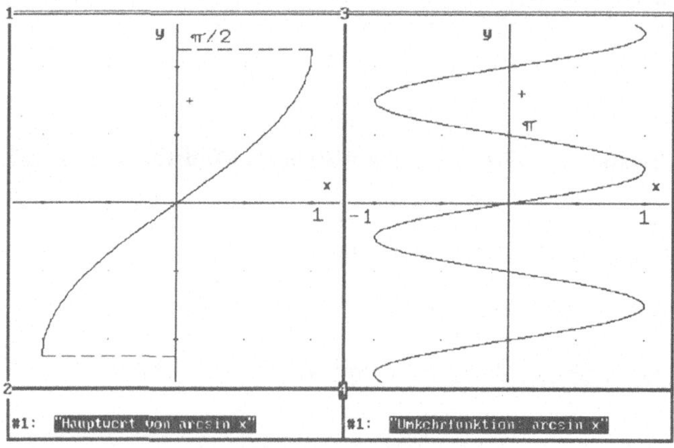


Abbildung 3.20

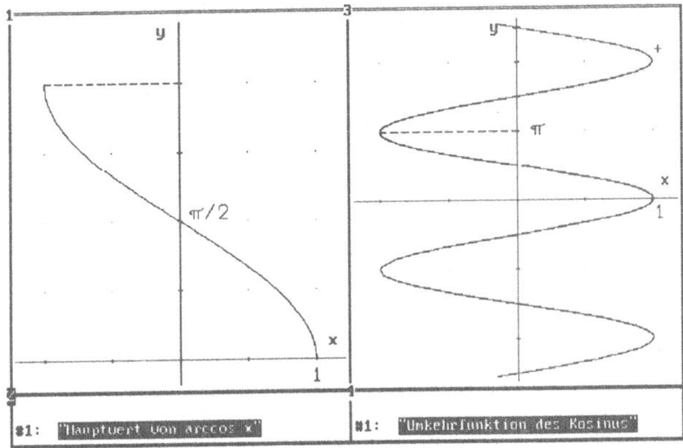


Abbildung 3.21

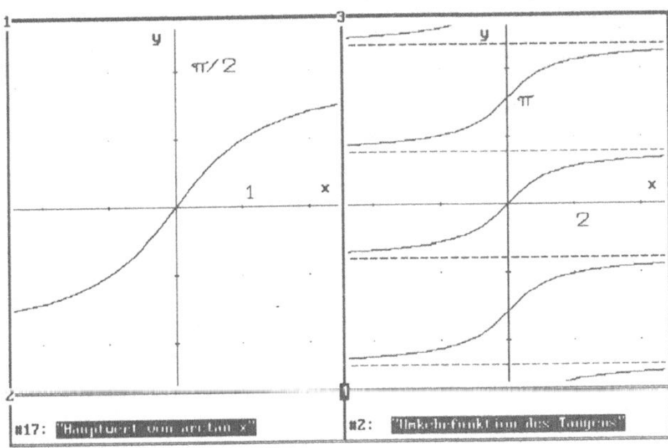


Abbildung 3.22

*Übung 3H*

1. Suchen Sie mit dem Taschenrechner die Hauptwerte in Grad:

   (a) $\cos^{-1}(0{,}62)$ (b) $\tan^{-1}(-1{,}05)$ (c) $\sin^{-1}(-0{,}88)$

   (d) $\tan^{-1}(6{,}59)$ (e) $\sin^{-1}(0{,}06)$ (f) $\cos^{-1}(-0{,}95)$

2. Bestimmen Sie mit *DERIVE* die Hauptwerte im Bogenmaß:

   (a) ATAN(–3,5) (b) ASIN(–0,1) (c) ACOS(0,06)

   (d) ACOS(–0,33) (e) ATAN(0,5) (f) ASIN(0,11)

3. Bestimmen Sie die Werte für die folgenden Ausdrücke:

| | | | | | |
|---|---|---|---|---|---|
| (a) | $\sin(\cos^{-1} 0{,}62)$ | (b) | $\cos(\sin^{-1} 0{,}1)$ | (c) | $\tan(\cos^{-1} 0{,}8)$ |
| (d) | $\tan(\sin^{-1}(-0{,}3))$ | (e) | $\cos(\tan^{-1} 3{,}2)$ | (f) | $\sin(\tan^{-1}(-1{,}6))$ |
| (g) | $\sin(\sin^{-1} 0{,}8)$ | (e) | $\cos(\cos^{-1}(-0{,}55))$ | (f) | $\tan(\tan^{-1} 0{,}75)$ |

*DERIVE Aktivität 3f*

(A) (i) **Schreiben** und **Zeichnen** Sie SINx im **Maßstab x:** $\pi$, **y:** 1.

(ii) **Schreiben** und **Lösen** Sie SINx = 0.4. Drei Werte werden als Lösungen angezeigt. **approXimieren** Sie jeden dieser Werte und Sie werden

$x = -3{,}55310,\ x = 2{,}73007$ und $x = 0{,}411516$

als angenäherte Lösungen erhalten.

(iii) **Schreiben** und **Zeichnen** Sie hintereinander:

[–3.5531,y], [2.73007,y] und [0.411516,y]

Der Graph von $\sin x$ wird mit drei zusätzlichen senkrechten Geraden überlagert, von denen die letzte die Primärlösung, und die zweite die Sekundärlösung der gegebenen Gleichung $\sin x = 0{,}4$ lokalisiert.

(B) Wiederholen Sie Aktivität (A), um Primär- und Sekundärlösung für $\cos x = 0{,}65$ zu finden.

(C) Finden Sie auf diese Weise auch die Primärlösung zu $\tan x = -1{,}5$.

In (B) erscheint die Primärlösung als dritte ($x = 0{,}863211$) und die Sekundärlösung als letzte ($x = -0{,}863211$) angezeigte Lösung.

Bei (C) wird mit $x = -0{,}982793$ die Primärlösung als zweiter Wert angezeigt. Die Ausgabereihenfolge und auch die Anzahl der Lösungen ist von der verwendeten *DERIVE* Version abhängig.

Diese Aktivität zeigt Ihnen, daß Sie den **Löse**-Befehl zur Lösung von goniometrischen Gleichungen verwenden können. Sie müssen aber Vorsicht walten lassen, um die richtige Primärlösung aus den angebotenen Lösungswerten herauszufinden. Es kann nämlich eine ganze Reihe von Ausdrücken in exakter Darstellungsform ausgegeben werden, die die Arcusfunktionen ASIN, ACOS und ATAN beinhalten.

*Übung 31*

Verwenden Sie **Löse**, um jeweils alle Lösungen, der im folgenden angegebenen Gleichungen im Intervall $-2\pi \le t \le 2\pi$ zu bestimmen. Geben Sie die Antworten in Radiant.

1. $\cos t = 0{,}47$ 2. $\sin t = 0{,}163$ 3. $\tan t = -0{,}09$

4. $\sin t = -0{,}14$ 5. $\tan t = 1{,}3$ 6. $\cos t = 0{,}01$

## 3.11 Trigonometrische Identitäten

Sie werden sicher schon bemerkt haben, daß unter den Winkelfunktionen Sinus, Kosinus und Tangens einige einfache Beziehungen herrschen. Innerhalb eines Problemlösungsvorgangs ist es oft notwendig, trigonometrische Ausdrücke umzuformen, um überhaupt voran zu kommen. In diesem Abschnitt wollen wir eine Reihe weiterer wichtiger Zusammenhänge zwischen den Winkelfunktionen betrachten, die man als *Identitäten* bezeichnen kann.

Das erste Ergebnis bezieht sich auf den *Pythagoräischen Lehrsatz* und wird deshalb manchmal auch die *Pythagoräische Beziehung* genannt. Sie kann ganz leicht aus einer Betrachtung eines gewöhnlichen rechtwinkligen Dreiecks wie in Abbildung 3.23 abgeleitet werden.

Nach dem Pythagöräischen Lehrsatz gilt:

$$x^2 + y^2 = r^2.$$

Dieser kann anders geschrieben werden:

$$\frac{x^2}{r^2} + \frac{y^2}{r^2} = 1.$$

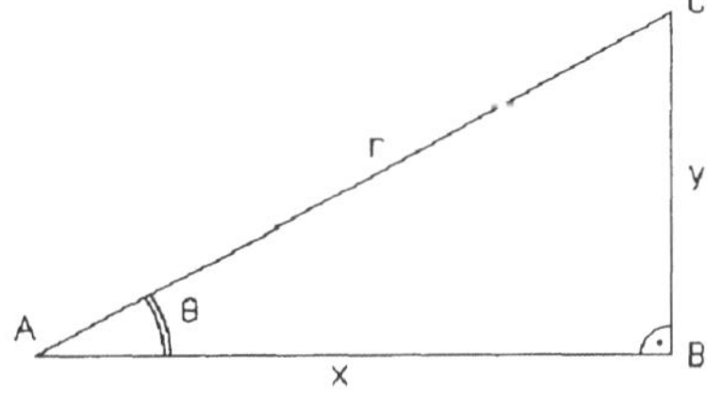


Abbildung 3.23

oder als $$\left(\frac{x}{r}\right)^2 + \left(\frac{y}{r}\right)^2 = 1.$$

Aus Abbildung 3.23 entnehmen wir: $\sin\theta = \frac{y}{r}$ und $\cos\theta = \frac{x}{r}$, somit kann die vorige Gleichung in die Form $(\sin\theta)^2 + (\cos\theta)^2 = 1$ gebracht werden, die üblicherweise geschrieben wird als

$$\sin^2\theta + \cos^2\theta = 1.$$

Diese sehr wichtige Identität wird Ihnen noch häufig im Umgang mit den Winkelfunktionen begegnen.

Es ist außerdem nützlich, die Kehrwerte der Winkelfunktionen als eigenständige Funktionen zu definieren. Das sind:

der Sekans: $\sec\theta = \dfrac{1}{\cos\theta}$

der Kosekans: $\operatorname{cosec}\theta = \dfrac{1}{\sin\theta}$ (Für cosec wird auch csc geschrieben).

der Kotangens: $\cot\theta = \dfrac{1}{\tan\theta}$.

Mit diesen Funktionen können komplizierter scheinende goniometrische Gleichungen aufgelöst werden, wie etwa

**Beispiel 3H**

Lösen Sie $\cos\theta - \sec\theta = \tan\theta$ für $0° \leq \theta \leq 360°$.

**Lösung**

Im ersten Schritt drücken wir Tangens und Sekans mit Hilfe von Sinus und Kosinus aus.

$$\cos\theta - \frac{1}{\cos\theta} = \frac{\sin\theta}{\cos\theta}.$$

Wir multiplizieren die Gleichung mit $\cos\theta$ und erhalten

$$\cos^2\theta - 1 = \sin\theta .$$

Die Identität $\sin^2\theta + \cos^2\theta = 1$ hilft uns, die Gleichung nur mehr mit einer einzigen Winkelfunktion zu schreiben: ($\cos^2\theta = 1 - \sin^2\theta$):

$$1 - \sin^2\theta - 1 = \sin\theta \quad \text{oder} \quad \sin^2\theta + \sin\theta = 0.$$

Faktorisieren führt zu

$$\sin\theta\,(1 + \sin\theta) = 0.$$

Da ein Produkt nur dann den Wert 0 annehmen kann, wenn einer der Faktoren den Wert 0 annimmt - „*verschwindet*“ -, werden beide Faktoren gleich Null gesetzt. Damit erhalten wir zwei elementare goniometrische Gleichungen:

$$\sin\theta = 0 \quad \text{oder} \quad 1 + \sin\theta = 0 \rightarrow \sin\theta = -1.$$

Und so lassen sich die folgenden Lösungen angeben:

$\theta_{1,2} = 0°, 180°$ (aus dem ersten Faktor) und

$\theta_3 = 270°$ (aus dem zweiten Faktor).

Aus der abgeleiteten Identität lassen sich weitere Identitäten für sec, cosec und cot herleiten. Es folgt ein Beispiel dafür:

$\sin^2\theta + \cos^2\theta = 1$ ergibt nach Division durch $\cos^2\theta$

$$\frac{\sin^2\theta}{\cos^2\theta} + \frac{\cos^2\theta}{\cos^2\theta} = \frac{1}{\cos^2\theta}$$

oder $\tan^2\theta + 1 = \sec^2\theta$.

**Beispiel 3I**

Beweisen Sie die Identität

$$\tan^2\theta - \sin^2\theta = \tan^2\theta \cdot \sin^2\theta.$$

**Lösung**

Wir betrachten die linke Seite und formen äquivalent um:

$$\tan^2\theta - \sin^2\theta = \frac{\sin^2\theta}{\cos^2\theta} - \sin^2\theta = \sin^2\theta \cdot \left(\frac{1}{\cos^2\theta} - 1\right) = \sin^2\theta \cdot \left(\sec^2\theta - 1\right)$$

Da, wie oben gezeigt wurde, $\tan^2\theta + 1 = \sec^2\theta$, können wir für $\sec^2\theta$ substituieren:

$$\sin^2\theta \cdot (\tan^2\theta + 1 - 1) = \sin^2\theta \cdot \tan^2\theta.$$

Damit ist der Beweis für die aufgestellte Behauptung gelungen.

*Übung 3J*

1. Zeichnen Sie mit *DERIVE* die Graphen von $y = \sin^2 x$, $y = \cos^2 x$ und von $y = \sin^2 x + \cos^2 x$. Beschreiben Sie die Beziehungen zwischen den Graphen, die Sie entdecken können.

2. (a) Zeichnen Sie mit *DERIVE* die Graphen von $y = \cos x$ und $y = \sec x$. (Suchen Sie zuerst mit [H] für **Hilfe** und [F] für **Funktionen** die *DERIVE*-Schreibweise für Sekans und Kosekans).

   (b) Skizzieren Sie die Graphen von $\sin x$ und $\operatorname{cosec} x$. Überprüfen Sie Ihre Ideen mit *DERIVE*.

   (c) Wiederholen Sie (b) mit dem $\tan x$ und $\cot x$.

3. Lösen Sie die folgenden Gleichungen. Die unbekannte Größe soll für den Bereich $0° \leq \textit{Variable} \leq 360°$ gesucht werden.

| | | | |
|---|---|---|---|
| (a) | $\sin^2 x + 3\cos^2 x = 2$ | (e) | $4\sin x - 2\operatorname{cosec} x = \cot x$ |
| (b) | $3\cos\theta - 2\sec\theta = 3\tan\theta$ | (f) | $5\sin^2 x + \sin x - 4 = 3\cos^2 x$ |
| (c) | $\sin x + 4 = 7\cos^2 x$ | (g) | $2 + \cos^2 x = 3\sin x \cos x$ |
| (d) | $6\sin^2 x - 4 = \cos x$ | (h) | $2\cot\theta = 3\tan\theta$ |

4. Beweisen Sie

$$1 + \cot^2\theta = \operatorname{cosec}^2\theta.$$

5. Beweisen Sie ebenfalls, daß

$$\cos^2\theta - \sin^2\theta = 2\cos^2\theta - 1$$

und zeigen Sie, daß daraus folgt:

$$\cos^4\theta - \sin^4\theta = 2\cos^2\theta - 1.$$

6. Beweisen Sie jede der folgenden Identitäten:

| | | | |
|---|---|---|---|
| (a) | $\sin^2\theta - \cos^2\theta = 2\sin^2\theta - 1$ | (d) | $\cos\theta(\cot\theta + \tan\theta) = \operatorname{cosec}\theta$ |
| (b) | $(1 - \cos\theta)(1 + \cos\theta) = \sin^2\theta$ | (e) | $\sec^2\theta(\sec^2\theta+1) = \tan^2\theta(1+\tan^2\theta)$ |
| (c) | $(\sin\theta + \cos\theta)^2 - (\sin\theta - \cos\theta)^2 = 0$ | (f) | $\sin^2\alpha - \sin^2\beta = \cos^2\beta - \cos^2\alpha$ |

## 3.12 Weitere Identitäten

Es gibt noch eine Anzahl weiterer Identitäten, die in der Mathematik von Bedeutung sind. Diese sollen hier nicht bewiesen werden. Viele davon faßt man unter dem Sammelbegriff *Additionstheoreme* zusammen. Sie finden hier eine erste Zusammenstellung:

$$\sin(\alpha+\beta) = \sin\alpha\cos\beta + \cos\alpha\sin\beta$$

$$\sin(\alpha-\beta) = \sin\alpha\cos\beta - \cos\alpha\sin\beta$$

$$\cos(\alpha+\beta) = \cos\alpha\cos\beta - \sin\alpha\sin\beta$$

$$\cos(\alpha-\beta) = \cos\alpha\cos\beta + \sin\alpha\sin\beta$$

$$\tan(\alpha+\beta) = \frac{\tan\alpha + \tan\beta}{1 - \tan\alpha\tan\beta}$$

$$\tan(\alpha-\beta) = \frac{\tan\alpha - \tan\beta}{1 + \tan\alpha\tan\beta}$$

Es ist sehr einfach, aus diesen Sätzen weitere abzuleiten, die Aussagen über den doppelten Winkel ($2\alpha$) ermöglichen.

So ergibt sich für den $\sin 2\alpha$ das folgende Ergebnis:

$$\begin{aligned}\sin 2\alpha &= \sin(\alpha+\alpha) = \\ &= \sin\alpha\cos\alpha + \cos\alpha\sin\alpha = \\ &= \underline{2\sin\alpha\cos\alpha}\end{aligned}$$

Oder für den $\cos 2\alpha$:

$$\begin{aligned}\cos 2\alpha &= \cos(\alpha+\alpha) = \\ &= \cos\alpha\cos\alpha - \sin\alpha\sin\alpha = \\ &= \underline{\cos^2\alpha - \sin^2\alpha}\end{aligned}$$

Wenn wir die Identität $\sin^2\alpha + \cos^2\alpha = 1$ verwenden, läßt sich dies in zwei weiteren äquivalenten Formen darstellen:

$$\cos 2\alpha = 2\cos^2\alpha - 1 = 1 - 2\sin^2\alpha\,.$$

*DERIVE Aktivität 3g*

(A) (i) **Schreiben** und **Zeichnen** Sie: 2sinx cosx.
Wie groß sind Amplitude und Periodenlänge dieser Schwingung?
Welche Sinusschwingung hat die gleiche Amplitude und Periode?
Überprüfen Sie mit *DERIVE* Ihre Vermutung.

(ii) Machen Sie sowohl den Schirm, als auch den Speicher frei mit **Übertrage Neubeginn** und **Löschen** Sie **Alles**. Anschließend lassen Sie bitte die Funktionen $y = \cos^2 x - \sin^2 x$, $y = 2\cos^2 x - 1$ und $y = 1 - 2\sin^2 x$ zeichnen. Welche Amplitude und Periodenlänge weisen diese Wellen auf? Wie lautet die Gleichung einer Kosinusschwingung mit gleicher Amplitude und Periodenlänge?

(iii) **Schreiben** und **Zeichnen** Sie: 3sinx – 4sin³x. Gibt es eine einfache Sinusschwingung, die den gleichen Graphen erzeugt? Überzeugen Sie sich mit *DERIVE*.

(B) (i) **Schreiben** und **Zeichnen** Sie: sin(5x) + sin(3x).
Zeichnen Sie $2\sin 4x \cdot \cos x$ dazu. Kommentieren Sie das Ergebnis.

(ii) Wiederholen Sie (i) mit $\sin(9x) + \sin(3x)$ und $2\sin(7x)\cos(2x)$.

(iii) Bringen Sie sin(7x) + sin(3x) in die Form 2sin(Ax) cos(Bx).
Sie können Ihre Antwort durch das Zeichnen (-lassen) der beiden Funktionsgraphen leicht überprüfen.

(iv) Vergleichen Sie graphisch die beiden Funktionen y = sin(10x) – sin(4x) und y = 2cos(7x) sin(3x).
Versuchen Sie, eine andere Form für $\sin(12x) - \sin(8x)$ zu finden und kontrollieren Sie Ihre Antwort mit *DERIVE*.

Hier finden Sie eine weitere Sammlung von Additionssätzen für die Summen von Winkelfunktionen:

$$\sin\alpha + \sin\beta = 2\sin\left(\frac{\alpha+\beta}{2}\right)\cos\left(\frac{\alpha-\beta}{2}\right) \qquad \sin\alpha - \sin\beta = 2\cos\left(\frac{\alpha+\beta}{2}\right)\sin\left(\frac{\alpha-\beta}{2}\right)$$

$$\cos\alpha + \cos\beta = 2\cos\left(\frac{\alpha+\beta}{2}\right)\cos\left(\frac{\alpha-\beta}{2}\right) \qquad \cos\alpha - \cos\beta = -2\sin\left(\frac{\alpha+\beta}{2}\right)\sin\left(\frac{\alpha-\beta}{2}\right)$$

**Beispiel 3J**

Zeigen Sie, daß für die beiden rechtwinkligen Dreiecke in Abbildung 3.24 gilt:.

(i) $\cos(\alpha+\beta) = \dfrac{33}{65}$

(ii) $\sin(\alpha+\beta) = \dfrac{56}{65}$

(iii) $\tan(\alpha+\beta) = \dfrac{56}{33}$

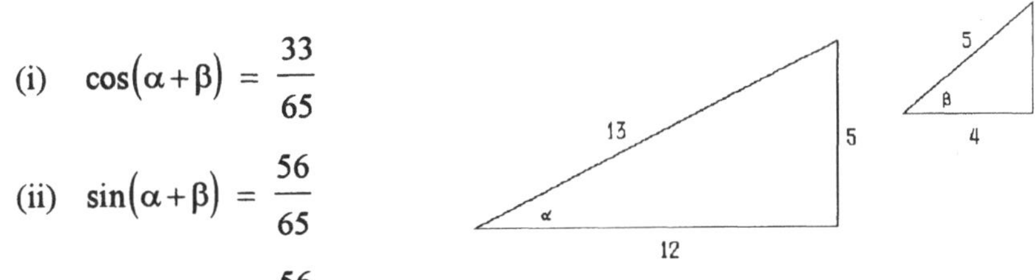


Abbildung 3.24

**Lösung**

Aus den Seiten des ersten Dreiecks folgt

$$\cos\alpha = \frac{12}{13}, \qquad \sin\alpha = \frac{5}{13}, \qquad \tan\alpha = \frac{5}{12},$$

und aus den Seiten des zweiten Dreiecks können Sie herauslesen:

$$\cos\beta = \frac{4}{5}, \qquad \sin\beta = \frac{3}{5}, \qquad \tan\beta = \frac{3}{4}.$$

(i) Zuerst wenden Sie die Formel für $\cos(\alpha + \beta)$ an:

$$\cos(\alpha + \beta) = \cos\alpha\cos\beta - \sin\alpha\sin\beta =$$

$$= \frac{12}{13}\cdot\frac{4}{5} - \frac{5}{13}\cdot\frac{3}{5} = \frac{33}{65}.$$

(ii) Aus der Additionsregel für den Sinus folgt dann:

$$\sin(\alpha + \beta) = \sin\alpha\cos\beta + \cos\alpha\sin\beta =$$

$$= \frac{5}{13}\cdot\frac{4}{5} + \frac{12}{13}\cdot\frac{3}{5} = \frac{56}{65}$$

(iii) Für den Tangens gibt es auch eine Additionsregel:

$$\tan(\alpha+\beta) = \frac{\tan\alpha + \tan\beta}{1 - \tan\alpha\tan\beta} =$$

$$= \frac{\frac{5}{12}+\frac{3}{4}}{1 - \frac{5}{12}\cdot\frac{3}{4}} = \frac{\frac{7}{6}}{\frac{33}{48}} = \frac{56}{33}.$$

**Beispiel 3K**

Beweisen Sie

$$\sin(\alpha+\beta)\cdot\sin(\alpha-\beta) = \sin^2\alpha - \sin^2\beta\,.$$

**Lösung**

Wir wenden die Formeln für Summe und Differenz zweier Winkel an.

$$\sin(\alpha+\beta)\sin(\alpha-\beta) = (\sin\alpha\cos\beta + \cos\alpha\sin\beta)(\sin\alpha\cos\beta - \cos\alpha\sin\beta) =$$

$$= \sin^2\alpha\cos^2\beta - \sin\alpha\sin\beta\cos\alpha\cos\beta + \sin\alpha\sin\beta\cos\alpha\cos\beta - \cos^2\alpha\sin^2\beta =$$

$$= \sin^2\alpha\cos^2\beta - \cos^2\alpha\sin^2\beta =$$

$$= \sin^2\alpha(1-\sin^2\beta) - (1-\sin^2\alpha)\sin^2\beta =$$

$$= \sin^2\alpha - \sin^2\alpha\sin^2\beta - \sin^2\beta + \sin^2\alpha\sin^2\beta =$$

$$= \sin^2\alpha - \sin^2\beta\,.$$

**Beispiel 3L**

Beweisen Sie die Identität: $\tan(x+45°) = \dfrac{1 + \tan x}{1 - \tan x}$.

**Lösung**

Wenn wir den geeigneten Additionssatz verwenden, dann erhalten wir:

$$\tan(x+45°) = \frac{\tan x + \tan 45°}{1 - \tan x \cdot \tan 45°} =$$

$$= \frac{\tan x + 1}{1 - \tan x} \qquad (\text{da } \tan 45° = 1).$$

**Beispiel 3M**

Beweisen Sie die Identität

$$\frac{\sin(10\alpha) - \sin(6\alpha)}{\cos(6\alpha) + \cos(5\alpha)} = \tan 2\alpha$$

**Lösung**

Auch hier wählen wir passende Formeln aus den Additionssätzen aus und erhalten nach einigen Umformungen:

$$\frac{\sin(10\alpha) - \sin(6\alpha)}{\cos(10\alpha) + \cos(6\alpha)} = \frac{2\cos\left(\dfrac{10\alpha+6\alpha}{2}\right)\sin\left(\dfrac{10\alpha-6\alpha}{2}\right)}{2\cos\left(\dfrac{10\alpha+6\alpha}{2}\right)\cos\left(\dfrac{10\alpha-6\alpha}{2}\right)} =$$

$$= \frac{\sin(2\alpha)}{\cos(2\alpha)} =$$

$$- \tan(2\alpha).$$

*Übung 3K*

1. Bestimmen Sie für das Dreieck in Abbildung 3.25 die Werte für $\cos(\alpha+\beta)$, $\sin(\alpha+\beta)$ und $\tan(\alpha+\beta)$.

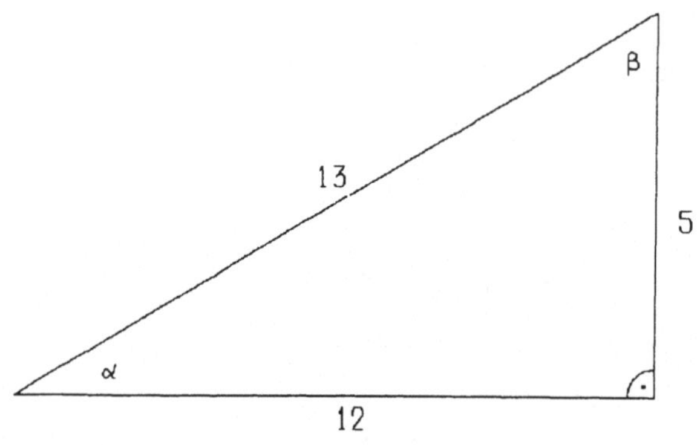


Abbildung 3.25

Kommentieren Sie Ihre Ergebnisse.

2. Gegeben sind $\cos\alpha = \dfrac{24}{25}$ und $\cos\beta = \dfrac{8}{17}$. Suchen Sie die Werte für

| | | |
|---|---|---|
| (a) $\sin\alpha$ | (e) $\sin(\alpha-\beta)$ | (i) $\cos 2\alpha$ |
| (b) $\sin\beta$ | (f) $\tan(\beta-\alpha)$ | (j) $\sin 2\beta$ |
| (c) $\tan\alpha$ | (g) $\cos(\alpha+\beta)$ | |
| (d) $\tan\beta$ | (h) $\tan(\alpha+\beta)$ | |

3. Wiederholen Sie Aufgabe 2 mit den Angaben: $\cos\alpha = 0{,}5$ und $\cos\beta = 0{,}8$

4. (a) Zeigen Sie die Gültigkeit der Identität $\sin(\alpha+90°) = \cos\alpha$

   (b) Suchen Sie einfachere Ausdrücke für

| | |
|---|---|
| (i) $\sin(\alpha+180°)$ | (iv) $\cos(\alpha+180°)$ |
| (ii) $\sin(\alpha-90°)$ | (v) $\cos(\alpha-90°)$ |
| (iii) $\cos(\alpha+90°)$ | (vi) $\tan(\alpha-45°)$ |

5. Suchen Sie andere Ausdrücke für:

(a) $\cos 8x \sin x - \sin 8x \cos x$

(b) $\sin 60° + \sin 20°$

(c) $\cos 50° - \cos 30°$

(d) $\sin 50° \cos 30°$

(e) $\sin 40° \sin 10°$

(f) $\sin 69° \cos 40° - \sin 40° \cos 69°$

(g) $\sin 45° - \sin 35°$

(h) $\sin 45° \cos x + \cos 45° \sin x$

6. (a) Beweisen Sie: $\sin 3\alpha = 3\sin\alpha - 4\sin^3\alpha$

(b) Suchen Sie ein ähnliches Resultat für $\cos 3\alpha$.

(c) Drücken Sie $\sin 4\alpha$ durch $\sin\alpha$ und $\cos\alpha$ aus.

7. Beweisen Sie:

(a) $\cos(\alpha+\beta)\cos(\alpha-\beta) = \cos^2\alpha - \sin^2\beta$

(b) $\cos(\alpha+\beta) + \cos(\alpha-\beta) = \cos^2\alpha \cos^2\beta$

(c) $\dfrac{\sin\alpha}{\sin\beta} + \dfrac{\cos\alpha}{\cos\beta} = \dfrac{2\sin(\alpha+\beta)}{\sin(2\beta)}$

(d) $\cos 3\theta - \cos 7\theta = 2\sin 5\theta \cdot \sin 2\theta$.

8. Bestätigen Sie das im folgenden beschriebene Phänomen mit selbst gewählten Beispielen:

Wenn zwei Schwingungen mit grob ähnlichen Amplituden aber nur schwach unterschiedlichen Periodenlängen addiert (= überlagert) werden, dann ist das Ergebnis eine Schwingung mit einer grob ähnlichen Periode, aber die Amplitude verändert sich mit einer Frequenz, die der Differenz der Frequenzen der beiden gegebenen Schwingungen entspricht.

## 3.13 Der Ausdruck $A\sin x + B\cos x$

*DERIVE Aktivität 3h*

(A) (i) **Schreiben** und **Zeichnen** Sie sinx + cosx im **Maßstab x:** $\pi$ **y:** 1.

(ii) Wie groß ist die Amplitude der erzeugten Schwingung. Bezeichnen Sie diesen Wert mit $R$.

(iii) In welchem Abstand links von der $y$-Achse schneidet der Graph die $x$-Achse. Bezeichnen Sie diesen Wert mit $\alpha$.

(iv) **Schreiben** und **Zeichnen** Sie nun den Graph zu $y = R\sin(x + \alpha)$. Was fällt Ihnen dabei auf?

(B) Wiederholen Sie (A) mit allen im folgenden gegebenen Funktionen:

(i) $2\sin x + 2\cos x$ (ii) $3\sin x + 4\cos x$

(iii) $5\sin x + 12\cos x$ (iv) $\sin x - \cos x$

(C) Wiederholen Sie (A) auch mit den nächsten Kombinationen:

(i) $3\sin 4x + 4\cos 4x$ (ii) $5\cos 3x + 12\sin 3x$

(iii) $\sin 2x - 2\cos 2x$ (iv) $2\cos 5x - 5\sin 5x$

Welche Schlußfolgerungen können Sie für die Amplituden aller Schwingungen der Form $A\sin(wx) + B\cos(wx)$ ziehen?

### Die Vereinfachung von $A\sin x + B\cos x$

Aus der der vorangegangenen *DERIVE* Aktivität konnten Sie lernen, daß jeder Ausdruck der Form $A\sin x + B\cos x$ eine Sinusschwingung der Form $R\sin(x + \alpha)$ erzeugt. Mit den Additionssätzen kann man den Zusammhang zwischen den Konstanten $R$ und $\alpha$ einerseits und $A$ und $B$ andererseits finden.

Wir verwenden einen Additionssatz

$$R\sin(x+\alpha) = R\sin x\cos\alpha + R\cos x\sin\alpha =$$

$$= R\cos\alpha\sin x + R\sin\alpha\cos x.$$

Aber wir wissen auch, daß gilt

$$R\sin(x+\alpha) = A\sin x + B\cos x.$$

Wenn wir nun die Koeffizienten in den beiden rechten Seiten der Identitäten vergleichen, dann folgt:

$$A = R\cos\alpha \quad \text{und} \quad B = R\sin\alpha.$$

Um jetzt den Ausdruck für $R$ zu erhalten, quadrieren und addieren wir die Werte für $A$ und $B$ und erhalten damit

$$\begin{aligned} A^2 + B^2 &= R^2\cos^2\alpha + R^2\sin^2\alpha = \\ &= R^2(\cos^2\alpha + \sin^2\alpha) = \\ &= R^2. \end{aligned}$$

So ergibt sich für $R = \sqrt{A^2 + B^2}$.

Es fehlt noch der Ausdruck für $\alpha$. Dazu dividieren wir $B$ durch $A$

$$\frac{B}{A} = \frac{R\sin\alpha}{R\cos\alpha} = \frac{\sin\alpha}{\cos\alpha} = \tan\alpha$$

Daher erhalten wir für $\quad \alpha = \tan^{-1}\left(\frac{B}{A}\right).$

**Beispiel 3N**

(i) Bringen Sie $4\sin x + 3\cos x$ in die Form $R\sin(x+\alpha)$.

(ii) Suchen Sie alle Lösungen der Gleichung

$$4\sin x + 3\cos x = 2{,}5 \qquad \text{für } 0 \le x \le 360°.$$

**Lösung**

(i) Aus $4\sin x + 3\cos x$ ergibt sich für $A = 4$ und $B = 3$, daher

$$R = \sqrt{4^2 + 3^2} = 5 \quad \text{und} \quad \alpha = \arctan\frac{3}{4} \approx 36{,}9° \text{ oder } 216{,}9°.$$

Um $\alpha$ eindeutig festzulegen, stellen wir fest, daß $\cos\alpha = 0{,}8$ und $\sin\alpha = 0{,}6$. Da beide Werte positiv sind, muß $\alpha$ ein Wert aus dem 1.Quadranten - $0° < \alpha < 90°$ - sein. So ist $\alpha$ eindeutig mit $\alpha = 36{,}9°$ bestimmt.

(ii) Die Gleichung

$$4\sin x + 3\cos x = 2{,}5$$

läßt sich nun anders schreiben, und zwar in der Form

$$5\sin(x + 36{,}9°) = 2{,}5 \quad \text{oder, gekürzt als} \quad \sin(x + 36{,}9°) = 0{,}5.$$

Die gesuchten Lösungen ergeben sich dann aus

$$x + 36{,}9° = 30°, 150°, 390°, \text{........ etc}$$

Daher erhalten wir endgültig:

$$x = -6{,}9°, 113{,}1°, 353{,}1°, \ldots\ldots$$

Die Lösungen im gegebenen Bereich sind: $x_{1,2} = 113{,}1°; 353{,}1°$

*Übung 3L*

1. Bringen Sie alle Terme in die Form $R\sin(x + \alpha)$:

(a) $12\sin x + 5\cos x$ (d) $6\sin x - 8\cos x$

(b) $12\sin x - 5\cos x$ (e) $5\sin x - \cos x$

(c) $\sin x + 2\cos x$ (f) $6\sin x - 3\cos x$

2. Formen Sie $R\cos(x - \alpha)$ um, um eine andere Darstellung für $A\sin x + B\cos x$ zu finden. Drücken Sie $R$ und $\alpha$ in $A$ und $B$ aus.

3. Bringen Sie alle Terme in die Form $R\cos(x - \alpha)$:

(a) $5\sin x + 12\cos x$ (c) $2\sin x - \cos x$

(b) $6\sin x - 3\cos x$ (d) $\sin x + 3\cos x$

4. Beziehen Sie sich auf Aufgabe 1 und lösen Sie die folgenden Gleichungen für den Bereich $-180° \leq x \leq 180°$.

(a) $12\sin x + 5\cos x = 6$ (d) $6\sin x - 8\cos x = 10$

(b) $12\sin x - 5\cos x = 0$ (e) $5\sin x - \cos x = 1$

(c) $\sin x + 2\cos x = 1$ (f) $6\sin x - 3\cos x = 5$

# 4 Folgen und Reihen

## 4.1 Folgen

Unter einer *Folge* versteht man eine geordnete Menge von Zahlen, sodaß jede Zahl durch eine Gesetzmäßigkeit eindeutig ihren Nachfolger festlegt. Die Zahlen der Folge nennt man *Folgenelemente* oder *-glieder*. Hier sehen Sie drei Beispiele für Folgen:

$$1, 8, 15, 22, 29, 36, \ldots\ldots\ldots$$

$$1, 4, 9, 16, 25, 36, \ldots\ldots\ldots$$

$$2, 1, \frac{1}{2}, \frac{1}{4}, \frac{1}{8}, \frac{1}{16}, \ldots\ldots\ldots$$

Zu jeder dieser Folgen läßt sich ein Gesetz zur Bildung der Folge angeben, nach dem sich das Glied mit der Nummer $n$ berechnen läßt. Das allgemeine Glied einer Folge wollen wir mit $u_n$ bezeichnen; die ersten Elemente heißen dann $u_1$, $u_2$, usw. Die Folgengesetze für die gegebenen drei Folgen lauten:

$$1, 8, 15, 22, 29, 36, \ldots\ldots\ldots \qquad u_n = 7n - 6$$

$$1, 4, 9, 16, 25, 36, \ldots\ldots\ldots \qquad u_n = n^2$$

$$2, 1, \frac{1}{2}, \frac{1}{4}, \frac{1}{8}, \frac{1}{16}, \ldots\ldots\ldots \qquad u_n = 4\left(\frac{1}{2}\right)^n \text{ oder } u_n = \left(\frac{1}{2}\right)^{n-2}$$

$$n = 1, 2, 3, 4, \ldots\ldots\ldots\ldots\ldots$$

In der ersten der beiden Beispielfolgen wachsen die Folgenelemente unbeschränkt. In der dritten Folge werden die Elemente immer kleiner und nähern sich mehr und mehr der Zahl Null. Wir sagen: Der *Grenzwert* dieser Folge ist 0, wenn $n$ gegen unendlich strebt. Für den Grenzwert ist die Bezeichnung *Limes* gebräuchlich. Die mathematische Notation für diesen Sachverhalt sieht dann so aus:

$$\lim_{n \to \infty} \left(\frac{1}{2}\right)^{n-2} = 0.$$

Das bedeutet, daß die Folgenelemente für wachsendes $n$ - immer höher werdende „Nummern" - immer näher an einen festen Wert herankommen, ohne jedoch diesen Wert für irgend ein $n$ je zu erreichen. Man bezeichnet eine derartige Folge als *konvergent*, sie konvergiert gegen einen Grenzwert. Anderenfalls heißt sie *divergent*.

*DERIVE Aktivität4 4a*

Mit *DERIVE* kann man sowohl die Elemente einer Folge als auch deren Grenzwert berechnen.

(A) (i) **Schreiben** Sie `4(1/2)^n`. Anschließend **Schreiben** Sie bitte: `VECTOR(4(1/2)^n,n,10)` und **approXimieren** Sie diesen Ausdruck. Sie erhalten in einem Vektor - in einer Liste - die ersten 10 Elemente der Folge als Komponenten eines Vektors.

(ii) Um ein spezielles Folgenelement zu berechnen, verwenden Sie bitte die Befehlsfolge **zusaTz Substituiere**. Zeigen Sie, daß das 15.Element dieser Folge den Wert $u_{15} = 1/8192$ annimmt.

(iii) Jene Folgenelemente, die wir sehen können, legen die Vermutung nahe, daß der Grenzwert dieser Folge Null ist. Das können wir mit *DERIVE* bestätigen. Drücken Sie bitte [A] [G] [↵] für **Analysis Grenzwert** nachdem Sie den Folgenausdruck mit der Pfeiltaste aktiviert haben. Bestätigen Sie die vorgeschlagene **Variable: n** mit [↵] und schreiben Sie in das Feld **Punkt: inf** (für ∞ = unendlich = infinit). Schließen Sie mit [↵]. Diese Prozedur sollte Ihnen den Grenzwert von $u_n$ für $n$ gegen ∞ bringen. Die **Vereinfachung** zeigt uns tatsächlich den bereits vermuteten Wert 0 als Ergebnis.

(B) Zu jeder der im weiteren angegebenen Folgen

(i) suchen Sie die ersten 10 Folgenelemente (mit *DERIVE*),

(ii) notieren Sie einen allfällig vermuteten Grenzwert.

(iii) Überprüfen Sie Ihre Ergebnisse aus (ii) über die **Analysis - Grenzwert** - Befehlsfolge.

(a) $u_n = \dfrac{1}{1+n}$ (b) $u_n = 4 + \dfrac{1}{n}$ (c) $u_n = \dfrac{n^3+1}{n}$

(d) $u_n = \dfrac{n^2+10}{n^2}$ (e) $u_n = 1{,}1^n$ (d) $u_n = 0{,}9^n$

*Übung 4A*

1. Anschließend finden Sie vier Zahlenfolgen.

   (a) 4, 7, 10, 13, 17, .....

   (b) 3, 6, 11, 18, 27, .....

   (c) 0, 3, 8, 15, 24, ......

   (d) 4, 9, 14, 19, 24, .....

   Ordnen Sie die angebotenen Bildungsgesetze den Zahlenfolgen zu:

   $$u_n = n^2 - 1; \quad u_n = n^2 + 2; \quad u_n = 5n - 1; \quad u_n = 3n + 1.$$

2. Bestimmen Sie von jeder, der angegebenen Folgen die ersten fünf Elemente und bestimmen Sie den Grenzwert, falls einer existiert.

   (a) $u_n = 2^n$ (b) $u_n = \left(\frac{1}{3}\right)^{n-1}$ (c) $u_n = (-2)^n$

   (d) $u_n = \left(-\frac{1}{2}\right)^n$ (e) $u_n = \frac{2n + 1}{n}$ (d) $u_n = n + 0{,}1^n$

3. Suchen Sie für jede der nachfolgenden Zahlenfolgen das Folgengesetz und schreiben Sie das allgemeine Folgenglied $u_n$ an. Geben Sie auch den Grenzwert an, falls Sie einen solchen zu erkennen glauben.

   (a) 1, 3, 9, 27, .....

   (b) 14, 9, 4, –1, .....

   (c) 5,1; 5,01; 5,001; 5,0001; .....

   (d) $\frac{1}{3}, \frac{1}{2}, \frac{3}{5}, \frac{2}{3}, \ldots\ldots\ldots$

## 4.2 Reihen

Aus einer Folge erhält man eine *Reihe*, wenn man die Folgenelemente addiert. Sehen Sie einige Beispiele für Reihen:

$$1 + 4 + 9 + 16 + 25 + \ldots\ldots\ldots$$

$$5 + 7 + 9 + 11 + 13 + \ldots\ldots\ldots$$

$$1 + 2 + 4 + 8 + 16 + \ldots\ldots\ldots$$

Man verwendet das Symbol Σ (Sigma, griechischer Buchstabe) um eine Teilsumme von Elementen einer Reihe zu beschreiben. So bedeutet

$$\sum_{i=1}^{n} u_i$$

die Summe der ersten $n$ Elemente der Reihe, deren zugehörige Folge dem Bildungsgesetz $u_n$ gehorcht. Ausgeschrieben entspricht das:

$$\sum_{i=1}^{n} u_i = u_1 + u_2 + u_3 + \ldots\ldots\ldots + u_n .$$

**Beispiel 4A**

Schreiben Sie die Reihe aus, die durch den gegebenen Ausdruck beschrieben wird, und bestimmen Sie die Summe der Reihe.

$$\sum_{i=1}^{6} \left(i^2 - 1\right) .$$

**Lösung**

Wir müssen die ersten sechs Elemente der Reihe berechnen.

$$u_1 = 1^2 - 1 = 0 \qquad u_4 = 4^2 - 1 = 15$$

$$u_2 = 2^2 - 1 = 3 \qquad u_5 = 5^2 - 1 = 24$$

$$u_3 = 3^2 - 1 = 8 \qquad u_6 = 6^2 - 1 = 35$$

Wenn wir nun diese Zahlen addieren, ergibt sich für die gesuchte Summe der Wert 85.

$$\sum_{i=1}^{6} \left(i^2 - 1\right) = 0 + 3 + 8 + 15 + 24 + 35 = 85.$$

*DERIVE Aktivität 4b*

Mit *DERIVE* kann man auch für viele Reihen die Summen berechnen lassen.

(A) (i) **Schreiben** Sie den Term für $u_i$, das $i$-te Element der Reihe. Nehmen Sie den Term $u_i = 3^i$ als Beispiel.

(ii) Lassen Sie diesen Term aktiviert und verwenden Sie die Befehlsfolge **Analysis Summe** ⏎, dann nochmals ⏎, um die vorgeschlagene Summationsvariable $i$ zu bestätigen. Geben Sie dann für **Untere Grenze:** und **Obere Grenze:** die Werte **1** und **7** ein. Damit haben Sie den Ausdruck

$$\sum_{i=1}^{7} 3^i \quad \text{erzeugt.}$$

(iii) **Vereinfachen** Sie diesen Ausdruck, und Sie werden den Wert der Summe erhalten.

(B) Berechnen Sie mit *DERIVE* die folgenden Summen:

(a) $\sum_{k=1}^{10} k$ (b) $\sum_{n=1}^{20} n^2$ (c) $\sum_{i=1}^{50} \frac{1}{i}$

(C) Es gibt Reihen, deren Summen konvergieren, andere tun dies nicht. Die Summen können dann entweder unbeschränkt wachsen oder sie streben keinem eindeutig bestimmbaren Wert zu. Verwenden Sie die Befehlsfolge **Analysis Summe** mit der **Oberen Grenze: inf**, um diesen Sachverhalt an einigen Beispielen zu untersuchen.

(i) Betrachten Sie $\sum_{i=1}^{\infty} \frac{1}{a^i}$ für verschiedene Werte für $a$.

Versuchen Sie $a = 1, 2, 3$. Für welche Werte $a$ konvergiert die Reihe?

(ii) Betrachten Sie nun $\sum_{i=1}^{\infty} \frac{1}{i^n}$ für verschiedene Hochzahlen $n$. ($n = 1, 2, 3$).

Welche $n$ lassen die Reihe konvergieren?

(D) Berechnen Sie Grenzwert $\lim_{n \to \infty} \left| \frac{u_{n+1}}{u_n} \right|$ für jede der Reihen aus (C). Leiten Sie aus Ihren Ergebnissen einen einfachen Konvergenztest für Reihen ab.

Die Konvergenz von unendlichen Reihen ist ein faszinierendes Thema, das in diesem elementaren Buch nicht behandelt werden kann. Auf das Konvergenzverhalten einer Reihe kann nicht immer aus der zugrunde liegenden Folge geschlossen werden. So hat zwar die Folge $u_n = \frac{1}{n}$ den Grenzwert $\lim_{n\to\infty} u_n = \lim_{n\to\infty} \frac{1}{n} = 0$, aber die zugehörige Reihe $\sum_{i=1}^{\infty} \frac{1}{i}$ hat keinen Grenzwert. Ein einfacher Test ist das *Quotientenkriterium:* Die Reihe $\sum_{i=1}^{\infty} u_i$ hat einen Grenzwert, wenn der Grenzwert $\lim_{n\to\infty} \left| \frac{u_{n+1}}{u_n} \right| < 1$. Beachten Sie, daß für die oben genannte Reihe $\sum_{i=1}^{\infty} \frac{1}{i}$ dieser Grenzwert $\lim_{n\to\infty} \left| \frac{u_{n+1}}{u_n} \right| = \lim_{n\to\infty} \left| \frac{n}{n+1} \right| = 1$.

(Beachten Sie weiter, daß nur ausgesagt wird, ob ein Grenzwert existiert, aber noch keine Aussage über dessen Wert gemacht wird).

*Übung 4B*

1. Schreiben Sie jede der folgende Reihen an und berechnen Sie deren Summe.

   (a) $\sum_{i=1}^{4} (i+1)^2$ (b) $\sum_{i=1}^{6} \frac{1}{i}$ (c) $\sum_{i=1}^{4} (4i-2)$

   (d) $\sum_{i=1}^{5} 2i$ (e) $\sum_{i=1}^{3} \frac{1}{i^2}$ (f) $\sum_{i=1}^{4} (i^3-3)$

2. Schreiben Sie die angegebenen Reihen mit Verwendung der Sigma-Notation.

   (a) $16 + 11 + 6 + 1 - 4$ (b) $2 + 6 + 18 + 54$

   (c) $0{,}5 + 2 + 4{,}5 + 8 + 12{,}5 + 18$ (d) $1 - 2 + 4 - 8 + 16$

3. Überprüfen Sie mit dem Quotientenkriterium alle Reihen aus Aufgabe 1 auf Konvergenz. Bestimmen Sie mit *DERIVE* für alle jene Reihen, die zu konvergieren versprechen, den Grenzwert der Summe.

## 4.3 Arithmetische Reihen

Eine *arithmetische Folge* (AF) ist eine Zahlenfolge, bei der jedes Element aus dem vorhergehenden durch Addition einer konstanten Zahl ensteht. In der angegebenen Beispielfolge erhält man jedes neue Element durch Addition der Zahl 3.

$$2, 5, 8, 11, 14, 17, \ldots\ldots$$

Die Konstante, die jeweils addiert wird, nennt man *Differenz* der arithmetischen Folge und gibt ihr die Bezeichnung $d$. Für das erste Element der Folge verwendet man meist die Variable $a$.

Allgemein hat eine AF die Folgenelemente

$$a, a + d, a + 2d, a + 3d, \ldots\ldots$$

Das allgemeine Glied $u_n$ einer AF wird durch das Bildungsgesetz

$u_n = a + (n - 1)\,d$ beschrieben.

**Beispiel 4B**

Das erste Element einer arithmetischen Folge mit der Differenz 4 ist 5.

(a) Wie lauten die ersten 6 Elemente der Folge?

(b) Bestimmen Sie das allgemeine Folgenelement $u_n$.

(c) Verwenden Sie die Antwort aus (b), um das 50. Element der Folge $u_{50}$ zu ermitteln.

**Lösung**

(a) Die AF beginnt mit 5 und fortlaufende Addition mit der Differenz 4 liefert die weiteren Elemente:

$$5, 9, 13, 17, 21, 25, \ldots\ldots$$

(b) Das n-te Element $u_n$ ergibt sich als

$$u_n = a + (n - 1)\,d$$

Für $a = 5$ und $d = 4$ bedeutet dies:

$$u_n = 5 + (n - 1)\cdot 4 = 5 + 4n - 4 = 1 + 4n.$$

(c) Das 50. Element $u_{50}$ der Folge läßt sich mit dem Folgengesetz leicht bestimmen.

$$u_{50} = 1 + 4 \cdot 50 = 201.$$

**Beispiel 4C**

Bestimmen Sie die Summe der Elemente der arithmetischen Folge

2, 4, 6, 8, 10, 12, 14, 16, 18, 20

(Versuchen Sie, eine elegantere Möglichkeit zu finden, als bloß die Elemente der Reihe nach zu addieren!)

**Lösung**

Die Summe $S$ der Folgenelemente stellt eine Reihe dar

$$S = 2 + 4 + 6 + \ldots\ldots\ldots\ldots\ldots + 16 + 18 + 20$$

Denken Sie sich dieselbe Reihe in umgekehrter Reihenfolge angeschrieben:

$$S = 20 + 18 + 16 + \ldots\ldots\ldots\ldots\ldots + 6 + 4 + 2.$$

Wenn Sie diese beiden Reihen addieren, dann erhalten Sie

$$2S = \underbrace{22 + 22 + 22 + \ldots\ldots\ldots + 22}_{10\ \text{Summanden}}.$$

$$2S = 10 \cdot 22$$

und daher für die Summe:

$$S = \frac{10 \cdot 22}{2} = 110.$$

**Die Summe einer arithmetischen Reihe**

Die Vorgangsweise in Beispiel 4C kann verallgemeinert werden. Wir notieren die allgemeinen Summen $S_n$ der ersten $n$ Elemente in zwei verschiedenen Anordnungen:

$$S_n = a + (a + d) + \dots\dots\dots + [a + (n-2)d] + [a + (n-1)d]$$

$$S_n = [a + (n-1)d] + [a + (n-2)d] + \dots\dots\dots + (a + d) + a\,.$$

(Die eckigen Klammern können in *DERIVE* nicht in diesem Sinne verwendet werden).

Wenn man auch hier die beiden Zeilen addiert, dann erhält man:

$$2S_n = [a + a + (n-1)d] + [a + d + a + (n-2)d] + \dots\dots + [a + (n-1)d + a] =$$

$$= [2a + (n-1)d] + [2a + (n-1)d] + \dots\dots\dots + [2a + (n-1)d]\,.$$

Diese Summe setzt sich aus $n$ identischen Summanden zusammen, daher

$$S_n = \frac{n\left[2a + (n-1)d\right]}{2}\,.$$

Wir fassen die beiden wichtigen Ergebnisse für die arithmetische Reihe zusammen:

$$u_n = a + (n-1)d$$

$$S_n = \frac{n}{2}\left[2a + (n-1)d\right]$$

**Beispiel 4D**

Berechnen Sie die Summe der arithmetischen Reihe

$$1 + 8 + 15 + \dots\dots + 260.$$

**Lösung**

Es liegt eine arithmetische Reihe mit $a = 1$ und $d = 7$ vor. Zuerst müssen wir die Anzahl $n$ der zu summierenden Elemente ermitteln. Wir wenden das Bildungsgesetz

$$u_n = a + (n-1)\,d$$

für den letzten Summanden an:

$$260 = 1 + (n-1)\,7$$

$$260 = 7n - 6$$

$$n = \frac{260 + 6}{7} = 38.$$

Die Reihe besteht demnach aus 38 Gliedern. Nun läßt sich mit der Summenformel leicht die Gesamtsumme bestimmen.

$$S_{38} = \frac{38\left[\,2\cdot 1+(38-1)\cdot 7\,\right]}{2} = 4959.$$

*Übung 4C*

1. Suchen Sie das 8.Element der angegebenen arithmetischen Folgen:

   (a) 1, 10, 19, 28, ..... (b) 4, 3, 2, 1, ...... (c) 5, 7, 9, 11, ....

   Bilden Sie außerdem für jede Folge das Bildungsgesetz $u_n$.

2. Bestimmen Sie zu jeder Folgen die Differenz und die Anzahl der Elemente:

   (a) 4, 7, 10, ...., 85 (b) –1, 3, 7, ....., 67 (c) 51, 44, 37, ....., –54

3. Bilden Sie die Summen für die folgenden Reihen:

   (a) 1 + 4 + 7 + ....... + 70 (b) 6 + 4 + 2 + .......... – 18

   (c) 10 + 10,1 + 10,2 + ....... + 20

4. Bilden Sie die Summen der ersten 10 Elemente für:

   (a) 1, 3, 5, ................ (b) 7, 10, 13, .................

5. Wir groß ist die Summe der ersten 20 geraden Zahlen?

6. In einer arithmetischen Folge ist das 5.Element 16 und das zweite 7. Mit welchem Element beginnt die Folge?

7. Das 5.Element einer arithmetischen Reihe ist 22, die Summe der ersten 10 Elemente 240. Bestimmen Sie das erste Element und die Differenz der Reihe.

## 4.4 Geometrische Reihen

Eine *geometrische Folge* (GF) ist eine Zahlenfolge, bei der jedes Element aus dem vorhergehenden durch Multiplikation mit einer konstanten Zahl entsteht. In der nächsten Folge erhält man jedes neue Element durch Multiplikation des Vorgängers mit 2.

$$3, 6, 12, 24, 48, 96, \ldots\ldots$$

Die Konstante, mit der jeweils multipliziert wird, nennt man den *Quotienten* der GF und gibt ihr die Bezeichnung $q$. Daher gilt für die obige Folge $q = 2$.

Die allgemeine Beschreibung einer GF lautet dann:

$$a, a \cdot q, a \cdot q^2, a \cdot q^3, a \cdot q^4, \ldots\ldots$$

Das Bildungsgesetz für das allgemeine Element ist:

$$u_n = a \cdot q^{n-1} .$$

**Beispiel 4E**

Die ersten beiden Elemente einer GF sind 16 und 22,4.

(a) Bestimmen Sie den Quotienten.

(b) Wie lautet der Ausdruck für das allgemeine Glied der Folge?

(c) Bestimmen Sie das 4.Element $a_4$ der Folge.

**Lösung**

(a) Um den Quotienten $q$ zu finden, bilden wir den Quotienten (!!) der ersten beiden Elemente:

$\frac{u_2}{u_1} = \frac{a \cdot q}{a} = q$. Es ließe sich der Quotient zweier beliebiger, aufeinander folgender Folgenelemente verwenden.

$$q = \frac{22{,}4}{16} = 1{,}4 .$$

(b) Das Bildungsgesetz $u_n = a \cdot q^{n-1}$ ergibt für die vorliegenden Daten den Wert:

$$u_n = 16 \cdot 1{,}4^{n-1} .$$

(c) Unter Verwendung von (b) bestimmt man $u_4$: $u_4 = 16 \cdot 1{,}4^3 = 43{,}904$.

**Die Summe einer geometrischen Reihe**

Nun suchen wir auch eine allgemeine Formel für die Summe einer geometrischen Reihe (GR). Die geometrische Reihe geht aus der geometrischen Folge durch Addition der Elemente hervor.

$$S_n = a + a \cdot q + a \cdot q^2 + a \cdot q^3 + \dots\dots\dots\dots + a \cdot q^{n-1} .$$

Diese Summe wird mit dem Quotienten $q$ multipliziert:

$$q . S_n = a \cdot q + a \cdot q^2 + a \cdot q^3 + \dots\dots\dots + a \cdot q^{n-1} + a \cdot q^n .$$

Anschließend subtrahiert man die zweite Zeile von der ersten. Dabei fallen auf der rechten Seite alle Summanden bis auf zwei weg und es ergibt sich:

$$S_n - q \cdot S_n = a - a \cdot q^n$$

oder $S_n\ (1 - q) = a\,(1 - q^n)$.

Damit erhält man die Summenformel für die geometrische Reihe:

$$S_n = \frac{a\left(1 - q^n\right)}{1 - q} .$$

**Beispiel 4F**

Ermitteln Sie die Summe der ersten 20 Elemente der geometrischen Reihe

$$4 + 6{,}8 + 11{,}56 + 19{,}652 + \ldots\ldots$$

**Lösung**

Natürlich ist $a = 4$. Der Quotient $q = \frac{6{,}8}{4} = 1{,}7$.

Man setzt alle bekannten Größen in die Summenformel ein und rechnet den entstehenden Bruchterm aus.

$$S_{20} = 4 \cdot \frac{1 - 1{,}7^{20}}{1 - 1{,}7} = 232236 \text{ (auf Ganze gerundet).}$$

**Die Summe einer unendlichen geometrischen Reihe**

Um die Summe einer GR mit unendlich vielen Gliedern zu bestimmen, betrachtet man den Grenzwert der Summe $S_n$ für $n \to \infty$.

$$\lim_{n\to\infty} a\frac{1 - q^n}{1 - q}$$

Da nur der Teilausdruck $q^n$ von $n$ abhängt, ist nur dessen Verhalten für die Konvergenz der Summe von Bedeutung. Für $-1 < q < 1$ gilt $\lim\limits_{n\to\infty} q^n = 0$, daher ist der Grenzwert der Summe unter dieser Einschränkung für den Quotienten:

$$\lim_{n\to\infty} a\frac{1 - q^n}{1 - q} = a\frac{1 - 0}{1 - q} = \frac{a}{1 - q}.$$

Für alle anderen Fälle muß man unterscheiden:

Wenn $q > 1$, dann gilt $\lim\limits_{n\to\infty} q^n = \infty$ und

wenn $q < -1$, dann wechselt $q^n$ ständig sein Vorzeichen und der Wert für die Summe wächst unbeschränkt gegen $+\infty$ und $-\infty$.

Die Summe einer unendlichen GR konvergiert nur, wenn $-1 < q < 1$, d.h. $|q| < 1$.

**Beispiel 4G**

Ermitteln Sie die Summe der folgenden unendlichen geometrischen Reihe:

$$100 + 99 + 98{,}01 + 97{,}0299 + \ldots\ldots\ldots\ldots\ldots$$

**Lösung**

Mit den Werten für $a = 100$ und $q = 0{,}99$ ergibt sich über die Summenformel

$$S = \frac{a}{1-q} = \frac{100}{1-0{,}99} = \frac{100}{0{,}01} = 10000.$$

*Übung 4D*

1. Suchen Sie zu jeder der gegebenen geometrischen Reihen
   (i) den Quotienten,
   (ii) das 10. Element,
   (iii) die Summe der ersten 8 Elemente.

   (a) $4 + 4{,}8 + 5{,}76 + \ldots\ldots$ (b) $1{,}3 + 1{,}04 + 0{,}832 + \ldots\ldots$

   (c) $-1{,}7 + 0{,}85 - 0{,}425 + \ldots\ldots$ (d) $200 + 320 + 512 + \ldots.$

2. Bestimmen Sie für die unendlichen GR die Summe, falls diese existiert:

   (a) $40 + 16 + 6{,}4 + \ldots\ldots$ (b) $0{,}5 + 0{,}6 + 0{,}72 + \ldots\ldots$

   (c) $1 + 0{,}9 + 0{,}81 + 0{,}729 + \ldots\ldots$ (d) $-1 + 0{,}9 - 0{,}81 + 0{,}729 - \ldots\ldots$

3. Ein Ball wird aus 1m Höhe fallen gelassen. Nach jedem Aufprall springt er auf 2/5 der letzten erreichten Sprunghöhe zurück. Welchen Weg legt der Ball bis zum endgültigen Stillstand zurück?

4. 2. und 3.Glied einer GR sind 12 und 6(c+1). Welchen Wert hat c, wenn die Summe der ersten drei Glieder den Wert 38 aufweist?

5. Angenommen, Sie können 100.000 DM bei einem Bauunternehmen zu einer jährlichen Verzinsung von r % anlegen. Zeigen Sie, daß Ihr Kapital nach n Jahren durch eine geometrische Folge beschrieben wird.

   $$K_n = 100000\left(1 + \frac{r}{100}\right)^n.$$

   (Nehmen Sie bitte an, daß Sie während der Zeit kein Kapital entnehmen).

## 4.5 Der binomische Lehrsatz

Dieser Abschnitt wird sich mit dem Ausmultiplizieren von Potenzen von Binomen wie etwa $(2 + x)^{12}$ oder $(5 - x)^4$ auseinandersetzen. Die dabei gewonnenen Erkenntnisse sollen dann dazu verwendet werden, auch Ausdrücke wie $(1 - x)^{0,5}$ oder $(1 + x^2)^{-2}$ als Reihen darzustellen.

**Die Entwicklung von $(a + b)^n$ mit ganzzahligem $n > 0$**

*DERIVE Aktivität 4c*

(A) (i) **Schreiben** und **Multiplizieren** Sie die folgenden Terme aus:

$$(1 + x)^2,\ (1 + x)^3,\ (1 + x)^4,\ (1 + x)^5$$

Welche Beobachtung machen Sie an den Hochzahlen?
Können Sie eine Regelmäßigkeit an den Koeffizienten erkennen?

(ii) Welche Summanden erwarten Sie als die beiden ersten und die beiden letzten bei der Entwicklung von $(1 + x)^6$ ?
Bestätigt *DERIVE* Ihre Vermutung?

(iii) Das dargestellte Zahlenschema heißt das *Pascalsche Dreieck*.

$$\begin{array}{ccccccccccc} & & & & 1 & & 1 & & & & \\ & & & 1 & & 2 & & 1 & & & \\ & & 1 & & 3 & & 3 & & 1 & & \\ & 1 & & 4 & & 6 & & 4 & & 1 & \\ 1 & & 5 & & 10 & & 10 & & 5 & & 1 \end{array}$$

Welcher Zusammenhang besteht zwischen den Zahlen in diesem Schema und den Koeffizienten in den ausmultiplizierten Polynomen?

Wie sollten die beiden nächsten Zeilen im Pascalschen Dreieck lauten?

**Schreiben** und **Multiplizieren** Sie $(1 + x)^7$ aus, und überprüfen Sie Ihre Voraussagen.

(B) (i) **Schreiben** und **Multiplizieren** Sie (a+b), $(a+b)^2$, $(a+b)^3$, $(a+b)^4$.
Gehorchen diese Koeffizienten auch dem Muster im Pascalschen Dreieck?
Wie verhalten sich die Hochzahlen von $a$ und $b$?

(ii) Verwenden Sie das Pascalsche Dreieck, und notieren Sie die Entwicklung von $(a+b)^5$. Machen Sie mit die Probe mit *DERIVE*.

(C) (i) Das Pascalsche Dreieck stellt eine gute und rasche Hilfe bei kleinen Exponenten $n$ dar. Betrachten Sie nun $(a + b)^{12}$. *DERIVE* kann dies leicht ausmultiplizieren. Veranlassen Sie dies bitte.

(ii) **Schreiben** und **Vereinfachen** Sie COMB(12,4). Welchem Koeffizienten entspricht das Resultat?

(iii) Wiederholen Sie bitte (ii) mit COMB(12,5) und COMB(12,1).

(iv) **Vereinfachen** Sie nun VECTOR(COMB(12,n),n,0,12). Überprüfen Sie, daß Sie auf diese Weise alle Koeffizienten des Terms erhalten.

(v) Suchen Sie mit VECTOR und COMB die Koeffizienten der Entwicklung von $(a + b)^{10}$. Notieren Sie das vollständige Ergebnis von $(a + b)^{10}$ und lassen Sie zur Probe *DERIVE* aus**Mult**iplizieren.

(vi) **Schreiben** Sie $\frac{n!}{r!\,(n-r)!}$. Mit **zusaTz Substituiere** ersetzen Sie bitte $n$ mit 10 und $r$ der Reihe nach mit den Zahlen 0, 1, 2,....., 10. Wie könnte *DERIVE* Ihrer Meinung nach COMB($n$,$r$) berechnen?

Üblicherweise schreibt man für COMB($n$,$r$) ${}^{n}C_{r}$ (= *Binomialkoeffizienten*) oder $\binom{n}{r}$. Dieser letzte Ausdruck wird gelesen als „ $n$ über $r$ “.

Wenn Sie die *Fakultät* ! noch nicht kennen, dann **Vereinfachen** Sie die Ausdrücke 0!, 1!, 2!, 3!, 4! und 5!. (Lesen Sie diese Terme als Eins-Fakultät, Zwei-Fakultät, usw.).

(vii) **Schreiben** und **Vereinfachen** Sie COMB(n,0), COMB(n,1), COMB(n,2) und COMB(n,3). Was fällt Ihnen dabei auf?

(D) (i) Aktivieren Sie mit den Cursortasten Ihre Entwicklung von $(a + b)^4$ und substituieren Sie für $a$ und $b$ die Werte 2 und $3x$. Damit haben Sie die Entwicklung von $(2 + 3x)^4$ erstellt.

(ii) Verwenden Sie Ihr Resultat für $(a + b)^5$, um $(3 + 5x)^5$ zu bestimmen.

(iii) Wiederholen Sie (ii) für $\left(x+\frac{1}{2}\right)^5$, $(1 + 3x)^5$ und $(6 - 5x)^5$.

**Zusammenfassung**

Die Entwicklung von $(a+b)^n$ mit $n$ ganzzahlig und positiv ist gegeben durch

$$(a+b)^n = {}^nC_0\, a^n + {}^nC_1\, a^{n-1}b + {}^nC_2\, a^{n-2}b^2 + \ldots\ldots\ldots + {}^nC_n\, b^n$$

wobei ${}^nC_r = \dfrac{n!}{r!\left(n-r\right)!}$. Das ist der *binomische Lehrsatz.*

**Beispiel 4H**

Berechnen Sie unter Anwendung des binomischen Lehrsatzes:

(a) $(1+x)^6$ (b) $(2+3x)^4$

**Lösung**

(a) Wir ersetzen $a$ und $b$ durch 1 und $x$:

$$\begin{aligned}(1+x)^6 &= {}^6C_0\, 1^6 x^0 + {}^6C_1\, 1^5 x^1 + {}^6C_2\, 1^4 x^2 + {}^6C_3\, 1^3 x^3 + \\ &= + {}^6C_4\, 1^2 x^4 + {}^6C_5\, 1^1 x^5 + {}^6C_6\, 1^0 x^6 = \\ &= 1 + 6x + 15x^2 + 20x^3 + 15x^4 + 6x^5 + x^6 .\end{aligned}$$

(b) Hier ersetzen wir $a$, $b$ und $n$ durch die konkreten Werte 2, $3x$ und 4:

$$\begin{aligned}(2+3x)^4 &= {}^4C_0\, 2^4 (3x)^0 + {}^4C_1\, 2^3 (3x)^1 + {}^4C_2\, 2^2 (3x)^2 + \\ &= + {}^4C_3\, 2^1 (3x)^3 + {}^4C_4\, 2^0 (3x)^4 = \\ &= 1.16\cdot 1 + 4\cdot 8\cdot 3x + 6\cdot 4\cdot 9x^2 + 4\cdot 2\cdot 27x^3 + 1\cdot 1\cdot 81x^4 = \\ &= 16 + 96x + 216x^2 + 216x^3 + 81x^4 .\end{aligned}$$

**Beispiel 4I**

Bestimmen Sie die ersten vier Summanden der Entwicklung von $(1+x)^n$ .

**Lösung**

Ermitteln Sie zuerst die ersten vier Binomialkoeffizienten:

$${}^nC_0 = \frac{n!}{0!\left(n-0\right)!} = 1 \qquad {}^nC_1 = \frac{n!}{1!\left(n-1\right)!} = n$$

$${}^nC_2 = \frac{n!}{2!\left(n-2\right)!} = \frac{n\left(n-1\right)}{2!} \qquad {}^nC_3 = \frac{n!}{3!\left(n-3\right)!} = \frac{n\left(n-1\right)\left(n-2\right)}{3!}$$

Damit sind die ersten vier Summanden bereits gegeben:

$$(1+x)^n = {}^nC_0 + {}^nC_1x + {}^nC_2x^2 + {}^nC_3x^3 + \;...... =$$
$$= 1 + nx + \frac{n(n-1)}{2!}x^2 + \frac{n(n-1)(n-2)}{3!}x^3 + \;......$$

Beachten Sie, daß sich das Muster der Summanden fortsetzt. Der r-te Summand heißt:

$$\frac{n(n-1)(n-2)\;......(n-r+1)}{r!}x^r .$$

Beachten Sie außerdem, daß für positive ganzzahlige $n$ die Reihe bei $n = r$ abbricht.

*Übung 4E*

1. Multiplizieren die folgenden Binompotenzen aus:

(a) $(1+x)^4$ (b) $(2+x)^3$ (c) $(1-x)^5$

(d) $(5+3x)^4$ (e) $(5-2x)^3$ (f) $(x-y)^5$

(g) $\left(u+\frac{1}{u}\right)^4$ (h) $\left(2x+\frac{1}{x}\right)^4$

2. Wie lautet der Koeffizient von $x^3$ in den folgenden Entwicklungen?

(a) $(2+5x)^{10}$ (b) $(3-2x)^4$

(c) $(8-7x)^3$ (d) $(3-2x^3)^2$

3. Bestimmen Sie den Koeffizienten von $x^7$ in den nächsten Ausdrücken:

(a) $(1+x)^{13}$ (b) $(1-2x)^{11}$ (c) $(3+0{,}5x)^{13}$

(d) $(1{,}3-0{,}1x)^9$ (e) $(a+bx)^{15}$ (f) $(a-bx)^{14}$

4. Schreiben Sie jedes der folgenden Polynome in der Form $(a+bx)^n$.

(a) $1-6x+15x^2-20x^3+15x^4-6x^5+x^6$

(b) $0{,}0625+0{,}5x+1{,}5x^2+2x^3+x^4$

(c) $1-2x+1{,}5x^2-0{,}5x^3+0{,}0625x^4$

## Der binomische Lehrsatz für beliebige Hochzahlen

*DERIVE Aktivität 4d*

Der vorige Abschnitt hat gezeigt, wie man den binomischen Lehrsatz zur Entwicklung von ganzzahligen positiven Binompotenzen heranziehen kann. Jetzt sollen beliebigen Hochzahlen $n$ möglich sein. Wir wollen sehen, was dann geschieht.

(A) (i) **Schreiben** Sie den Ausdruck:

$$1 + nx + \frac{n(n-1)x^2}{2} + \frac{n(n-1)(n-2)x^3}{6}.$$

(ii) Ersetzen Sie mit **zusaTz Substituiere** die Variable $n$ durch 1/2. **Vereinfachen** und **Zeichnen** Sie den Term, den Sie als Ergebnis erhalten.

(iii) **Schreiben** und **Zeichnen** Sie nun $(1+x)^{\frac{1}{2}}$ oder $\sqrt{1+x}$. Für welchen Bereich für $x$ gibt die Reihe eine gute Annäherung für die Funktion.

(B) Erweitern Sie die binomische Reihe, indem Sie zwei Summanden anfügen:

$$\frac{n(n-1)(n-2)(n-3)x^4}{4!} + \frac{n(n-1)(n-2)(n-3)(n-4)x^5}{5!}.$$

Untersuchen Sie, inwiefern diese Erweiterung die Qualität der Approximation verbessert. Vielleicht wollen Sie die Reihe um weitere Glieder verlängern.

(C) Substituieren Sie im Term von (A) (i) alle im folgenden vorgeschlagenenen Werte für $n$. **Vereinfachen** und **Zeichnen** Sie die Ergebnisse und vergleichen Sie die Grafiken jeweils mit denen von $(1 + x)^n$ . Legen Sie besonderen Wert auf denjenigen Bereich, für den die Reihe eine gute Approximation für die Potenzfunktion liefert.

(i) $n = -1$ (ii) $n = \frac{3}{2}$

(iii) $n = \frac{1}{3}$ (iv) $n = -2$

Können Sie dabei ein Muster entstehen sehen? Können Sie jetzt schon etwas über den binomischen Lehrsatz für negative oder rationale Exponenten $n$ aussagen?

**Zusammenfassung**

Sie haben gesehen, daß $(1+x)^n$ für positive, ganzzahlige $n$ eine endliche Reihe liefert. Die Schreibweise mit den Binomialkoeffizienten ${}^nC_r$ hat nur in diesem Fall einen Sinn. Es ist jedoch auch möglich für andere $n$ eine Reihenentwicklung für die Potenzen $(1+x)^n$ anzugeben, und zwar

$$(1+x)^n = 1 + nx + \frac{n(n-1)}{2!}x^2 + \frac{n(n-1)(n-2)}{3!}x^3 + \ldots..$$

Hier wird weder $n!$ noch ${}^nC_r$ verwendet. Sie werden in *DERIVE* Aktivität 4d erkannt haben, daß diese Reihen eine gute Annäherung für $(1+x)^n$ für kleine Werte von $x$ darstellen.

Es ist besonders wichtig anzumerken, daß diese Reihen immer unendlich viele Glieder haben und nur konvergieren für $-1 < x < 1$, d.h. $|x| < 1$. Die Qualität der Approximation erhöht sich mit der Anzahl der Summanden der Reihe.

**Beispiel 4J**

Bestimmen Sie die ersten vier Summanden der Entwicklung von $(1+x)^n$ für

(a) $n = -1$ und (b) $n = 0{,}5$.

**Lösung**

Wir benötigen die ersten vier Summanden:

$$(1+x)^n = 1 + nx + \frac{n(n-1)}{2!}x^2 + \frac{n(n-1)(n-2)}{3!}x^3 + \ldots..$$

(a) Für $n = -1$ ergibt sich nach Substitution

$$(1+x)^{-1} = 1 + (-1)x + \frac{(-1)(-1-1)}{2!}x^2 + \frac{(-1)(-1-1)(-1-2)}{3!}x^3 + \ldots.. =$$

$$= 1 - x + x^2 - x^3 + \ldots..$$

(b) Für $n = \frac{1}{2}$ erhalten Sie auf ähnliche Weise:

$$(1+x)^{\frac{1}{2}} = 1 + \left(\frac{1}{2}\right)x + \frac{\left(\frac{1}{2}\right)\left(\frac{1}{2}-1\right)}{2!}x^2 + \frac{\left(\frac{1}{2}\right)\left(\frac{1}{2}-1\right)\left(\frac{1}{2}-2\right)}{3!}x^3 + \ldots.. =$$

$$= 1 + \frac{x}{2} - \frac{x^2}{8} + \frac{x^3}{16} - \ldots...$$

**Beispiel 4K**

Entwickeln Sie mit dem binomischen Lehrsatz $(1 + 3x)^{-2}$ und stellen Sie fest, für welche Werte von $x$ die entstehende Reihe konvergiert.

**Lösung**

Wir verwenden wiederum:

$$(1 + x)^n = 1 + nx + \frac{n(n-1)}{2!}x^2 + \frac{n(n-1)(n-2)}{3!}x^3 + \ldots..$$

und setzen für $n = -2$ ein:

$$(1+ 3x)^{-2} = 1+(-2)(3x)+\frac{(-2)(-2-1)(3x)^2}{2!}+\frac{(-2)(-2-1)(-2-2)(3x)^3}{3!}+\ldots.. =$$

$$= 1 - 6x + 27x^2 - 108x^3 + - \ldots..$$

Die Reihe konvergiert für $-1 < 3x < 1$ oder anders ausgedrückt, für $-\frac{1}{3} < x < \frac{1}{3}$.

*Übung 4F*

1. Bestimmen Sie die ersten vier Summanden der binomischen Entwicklung für die nächsten Ausdrücke:

(a) $(1 + x)^{-2}$ (b) $(1 + x)^{-3}$

(c) $(1 + x)^{3/2}$ (d) $(1 + x)^{-1/2}$

2. Für welche Werte von $x$ konvergiert die binomische Reihe für:

(a) $\frac{1}{1-2x}$ (b) $\sqrt{1+\frac{x}{3}}$

(c) $\frac{1}{(1+4x)^2}$ (d) $\frac{1}{\sqrt{1-5x}}$

3. Bestimmen Sie die ersten vier Summanden der binomischen Entwicklung für die nächsten Ausdrücke:

(a) $(1+3x)^{\frac{1}{2}}$ (b) $(1-2x)^{-2}$

(c) $\frac{1}{1+4x}$ (d) $\frac{1}{\sqrt{1+2x}}$

4. Verwenden Sie das Resultat von Beispiel 4J, um $\sqrt{0{,}98}$ und $\sqrt{1{,}2}$ näherungsweise zu berechnen, indem Sie geeignete Werte für $x$ annehmen.

5. (a) Zeigen Sie die Gültigkeit von

$$\frac{1}{(3+x)^2} = \frac{1}{x^2\left(\frac{3}{x}+1\right)^2}.$$

(b) Wie heißen die ersten vier, von Null verschiedenen Summanden der Reihenentwicklung von $\left(\frac{3}{x}+1\right)^{-2}$ ?

(c) Bestimmen Sie den Konvergenzbereich von $x$.

(d) Verwenden Sie Ihre bisher erzielten Ergebnisse für eine Reihenentwicklung von $(3+x)^{-2}$.

6. Suchen Sie die binomischen Reihen für die folgenden Ausdrücke:

(a) $\frac{1}{2+x}$ (b) $\frac{1}{4+2x}$

(c) $\frac{1}{(5+x)^2}$ (d) $\sqrt{2+x}$

# 5 *Einfache numerische Verfahren*

## 5.1 Dezimale Suche

*DERIVE Aktivität 5a*

(A) Nehmen Sie an, Sie hätten die Lösungen - man sagt auch die „Wurzeln" - der Gleichung $3x^3 + x^2 - 5x - 1 = 0$ zu finden.

(i) **Schreiben** und **Zeichnen** Sie $3x^3 + x^2 - 5x - 1$ wie in Abbildung 5.1 vorgeschlagen. Aus dem Funktionsgraphen ist deutlich zu erkennen, daß eine Lösung zwischen –2 und –1, eine zweite zwischen –1 und 0 und eine dritte zwischen 1 und 2 liegen muß.

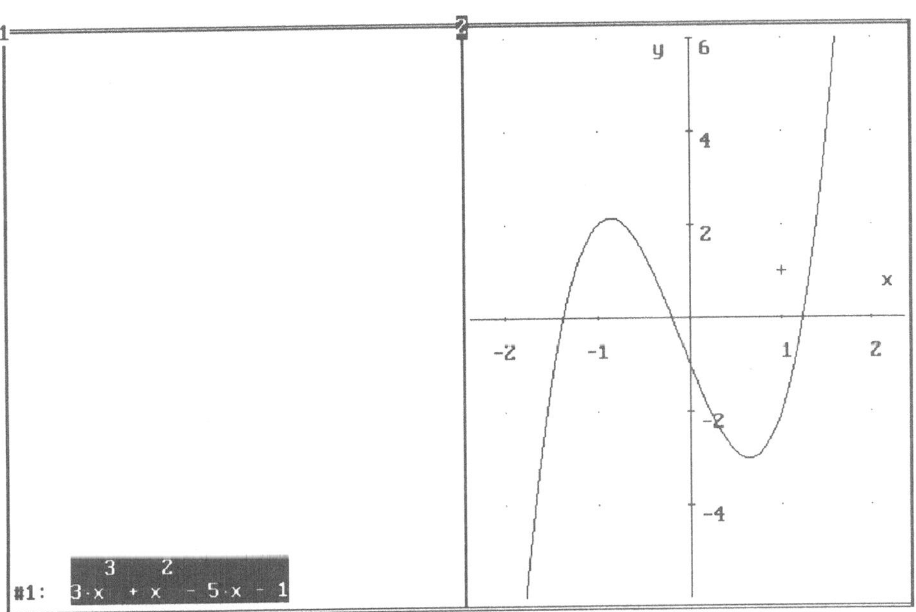


Abbildung 5.1

(ii) Wir wollen uns vorerst darauf beschränken, die positive Lösung zu bestimmen. Wechseln Sie wieder ins **Algebrafenster**, substituieren Sie die Werte 1 und 2 für $x$ in der Kurvengleichung und **approXimieren** Sie. Sie werden feststellen, daß Sie einen positiven und einen negativen Wert erhalten. Das zeigt auch rechnerisch, daß der Graph irgendwo zwischen $x=1$ und $x=2$ die $x$-Achse schneiden muß.

(iii) Belegen Sie nun mit **zusaTz Substituiere** $x$ mit den Werten 1,2 und 1,3. Welchen Schluß auf die Lösung läßt das Resultat zu?

(iv) Verfeinern Sie Ihr Verfahren mit $x = 1{,}23$ und $x = 1{,}24$. Was wissen Sie über die Lösung?

(v) Wählen Sie schließlich für $x$ die Werte 1,234 und 1,235 und dann noch 1,2345.

(vi) Geben Sie die Lösung auf 3 Dezimalstellen genau an.

(vii) Führen Sie das Verfahren weiter, bis Sie eine Genauigkeit auf 4 Dezimalstellen erreichen.

(B) Suchen Sie auf ähnliche Weise wie in (A) eigenständig die beiden anderen Lösungen der Gleichung auf drei Dezimalstellen genau.

(C) Bestimmen Sie mit der, in (A) vorgestellten Methode die Lösungen der angegebenen Gleichungen.

(i) $x^3 + 3x^2 - 1 = 0$ (nur die positive Lösung, auf 3 Dezimalstellen)

(ii) $e^x - x^2 = 0$ (4 Dezimalstellen)

(iii) $x - \cos x = 0$ (3 Dezimalstellen)

**Zusammenfassung**

Diese *DERIVE* Aktivität hat Ihnen gezeigt, wie man die Lösung einer Gleichung $f(x) = 0$ aufsuchen kann, indem man einen Vorrat von $x$-Werten „durchprobiert“. Wenn $f(x)$ zwischen zwei Argumenten das Vorzeichen wechselt, dann muß zwischen diesen beiden Werten mindestens eine Lösung der Gleichung liegen. (Solange wir voraussetzen dürfen, daß der Kurvengraph zusammenhängend ist!) Man versucht dann systematisch zwischenliegende Werte für $x$ bis man die Lösung mit der erforderlichen Genauigkeit gefunden hat. Da man so schrittweise jeweils eine Dezimalstelle mehr für die Lösung findet, nennt man dieses Verfahren *dezimale Suche*.

**Beispiel 5A**

Suchen Sie für jede der beiden Funktionen $f$ diejenige Lösung der Gleichung $f(x) = 0$, die zwischen 1 und 2 liegt.

(a) $f(x) = \frac{x}{2} - \frac{1}{x}$ (auf 2 Dez.st.) (b) $f(x) = x^3 - 7$ (auf 3 Dez.st.)

**Lösung**

(a) Tabelle 5.1 erläutert die Vorgangsweise für $f(x) = \frac{x}{2} - \frac{1}{x}$.

Aus $f(1) < 0$ und $f(2) > 0$ folgt, daß die Lösung zwischen $x = 1$ und $x = 2$ liegen muß.
Da $f(1,5) > 0$, bleibt für die Lösung das Intervall $1 < x < 1,5$. Und so wird das Verfahren fortgesetzt.
Die dritte Spalte in der Tabelle gibt das Intervall an, in dem sich jeweils die Lösung mit Sicherheit befinden muß.

| angenommener $x$-Wert | Wert für $f(x)$ (4 Dez.st.) | Intervall |
|---|---|---|
| 1 | –0,5 | |
| 2 | 0,5 | $1 < x < 2$ |
| 1,5 | 0,0833 | $1 < x < 1,5$ |
| 1,4 | –0,0143 | $1,4 < x < 1,5$ |
| 1,45 | 0,0353 | $1,4 < x < 1,45$ |
| 1,42 | 0,0058 | $1,4 < x < 1,42$ |
| 1,41 | –0,0042 | $1,41 < x < 1,42$ |
| 1,415 | 0,0008 | $1,41 < x < 1,415$ |

Tabelle 5.1

Die Lösung kann nun auf 2 Dezimalstellen genau mit 1,41 angegeben werden. Zusätzliche Schritte führen uns zu einer höheren Genauigkeit.

(b) In Tabelle 5.2 finden Sie die Rechenschritte für. $f(x) = x^3 - 7$

| angenommener $x$-Wert | Wert für $f(x)$ (4 Dez.st.) | Intervall |
|---|---|---|
| 1 | –6 | |
| 2 | 1 | $1 < x < 2$ |
| 1,8 | –1,168 | $1{,}8 < x < 2$ |
| 1,9 | –0,141 | $1{,}9 < x < 2$ |
| 1,95 | 0,41488 | $1{,}9 < x < 1{,}95$ |
| 1,92 | 0,07789 | $1{,}9 < x < 1{,}92$ |
| 1,91 | –0,03213 | $1{,}91 < x < 1{,}92$ |
| 1,912 | –0,01022 | $1{,}912 < x < 1{,}92$ |
| 1,913 | 0,00076 | $1{,}912 < x < 1{,}913$ |
| 1,9125 | –0,00473 | $1{,}9125 < x < 1{,}913$ |

Tabelle 5.2

Die Lösung lautet demnach auf 3 Dezimalstellen genau 1,913.

*Übung 5A*

1. Zeigen Sie, daß die Gleichung $x^4 - 5 = 0$ eine Lösung zwischen 1 und 2 hat. Geben Sie diese auf zwei Dezimalstellen genau an.

2. Die Gleichung $x^3 - x + 10 = 0$ hat eine Lösung zwischen –2 und –3. Geben Sie diese Lösung auf zwei signifikante Stellen genau an.

3. Zeigen Sie, daß die Gleichung $\sin x - x + 1 = 0$ eine Lösung zwischen 1 und 2 hat. Suchen Sie diese Lösung auf drei Dezimalstellen genau und arbeiten Sie dabei im Bogenmaß.

4. Skizzieren Sie den Graphen von $y = e^x + x$. Verwenden Sie die Skizze, um die Lösung der Gleichung $e^x + x = 0$ zu finden. (3 Dez.stellen)

5. (a) Lösen Sie die Gleichung $x^3 - 10 = 0$. (5 Dez.stellen)

   (b) Berechnen Sie die Kubikwurzel von 20. (5 Dez.stellen)

## 5.2 Iterationsverfahren

Obwohl man auch mit der dezimalen Suche zu den Lösungen einer Gleichung gelangt, gibt es doch systematischere und effektivere Methoden, die zu diesem Ziel führen. Unter einer *Iterationsformel* versteht man einfach eine besondere Art von Formel, die eine Zahlenfolge erzeugt, die zu einem bestimmen Wert konvergieren, aber auch divergieren kann. Derartige Formeln haben die allgemeine Form

$$x_{n+1} = f(x_n).$$

Dabei wird jedes nächste Folgenelement $x_{n+1}$ als Funktion des vorhergehenden Elements $x_n$ definiert.

**Beispiel 5B**

Bestimmen Sie die ersten fünf Glieder der Folge, die definiert ist durch

$$x_{n+1} = \frac{1}{2}\left(x_n + \frac{2}{x_n}\right) \qquad \text{mit } x_1 = 1.$$

**Lösung**

Das erste Element ist mit $x_1 = 1$ gegeben, das nächste Element erhalten wir, indem wir $x_1$ in die Iterationsformel einsetzen und damit $x_2$ erhalten:

$$x_2 = \frac{1}{2}\left(x_1 + \frac{2}{x_1}\right) = \frac{1}{2}\left(1 + \frac{2}{1}\right) = 1{,}5.$$

So geht es weiter, um $x_3$, $x_4$ und $x_5$ zu bestimmen.

$$x_3 = \frac{1}{2}\left(x_3 + \frac{2}{x_2}\right) = \frac{1}{2}\left(1{,}5 + \frac{2}{1{,}5}\right) = 1{,}417 \qquad \text{(auf 3 Dez. stellen)}$$

$$x_4 = \frac{1}{2}\left(1{,}417 + \frac{2}{1{,}417}\right) = 1{,}414 \qquad \text{(auf 3 Dez. stellen)}$$

$$x_3 = \frac{1}{2}\left(1{,}414 + \frac{2}{1{,}414}\right) = 1{,}414 \qquad \text{(auf 3 Dez. stellen)}$$

Die Iterationsformel in Beispiel 5B erzeugt eine Folge, die gegen den Wert 1,414 (auf 3 Dezimalstellen genau) konvergiert.
Betrachten Sie das Grundproblem, eine Gleichung $f(x) = 0$ zu lösen. Es ist immer möglich, eine Iterationsformel zu konstruieren, indem man die zu lösende Gleichung äquivalent in die Gestalt $x = g(x)$ umformt. Nehmen wir ein Beispiel: Es geht um die Gleichung

$$x^3 + x - 3 = 0.$$

Eine mögliche Umformung ist

$$x = 3 - x^3$$

und diese führt zur Iterationsformel

$$x_{n+1} = 3 - x_n^3.$$

Eine andere Möglichkeit ergibt sich aus

$$x^3 = 3 - x$$

$$x = \frac{3 - x}{x^2}.$$

Das führt zur Iterationsformel:

$$x_{n+1} = \frac{3 - x_n}{x_n^2}$$

Eine weitere Möglichkeit ergibt sich in folgender Weise

$$x^3 = 3 - x$$

$$x^2 = \frac{3 - x}{x}$$

$$x = \sqrt{\frac{3 - x}{x}}$$

Und das führt nun zur dritten Möglichkeit einer Iterationsformel

$$x_{n+1} = \sqrt{\frac{3 - x_n}{x_n}}$$

Welche dieser Iterationsformeln führt nun zur Lösung? Die *DERIVE* Grafik der Funktion $x^3 + x - 3$ zeigt, daß eine Lösung nahe bei $x = 1$ liegen muß (Abbildung 5.2)

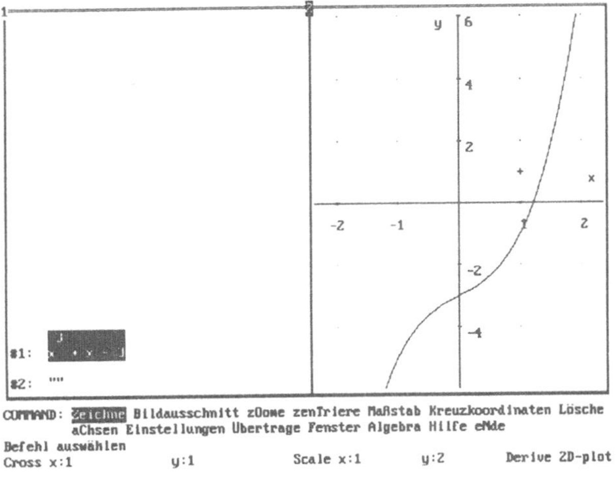


Abbildung 5.2

Tabelle 5.3 gibt einen Vergleich der drei Iterationsformeln. In allen drei Fällen wird mit $x_1 = 1$ begonnen.

| | $x_{n+1} = 3 - x_n^3$ | $x_{n+1} = \dfrac{3 - x_n}{x_n^2}$ | $x_{n+1} = \sqrt{\dfrac{3 - x_n}{x_n}}$ |
|---|---|---|---|
| $x_1$ | 1 | 1 | 1 |
| $x_1$ | 2 | 2 | 1,41421 |
| $x_1$ | –5 | 0,25 | 1,05892 |
| $x_1$ | 128 | 44 | 1,35391 |
| $x_1$ | –2097149 | –0,0212 | 1,10263 |

Tabelle 5.3

Die beiden ersten Formeln verhalten sich sehr sonderbar, aber die dritte scheint zu konvergieren. Nach einer Anzahl weiterer Iterationsschritte konvergiert sie gegen 1,21341. Wenn man eine Iterationsformel verwendet ist demnach Vorsicht geboten, denn nicht jede konvergiert.

*DERIVE Aktivität 5b*

Diese Aktivität soll Sie mit dem **ITERATES** - Befehl vetraut machen, der Ihnen helfen kann, Iterationsformeln sehr bequem anzuwenden.

(A) (i) **Schreiben** und **approX**imieren Sie den Ausdruck

ITERATES(1/2(x+5/x),x,2).

Sie sollten erkennen, daß diese Folge rasch konvergiert.

(ii) Versuchen Sie das nun mit der Iterationsformel $x_{n+1} = \sqrt{\dfrac{3 - x_n}{x_n}}$ mit ($x_1 = 1$), indem Sie ITERATES(√((3 – x)/x),x,1) erst **Schreiben** und dann **approX**imieren. Hier werden Sie eine langsame Konvergenz feststellen können.

(B) In diesem Abschnitt sollen die Lösungen der quadratischen Gleichung $x^2 + x - 10 = 0$ mit Hilfe verschiedener Iterationsfolgen gesucht werden.

(i) Zeichnen Sie zuerst den Funktionsgraphen zu $x^2 + x - 10$ und bestätigen Sie, daß die beiden Lösungen nahe bei –4, bzw +3 liegen.

(ii) Verifizieren Sie durch Nachrechnen mit der Hand, daß jede der folgenden Iterationsformeln aus der gegebenen quadratischen Gleichung gewonnen werden kann.

(a) $x_{n+1} = \sqrt{10 - x_n}$ (c) $x_{n+1} = \dfrac{10 - x_n}{x_n}$

(b) $x_{n+1} = 10 - x_n^2$

(iii) **Schreiben** und **approimieren** Sie ITERATES(√ (10 – x),x,3,10). Damit erzeugen Sie die ersten zehn Elemente der Iterationsfolge, beginnend mit $x_1 = 3$. Diese Form von ITERATES mit der Anzahl der Iterationsschritte als letztem Parameter, ist sehr nützlich für jene Folgen, die divergieren könnten, denn Sie bewahren mit der fixen Vorgabe von Schritten *DERIVE* vor endosen Iterationen. Versuchen Sie nun $x_1 = -4$ als Startwert. Was geschieht jetzt?

(iv) Wiederholen Sie (iii) mit jeder der beiden anderen Iterationsvorschriften aus (ii).

(C) Verwenden Sie die Möglichkeiten von ITERATES und das Zeichnen von Funktionsgraphen, um gemeinsam mit einer geeigneten Umformung eine Iterationsformel zur Lösung der folgenden Gleichungen zu finden:

(i) $x^2 - 4x + 1 = 0$

(ii) $x^3 + 2x - 5 = 0$

(iii) $x^3 - 3x^2 + 4x - 2 = 0$

*Übung 5B*

1. Verwenden Sie die Iterationsformel

$$x_{n+1} = 7 - \frac{5}{x_n}, \quad x_1 = 6$$

um auf 4 Dezimalstellen genau eine Lösung der Gleichung $x^2 - 7x + 5 = 0$ zu finden. Läßt sich mit dieser Iterationsformel auch die nahe bei $x = 1$ liegende Wurzel der Gleichung bestimmen?

2. Wenden Sie die Iterationsformel

$$x_{n+1} = \frac{x_n^2 + 5}{7}, \quad x_1 = 0$$

an, um eine Lösung von $x^2 - 7x + 5 = 0$ (4 Dez.stellen) zu ermitteln. Die andere Lösung liegt bei $x = 6$. Hilft Ihnen die vorliegende Formel auch, die zweite Lösung zu bestimmen?

3. (a) Zeigen Sie, daß die beiden Iterationsformeln

$$x_{n+1} = \sqrt{\frac{30}{x_n}} \quad \text{und} \quad x_{n+1} = \frac{2x_n}{3} + \frac{10}{x_n^2}$$

von der Gleichung $x^3 - 30 = 0$ hergeleitet werden können.

(b) Bestimmen Sie mit beiden Formeln $x_5$, indem Sie beide Male den Startwert $x_1 = 3$ verwenden.

(c) Kommentieren Sie Ihre Ergebnisse und suchen Sie $\sqrt[3]{30}$ auf 4 Dezimalstellen genau.

4. Von der Iterationsfolge

$$x_{n+1} = \frac{1}{2}\left(x_n + \frac{a}{x_n}\right)$$

weiß man, daß sie Lösungen der Gleichung $x^2 = a$ liefert.

(a) Verwenden Sie diese Formel, um $x^2 = 8$ und $x^2 = 10$ zu lösen.

(b) Zeigen Sie, daß $x = \frac{1}{2}\left(x + \frac{a}{x}\right)$ umgestellt werden kann in $x^2 = a$.

(c) Für welche Gleichung gäbe die Iterationsformel

$$x_{n+1} = \frac{1}{3}\left(x_n + \frac{a}{x_n}\right)$$

eine Lösung? Verwenden Sie die Formel mit $a = 10$ und $x_1 = 2$ und versuchen Sie, Ihre Behauptung zu bestätigen.

5. (a) Skizzieren Sie den Graphen von $y = x^2 - \sin x$ und lesen Sie den Wert der kleinsten Wurzel der Gleichung $x^2 - \sin x = 0$ ab.

(b) Suchen Sie zwei Umstellungen der Gleichung $x^2 - \sin x = 0$, und überprüfen Sie deren Konvergenzverhalten.

(c) Bestimmen Sie die andere Wurzel der Gleichung auf 3 Dezimalstellen genau.

6. Im Anschluß finden Sie drei Gleichungen. Entwickeln Sie durch geeignete Umstellungen Iterationsformeln, um diese Gleichungen näherungsweise zu lösen. Bestimmen Sie die Lösungen auf 2 Dezimalstellen genau.

(a) $x^3 + x - 7 = 0$

(b) $x - \cos x = 0$

(c) $e^x - x - 2 = 0$

# 6 Differentialrechnung

## 6.1 Einführung

In vielen Anwendungen der Mathematik ist man daran interessiert, darzustellen wie sich eine Größe ändert. Wartet man etwa auf das Abkühlen einer Tasse Kaffee, dann ist die Änderungsrate der Temperatur wichtig; die wirtschaftliche Lage könnte an der Änderungsrate der vorhandenen Geldmenge gemessen werden, und die Zunahme an Individuen einer bestimmten bedrohten Tierart könnte durch die Zuwachsrate des Tierbestands - der Population - beschrieben werden.

In jedem der angedeuteten Beispiele müssen wir erst eine Funktion definieren, die ein Modell der Situation darstellt und dann herausfinden, wie sich diese Funktion verändert. In Kapitel 2 haben Sie die Änderungsrate von Exponentialfunktionen der Form $f(x) = a^x$ für verschiedene Werte für $a$ untersucht, indem Sie zuerst Tangenten an die Funktionsgraphen gezeichnet und dann deren Steigungen bestimmt haben. So haben Sie z.B. herausgefunden, daß für $a = 3$ alle Tangentensteigungen größer sind als die zugehörigen Funktionswerte, wogegen für $a = 2$ diese Steigungen immer einen Wert unter dem Funktionswert aufweisen. Auf diese Weise konnten Sie die ganz „spezielle" Exponentialfunktion $y = e^x$ entdecken, bei der sich an jeder Stelle die Tangentensteigung wertmäßig mit dem Funktionswert deckt.

In diesem Kapitel werden wir diese beiden Grundideen - Änderungsrate und Tangentensteigung - verbinden, indem wir die Änderungsrate einer Funktion als die Steigung der Tangente an den Funktionsgraphen definieren. Diese Steigung nennen wir die *Ableitung* der Funktion. Der Algorithmus zur Bestimmung der Ableitung heißt *Differenzieren* oder *Ableiten*. Die Differentiations- oder Ableitungsregeln stellen algebraische Methoden zur Ermittlung von Änderungsraten bereit, während wir im Kapitel 2 nur graphische Hilfsmittel zur Verfügung hatten.

## 6.2 Differentiation von Polynomen

*DERIVE Aktivität 6a*

Die Aufgabe dieser Untersuchung ist es, die *DERIVE*-Befehle für das Differenzieren einzuführen. Dabei soll vorerst die Ableitung der Potenzfunktion studiert werden.

(A) (i) **Schreiben** Sie x. Drücken Sie dann auf [A] [D] für **Analysis Differenziere**, bestätigen Sie zuerst den Ausdruck, dann die vorgeschlagene **Variable:** $x$, und auch die angebotene **Ordnung:** 1 jeweils mit ↵. Auf dem Schirm sollten Sie jetzt den folgenden Ausdruck sehen können:

$$\frac{d}{dx}x.$$

Dieser Ausdruck bedeutet: Differenziere den Term $x$ einmal nach der Variablen $x$. Oder auch: Bilde die erste Ableitung von $x$ nach der Variablen $x$.

Nach **Vereinfachung** ergibt sich als Ergebnis 1.

Wiederholen Sie diese Prozedur mit

(ii) $x^2$ (iii) $x^3$ (iv) $x^4$ (v) $x^5$ (vi) $x^6$ (vii) $x^7$

Notieren Sie Ihre Ergebnisse.

Können Sie das entstehende Muster erkennen?

(B) Versuchen Sie die folgenden Terme zu differenzieren:

(a) $x^{-1}$ (b) $x^{-2}$ (c) $x^{-3}$ (d) $x^{-4}$ (e) $x^{-5}$ (f) $x^{-6}$ (g) $x^{-7}$

Gibt Ihnen *DERIVE* die von Ihnen erwarteten Antworten? Wenn nicht, können Sie die beiden Antwortmengen in Einklang bringen?

(Eine kleine Hilfe: Erinnern Sie sich an die Potenzregeln: $x^{-n} = \dfrac{1}{x^n}$ ).

(C) Wiederholen Sie die Aufgabenstellung aus (B) für:

(a) $x^{\frac{1}{2}}$

Beachten Sie: Sie müssen in diesem Fall x^(1/2) eingeben! $x^{\frac{1}{2}}$ und $\sqrt{x}$ bedeuten dasselbe.

(b) $x^{\frac{1}{3}}$ (c) $x^{\frac{1}{4}}$ (d) $x^{\frac{2}{3}}$ (e) $x^{\frac{3}{4}}$

(f) $x^{-\frac{4}{5}}$ (g) $x^{-\frac{9}{7}}$ (h) $x^{-\frac{15}{11}}$.

Treten irgendwelche Probleme auf? Können Sie zwischen Ihren vorhergesagten Ergebnissen und jenen am Bildschirm Übereinstimmung herstellen?

Vervollständigen Sie für das, was Sie jetzt ausgeführt haben, den folgenden Ausdruck:

$$\frac{d}{dx}x^n = \ldots\ldots\ldots$$

(D) Versuchen Sie nun, die folgenden Ausdrücke zu differenzieren:

(a) $3x^2$ (b) $5x^6$ (c) $12x^{-9}$ (d) $14x^{\frac{1}{2}}$ (e) $15x^{-\frac{2}{3}}$

Können Sie die Ableitungen für die nächsten Polynome vorhersagen, bevor Sie diese mit *DERIVE* differenzieren?

(f) $6x^2 + 5x - 1$

(g) $6x^3 - 4x^2 + 3x - 2$

(h) $7x^9 + 8x^{-2} - 18x^{\frac{1}{3}} - 15x^{-\frac{2}{5}} + 7$

Passen die Ergebnisse zu Ihren Schlußfolgerungen?

Leiten Sie aus den Ergebnissen die Regeln für das Differenzieren von Ausdrükken der Form $cx^n$ mit $c$ = konstant, sowie von Summen dieser Ausdrücke ab.

**Zusammenfassung**

In der vorigen Aktivität wurden zwei wichtige Eigenschaften des Differenzierens eingeführt: erstens, daß die Schreibweise für die Ableitung einer Funktion $f(x)$ lautet

$$\frac{d}{dx} f(x) \quad \text{oder} \quad \frac{d\,f(x)}{dx}.$$

So schreibt man z.B. für die erste Ableitung von $f(x) = x^2$ symbolisch

$$\frac{d}{dx} x^2 \quad \text{oder} \quad \frac{d\,x^2}{dx};$$

zweitens wurde die Ableitungsregel für die Potenzfunktion $y = x^n$ vorgestellt

$$\boxed{\frac{d\,x^n}{dx} = n\,x^{n-1}.}$$

Weiter haben Sie am Ende der Untersuchung gesehen, daß $c \cdot n \cdot x^{n-1}$ die Ableitung eines Ausdrucks der Form $c \cdot x^n$ darstellt, wobei $c$ eine Konstante ist und, daß die Ableitung einer Summe sich als die Summe der Ableitungen ergibt. Wenden Sie diese Regeln in der folgenden Übung an.

*Übung 6A*

1. Differenzieren Sie die folgenden Ausdrücke nach $x$.

(a) $x^7$ (b) $x^{1/3}$ (c) $x^{-3}$ (d) $x^{-5/2}$

(e) $4x^3$ (f) $6x^{3/2}$ (g) $\frac{0{,}7}{x}$ (h) $x^9 + x^4 + x$

(i) $5$ (j) $6x^5 - 2x + 7$ (k) $3x^{-1} + 2x^{-1/2}$

(l) $15x - 3x^4 + 2x^7$ (m) $8x^3 + x^2 - 3x + 2$

(n) $0{,}7x^9 - 0{,}3x^{-2}$ (o) $0{,}1x^{-3} + 1{,}9x^3$

(p) $c$, wobei $c$ eine Konstante darstellt.

2. Bestimmen Sie die Werte der 1. Ableitung an den gegebenen Stellen.

(a) $y = x^3 \; (x = 2)$ (b) $y = x^5 \; (x = 1)$ (c) $y = x^2 \; (x = 0{,}5)$

(d) $y = x^4 \; (x = -1)$ (e) $y = \frac{1}{x} \; (x = 3)$ (f) $y = \sqrt{x} \; (x = 4)$

*DERIVE Aktivität 6b*

In dieser Aktivität wollen wir zeigen, was das Differenzieren tatsächlich bedeutet.

**Laden** Sie zuerst mit **Übertrage** die **Zusatzdatei** DIF_APPS.

(A) **Schreiben und Zeichnen** Sie den Graphen der Funktion $y = x^3$.
**Schreiben und Vereinfachen** Sie TANGENT($x^2$,x,2).
**Zeichnen** Sie das Ergebnis.

Ihr *DERIVE* Schirm sollte aussehen wie Abbildung 6.1. (Beachten Sie den **Maßstab** und **zenTriere**)

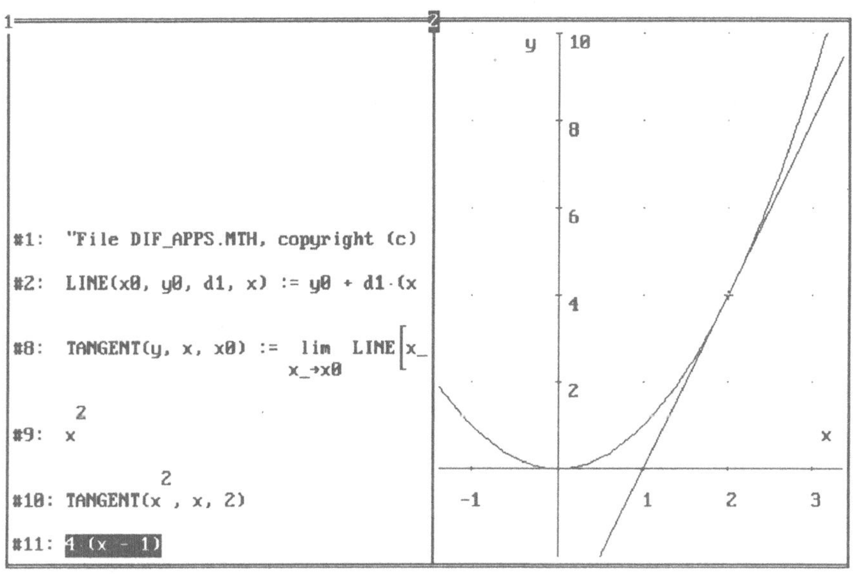


Abbildung 6.1

Die Gleichung der Tangente an den Graphen ist $y = 4x - 4$. Die Steigung dieser Geraden ist 4. Die Ableitung von $x^2$ ist $2x$ und der Wert von $2x$ für $x = 2$ ist ebenfalls 4.

(B) Wiederholen Sie (A) mit der Funktion $y = x^2$ für andere Stellen $x_0$ und ergänzen Sie die vorliegende Tabelle.

| $x_0$ | Tangentensteigung (mit *DERIVE*) | Wert der ersten Ableitung an dieser Stelle (= Wert von $2x_0$) |
|---|---|---|
| −1 | | |
| 0 | | |
| 0,5 | | |
| 1 | | |
| 1,5 | | |
| 2 | 4 | 4 |

Was läßt sich aus dieser Tabelle schließen?

(C) Wiederholen Sie die Problemstellung von (B) mit den Funktionen $y = x^3$, $y = x^4$, $y = x^{1/2}$ und $y = x^{-1}$. Beachten Sie, daß Sie für die letzten beiden Funktionen eine andere Auswahl von $x$-Werten treffen müssen.

| $x_0$ | Tangentensteigung (mit *DERIVE*) | Wert der ersten Ableitung an dieser Stelle |
|---|---|---|
| | | |

Kann diese Tabelle Ihre Schlußfolgerung aus (B) bestätigen?

**Zusammenfassung**

Aus *DERIVE* Aktivität 6b könne wir also die folgende Lehre ziehen:

| Die Ableitung einer Funktion $f\ (x)$ an der Stelle $x = a$ | = | die Steigung der Tangente an den Graphen von $f(x)$ an der Stelle $x = a$. |
|---|---|---|

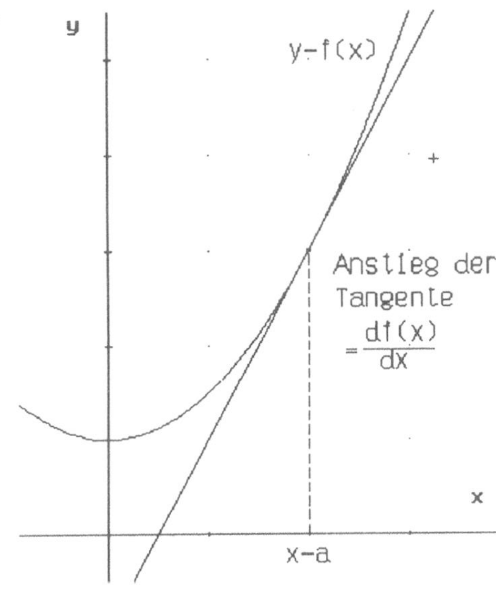


Abbildung 6.2

**Beispiel 6A**

Bestimmen Sie Gleichung der Tangente an den Graphen von $y = 4x^3 + 2x - 8$ an der Stelle $x - 1$.

**Lösung**

Die Tangente ist eine Gerade, daher hat ihre Gleichung die allgemeine Form $y = mx + c$. Die Steigung $m$ der Tangente ist der Wert der ersten Ableitung der gegebenen Funktion an der Stelle $x = 1$.

$$\frac{d}{dx}(4x^3 + 2x - 8) = 12x^2 + 2$$

und für $x = 1$ ergibt sich die Steigung als $m = 14$.

Somit hat die Tangente auf jeden Fall die Gleichung $y = 14x + c$.

Die Tangente muß aber auch durch den Punkt (1,–2) gehen, daher gilt:

$$-2 = 14 + c$$

$$c = -16$$

Die Tangentengleichung lautet endgültig: $y = 14x - 16$.

*Übung 6B*

1. Bestimmen Sie zuerst die Steigungen der Tangenten an die vorliegenden Kurven in den angegebenen Stellen. Ermitteln Sie dann auch die vollständigen Tangentengleichungen.

(a) $y = x^2$ $(x = 3)$ (b) $y = x^3$ $(x = -2)$ (c) $y = x^5$ $(x = 0{,}5)$

(d) $y = x^{1/2}$ $(x = 4)$ (e) $y = x^{5/4}$ $(x = 1)$ (f) $y = x^{0{,}7}$ $(x = 4)$

(g) $y = x^{-1}$ $(x = 0{,}3)$ (h) $y = x^{-1{,}9}$ $(x = 1{,}2)$ (i) $y = 3x^4$ $(x = -2)$

(j) $y = 2x^{2{,}5}$ $(x = 9)$ (k) $y = 3x^2 - 2x + 1$ $(x = 0)$

(l) $y = 5x^{-1} - 2x$ $(x = 1)$

2. Bestimmen Sie hier ebenfalls die Steigungen der Kurventangenten für die vorliegenden Funktionen an den angegebenen Stellen. Stellen Sie zusätzlich fest, ob die Funktionen an diesen Stellen im Zunehmen oder im Abnehmen sind, je nachdem, ob die Kurventangenten an diesen Stellen steigen oder fallen.

(a) $y = 4x^3 + 2x^2 - x$ $(x_1 = 0, x_2 = 1)$

(b) $y = x^3 - 3x^2 + 3x - 1$ $(x_1 = -1, x_2 = 1, x_3 = 2)$

(c) $y = \frac{5}{x} - 2x$ $(x_1 = 1, x_2 = 2)$

(d) $y = x^{1{,}3} + x^{-0{,}7}$ $(x_1 = 0{,}5; x_2 = 1{,}5)$

Welchen Schluß auf die Gestalt des Graphen zwischen $x_1$ und $x_2$ läßt das letzte Ergebnis zu?

## 6.3 Änderungsraten

In diesem Abschnitt werden wir eine formale Definition für das Differenzieren geben. Die Vorstellung von Begriffen wie Geschwindigkeit und Beschleunigung als Änderungsraten ist Ihnen wahrscheinlich geläufig. Nehmen Sie etwa als Beispiel eine kurz zurückliegende Fahrt zwischen den Universitäten von Plymouth und Exmouth, die ca 50 Meilen voneinander entfernt sind. Die Ausfahrt von der Stadt Plymouth ging nur langsam von statten, es gab dichten Verkehr und Tempobeschränkungen. Auf der A38 zwischen Plymouth und Exeter konnte ich konstant mit 70mph (Meilen pro Stunde) fahren, nur nahe bei Newton Abbot mußte ich meine Geschwindigkeit wegen Straßenarbeiten herabsetzen. Der letzte Teil der Fahrt von der M5 bis nach Exmouth erfolgte auf Landstraßen mit Tempolimits. Die ganze Fahrt dauerte insgesamt 1¼ Stunden. Was läßt sich jetzt über die tatsächliche Reisegeschwindigkeit aussagen? Natürlich ändert sich die Anzeige auf dem Tachometer oft, um nicht zu sagen andauernd. Der Geschwindigkeitsmesser steht bei einem Verkehrslicht auf 0mph, dagegen zeigt er auf der Autobahn 70mph an. Nehmen wir den Begriff Geschwindigkeit aber in einem weiteren Sinn, dann werden wir wohl sagen, daß wir aufgrund der Fahrtzeit von 1¼ Stunden für 50 Meilen eine *Durchschnittsgeschwindigkeit* oder *mittlere Geschwindigkeit* von 50/1¼ = 40mph erreicht haben. Die Durchschnittsgeschwindigkeit kann uns einen groben Anhaltpunkt für eine Reisedauer vermitteln. Wenn wir ein anderes Mal bei ähnlichen Straßenverhältnissen eine Strecke von 100 Meilen zurückzulegen haben, können wir annehmen, daß wir bei gleicher Durchschnittsgeschwindigkeit ca 2½ Stunden dafür benötigen werden. Der Tachometer dagegen verschafft uns eine Vorstellung von der Geschwindigkeit, die wir in jedem Augenblick haben, von der *Momentangeschwindigkeit*. (Das ist die Geschwindigkeit, an der die Polizei interessiert ist, wenn Sie mit 70mph durch ein Ortsgebiet brausen!!). Es gilt

$$\text{Durchschnittsgeschwindigkeit} = \frac{\text{zurückgelegte Strecke}}{\text{verbrauchte Zeit}}.$$

Diesen Ausdruck definieren wir als die *mittlere Änderungsrate* der Entfernung mit der Zeit: Bei einem sehr kleinen Zeitabstand wird diese mittlere Geschwindigkeit eine gute Näherung für die Momentangeschwindigkeit für jeden Zeitpunkt innerhalb dieses Zeitraums abgeben. Je kleiner der beobachtete Zeitraum, desto besser wird die Annäherung. In mathematischer Schreibweise kann man formulieren:

$$\text{Momentangeschwindigkeit} = \lim_{t \to 0} \frac{s}{t},$$

wobei $s$ der in der Zeit $t$ zurückgelegte Weg ist. Es erhebt sich sofort die Frage, was dies bedeuten könnte? Wenn $t$ immer kleiner wird, dann wird auch $s$ immer kleiner und in der „Grenze“ haben wir den Quotienten 0/0!

## *Mathematische Untersuchung*

Ein kleiner Gegenstand gleitet auf einem Tisch, sodaß sein Abstand $s$ vom Ausgangspunkt der Bewegung nach $t$ Sekunden durch die folgende Weg-Zeit-Gleichung beschrieben werden kann:

$$s = -1{,}3t^2 + 7{,}8t.$$

Nach drei Sekunden kommt der Gegenstand zur Ruhe.

(i) Welche Entfernung wurde insgesamt zurückgelegt? Welche Durchschnittsgeschwindigkeit erreichte der Gegenstand auf seiner Rutschfahrt?

(ii) Berechnen Sie die Durchschnittsgeschwindigkeit für die erste Reisesekunde (von $t = 0$ bis $t = 1$) und für die dritte Sekunde (zwischen $t = 2$ und $t = 3$).

(iii) Vervollständigen Sie die vorliegende Tabelle und versuchen Sie, die Momentangeschwindigkeit für den Zeitpunkt $t_0 = 1$ zu schätzen.

| $t_1$ | $s$ | zwischen den Zeitpunkten $t_0$ und $t_1$ zurückgelegter Weg | Durchschnittsgeschwindigkeit zwischen $t_0$ und $t_1$ |
|---|---|---|---|
| 1,2 | 11,232 | 11,232 – 6,5 = 4,732 | 4,732 : 0,2 = 23,66 |
| 1,1 | | | |
| 1,01 | | | |
| 1,001 | | | |
| 1,0001 | | | |

(iv) Wählen Sie geeignete Zeitintervalle und wiederholen Sie bitte (iii), um die Momentangeschwindigkeit für den Zeitpunkt $t_0 = 2$ nach Beginn der Bewegung zu schätzen.

(v) Berechnen Sie den Wert von $\dfrac{ds}{dt}$ für $t = 1$ und $t = 2$.

Was läßt sich aus den beiden Ergebnissen schließen?

Diese Untersuchung legt den Schluß nahe, daß der Grenzwert $\lim\limits_{t\to 0}\frac{s}{t}$ sehr wohl existiert und daß die Momentangeschwindigkeit sehr eng mit der Ableitung der Wegfunktion zusammenhängt.

Wir wollen nun einen formaleren algebraischen Zugang zu dieser Fragestellung versuchen. Die Funktion des Weges in Abhängigkeit von der Zeit lautet $s(t) = -1{,}3t^2 + 7{,}8t$, und wir haben die Absicht, die Momentangeschwindigkeit zum Zeitpunkt $t = t_0$ zu berechnen. Während eines kleinen Zeitintervalls $h$ wird im Zeitraum zwischen $t = t_0$ und $t = t_0 + h$ der folgende Weg zurückgelegt:

$$s(t_0+h) - s(t_0) = \left[7{,}8(t_0+h) - 1{,}3(t_0+h)^2\right] - \left[7{,}8t_0 - 1{,}3t_0^2\right] = 7{,}8h - 2{,}6t_0h - 1{,}3h^2$$

$$\text{Durchschnittsgeschwindigkeit} = \frac{\text{zurückgelegte Strecke}}{\text{verbrauchte Zeit}} =$$

$$= \frac{7{,}8h - 2{,}6t_0\,h - 1{,}3h^2}{h}$$

$$= 7{,}8 - 2{,}6t_0 - 1{,}3h\ .$$

Wenn der Wert für $h$ kleiner wird, dann nimmt auch der Weg $s$ ständig ab, aber die Durchschnittsgeschwindigkeit nähert sich immer mehr dem Wert $7{,}8 - 2{,}6t_0$.

Wir können daraus als Ergebnis ableiten, daß die Momentangeschwindigkeit zu jedem beliebigen Zeitpunkt $t_0$ durch die Gleichung $7{,}8 - 2{,}6t_0$ gegeben ist.

Bei einem Vergleich fällt natürlich auf, daß die erste Ableitung der Wegfunktion $s(t)$ nach der Zeit mit diesem Grenzwert übereinstimmt. So kann man sagen:

Momentangeschwindigkeit = Änderungsrate des Weges
= Ableitung der Wegfunktion.

Wenn sich ein Objekt so bewegt, daß der zurückgelegte Weg als eine Funktion der Zeit $s(t)$ dargestellt werden kann, dann ist die Momentangeschwindigkeit $v$ gegeben durch

$$v = \frac{ds}{dt}\ .$$

Die *Beschleunigung* $a$ ist auf eine ganz ähnliche Weise mit der Geschwindigkeit verknüpft. Man kann sagen:

$$\text{mittlere Beschleunigung} = \frac{\text{Differenz der Geschwindigkeiten}}{\text{Zeitintervall}} \quad \text{und}$$

Momentanbeschleunigung = Änderungsrate der Geschwindigkeit =

$$= \lim_{h\to 0}\frac{v(t+h) - v(t)}{h} = \frac{dv}{dt} = \text{Ableitung der Geschwindigkeit nach der Zeit.}$$

*Übung 6C*

1. Ein Auto legt die Entfernung von London nach Leeds (290 km) in 4 Stunden und 30 Minuten zurück. Wie hoch ist die Durchschnittsgeschwindigkeit? Warum liegt diese Geschwindigkeit nicht nahe der erlaubten Höchstgeschwindigkeit von 110 km/h, obwohl der größte Teil der Strecke auf der Autobahn M1 zurückgelegt werden kann? Welche Gründe könnten dafür maßgeblich sein?

   Skizzieren Sie ein mögliches Weg-Zeitdiagramm, wobei Sie annehmen sollen, daß der Fahrer zweimal bei Servicestationen auf der Autobahn anhält.

2. Ein Gegenstand rollt auf einem schrägen Brett und ändert seine Geschwindigkeit innerhalb von 1,3 Sekunden von 3,1 $ms^{-1}$ auf 4,6 $ms^{-1}$. Berechnen Sie die mittlere Beschleunigung des Gegenstands für diesen Zeitraum!

3. Ein Stein wird senkrecht in die Luft geworfen. Die Höhe über dem Werfer nach $t$ Sekunden wird beschrieben durch die Gleichung:

$$h(t) = 40t - 5t^2.$$

   (a) Berechnen Sie die Durchschnittsgeschwindigkeiten für die Intervalle

   (a1) [0;1] (a2) [1;2] (a3) [2;2,5].

   (b) Berechnen Sie die Momentangeschwindigkeit des Steins nach $t = 0,1,2,3$ und 4 Sekunden. Was geschieht mit dem Stein zum Zeitpunkt $t = 4$?

   (c) Berechnen Sie die Momentanbeschleunigung des Steins nach $t = 0,1,2,3$ und 4 Sekunden. Was bedeutet das negative Vorzeichen?

4. Die Populationsgröße $P$ eines Fischbestands in einem See kann modelliert werden durch die Gleichung

$$P(t) = 4\sqrt{t} + 3,$$

   wobei $t$ die Zeit in Sekunden darstellt.

   Berechnen Sie die (momentante) Zuwachsrate für die Population zu den Zeitpunkten $t = 2$ und $t = 9$.

5. Die Fläche eines Tintenflecks $A$ ist in Abhängigkeit von seinem Radius $r$ gegeben durch

$$A = r^2\pi .$$

Ermitteln Sie die Änderungsrate des Flächeninhalts bezüglich $r$.

6. Eine Funktion $f$ ist definiert durch $f(x) = 3x^2 - 4x + 6$.

(a) Bestimmen Sie unter Verwendung der angegebenen Tabelle näherungsweise die momentane Änderungsrate von $f$ an der Stelle $x = 1{,}5$.

| $x_1$ | $f(x_1)$ | Differenz der $f(x)$-Werte zwischen $x = 1{,}5$ und $x_1$ | mittlere Änderungsrate zwischen $x = 1{,}5$ und $x_1$ |
|---|---|---|---|
| 1,7 | | | |
| 1,6 | | | |
| 1,55 | | | |
| 1,51 | | | |
| 1,501 | | | |
| 1,5001 | | | |

(b) Überprüfen Sie Ihre Schätzung über das Differenzieren.

7. Eine Funktion $p$ ist definiert durch $p(r) = 3r - 4/r$.
Bestimmen Sie unter Verwendung der nachstehenden Tabelle näherungsweise die momentane Änderungsrate von $p$ an der Stelle $r_0 = 2$.

| $r_1$ | $p(r_1)$ | Differenz von $p(r)$ zwischen $r_0 = 2$ und $r_1$ | mittlere Änderungsrate zwischen $r_0 = 2$ und $r_1$ |
|---|---|---|---|
| 2,2 | | | |
| 2,1 | | | |
| 2,01 | | | |
| 2,001 | | | |
| 2,0001 | | | |

## Die erste Ableitung als Grenzwert

Betrachten Sie eine allgemeine Funktion $f(x)$ und ihre Änderung zwischen den beiden Stellen $x_0$ und $x_0 + h$. Die mittlere Änderungsrate von $f$ ist definiert als

$$\frac{f(x_0 + h) - f(x_0)}{h}.$$ Dieser Quotient heißt auch *Differenzenquotient*.

Am Graphen in Abbildung 6.3 kann man deutlich sehen, daß die mittlere Änderungsrate - oder die mittlere Steigung - der Steigung einer Kurvensehne $PQ$ zwischen den Punkten mit den Koordinaten $P(x_0, f(x_0))$ und $Q(x_0 + h, f(x_0 + h))$ entspricht.

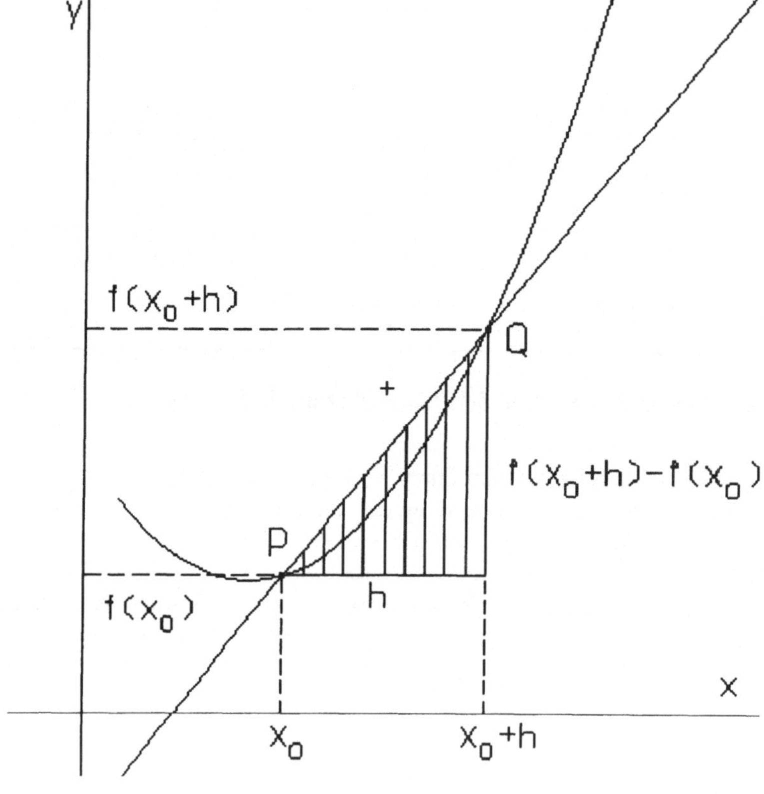


Abbildung 6.3

Wenn man nun $h$ verkleinert, dann bewegt sich der Punkt $Q$ längs der, durch $f(x)$ definierten Kurve gegen den Punkt $P$. Die Kurvensehnen in Abbildung 6.4 rechts nähern sich immer mehr der Tangente in $P$ (Abbildung 6.4 links) und damit nähern sich die Steigungen der Kurvensehnen der Steigung der Tangente in $P$

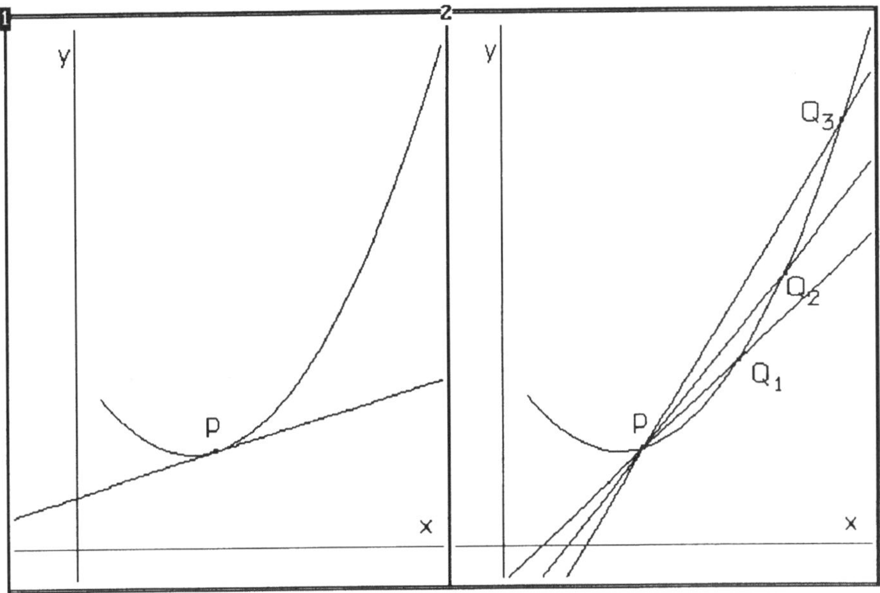


Abbildung 6.4

Wir haben gesehen, daß die Tangentensteigung in $P$ der Wert der ersten Ableitung der Funktion in $P$ ist. Damit haben wir auch eine formale Verbindung zwischen den beiden Begriffen Änderungsrate und Ableitung hergestellt.

Definition der Ableitung einer Funktion $f(x)$:

$$\frac{df}{dx} = \frac{d}{dx} f(x) = \lim_{h \to 0} \frac{f(x+h) - f(x)}{h}$$

Der Grenzwert des Differenzenquotienten heißt

*Differentialquotient.*

*DERIVE Aktivität 6c*

In dieser Untersuchung soll der Zusammenhang zwischen dem Grenzwert und der Differentiation demonstriert werden.

(A) **Schreiben** Sie bitte (x^2 – 1)/(x – 1). Die Klammern sind notwendig. Am Bildschirm sollten Sie jetzt den folgenden Term sehen können:

$$\frac{x^2 - 1}{x - 1}.$$

Wählen Sie im Menü die Kommandos **Analysis Grenzwert**, bestätigen Sie mit ↵ zuerst die vorgeschlagene Zeilennummer, dann auch die **Variable: x**. Dann werden Sie aufgefordert, eine Stelle auf der Zahlengeraden und die Richtung von der Sie sich dieser Stelle annähern wollen, anzugeben. Geben Sie für die Stelle den **Punkt:** 1 und für die Richtung **Von: Right** ein. Nun sehen Sie am Schirm den folgenden Term:

$$\lim_{x \to 1+} \frac{x^2 - 1}{x - 1}.$$

$x \to 1+$ bedeutet, daß sich die Variable $x$ von rechts - oder von oben - der Stelle 1 nähert. **Vereinfachen** Sie nun. Sie werden als Ergebnis 2 erhalten.

Versuchen Sie im ursprünglichen Term für $x = 1$ zu substituieren und zu vereinfachen. Was passiert da? Das bedeutet, daß der Wert des Ausdrucks nicht definiert ist. Aber der dennoch existierende Grenzwert sagt uns, daß der Funktionsgraph durch einen Kurvenpunkt mit den Koordinaten (1,2) gehen wird. Aktivieren Sie den ursprünglichen Term und lassen Sie ihn von *DERIVE* **Zeichnen**.

Wechseln Sie bitte zurück ins **Algebra**fenster und gehen Sie mit dem ursprünglichen Term vor wie vorhin, aber mit einer Ausnahme: Geben Sie als Richtung **Von: Left** ein. Nun sieht Ihr Ausdruck am Schirm sicher so aus:

$$\lim_{x \to 1-} \frac{x^2 - 1}{x - 1}.$$

$x \to 1-$ bedeutet, daß sich die Variable $x$ von links - oder von unten - der Stelle 1 nähert.

Wenn Sie **Vereinfachen**, werden Sie neuerlich 2 als Ergebnis erhalten. Das heißt, daß unabhängig von der Annäherungsrichtung, an der Stelle $x = 1$ immer der gleichen Grenzwert entsteht. Der Kurvengraph bestätigt dies.

(B) Wiederholen Sie diese Rechenschritte für alle, im folgenden angegeben Grenzwerte. Sie müssen daher jeden Grenzwert zweimal berechnen (lassen), von links und von rechts, um einen möglicherweise existierenden Unterschied zu entdekken.

Der Deutlichkeit wegen achten Sie darauf, niemals mehr als einen Graphen im **Graphik**fenster zu zeichnen.

Es werden Ihnen auch möglichst bequeme Maßstäbe vorgegeben. Stellen Sie diese jeweils mit **Maßstab** ein, nachdem Sie ins **Graphik**fenster gewechselt sind, aber noch bevor Sie den Graphen zeichnen lassen. **Löschen** Sie jeweils nach jeder Untersuchung die Graphen.

| | Grenzwert | vorgeschlagener Maßstab | |
|---|---|---|---|
| (i) | $\lim_{x \to 4} \frac{x^2 - 16}{x - 4}$ | $x:3$ | $y:3$ |
| (ii) | $\lim_{x \to 3} \frac{x^3 - 8x - 3}{x - 3}$ | $x:3$ | $y:10$ |
| (iii) | $\lim_{x \to 0} \frac{\sin x}{x}$ | $x:10$ | $y:1$ |
| (iv) | $\lim_{x \to 0} \frac{\sin x}{x^2}$ | $x:10$ | $y:0{,}1$ |
| (v) | $\lim_{x \to 0} \frac{1 - \cos x}{x}$ | $x:10$ | $y:1$ |
| (vi) | $\lim_{x \to 0} \frac{\sin x - x \cos x}{x^3}$ | $x:10$ | $y:0{,}2$ |
| (vii) | $\lim_{x \to 0} \frac{4^x - 1}{x}$ | $x:11$ | $y:1$ |
| (viii) | $\lim_{x \to 0} x^x$ | $x:2$ | $y:2$ |
| (ix) | $\lim_{x \to 3} \frac{1}{x - 3}$ | $x:5$ | $x:5$ |

Bei welchen Grenzwerten erhalten Sie bei Annäherung von rechts und links verschiedene Ergebnisse? Können Sie aus dem Funktionsgraphen jeweils den Grund dafür herauslesen?

(C) Berechnen Sie die folgenden Grenzwerte:
(Als **Variable:** müssen Sie $n$ eingeben und für **Punkt:** ∞ tippen Sie bitte **inf**).

(i) $\lim_{n \to \infty} \left(1 + \frac{1}{n}\right)^n$

(ii) $\lim_{n \to \infty} \left(1 + \frac{x}{n}\right)^n$

Erkennen Sie die Ergebnisse wieder?

(D) **Schließen** Sie das **GrafikFenster** mit den entsprechenden Kommandos und **lö-sChen** Sie die Terme im **Algebrafenster**.

Wir haben gesehen, daß die Definition der Ableitung einen Grenzwert enthält.

$$\frac{df(x)}{dx} = \lim_{h \to 0} \frac{f(x+h) - f(x)}{h}$$

**Schreiben** Sie ((x + h)^2 – x^2)/h. (Achten Sie genau auf die Klammern!)

Führen Sie die Befehle **Analysis Grenzwert *h* 0 Both** aus.

Am Bildschirm sollten Sie nun sehen können:

$$\lim_{h \to 0} \frac{(x+h)^2 - x^2}{h} \quad .$$

Wenn Sie diesen Ausdruck **Vereinfachen**, dann werden Sie das Ergebnis $2x$ erhalten.

Wie lautet die Ableitung von $x^2$ ? Das Ergebnis der Differentiation wird mit dem Ergebnis der Grenzwertberechnung übereinstimmen.

(E) Wiederholen Sie die Prozedur aus (D) mit den folgenden Ausdrücken.

Verwenden Sie **Fenster Teilen Vertikal** und teilen Sie damit den Schirm in der Mitte, d.h. bei Spalte 40 in zwei Algebrafenster. Zwischen den Fenstern können Sie mit F1 hin- und herschalten. Berechnen Sie im Fenster 1 die Grenzwerte und im Fenster 2 die Ableitungen.

Erinnern Sie sich bitte daran, daß sich die **Variable** $h$ im Grenzwert **Von** oben dem Wert (**Punkt**) 0 nähert, und daß für die Ableitungs**Variable** $x$ die Ableitungs**Ordnung** 1 gilt.

(i) $$\lim_{h \to 0} \frac{(x+h)^3 - x^3}{h}$$

$$\frac{d\,x^3}{dx}$$

(ii) $$\lim_{h \to 0} \frac{(x+h)^4 - x^4}{h}$$

$$\frac{d\,x^4}{dx}$$

(iii) $$\lim_{h \to 0} \frac{\left[4(x+h)^3 - 2(x+h)^2 + 7\right] - \left(4x^3 - 2x^2 + 7\right)}{h}$$

$$\frac{d}{dx}\left(4x^3 - 2x^2 + 7\right)$$

(iv) $$\lim_{h \to 0} \frac{\left[13(x+h)^7 - 5(x+h)^4 + 13(x+h)\right] - \left(13x^7 - 5x^4 + 13x\right)}{h}$$

$$\frac{d}{dx}\left(13x^7 - 5x^4 + 13x\right)$$

(v) $$\lim_{h \to 0} \frac{\left[4(x+h)^{-0,5} + \frac{3}{x+h}\right] - \left(4x^{-0,5} + \frac{3}{x}\right)}{h}$$

$$\frac{d}{dx}\left(4x^{-0,5} + \frac{3}{x}\right)$$

Wählen Sie eigene Funktionen und vergleichen Sie die Ergebnisse über den Grenzwertprozeß mit den Ableitungen.

**Beispiel 6B**

Gegeben ist die Funktion

$$f(x) = 4x^3 + 2x^2 - 3x - 7.$$

Bestätigen Sie durch Berechnung von $\lim\limits_{h \to 0} \frac{f(x+h) - f(x)}{h}$ die Definition des Differentialquotienten als Grenzwert.

**Lösung**

$$f(x+h) = 4(x+h)^3 + 2(x+h)^2 - 3(x+h) - 7 =$$
$$= 4x^3 + 12x^2h + 12xh^2 + 4h^3 + 2x^2 + 4xh + 2h^2 - 3x - 3h - 7$$

$$f(x+h) - f(x) = 12x^2h + 12xh^2 + 4h^3 + 4xh + 2h^2 - 3h$$

Beide Seiten werden durch $h$ dividiert:

$$\frac{f(x+h) - f(x)}{h} = 12x^2 + 12xh + 4h^2 + 4x + 2h - 3$$

Jetzt führen wir den Grenzübergang für $h$ gegen 0 durch:

$$\lim_{h \to 0} \frac{f(x+h) - f(x)}{h} = 12x^2 + 4x - 3.$$

Wenn wir die ensprechende Ableitungsregel verwenden, dann erhalten wir:

$$f(x) = 4x^3 + 2x^2 - 3x - 7$$

$$\frac{d\,f(x)}{dx} = 12x^2 + 4x - 3.$$

Damit wird die formale Differentiationsregel bestätigt.

**Zusammenfassung**

Vor einer abschließenden Übung wollen hier alles, was bisher über das Differenzieren gesagt wurde zusammenschreiben.

Die **Ableitung** einer Funktion $f(x)$ nach der Variablen $x$ nennt man auch den **Differentialquotienten** und schreibt dafür $\frac{df}{dx}$. Dieser Ausdruck hat die folgenden Bedeutungen:

1. die Ableitung ist die (momentante) **Änderungsrate** von $f$ bezüglich $x$ ;
2. die Ableitung ist die **Steigung der Tangente** an den Graphen von $f(x)$;
3. $\frac{df}{dx} = \lim_{h \to 0} \frac{f(x+h) - f(x)}{h}$ ;
4. für $f(x) = x^n$ gilt die Ableitungsregel $\frac{df}{dx} = nx^{n-1}$.

Für die Ableitung der Funktion $f(x)$ bezüglich $x$ ist auch die Schreibweise $f'(x)$ gebräuchlich. In weiterer Folge werden beide Schreibweisen verwendet.

*Übung 6D*

1. Bestätigen Sie den Zusammenhang zwischen $\lim_{h \to 0} \frac{f(x+h) - f(x)}{h}$ und der Ableitungsregel für Potenzfunktionen anhand der nächsten Funktionen.

   (a) $f(x) = x^2$ (b) $f(x) = x$

   (c) $f(x) = 3x^2 - 4x$ (d) $f(x) = 5x^2 + 2x - 8$

   (e) $f(x) = x^3$ (f) $f(x) = 2x^3 + 3x - 1$

   (g) $f(x) = \frac{1}{x}$ (h) $f(x) = c$, wobei $c$ = Konstante.

2. In Aufgabe 1 ist $x$ die unabhängige Variable. Wie lautet die Definition des Differentialquotienten einer Funktion $g(t)$ als Grenzwert mit $t$ als variabler Größe? Verwenden Sie das, um die Ableitungen nach $t$ zu bilden.

   (a) $g(t) = t$ (b) $g(t) = 3t^2 - 4t + 1$

   (c) $g(t) = 5t^3 - 6t$ (d) $g(t) = 4$

## 6.4 Extremwerte

### Eigenschaften von Funktionsgraphen

Abbildung 6.5 zeigt Ihnen die Graphen der beiden quadratischen Funktionen $y = x^2 - 4$ und $y = 4 - x^2$.

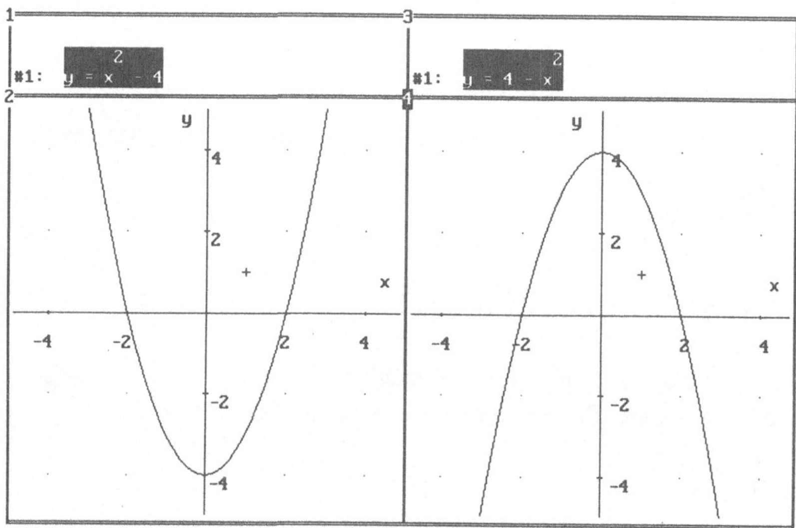


Abbildung 6.5

Würden Sie nun aufgefordert, die Graphen über ihre deutlichsten Eigenschaften zu beschreiben, dann würde Ihre Aufzählung wahrscheinlich die folgenden Punkte beinhalten.

1. Beide Graphen schneiden die $x$-Achse an den Stellen $x = -2$ und $x = 2$.
2. Der Graph von $f(x) = x^2 - 4$ hat ein Minimum im Punkt (0,–4). Er fällt ständig bis zu diesem Punkt und steigt dann für wachsendes $x$ wieder an.
3. Der Graph von $f(x) = 4 - x^2$ hat ein Maximum im Punkt (0,4). Er steigt bis zum Scheitel (0,4) und nimmt dann für wachsendes $x$ wieder ab.

Im allgemeinen beschreiben wir die Eigenschaften eines Funktionsgraphen für wachsende Argumente $x$, d.h. wir untersuchen den Graphen von links nach rechts.

*DERIVE Aktivität 6d*

Das Ziel dieser Untersuchung ist, die wichtigsten Eigenschaften eines Funktionsgraphen zu erforschen.. **Übertragen Laden** Sie zuerst bitte die **Zusatzdatei** DIF_APPS.

(A) (i) **Schreiben und Zeichnen** Sie die Funktion

$$f(x) = x^5 - 3{,}75x^3 - 1{,}25x^2 + 3{,}75x + 3{,}5$$

mit dem **Maßstab** x:1 y:5.

Beschreiben Sie nun die Eigenschaften des Graphen.
Verwenden Sie die Ihnen schon bekannte TANGENT-Funktion, um die Tangenten an den Graphen in den Stellen $x = -1{,}5;\ -1;\ -0{,}5; 1; 1{,}5$ und 2 zu zeichnen.
Notieren Sie sich für jede dieser Stellen die Tangentensteigung.

Abbildung 6.6 zeigt den *DERIVE* - Schirm dieser Aktivität.

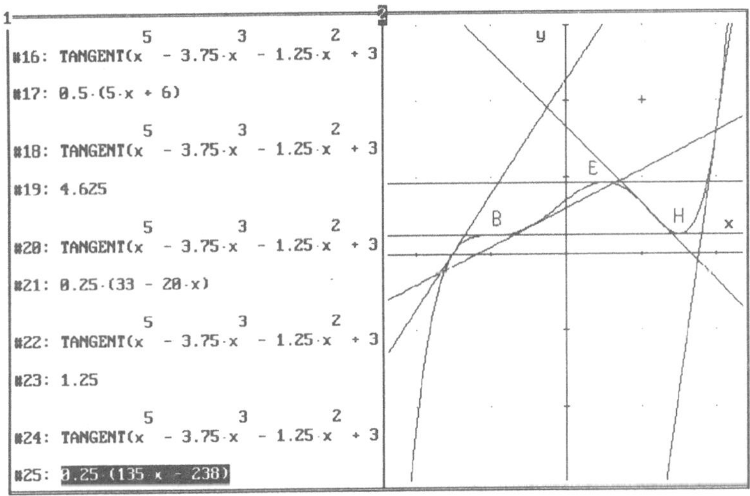


Abbildung 6.6

In den Punkten B, E und H sind die Tangenten waagrecht, da die Steigung in diesen Punkten den Wert 0 annimmt. Wir nennen diese Punkte *Extremwerte*. Sie werden auch *stationäre Punkte* genannt, weil die Funktion in ihnen momentan keine Veränderung erfährt. In diesen Punkten ist $f'(x) = 0$.

(ii) Verwenden Sie nun **Analysis Differenziere** um $\frac{df}{dx}$ zu ermitteln und zeigen Sie, daß die erste Ableitung an den Stellen $x = -1$; 0,5 und 1,5 „verschwindet", d.h. den Wert 0 annimmt.

Der Verlauf der Kurve ist in den Punkten B, E und H sehr unterschiedlich.

Wenn man sich dem Punkt B von A aus in Richtung zu C längs der Kurve bewegt, dann ist die Tangentensteigung in A positiv, in B gleich Null und in C wieder positiv. Die Tangente „durchsetzt" die Kurve. (In den anderen Punkten liegt die Tangente ganz auf einer Seite der Kurve). Der Punkt B ist das Beispiel eines *Wendepunktes*.

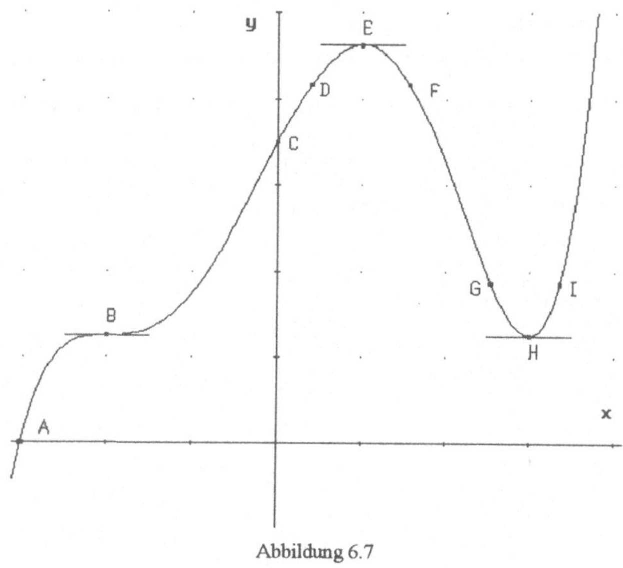


Abbildung 6.7

(iii) Überlegen Sie, ob es noch andere Wendepunkte gibt. Suchen Sie Punkte mit der Eigenschaft, daß die Tangente den Kurvengraphen kreuzt.

Im Punkt E wechselt die Kurvensteigung von einem positiven Wert bei D in einen negativen bei F, wobei die Änderungsrate in E den Wert 0 annimmt. Der Punkt E stellt das Beispiel eines *lokalen Maximums* dar.

Der Punkt H ist das Beispiel eines *lokalen Minimums*. Die Steigung vor dem Punkt ist negativ, und nachher ist sie positiv. In H ist der Wert der Ableitung wieder Null.

(B) Entfernen Sie alle Ausdrücke und Grafiken aus dem Algebra- und Grafikfenster. Dann **Schreiben** und **Zeichnen** Sie die beiden Funktionen

(i) $f(x) = x^3 - 4x$

(ii) $f(x) = 3x^4 + 4x^3 - 24x^2 - 48x - 5$

Beschreiben Sie anhand der Graphen die Eigenschaften der beiden Funktionen. Zeigen Sie, daß die Ableitung in den Extremwerten verschwindet.

(C) Die Funktion $f(x) = x^2 - 3x + 2$ sei die erste Ableitung einer unbekannten Funktion $g(x)$. Zeichnen Sie den Graphen von $f(x)$.

Versuchen Sie die Eigenschaften der unbekannten Funktion $g(x)$ zu beschreiben und schlagen Sie einen Funktionsgraphen für diese Funktion vor.

**Beispiel 6C**

Suchen Sie die Extremwerte von $f(x) = x^4 - 4x^2 + 2$, und bestimmen Sie diese näher, indem Sie die Art der Extremwerte angeben.

**Lösung**

Mit den graphischen Möglichkeiten von *DERIVE* kann man natürlich sofort die Eigenschaften dieser Funktion beschreiben. In diesem Beispiel wollen wir die Aufgabenstellung aber algebraisch lösen.

Man findet die Extremwerte, indem man die 1.Ableitung gleich Null setzt: $\frac{df}{dx} = 0$.

Wir bilden die erste Ableitung von $f$ und erhalten:

$$f' = 4x^3 - 8x = 4x(x^2 - 2) .$$

Wenn wir nun diesen Ausdruck gleich Null setzen und nach $x$ auflösen, ergibt sich:

$$4x\,(x^2 - 2) = 0 \text{ und weiters}$$

$$x = 0 \text{ oder } x = -\sqrt{2} \text{ oder } x = \sqrt{2} .$$

Es gibt also 3 Extremwerte. Um diese zu klassifizieren, betrachten wir die Steigungen der Kurventangenten (d.h. den Wert der Ableitung) links und rechts von den Extremwerten.

| $x$ | $\frac{df}{dx}$ | Form des Graphen | Art des Extremwerts |
|---|---|---|---|
| −1,5 | −1,5 | | |
| $-\sqrt{2}$ | 0 | | lokales Minimum |
| −1 | 4 | | |
| −0,5 | 3,5 | | |
| 0 | 0 | | lokales Minimum |
| 0,5 | −3,5 | | |
| 1 | −4 | | |
| $\sqrt{2}$ | 0 | | lokales Minimum |
| 1,5 | 1,5 | | |

Ausgestattet mit diesen Informationen können wir versuchen, den Kurvengraphen zu skizzieren. Das sehen Sie in Abbildung 6.8

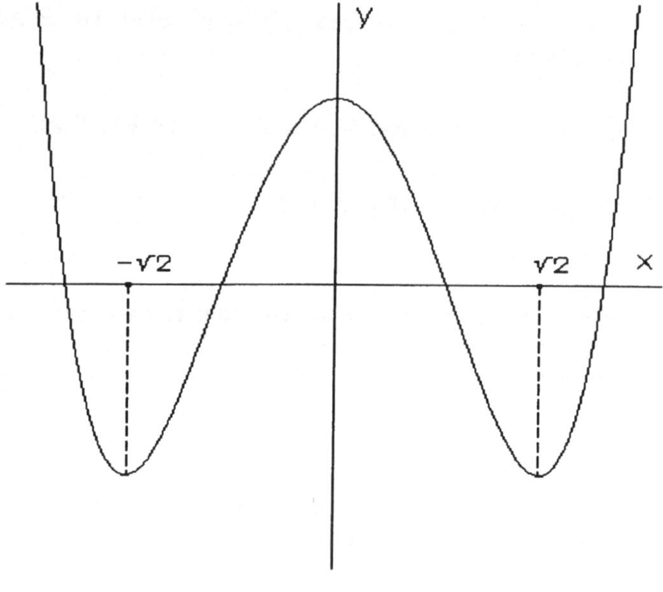


Abbildung 6.8

*Übung 6E*

1. Suchen Sie die Extremwerte der angegebenen Funktionen und klassifizieren Sie diese. Skizzieren Sie die Graphen der Funktionen (vorerst nicht mit *DERIVE*).

   (a) $f(x) = 3x^2 - 12$ (b) $f(x) = 9 - x^2$

   (c) $f(x) = 2x^2 + 5x - 3$ (d) $f(x) = 2 - x - 3x^2$

   (e) $f(x) = x^3 + 3$ (f) $f(x) = x^3 - 5x^2 - x + 5$

   (g) $f(x) = 5 - 12x - 2x^2 + 4x^3 - x^4$ (h) $f(x) = x + \dfrac{1}{x} - 2$

2. Zeichnen Sie jetzt mit *DERIVE* die Graphen der Funktionen aus Aufgabe 1. Entscheiden Sie anhand der Graphen, ob die Funktionen Wendepunkte aufweisen.

3. Betrachten Sie die folgenden beiden Funktionsgraphen, und beschreiben Sie die Bereiche, in denen die Funktionen

   (a) steigen, (b) fallen, (c) stationär sind.

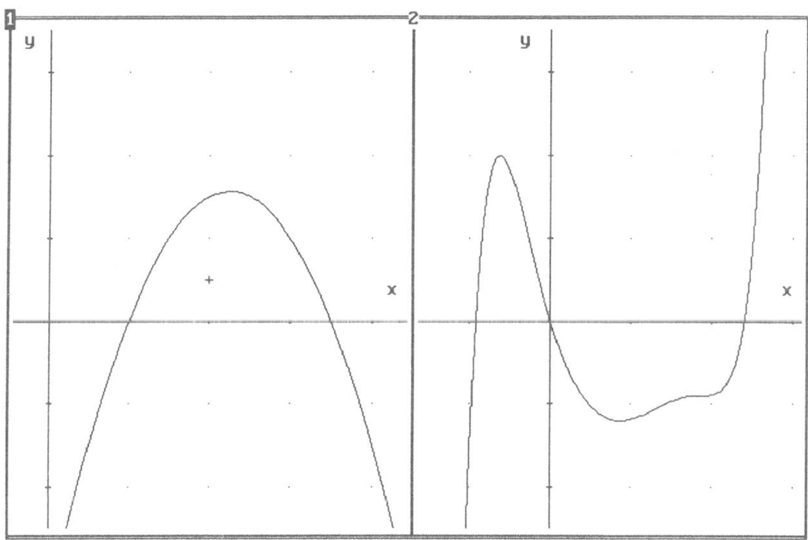


Abbildung 6.9

4. Sie haben die folgenden Informationen über eine Funktion $f(x)$:

(i) $f(x) = 1$ für $x = 0$;

(ii) der Funktionsgraph ist „stationär“ in den Punkten (1,2), (3,-2) und (5,3);

(iii) $f(x) = 0$ für $x = -0{,}5$, für $x = 2$, $x = 4$ und für $x = 6$;

(iv) für $x = 0$ und $x = 4$ ist der Anstieg positiv;

(v) für $x = 2$ und $x = 6$ ist der Anstieg negativ.

Nutzen Sie all diese Informationen, um eine grobe Skizze für den Kurvenverlauf anzufertigen.

**Die zweite Ableitung**

Sie haben gesehen, daß Ihnen das Differenzieren einer Funktion $f$ eine neue Funktion gibt. Diese neue Funktion heißt *Ableitung*. So ist für $f(x) = x^3 - 3x^2 + 1$ die Ableitung gegeben durch

$$\frac{df}{dx} = 3x^2 - 6x.$$

Nun läßt sich aber diese Funktion wieder differenzieren und man erhält natürlich

$$\frac{d}{dx}\left(3x^2 - 6x\right) = 6x - 6.$$

Diese neue Funktion ist das Ergebnis einer zweimaligen Differentiation der ursprünglichen Funktion. Daher nennt man diese neue Funktion sinnvollerweise die *zweite Ableitung* von $f$ und schreibt dies als

$$\frac{d}{dx}\left(\frac{df}{dx}\right) = \frac{d^2 f}{dx^2} = f''(x).$$

**Beispiel 6D**

Bestimmen Sie die ersten beiden Ableitungen für die Funktion

$$f(x) = x^4 - 3x^3 + 4x - 7.$$

**Lösung**

Wir bilden die erste Ableitung:

$$f' = \frac{df}{dx} = 4x^3 - 9x^2 + 4.$$

Um die zweite Ableitung zu finden, brauchen wir nur nochmals zu differenzieren:

$$f'' = \frac{d^2 f}{dx^2} = \frac{d}{dx}\left(4x^3 - 9x^2 + 4\right) = 12x^2 - 18x.$$

*Übung 6F*

1. Bestimmen Sie zu jeder der angebenen Funktionen die zweite Ableitung:

   (a) $y = x^3 - 3x$ (b) $y = 4x - 2x^3 + 5x^5 - x^6$

   (c) $y = x^2 - x^{1/2} + x^{-1/4}$ (d) $y = x + \dfrac{1}{x}$

   (e) $y = 2\sqrt{x} + x^3$ (f) $y = 3x + 4x^2 - 7x^6$

   (g) $y = 4t^2 - 3t + 7$ (h) $y = 11t - 4$

   (i) $y = t^{1/2} - 2t^{1/4} - 3t^{-1/3}$ (j) $y = x^n$ , $n$ = konstant.

2. Untersuchen Sie die zweiten Ableitungen von Funktionen unter Verwendung von *DERIVE*.

3. Wir können diesen Prozeß des Differenzierens fortführen, und erhalten eine dritte Ableitung $f'''(x)$ als Ableitung von $f''(x)$. Bestimmen Sie die zweiten, dritten und vierten Ableitung der folgenden Funktionen:

   (a) $y = x^5 - 2x^4 + 3x$ (b) $y = 4x - 2x^3 + 5x^5 - x^6$

   (c) $y = \dfrac{1}{x}$ (d) $y = \sqrt{t} - 2t^3$

*DERIVE Aktivität 6e*

In dieser Aktivität soll der Zusammenhang zwischen Werten für die zweite Ableitung und der Gestalt des Graphen der ursprünglichen Funktion aufgezeigt werden.

Öffnen Sie drei Grafikfenster, sodaß Sie im Fenster 2 den Graphen einer Funktion $f(x)$, im Fenster 3 den Graphen der ersten Ableitung und im Fenster 4 den Graphen der 2.Ableitung von $f(x)$ sehen können. Mit der [F1]-Taste können Sie sich zwischen den Fenstern bewegen.

(A) **Schreiben** Sie im Fenster 1 (Algebrafenster) die Funktion

$$f(x) = x^3 - 3x^2 - x + 3.$$

**Zeichnen** Sie den Graphen ins Fenster 2.

Differenzieren Sie $f(x)$ und zeichnen Sie den Graphen von $f'$ ins Fenster 3.

Nun differenzieren Sie $f'$ und zeichnen Sie $f''$ ins verbleibende Fenster 4.

Ihr *DERIVE*-Schirm sollte nun das folgende Aussehen haben:

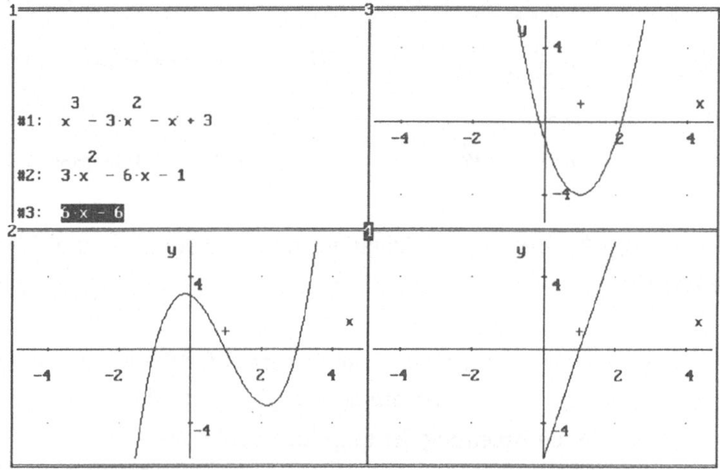


Abbildung 6.10

Überprüfen Sie die folgenden Behauptungen an Ihren Graphen:

1. Die Nullstellen der ersten Ableitung liegen an den Stellen des lokalen Minimums, bzw. Maximums der Funktion $f$.
2. An der Stelle des lokalen Maximums ist die zweite Ableitung negativ.
3. An der Stelle des lokalen Minimums ist die zweite Ableitung positiv.
4. An der Stelle des Wendepunktes von $f$ verschwindet die zweite Ableitung.

(B) Bestätigen Sie diese Feststellungen auch an den folgenden Funktionen:

(a) $f(x) = x^3 + x^2 - 6x$ (b) $f(x) = x^4$

(c) $f(x) = x^4 - 5x^2 + 4$ (d) $f(x) = -2x^3 + x^2 + 7x - 6$

Überlegen Sie, wie Sie die Funktionswerte der zweiten Ableitung nützen können, um die Eigenschaften eines Funktionsgraphen - und damit der zugehörigen Funktion - zu erkennen.

**Zusammenfassung**

Die zweite Ableitung stellt die Änderungsrate des Tangentenanstiegs an den Graphen einer Funktion dar. Ihr Funktionswert an den Stellen der Extremwerte kann dazu benützt werden, um diese zu klassifizieren.

Bei einem lokalen Maximum (*Hochpunkt*) gilt:

$$\frac{df}{dx} = 0 \text{ und } \frac{d^2 f}{dx^2} < 0.$$

(Die Steigung der Tangente fällt von positiven auf negative Werte, daher ist die Änderungsrate für diese Steigung negativ).

Bei einem lokalen Minimum (*Tiefpunkt*) gilt:

$$\frac{df}{dx} = 0 \text{ und } \frac{d^2 f}{dx^2} > 0$$

(Hier nimmt die Steigung der Tangente von negativen Werten zu positiven Werten zu, und somit ist die Änderungsrate für die Steigung auch positiv).

In einem Wendepunkt ist $f'' = 0$. Wenn an dieser Stelle auch die erste Ableitung verschwindet, dann hat der Wendepunkt eine waagrechte Tangente, und man bezeichnet ihn gerne als *Terrassen-* oder *Treppenpunkt*. Das typische Aussehen einer Kurve mit einem derartigen Punkt zeigt Abbildung 6.11.

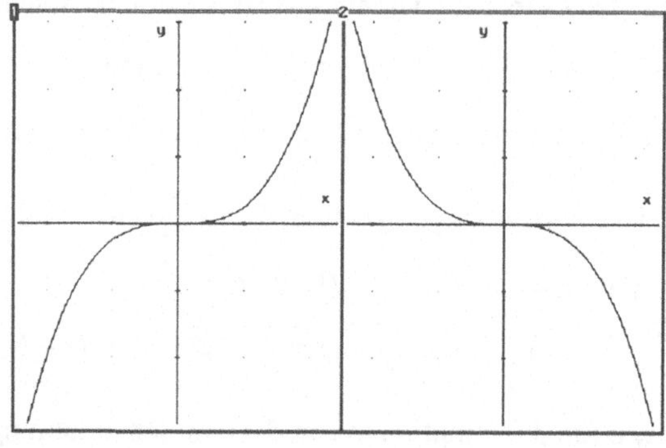


Abbildung 6.11

Sie sollten aber diese Ergebnisse mit Sorgfalt verwenden, wenn Sie Wendepunkte identifizieren wollen. So betrachten Sie z.B. die Graphen der beiden Funktion $f(x) = x^3$ und $f(x) = x^4$.

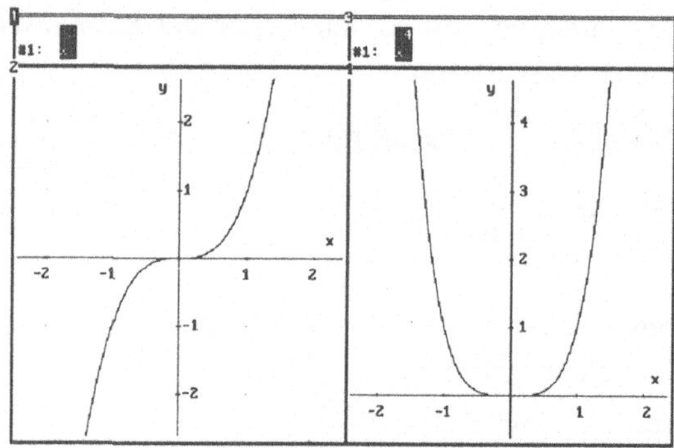


Abbildung 6.12

Für $f(x) = x^3$: Sowohl $f'$ als auch $f''$ verschwinden an der Stelle $x = 0$.

Für $f(x) = x^4$: Sowohl $f'$ als auch $f''$ verschwinden an der Stelle $x = 0$.

Betrachten Sie aber die gänzlich verschiedene Gestalt der beiden Funktionsgraphen an der Stelle $x = 0$: $f(x) = x^3$ hat dort einen Wendpunkt, während $f(x) = x^4$ ein lokales Minimum besonderer Art (einen *Flachpunkt*) aufweist.

Wenn sowohl erste als auch zweite Ableitung einer Funktion an einer Stelle $x$ den Wert Null annehmen, dann ist es notwendig, die Steigungen an beiden Seiten der Extremwerte zu untersuchen, wenn man den Extremwert genau beurteilen will.

*Übung 6G*

Suchen Sie die Koordinaten der Extremwerte der folgenden Funktionen. Verwenden Sie dort, wo es notwendig ist, die zweite Ableitung, um die Art des Extremwerts festzustellen.

(a) $f(x) = 4x^2 - 11$

(b) $f(x) = 5x^3 - 15x^2 + 15x + 2$

(c) $f(x) = x^4 - 6x^3 + 11x^2 - 6x$

(d) $f(x) = x^3 - 6x^2 + 11x - 6$

(e) $f(x) = x + \frac{1}{x}$

(f) $f(x) = x^2 - \frac{1}{x^2}$

Zeichnen Sie mit *DERIVE* die Funktionsgraphen und überprüfen Sie auf diese Weise Ihre Ergebnisse.

**Anwendungen**

In diesem Abschnitt haben wir die Ableitungen bisher dazu verwendet, um Eigenschaften von Funktionsgraphen zu untersuchen. Diese Überlegungen sind aber auch nützlich, um Probleme zu lösen, bei denen es sich um maximale oder minimale Werte von physikalischen Größen handelt.

**Beispiel 6E**

Ein Milchpaket soll einen halben Liter Milch fassen. Das Paket hat die Form eines Quaders mit quadratischer Grundfläche, damit es sich bequem in Regale stapeln läßt.

Welche Abmessungen muß das Paket haben, daß der Materialverbrauch minimiert wird?

**Lösung**

**Schritt 1: Modellbildung**

Im ersten Schritt haben wir jene Funktion zu formulieren, von der wir das Minimum (oder bei anderen Aufgaben das Maximum) aufsuchen wollen. Unser Paket habe die Grundkante $x$ und die Höhe $h$ (in cm). Sie finden eine Skizze in Abbildung 6.13.

Das Volumen der Schachtel ist $= x^2\, h\,\text{cm}^3$.

Das Volumen ist mit einem halben Liter vorgegeben, daher:

$$500 = x^2 h \qquad (1)$$

Der Materialverbrauch $A$ ergibt sich dann mit:

$$A = 2x^2 + 4xh \qquad (2)$$

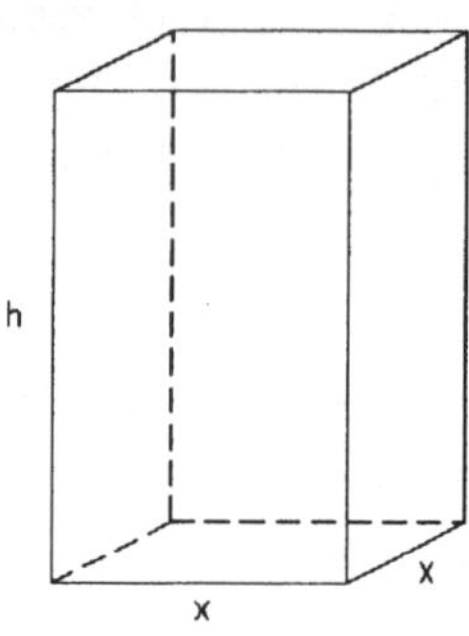


Abbildung 6.12

(Wir vernachlässigen dabei bewußt das Material für die zum Verkleben notwendigen Überlappungen).

Aus Gleichung (1) berechnen wir $h$

$$h = \frac{500}{x^2}$$

und setzen für $h$ in Gleichung (2) ein. Damit ist der Materialverbrauch A nur mehr von der Grundkante $x$ abhängig

$$A(x) = 2x^2 + \frac{2000}{x}.$$

**Schritt 2: Lösen des mathematisierten Problems**

Das Materialverbrauch $A$ wird dann minimiert, wenn $\frac{dA}{dx} = 0$. Daher haben wir die Funktion $A(x)$ nach $x$ zu differenzieren und dann die erste Ableitung gleich Null zu setzen.

$$A' = \frac{dA}{dx} = 4x - \frac{2000}{x^2} = 0.$$

Diese Gleichung kann nun leicht nach $x$ aufgelöst werden.

$$4x^3 = 2000$$

$$x^3 = 500$$

$$x = \sqrt[3]{500} \approx 7{,}94\,\text{cm}$$

Wenn wir diesen Wert in Gleichung (1) einsetzen, dann erhalten wir den entsprechenden Wert für die Höhe $h$ des Päckchens:

$$h = \frac{500}{x^2} \approx 7{,}94\,\text{cm}.$$

Der Behälter mit kleinstem Materialverbrauch ist demnach ein Würfel mit der Kantenlänge 7,94 cm.

Es muß unbedingt darauf hingewiesen werden, daß bei realistischen Problemstellungen oft vereinfachende Annahmen notwendig sind, um an das Problem überhaupt herangehen zu können. Dann ist es aber wichtig, diese Annahmen sorgfältig festzuhalten.

*Übung 6H*

1. Das Biegemoment eines Balkens $M$ [kNm] ist gegeben durch $M = 6x^2 - 12x$, wobei $x$[m] die Entfernung von einem Balkenende darstellt. Bestimmen Sie die Position mit dem kleinsten Biegemoment.

2. Ein zylindrischer Treibstofftank aus Edelstahl soll 15000 Liter fassen. Bei welchen Abmessungen wird die Oberfläche minimal? Wie hoch ist der Materialverbrauch bei der Herstellung dieses Tanks?

3. In einer wässerigen Lösung ist das Produkt $x \cdot y$ der Konzentrationen $x$ und $y$ von $OH^-$ - bzw $H^+$- Ionen bei einer konstanten Temperatur auch konstant. Finden Sie die Bedingungen heraus, unter denen die Summe der Konzentrationen $x + y$ ein Minimum wird. Bestimmen Sie die Konzentration von $H^+$ unter Mimimumbedingungen bei 293°K, wenn $x.y = 10^{-4}$ $Kmol^2dm^{-6}$.

4. Bei einem Treibriemen lautet die Formel, die den Zusammenhang zwischen der übertragenen Kraft $P$ und der Geschwindigkeit $v$ des Riemens beschreibt:

   $$P(v) = Tv - av^3.$$

   Dabei ist $T$ die Spannung im Riemen und $a$ eine Konstante.

   (a) Bei welcher Geschwindigkeit gibt der Riemen die größte Kraft weiter?

   (b) Skizzieren Sie den Graphen der Funktion $P(v)$.

5 Welches ist die größte Fläche, die mit 80 m Zaun von einem rechteckigen Feld abgrenzt werden kann, wenn man dabei eine Begrenzungslinie des Feldes mitverwendet.

6. Eine zylindrische Blechdose ohne Deckel ist herzustellen. Bezeichnen Sie mit $A$ den Materialverbrauch an Blech und mit $V$ das Fassungsvermögen der Dose. Zeigen Sie, daß für das Volumen die folgende Formel gilt:

$$= \frac{1}{2}\left(Ar - r^3\pi\right),$$

wobei $r$ der Radius der Grundfläche ist. (Sie dürfen annehmen, daß kein Material verloren geht).

Zeigen Sie, daß bei gegebenem Materialverbrauch das Volumen dann ein Maximum wird, wenn der Durchmesser der Dose doppelt so groß ist wie ihre Höhe.

7. Ein Stück Draht bildet den Umfang eines Kreises mit dem Radius 0,16 m. Der Draht wird in zwei Teile geschnitten, und diese beiden Teile formen wieder zwei Kreise. Bei welchen Kreisradien dieser neuen Kreise wird die Summe der Flächen dieser Kreise ein Mimimum?

8. Bei einem Zylinder ist die Summe aus Durchmesser und Höhe 20 cm. Stellen Sie das Volumen ($V$ cm$^3$) als Funktion des Basisradius ($r$ cm) dar. Welches ist der größtmögliche Wert für das Volumen des Zylinders?

## 6.5 Die Ableitung von besonderen Funktionen

Sie können nun die Potenzen wie $x^2$, $x^3$, $x^{-1}$, $x^{-1/2}$ usw. differenzieren. Aber wie steht es um die speziellen Funktionen wie $\mathrm{e}^x$, $\ln x$, $\sin x$ und $\cos x$? Die Definition des Differentialquotienten als Grenzwert kann auch dazu verwendet werden, diese Ableitungen zu finden.

Die Ableitung der Exponentialfunktion $\mathrm{e}^x$ können wir aus ihrer Einführung in Kapitel 2 herleiten. In *DERIVE* Aktivität 2b haben Sie gesehen, daß die Steigung der Kurventangente an $y = \mathrm{e}^x$ an jeder Stelle $x$ mit dem Funktionswert an dieser Stelle übereinstimmt. Das bedeutet symbolisch geschrieben:

$$\frac{d}{dx}\mathrm{e}^x = \mathrm{e}^x .$$

Diese Eigenschaft macht die Exponentialfunktion zu einer sehr wichtigen Funktion in der Mathematik. Sie ist nämlich tatsächlich die einzige Funktion, die mit ihrer Ableitung übereinstimmt.

*DERIVE Aktivität 6f*

Diese Aktivität hat das Ziel, die Ableitung der Funktionen $e^{ax}$, $\ln(ax)$, $\sin(ax)$ und $\cos(ax)$ zu untersuchen. Dabei ist $a$ eine Konstante.

(A) Arbeiten Sie mit dem **Grenzwert**-Befehl um die folgenden Grenzwerte zu bestimmen. Vergleichen Sie Ihre Ergebnisse mit *DERIVE*'s Antworten auf den **Differenziere**-Befehl.

$$\lim_{h \to 0} \frac{e^{x+h} - e^{x}}{h}.$$

(Denken Sie bitte daran e mit [Alt] + [E] einzugeben, sodaß Sie ê am Schirm sehen).

$$\lim_{h \to 0} \frac{\ln(x+h) - \ln x}{h}$$

$$\lim_{h \to 0} \frac{\sin(x+h) - \sin x}{h}$$

$$\lim_{h \to 0} \frac{\cos(x+h) - \cos x}{h}$$

(B) Untersuchen Sie mit *DERIVE* die Ableitungen von $e^{ax}$, $\ln(ax)$, $\sin(ax)$ und $\cos(ax)$, wobei Sie $a$ mit den Werten $a = 2; -3; 0{,}7; -1{,}3$ und 4 belegen.

Mit Hilfe Ihrer Ergebnisse läßt sich die folgende Übersicht leicht vervollständigen:

| Funktion | Erste Ableitung |
|---|---|
| $y = e^{ax}$ | $y' =$ |
| $y = \ln(ax)$ | $y' =$ |
| $y = \sin(ax)$ | $y' =$ |
| $y = \cos(ax)$ | $y' =$ |

(C) Bilden Sie die ersten Ableitungen (ohne *DERIVE*) und überprüfen Sie anschließend mit *DERIVE* Ihre Voraussagen.

(a) $y = e^{3x} + \sin 2x - \cos 4x$

(b) $y = e^{-2x} - \cos 3x + \ln 5x$

(c) $y = 7e^{0{,}4x} + 0{,}9\sin 4x$

(d) $y = -0{,}8e^{-1{,}6x} - 3{,}8\cos 2{,}7x$

*Übung 6I*

1. Bestimmen Sie die ersten beiden Ableitungen für die folgenden Funktionen:

(a) $y = e^{4x}$ (b) $y = e^{-7x}$ (c) $y = 4e^{0,5x}$

(d) $y = 2e^{-1,3x}$ (e) $y = \ln 5x$ (f) $y = 3\ln 2x$

(g) $y = \sin \pi x$ (h) $y = \sin 2x$ (i) $y = 4{,}2\sin 3{,}1x$

(j) $y = \cos 4x$ (k) $y = \cos 0{,}2x$ (l) $y = 1{,}5\cos 2\pi x$

(m) $y = 0{,}3e^{0,1x} - 0{,}7\sin 0{,}5x$ (n) $y = 4\cos 3x - 3\sin 4x$

(o) $y = e^{-0,1x} + e^{0,1x}$ (p) $y = \ln 2{,}6x - 6\ln 0{,}7x$

2. Ermitteln Sie die Gleichung der Tangenten an die Graphen der gegebenen Funktionen in den angegebenen Stellen $x_0$:

(a) $y = 2\cos 3x$ $(x_0 = 0{,}5)$ (b) $y = \ln x$ $(x_0 = 1)$

(c) $y = e^x$ $(x_0 = 2)$ (d) $y = e^{-0,1x} - 0{,}6\cos 3x$ $(x_0 = 0)$

3. Zeigen Sie, daß die Graphen von $y = e^{ax}$ und $y = \ln ax$ weder Extremwerte noch Wendepunkte aufweisen.

4. Die Temperatur $T$ an einer Stelle eines erhitzten Drahtes verändert sich nach dem Gesetz

$$T(t) = 20 + 100\,e^{-5t}.$$

Wie groß sind die Änderungsraten der Temperatur zu den Zeitpunkten
(a) $t = 0$ und (b) $t = 1$?

5. Die Populationsgröße $P$ einer Kultur von Hefepilzen kann beschrieben werden durch

$$P(t) = 4{,}3\,e^{-2,1t}.$$

Berechnen Sie die Änderungsrate der Population.

6. Ein Teilchen bewegt sich so, daß seine Ortsverlagerung $s$ als eine Funktion der Zeit $t$ modelliert werden kann:

$$s(t) = 0{,}3\sin 0{,}7t.$$

(a) Welche Geschwindigkeit hat das Teilchen nach 0, bzw. nach 1 Sekunde?
(b) Welche Beschleunigung erfährt das Teilchen in diesen Zeitpunkten?

## 6.6 Ableitungsregeln

Viele Funktionen werden aus den Grundfunktionen $y = x^n$, $y = \mathrm{e}^{ax}$ , $y = \sin ax$ und $y = \cos ax$ durch Addition, Multiplikation und Division gewonnen oder werden aus diesen zusammengesetzt. So kann etwa die Bewegung eines gedämpft schwingenden Systems für bestimmte Systemparameter durch die Funktionsgleichung

$$x(t) = \mathrm{e}^{-2t} \sin(0{,}6t + 0{,}7)$$

beschrieben werden. Diese Funktion ist das Produkt von $\mathrm{e}^{-2t}$ und der zusammengesetzten Funktion $\sin(0{,}6t + 0{,}7)$.

*DERIVE Aktivität 6g*

In dieser Aktivität sollen die Ableitungen des Produkts von Funktionen und von zusammengesetzten Funktionen untersucht werden.

(A) Bestimmen Sie mit *DERIVE* die Ableitungen der folgenden Funktionen, die alle ein Produkt von Grundfunktionen darstellen:

(i) $y = x^2 \sin x$ (ii) $y = \mathrm{e}^{2x} \cos 3x$ (iii) $y = x^3 \mathrm{e}^{4x}$

Schlagen Sie, geleitet von den Ergebnissen, eine Regel für das Differenzieren eines Produkts zweier Funktionen $f(x) = u(x) \cdot v(x)$ vor. Verwenden Sie diesen Vorschlag dazu, die nächsten drei Funktionen zu differenzieren, und überprüfen Sie Ihre Ergebnisse mit *DERIVE*.

(iv) $y = x^2 \ln x$ (v) $y = \mathrm{e}^x \ln x$ (vi) $y = 4\sqrt{x} \sin 5x$

(B) Viele Funktionen, wie z.B. $y = \mathrm{e}^{x^2}$, sind zusammengesetzt nach der Form $f(x) = u(v(x))$. Differenzieren Sie zuerst mit *DERIVE*:

(i) $y = \mathrm{e}^{x^2}$ (ii) $y = \sin 4x^3$ (iii) $y = (3 - x^2)^8$ (iv) $y = \cos\sqrt{x}$

Leiten Sie aus den Ergebnissen eine Regel für das Differenzieren einer zusammengesetzten Funktion $f(x) = u(v(x))$ ab. Ermitteln Sie mit dieser angenommenen Regel die ersten Ableitungen der nächsten Funktionen, bevor Sie mit *DERIVE* differenzieren.

(v) $y = \sin x^2$ (vi) $y = \mathrm{e}^{4x^2 - 1}$ (vii) $y = (1 + x)^8$

(viii) $y = (a + bx)^7$; $a,b$ = konstant (ix) $y = \ln(a + bx)$ ; $a,b$ = konstant

(x) $y = \sqrt{1 + 3x^2}$

Um beliebige Funktionen differenzieren zu können, bedarf es einer Sammlung von Differentiationsregeln. Diese Regeln werden im folgenden zusammengestellt.

**Die Ableitung der Summe zweier Funktionen**

Wenn $f(x) = u(x) + v(x)$,

dann gilt: $$\frac{df}{dx} = \frac{du}{dx} + \frac{dv}{dx} \quad \text{oder } f' = u' + v'.$$

Diese Regel wird von uns in diesem Kapitel schon lange - seit der Ableitung von Polynomfunktionen - angewendet.

**Die Ableitung des Produkts zweier Funktionen**

Wenn $f(x) = u(x) \cdot v(x)$,

dann gilt: $$\frac{df}{dx} = \frac{du}{dx} \cdot v + \frac{dv}{dx} \cdot u \quad \text{oder } f' = u'\,v + v'\,u.$$

Diese Regel führt den Namen *Produktregel.*

**Beispiel 6F**

Differenzieren Sie (a) $x^2\,e^{3x}$ und (b) $e^{3x}\,\sin 4x$.

**Lösung**

(a) Die Ableitungen von $u(x) = x^2$ und $v(x) = e^{3x}$ sind $u' = 2x$ und $v' = 3e^{3x}$. Wir wenden die Produktregel an und erhalten

$$\frac{d}{dx}(x^2\,e^{3x}) = 2x\,e^{3x} + 3x^2\,e^{3x}.$$

(b) Da die Ableitung von sin 4$x$: $(\sin 4x)' = 4\cos 4x$, ergibt die neuerliche Anwendung der Produktregel die gesuchte erste Ableitung:

$$\frac{d}{dx}\left(e^{3x}\sin 4x\right) = 3e^{3x}\sin 4x + 4e^{3x}\cos 4x.$$

**Die Ableitung des Quotienten zweier Funktionen**

Wenn $f(x) = \dfrac{u(x)}{v(x)}$,

dann gilt: $$\frac{df}{dx} = \frac{v \cdot \dfrac{du}{dx} - u \cdot \dfrac{dv}{dx}}{v^2} \quad \text{oder} \quad f' = \frac{v\,u' - u\,v'}{v^2}.$$

Diese Regel ist unter dem Namen *Quotientenregel* bekannt.

**Beispiel 6G**

Differenzieren Sie $y = \dfrac{x^2}{\sin 3x}$.

**Lösung**

Die Ableitungen von $u(x) = x^2$ und $v(x) = \sin 3x$ sind $u' = 2x$ und $v' = 3\cos 3x$. Die Anwendung der Quotientenregel führt uns zum Ergebnis:

$$\frac{d}{dx}\frac{x^2}{\sin 3x} = \frac{2x \cdot \sin 3x \; - \; 3x^2 \cdot \cos 3x}{\sin^2 3x}.$$

**Die Ableitung von zusammengesetzten Funktionen**

Für $f(x) = f(u(x))$ läßt sich sagen, daß $f(x) = f(u)$ und $u = u(x)$.
Dann erhält man die erste Ableitung von $f(x)$ als:

$$\frac{df}{dx} = \frac{df}{du} \cdot \frac{du}{dx}.$$

Das ist die *Kettenregel*.

**Beispiel 6H**

Bestimmen Sie die erste Ableitung von $f(x) = \sin x^2$.

**Lösung**

Die Funktion $f(x)$ läßt sich aus zwei einfachen Funktionen zusammensetzen:

$$f(x) = \sin u \quad \text{und} \quad u = x^2.$$

Dann ist natürlich $\dfrac{df}{du} = \cos u$ und $\dfrac{du}{dx} = 2x$.

(Den ersten Teil nennt man gerne die *„äußere"* und den zweiten die *„innere Ableitung"*).

Jetzt wendet man die Kettenregel an und erhält in zwei Schritten

$$\frac{df}{dx} = \cos u \cdot 2x = 2x \cos x^2.$$

**Beispiel 6I**

Die Zuwachsrate eines Kugelradius ist 0,6 mm pro Sekunde. Ermitteln Sie die Zuwachsrate für das Volumen der Kugel für den Augenblick, in dem der Radius 20 cm ist.

**Lösung**

Wenn wir das Kugelvolumen mit $V$ und den Radius mit $r$ bezeichnen, dann ist das Volumen

$$(r) = \frac{4r^3\pi}{3}.$$

Wir sollen nun die Änderung des Volumens $\dfrac{dV}{dt}$ unter der Bedingung, daß $\dfrac{dr}{dt} = 0{,}6\,\text{mm}\,\text{sec}^{-1}$ angeben.

Die Anwendung der Kettenregel auf $V(r)$ führt uns zu

$$\frac{dV}{dt} = \frac{dV}{dr} \cdot \frac{dr}{dt} = \frac{4\pi}{3}\left(3r^2\right) \cdot \frac{dr}{dt} = 4r^2\pi \frac{dr}{dt}.$$

Substitution für $r = 200$ und für $\dfrac{dr}{dt} = 0{,}6$ liefert: $\dfrac{dV}{dt} = 4\pi(20^2)\,0{,}6 = 3016\,\text{mm}^3\,\text{sec}^{-1}$.

*Übung 6J*

1. Bilden Sie mit Hilfe der Ableitungsregeln die Differentialquotienten für die folgenden Funktionen.

(a) $y=\sqrt{x}\,\mathrm{e}^{2x}$ (b) $y=x^2\,\mathrm{e}^{3x}$ (c) $y=x^5\,\mathrm{e}^{-2x}$

(d) $y=x\sin 2x$ (e) $y=\sqrt{x}\cos(\pi x)$ (f) $y=5x^3\,\mathrm{e}^{3x}$

(g) $y=\tan x$ (h) $y=x\ln x$ (i) $y=\dfrac{\sin 2x}{x^2}$

(j) $y=\dfrac{\sqrt{x}}{\mathrm{e}^{3x}}$ (k) $y=\dfrac{\cos 3x}{\sin 2x}$ (l) $y=\dfrac{\mathrm{e}^{2x}+\mathrm{e}^{-2x}}{x^2}$

(m) $y=(3x-1)^5$ (n) $y=\sqrt{4x+1}$ (o) $y=\cos(\pi x-3)$

(p) $y=\mathrm{e}^{x^2}$ (q) $y=\ln(x^2+1)$ (r) $y=\ln(3\cos 2x)$

(s) $y=\sin^2 x+\cos^2 x$ (t) $y=x^2\,\mathrm{e}^{-2x}\sin 3x$ (u) $y=3\cos(1-4x)$

(v) $y=\left(6x-\dfrac{1}{x}\right)^3$ (w) $y=\mathrm{e}^{5x}\sin 0{,}7x$ (x) $y=\ln x^2$

(y) $y=\dfrac{1}{\cos x}$ (z) $y=\dfrac{1}{\sqrt{4x+1}}$

2. Bestimmen Sie die eventuell vorhandenen Extremwerte der folgenden Funktionen. Verwenden Sie diese Informationen, um die Graphen zu skizzieren.

(a) $y=t^2+\dfrac{1}{t}$ (b) $y=\dfrac{t+2}{t-6}$ (c) $y=\dfrac{x^2}{1-x^2}$

(d) $y=\dfrac{x-3}{x+1}$ (e) $y=\mathrm{e}^{-3t}\sin 2t$ (f) $y=\dfrac{\mathrm{e}^x}{2+3\mathrm{e}^x}$

(g) $y=\dfrac{x\,\mathrm{e}^x}{x+1}$ (h) $y=x+\sin x$

3. Einem Kreis aus Aluminiumblech mit dem Radius $r$ wird ein Sektor mit dem Öffnungswinkel $\varphi$ ausgeschnitten. Der verbleibende Rest wird zum Mantel eines geraden Kreiskegels zusammengebogen.

   (a) Zeigen Sie, daß für $\varphi$ die Beziehung

   $$\varphi = 2\pi - 2\pi \sin\theta$$

   gilt, wobei $\theta$ der halbe Öffnungswinkel des Kegels (an der Spitze) ist.

   (b) Zeigen Sie weiter: Für das Volumen des Kegels lautet die Formel

   $$= \frac{r^3\pi}{3}\sin^2\theta\cos\theta.$$

   (c) Für welchen Winkel $\varphi$ des entfernten Kreisausschnitts wird das Volumen des derart entstehenden Kegels maximal?

4. Der Radius $r$ [cm] eines Tintenflecks auf einem Löschpapier ist $t$ Sekunden nach seiner Entdeckung gegeben durch

   $$r(t) = 12 - \frac{9}{t}.$$

   (a) Wie groß ist der Tintenfleck 3 Sekunden nach seiner Entdeckung?

   (b) Zu welchem Zeitpunkt hat der Fleck einen Radius von 3 cm?

   (c) Wie groß ist die Änderungsrate des Radius in dem Moment, in dem er gerade 3 cm groß ist. Nimmt der Radius in diesem Augenblick zu oder ab?

   (d) Welchen größten Wert kann der Radius annehmen?

5. Bestimmen Sie die Extremwerte für die folgenden Funktionen. Geben Sie auch die Art der Extremwerte an.

   (a) $y = \dfrac{x^2 - 2x + 4}{x^2 + 2x + 4}$ (b) $y = \sin x - \cos x$

   (c) $y = x + \sin x$ (d) $y = e^x \cos x$

6. Die, in die Ladung $X$ abgegebene Leistung $P$ eines Klasse A - Verstärkers mit dem Ausgangswiderstand $R$ und der Ausgangsspannung $V$ ist gegeben durch

$$P(X) = \frac{V^2 X}{(X+R)^2} .$$

(a) Für welche Ladung $X$ wird $P$ zum Maximum?

(b) Skizzieren Sie den Graphen von $P(X)$.

7. Die Frequenzstabilität in einem kathodengekoppelten Oszillator kann mit Hilfe des Korrekturfaktors

$$f(\alpha) = 1 - \frac{L}{16C}\left(\alpha - \frac{1}{R}\right)^2$$

untersucht werden. ($L$, $R$ und $C$ sind konstante Größen).

(i) Zeigen Sie, daß $f(\alpha)$ für $\alpha = 1/R$ den Maximalwert annimmt.

(ii) Skizzieren Sie den Funktionsgraphen von $f(\alpha)$.

8. Betrachten Sie die Ableitung der Funktion

$$f(x) = \sin x \cdot \tan x - 2\ln(\sec x),$$

und zeigen Sie, daß

(a) $f(x)$ stetig wächst für $0 < x < \pi/2$,

(b) der Graph in diesem Intervall sicher keinen Wendepunkt aufweist.

9. Die Masse eines Gases, die durch eine Öffnung vom Druckbereich $p_1$ in den Druckbereich $p_0$ fließt ist proportional zu

$$x^{\mathrm{k}} \sqrt{1 - x^{1-\mathrm{k}}} \quad \text{mit k} < 1\text{, konstant.}$$

Zeigen Sie, daß dieser Ausdruck seinen Maximalwert für

$$x = \left(\frac{2\mathrm{k}}{1+\mathrm{k}}\right)^{\frac{1}{1-\mathrm{k}}}$$

annimmt.

# 7 *Integralrechnung*

## 7.1 Flächeninhalte als Summen

Wie läßt sich der Flächeninhalt eines durch Kurven begrenzten Gebietes bestimmen? Wie läßt sich die von einer Rakete zurückgelegte Entfernung ermitteln, wenn man ihre Geschwindigkeit in gegebenen Zeitabständen kennt?

Das sind zwei typische Probleme, die auf Summenbildung zurückführen. Betrachten Sie dazu die beiden folgenden Beispiele.

**Beispiel 7A**

Berechnen Sie den Inhalt der vom Graphen der Funktion $y = e^x$ mit der $x$-Achse zwischen $x = 0$ und $x = 1$ begrenzten Fläche.

**Lösung**

Die schraffierte Fläche in Abbildung 7.1 zeigt Ihnen die Fläche, deren Wert Sie berechen sollen.

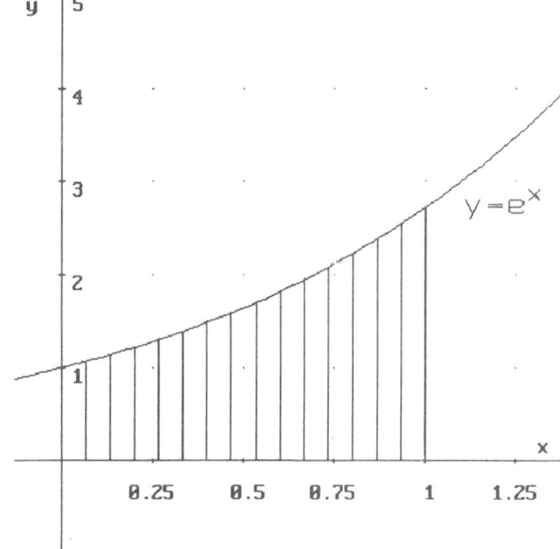


Abbildung 7.1

Schon im Altertum lösten die Griechen derartige Probleme und erfanden eine sinnvolle Vorgangsweise. Sie teilten den zu berechnenden Bereich in schmale rechteckige Streifen. Eine zugehörige Illustration bietet Abbildung 7.2.

Diese Rechtecksflächen lassen sich einfach berechnen und die Summe all ihrer Flächeninhalte ergibt in ihrer Gesamtheit einen Näherungswert für den gesuchten Flächeninhalt. Es ist klar, daß die Qualität der Approximation von der Breite der Streifen abhängt: je dünner diese sind, desto genauer wird die Approximation.

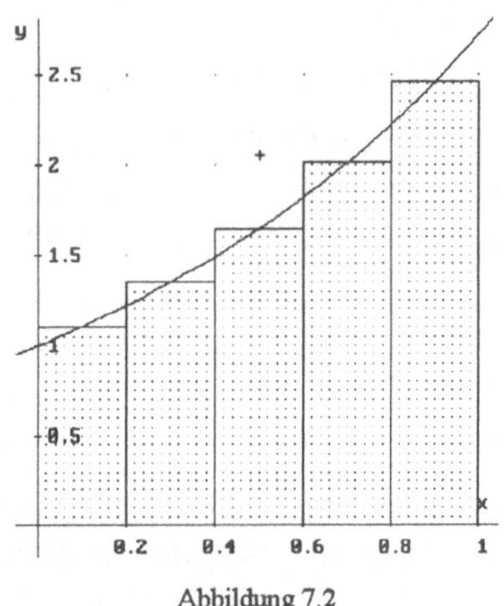

Abbildung 7.2

Angenommen, wir nehmen fünf senkrechte Streifen, von denen jeder die Breite 0,2 haben soll. Die Höhen der entstehenden fünf Rechtecke sind dann $e^{0,1}$, $e^{0,3}$, $e^{0,5}$, $e^{0,7}$ und $e^{0,9}$. Die Summe über alle Rechtecksflächen ergibt sich mit

$$A = e^{0,1} \cdot 0,2 + e^{0,3} \cdot 0,2 + e^{0,5} \cdot 0,2 + e^{0,7} \cdot 0,2 + e^{0,9} \cdot 0,2 \;=\; 1,71542.$$

Die gesuchte Fläche hat näherungsweise den Wert $A = 1,715$. An dieser Stelle können wir keine Aussage über die Qualität des Näherungswertes machen. Wenn wir die Anzahl der Rechtecke verdoppeln, indem wir gleichzeitig die Streifenbreite auf 0,1 halbieren, erhalten wir 1,718 als Näherungswert. (Wie wir später sehen werden, hat der Flächeninhalt den genauen Wert $A = e - 1 \approx 1,71828$).

**Beispiel 7B**

Eine Rakete wird ins Weltall geschossen. Die Geschwindigkeit der Rakete, gemessen in Zeitabständen von 2 Sekunden zeigt Tabelle 7.1.

| Zeit [sec] | 2 | 4 | 6 | 8 | 10 |
|---|---|---|---|---|---|
| Geschwindigkeit [$msec^{-1}$] | 4 | 16 | 36 | 64 | 100 |

Tabelle 7.1

Schätzen Sie die Entfernung, die von der Rakete in ihren ersten 10 Flugsekunden zurückgelegt wird.

**Lösung**

Uns steht keine Formel für die Geschwindigkeit zur Verfügung. Wir wollen vereinfachend annehmen, daß die Geschwindigkeit innerhalb eines jeden 2-Sekunden--Intervalls konstant ist und, daß diese Geschwindigkeit mit der am Ende des Zeitabschnitts gemessenen übereinstimmt. Damit ergibt sich die Wegstrecke für jedes Intervall als Produkt von Geschwindigkeit × Zeit. Die Gesamtdistanz können wir als eine Summe von Produkten schätzen.

$$\text{Gesamtweg} \approx 4 \cdot 2 + 16 \cdot 2 + 36 \cdot 2 + 64 \cdot 2 + 100 \cdot 2 = 440\,\text{m}$$

Das ist natürlich eine Vereinfachung, die auf der Annahme von abschnittsweise konstanten Geschwindigkeiten beruht. Die Schätzung liefert sicher einen zu großen Wert. Diese Approximation läßt sich verbessern, indem wir für jeden Zeitabschnitt einen linearen Geschwindigkeitsverlauf annehmen. Die Gesamtfläche der Trapeze ist die entsprechende Näherung für die Wegstrecke unter dieser - noch immer vereinfachenden - Annahme. In diesem Fall wird für jeden Zeitraum die Durchschnittsgeschwindigkeit von Intervallbeginn und -ende genommen. Als Näherungswert ergibt sich eine Wegstrecke von 334 m. Die beiden Möglichkeiten sehen Sie in Abbildung 7.3 dargestellt.

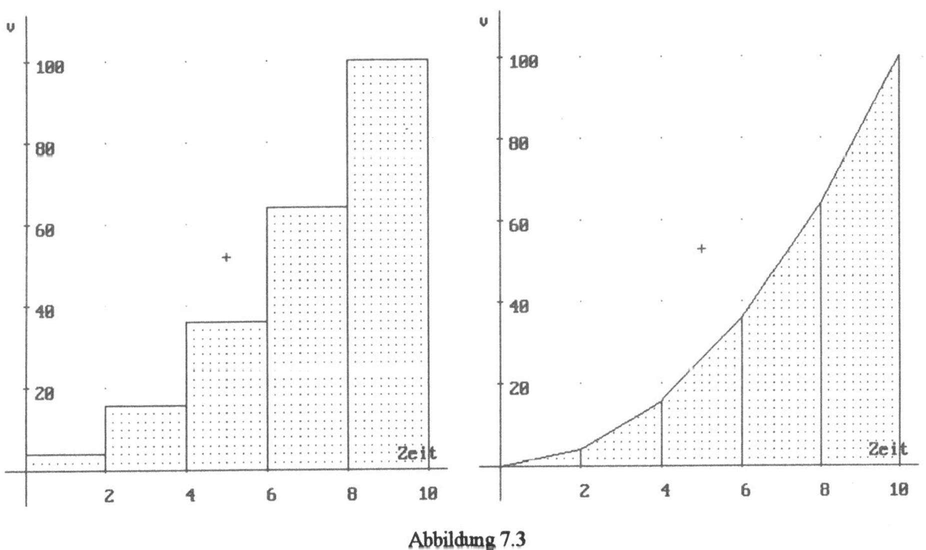


Abbildung 7.3

Und wiederum gelangen wir über eine Summenbildung zu einer näherungsweisen Berechnung eines Flächeninhalts.

Das Problem soll nun allgemeiner behandelt werden: Es ist die Fläche zwischen den Graphen von $y = f(x)$, $y = 0$, $x = a$ und $x = b$, wie in Abbildung 7.4 dargestellt, zu berechnen.

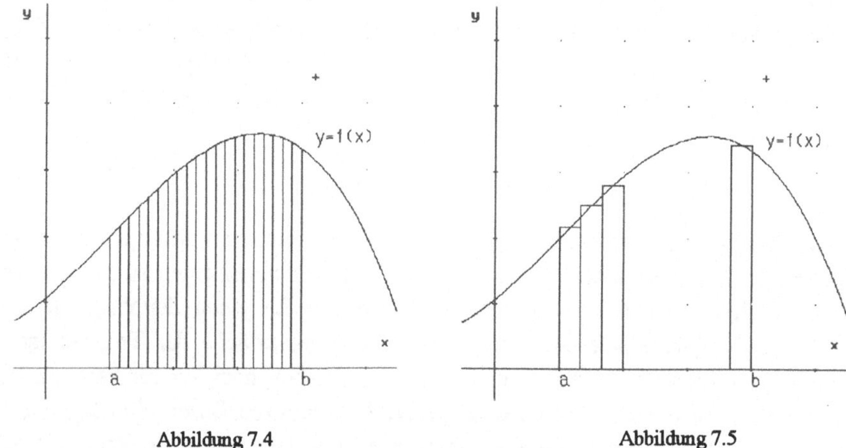


Abbildung 7.4 Abbildung 7.5

Wir teilen die Fläche in $n$ senkrechte Streifen mit gleicher Breite $(b - a)/n$. In Abbildung 7.5 sehen Sie die ersten drei und den letzten derartigen Streifen. Als Höhe der Rechtecke nehmen wir die Funktionswerte in den Streifenmitten. Wir bezeichnen die Mitte des i-ten Streifens mit $x_i$. Damit ergibt sich für den Inhalt $S_i$ des i-ten Streifens

$$S_i = f(x_i)\,\frac{b-a}{n} .$$

Wenn wir über alle Rechtecksflächen summieren, dann erhalten wir einen Näherungswert $S$ für die gesuchte Fläche

$$S = \sum_{i=1}^{n} f(x_i)\,\frac{b-a}{n} .$$

Erhöhen wir nun die Anzahl der Streifen, indem wir sie gleichzeitig schmäler werden lassen, dann wird $S$ natürlich einen besseren Näherungswert für den tatsächlichen Flächeninhalt liefern. Als letzte Konsequenz machen wir die Anzahl der Streifen unendlich groß - dabei wird ihre Breite gegen Null gehen. Wir bilden den Grenzwert für $n \to \infty$ und können erwarten, daß er den Wert des Flächeninhalts liefert.

$$\text{Flächeninhalt } A = \lim_{n \to \infty} \sum_{i=1}^{n} f(x_i)\,\frac{b-a}{n} .$$

Der Grenzwertprozeß ist etwas kompliziert, aber für „brave" Funktionen zeigt sich immer wieder die Konvergenz. Das Aufsuchen des Grenzwertes einer Summe heißt allgemein *Integration*, und im vorgestellten Beispiel ist dieser Grenzwert das *Integral einer Funktion f* und bedeutet einen Flächeninhalt. Für die Notation des Grenzwerts einer Summe wird ein besonderes Symbol, das *Integralzeichen* $\int$ verwendet. Man schreibt

$$A = \int_a^b f(x)dx = \lim_{n\to\infty} \sum_{i=1}^{n} f\left(x_i\right)\frac{b-a}{n}$$

So wird z.B. die Fläche aus Beispiel 7A formal geschrieben als $\int_0^1 e^x \, dx$ und die von der Rakete in Beispiel 7B zurückgelegte Wegstrecke wird geschrieben als $\int_0^{10} v(t)\, dt$, mit $v(t)$ als Geschwindigkeitsfunktion.

*Übung 7A*

1. Schätzen Sie die Inhalte der Flächen, die von den folgenden Funktionsgraphen begrenzt werden. Teilen Sie die Flächen in jeweils 10 gleich breite Streifen.

   (a) $y = x^2, y = 0, x = 0, x = 3$ (b) $y = x^3, y = 0, x = 1, x = 2$

   (c) $y = \sin x, y = 0, x = 0, x = \pi/3$ (d) $y = e^{-2x}, y = 0, x = -1, x = 3$

2. Verwenden Sie die $\int$ - Schreibweise und schreiben Sie alle Flächen aus Übungsaufgabe 1 als Integral.

3. Ein Teilchen bewegt sich zwischen den Zeitpunkten $t = 0$ und $t = 2$ mit der Geschwindigkeit $v(t) = \dfrac{t\,(8 - t^3)}{4}$ für $0 \le t \le 2$.

   (a) Skizzieren Sie den Graphen von $v(t)$.

   (b) Schätzen Sie die von dem Teilchen innerhalb der ersten beiden Sekunden zurückgelegte Wegstrecke.

4. Während einer Fahrt mit einem PKW notiert der Beifahrer in Abständen von 5 Minuten die vom Tachometer angezeigte Reisegeschwindigkeit.

| Zeit [min] | 5 | 10 | 15 | 20 | 25 | 30 | 35 | 40 |
|---|---|---|---|---|---|---|---|---|
| Geschw. [mph] | 20 | 30 | 30 | 15 | 20 | 25 | 15 | 0 |

(a) Schätzen Sie die insgesamt zurückgelegte Entfernung.

(b) Wie könnten Sie eine bessere Schätzung erhalten?

## 7.2 Die Berechnung von Integralen

Für die beiden einfachen Funktionen $f(x) = c$ und $f(x) = mx$ ($c,m$ positiv und konstant) läßt sich das Integral von $f(x)$ als Summe der Teilflächen ganz genau angeben. Für andere Funktionen benötigt man eine Sammlung von Integrationsregeln.

**Beispiel 7C**

Ermitteln Sie die Integrale von $f(x) = c$ und $f(x) = mx$ zwischen $x = a$ und $x = b$.

**Lösung**

Die Werte der Integrale werden durch die schraffierten Flächen in Abbildung 7.6 dargestellt.

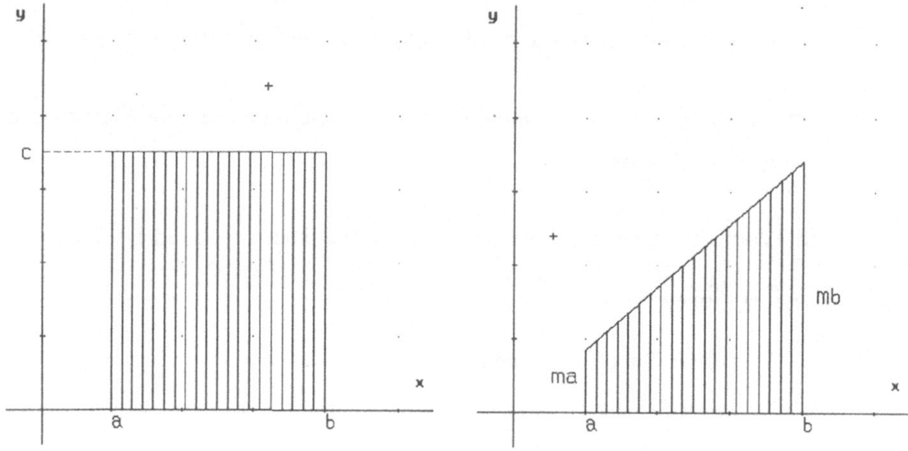


Abbildung 7.6

(a) $f(x) = c.$

Die Fläche ist ein Rechteck mit dem Inhalt $(b - a)\, c$. Daher gilt

$$\int_a^b c\,dx = (b-a)c.$$

(b) $f(x) = mx.$

Diese Fläche ist ein Trapez mit dem Inhalt $\dfrac{(b-a)(ma+mb)}{2}$. Daher gilt

$$\int_a^b mx\,dx = \frac{m}{2}\left(b^2 - a^2\right).$$

*DERIVE Aktivität 7a*

In dieser Aktivität wollen wir *DERIVE* dazu verwenden, um den tatsächlichen Wert einer Summe zu bilden. Außerdem wollen wir zeigen, daß die Integration einer Funktion zu einer neuen Funktion führt.

Laden Sie *DERIVE*.

Beginnen Sie, indem Sie zuerst eine FLÄCHE-Funktion definieren, die der Approximation von Flächeninhalten dienen soll. Gehen Sie dabei bitte folgendermaßen vor:

Drücken Sie [D] [F] für **Def Funktion.** Als **Name:** wählen Sie **f** [↵], den **Wert:** bestätigen Sie mit [↵] und für die **variable:** geben Sie **x** ein und bestätigen zweimal [↵] [↵].

**Schreiben** Sie nun den folgenden Ausdruck:

f(a + (i – 1)(b – a)/n + (b – a)/(2n)).

Damit definieren Sie den Funktionswert einer beliebigen Funktion $f(x)$ in der Mitte des i-ten Streifens - an der Stelle $x_i$. Alle Streifen haben die gleiche Streifenbreite $(b–a)/n$.

Mit **Analysis Summe** [↵] bilden Sie die Summe über alle Streifen, wobei Sie die **Variable:** *i* von 1 bis *n* laufen lassen.

Abschließend **Def**inieren Sie eine zweite **Funktion** mit dem Namen FLÄCHE, der Sie den **Wert:** (b – a)/n * #3 zuordnen. (Hier nehmen wir an, daß die Summe in Zeile #3 zu finden ist. Die Argumente der Funktion FLÄCHE erkennt *DERIVE* eigenständig).

Ihr *DERIVE* **Algebra**fenster sollte nun aussehen wie in Abbildung 7.7 dargestellt. Dabei steht in Zeile #5 ein Trennkommentar - **Schreiben** Sie: "

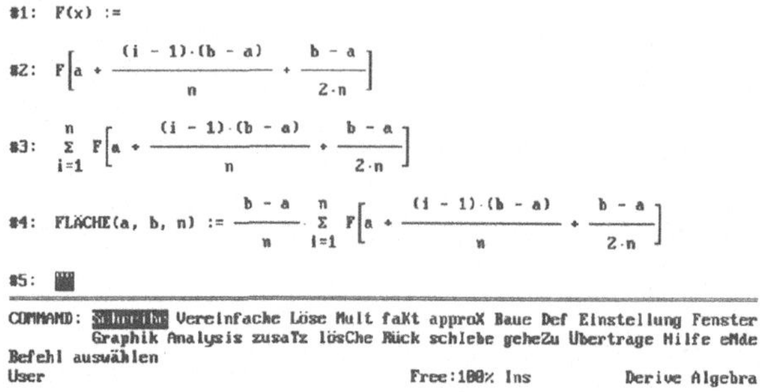

#1: F(x) :=

#2: $F\left[a + \frac{(i-1)\cdot(b-a)}{n} + \frac{b-a}{2\cdot n}\right]$

#3: $\sum_{i=1}^{n} F\left[a + \frac{(i-1)\cdot(b-a)}{n} + \frac{b-a}{2\cdot n}\right]$

#4: $\text{FLÄCHE}(a, b, n) := \frac{b-a}{n}\cdot\sum_{i=1}^{n} F\left[a + \frac{(i-1)\cdot(b-a)}{n} + \frac{b-a}{2\cdot n}\right]$

#5:

```
COMMAND: Schreibe Vereinfache Löse Mult faKt approX Baue Def Einstellung Fenster
         Graphik Analysis zusaTz lösChe Rück schiebe geheZu Übertrage Hilfe eNde
Befehl auswählen
User                                 Free:100% Ins              Derive Algebra
```

Abbildung 7.7

(A) Überprüfen Sie das Ergebnis von vorhin, daß die Fläche unter der Exponentialfunktion $e^x$ zwischen $x = 0$ und $x = 1$ bei Verwendung von 5 Parallelstreifen näherungsweise den Wert 1,71542 ergibt. Gehen Sie folgendermaßen vor:

Definieren Sie $e^x$, indem Sie auf die Kommandos **Def Funktion** zuerst mit f und für den **Wert:** mit ê^x antworten. (Denken Sie bitte an Alt + E!).

**Schreiben** Sie FLÄCHE(0,1,5) und **approX**imieren Sie. Sie erhalten den Wert 1,71542. Verbessern Sie diese Approximation durch Anwendung der Funktion FLÄCHE mit einer wachsenden Anzahl *n*. Welcher Wert für *n* liefert 1,71828 als Ergebnis?

(B) Verwenden Sie FLÄCHE, um die Flächen aus Übung 7A, Aufgabe 1, näherungsweise zu berechnen.

Erhöhen Sie bei allen Beispielen die Streifenanzahl *n* solange bis zwei aufeinanderfolgende Näherungen in 4 signifikanten Stellen übereinstimmen.

(C) In dieser Aktivität werden Sie den Zusammenhang zwischen der Funktion *f* und der FLÄCHEnfunktion untersuchen.

**lösChen** Sie alle Ausdrücke außer den ersten vier. (Vergleichen Sie bitte Ihren Bildschirm mit der Abbildung 7.7!)
Öffnen Sie ein **Graphik**fenster in der rechten Bildschirmhälfte.

Definieren Sie die Funktion $f(x) = x^2$, indem Sie **Schreiben** F(x):=x^2
**Schreiben** Sie FLÄCHE(0,x,10).
Durch **Vereinfachen** dieses Ausdrucks ermitteln Sie die Flächenfunktion der gegebenen Funktion *f* für ein Intervall $[0,x]$ mit veränderlicher oberer Grenze *x*.

**Zeichnen** Sie nun das Ergebnis von FLÄCHE(0,x,10) und die Funktion *f*.
Wechseln Sie ins **Algebrafenster** und **Vereinfachen** Sie FLÄCHE(0,x,100).
Mit **Analysis Differenziere** können Sie das Resultat wieder differenzieren.
Ihr Bildschirm sollte mittlerweise aussehen, wie in Abbildung 7.8 dargestellt.

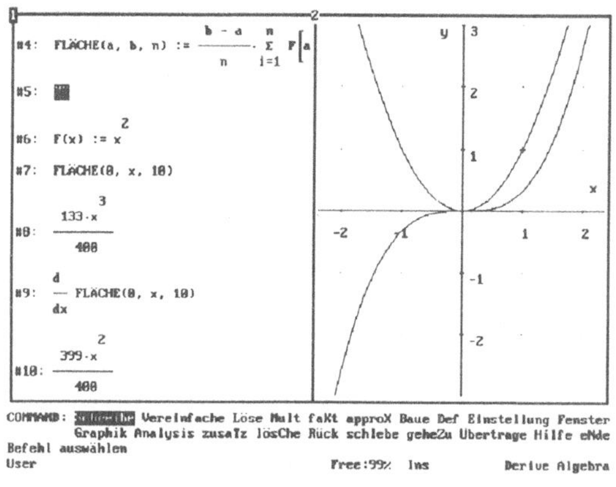


Abbildung 7.8

Die Flächenfunktion ist natürlich eine neue Funktion von $x$.
Wiederholen Sie die Schritte von oben mit den Funktionen $f(x)=x^3$ und $f(x)=x^4$.
Erkennen Sie einen Zusammenhang zwischen der FLÄCHE-funktion und der Ausgangsfunktion $f(x) = x^2$?

(D) Überprüfen Sie, ob Ihre Vermutung bezüglich des Zusammenhangs zwischen FLÄCHE und $f(x)$ stimmt auch anhand der beiden folgenden Funktionen:

$$f(x) = 4 - x \quad \text{und} \quad f(x) = 1 - \frac{x^2}{2} + x^4 .$$

**Zusammenfassung**

*DERIVE* Aktivität 7A hat gezeigt, daß die Flächenfunktion - das Integral einer Funktion - mit der zugehörigen Funktion $f(x)$ in folgender Beziehung steht:

$$\frac{d}{dx}\text{FLÄCHE}(0,x,100) \approx f(x).$$

Die Integration ist eng mit der Differentiation verwandt, und man betrachtet beide oft als jeweils entgegengesetzte Operationen.

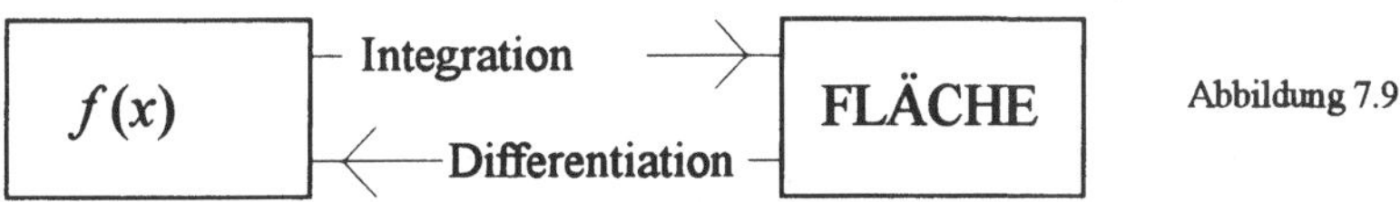


Abbildung 7.9

*DERIVE Aktivität 7b*

Diese Aktivität soll die bestehende Verbindung zwischen Integration und Differentiation bestätigen und dann weiter zu den Integrationsregeln für die Grundfunktionen führen.

(A) **Schreiben** Sie x und drücken Sie [A] [I] [↵] für **Analysis Integriere**, bestätigen Sie die vorgeschlagene Integrations**variable** x mit [↵] und ignorieren Sie mit einem weiteren [↵] die Aufforderung, Grenzen einzugeben. Als Ausdruck #2 sollten Sie jetzt ein Integral im Algebrafenster sehen:

$$\int x\,dx.$$

Lesen Sie diesen mathematischen Ausdruck als „*Integral von x bezüglich x*" oder auch als „*Integral von x nach dx*".

**Vereinfachen** Sie nun diesen Term und Sie werden je nach den gewählten **Einstellungen** für **Genauigkeit** und **Notation** entweder

$0.5x^2$ oder $\dfrac{x^2}{2}$ auf Ihrem Bildschirm sehen können.

Wiederholen Sie diese Vorgangsweise für die folgenden Funktionen und notieren Sie bitte die Ergebnisse.

$$x^2, x^3, x^4, x^5, x^6, x^7, x^{-1}, x^{-2}, x^{-3}, x^{-4}, x^{-5}, x^{-6}, x^{-7}.$$

Können Sie dabei eine gewisse Regelmäßigkeit entdecken?
Sie werden die Potenzregeln anwenden müssen, um die Ergebnisse richtig interpretieren zu können.

(B) Versuchen Sie die Integrationsergebnisse für die folgenden Funktionen vorauszusagen, und überprüfen Sie Ihre Ergebnisse anschließend mit *DERIVE*.

$$x^{\frac{1}{2}}, x^{\frac{1}{3}}, x^{\frac{1}{4}}, x^{\frac{2}{3}}, x^{\frac{3}{4}}, x^{-\frac{4}{5}}, x^{-\frac{9}{7}}, x^{-\frac{15}{11}}.$$

(Vergessen Sie bitte nicht auf die Klammern in den Exponenten!)

Wie lautet Ihrer Meinung nach die allgemeine Integrationsregel für Integrale von Potenzfunktionen?

$$\int x^n\,dx = ?$$

Kann diese von Ihnen aufgestellte Regel für alle Exponenten $n$ gelten?
Welche(s) $n$ machen oder macht eine Ausnahme?

(C) Untersuchen Sie nun bitte die Auswirkung des Integrierens auf die gegebenen Funktionen.

$$3x^2,\ 5x^6,\ 12x^{-9},\ 14x^{\frac{1}{2}},\ 15x^{-\frac{2}{3}}.$$

**lösChen** Sie bitte alle Ausdrücke im Algebrafenster, bevor Sie weiter arbeiten.

(D) Differenzieren Sie $x^3 + x^2 + x + 1$
und integrieren Sie anschließend die gewonnene Ableitung.
Beschreiben Sie, was geschehen ist.

Differenzieren Sie bitte $x^3 + x^2 + x + 5$ und integrieren Sie neuerlich die Ableitung. Können Sie dasselbe Phänomen wie vorhin erkennen?

Probieren Sie das noch einmal, aber jetzt mit $x^3 + x^2 + x - 10$.

Wiederholen Sie diese Untersuchung mit den Termen

$6x^2 + 5x - 1$, $6x^3 - 4x^2 + 3x - 2$ und $7x^9 + 8x^{-2} - 18x^{\frac{1}{3}} - 15x^{-\frac{2}{5}} + 7$.

Geht beim Differenzieren und anschließenden Integrieren etwas verloren?
Haben Sie eine Erklärung für diese Erscheinung?

Erfinden Sie selbständig einige ähnliche Aufgaben.

(E) Welche grundsätzliche Schlußfolgerungen über die Vorgänge von Differenzieren und Integrieren können Sie jetzt ziehen?

Sehen Sie eine Notwendigkeit, Ihre Aussage über das Integral

$$\int x^n\, dx$$

genauer zu formulieren?

(F) Ihnen ist sicher aufgefallen, daß die Integrationsregeln für die Grundfunktionen ganz eng mit den Ableitungsregeln in Zusammenhang stehen.
Können Sie die nächsten Integrale bereits angeben, ohne vorerst *DERIVE* zu verwenden?

$$\int \cos x\, dx,\quad \int e^x\, dx,\quad \int \sin x\, dx,\quad \int e^{4x}\, dx,$$

$$\int e^{-0{,}2x}\, dx,\quad \int \cos 3x\, dx,\quad \int \frac{1}{x}\, dx.$$

**Zusammenfassung**

Die Ergebnisse der Aktivitäten 7a und 7b können nun gemeinsam betrachtet und in Tabelle 7.2 aufgelistet werden.

| Funktion $f$ | Integral von $f$ |
|---|---|
| $x^n \quad (n \neq -1)$ | $\dfrac{x^{n+1}}{n+1} + c$ |
| $\dfrac{1}{x}$ | $\ln x + c$ |
| $e^{ax}$ | $\dfrac{e^{ax}}{a} + c$ |
| $\sin ax$ | $-\dfrac{\cos ax}{a} + c$ |
| $\cos ax$ | $\dfrac{\sin ax}{a} + c$ |

Tabelle 7.2

In allen Fällen bedeutet $c$ eine beliebige konstante Größe - die *Integrationskonstante*.

Sie haben auch miterlebt, daß

(a) das Integral einer Summe von Funktionen die Summe der Integrale ist, d.h.

$$\int f(x) + g(x)\, dx = \int f(x)\, dx + \int g(x)\, dx$$

und daß

(b) für jede Konstante $c$ gilt:

$$\int c\, f(x)\, dx = c \int f(x)\, dx.$$

**Zur Schreibweise**

Die Berechnung von Flächen zwischen Kurven und $x$-Achse führt auf ein sogenanntes *bestimmtes Integral.* Das ist ein besonderer Summenbildungsprozeß. Man schreibt bestimmte Integrale an in der symbolischen Form

$$\int_a^b f(x)\,dx.$$

$a$ und $b$ sind *untere* und *obere Integrationsgrenze*. Jedem bestimmten Integral wird ein Wert zugewiesen.

Tabelle 7.2 gibt eine Übersicht über die Integrale der Grundfunktionen. Formal läßt sich schreiben

$$\int f(x)\,dx \;=\; F(x) \;+\; c,$$

wobei $c$ die bereits bekannte *Integrationskonstante* ist. $F(x)$ ist eine Funktion derart, daß $f(x)=\dfrac{d\,F(x)}{dx}$. Man nennt $F(x)$ eine *Stammfunktion* von $f$, und die Menge aller Stammfunktionen - die sich nur durch verschiedene Integrationskonstanten unterscheiden - bildet in ihrer Gesamtheit das *unbestimmte Integral* von $f$. Hier ist das Ergebnis der Integration immer eine Funktion.

So ist für $f(x) = x$ das unbestimmte Integral gegeben durch $\int x\,dx \;=\; \dfrac{x^2}{2} + c$, während durch das bestimmte Integral $\int_0^2 x\,dx \;=\; 2$ der Flächeninhalt des in Abbildung 7.10 gezeigten Dreiecks berechnet wird.

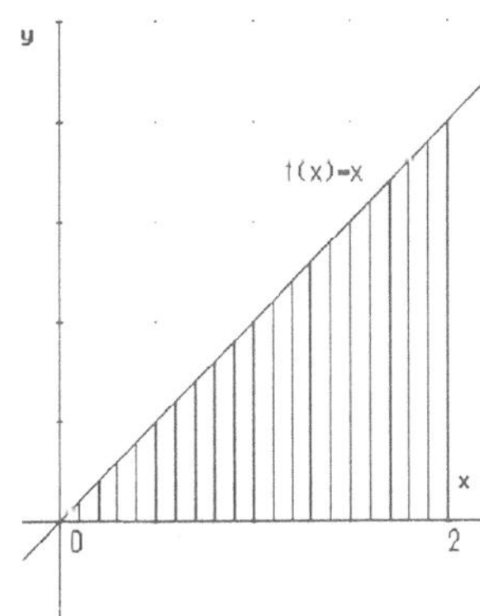


Abbildung 7.10

Glücklicherweise brauchen wir keine Flächeninhalte zu berechnen, um bestimmte Integrale auszuwerten. Greifen Sie bitte auf die FLÄCHE-Funktion aus Aktivität 7a zurück.

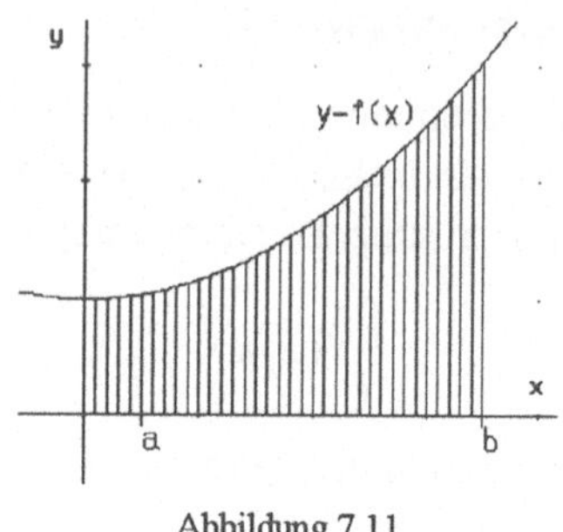


Abbildung 7.11

FLÄCHE(0,b,n) ergibt einen von der Anzahl der Streifen $n$ abhängigen Näherungswert für die Fläche unter dem Graphen von $f(x)$ zwischen $x = 0$ und $x = b$. (Betrachten Sie bitte Abbildung 7.11)

Ebenso ergibt FLÄCHE(0,a,n) die Fläche unter dem Graphen für $x = 0$ bis $x = a$ (Abbildung 7.12).

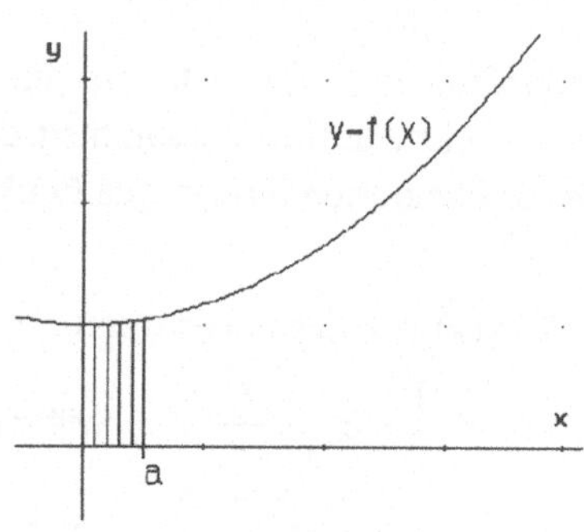


Abbildung 7.12

Wenn wir nun die zweite Fläche von der ersten subtrahieren, dann bleibt als Differenz der Inhalt der Fläche unter dem Graphen zwischen $x = a$ und $x = b$ übrig (siehe Abbildung 7.13).

$$\int_a^b f(x)\,dx \approx \text{FLÄCHE}(0,b,n) - \text{FLÄCHE}(0,a,n).$$

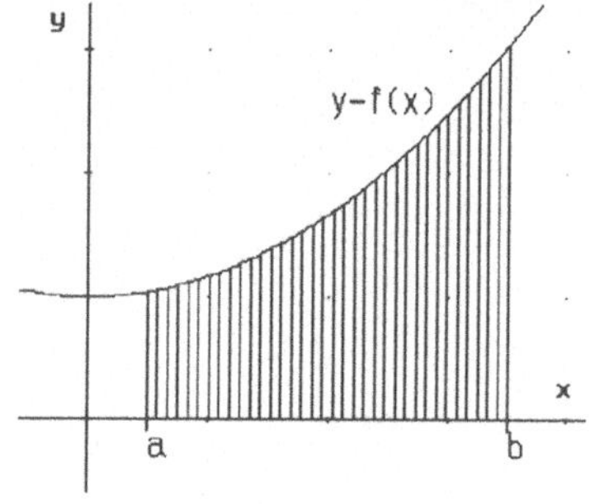


Abbildung 7.13

Der genaue Wert ergibt sich natürlich erst, wenn die Anzahl $n$ der Streifen gegen unendlich geht. Man muß daher exakterweise definieren

$$\int_a^b f(x)\,dx = \lim_{n\to\infty} (\text{FLÄCHE}(0,b,n) - \text{FLÄCHE}(0,a,n)).$$

Damit läßt sich weiter zeigen, daß $\frac{d}{dx}\lim_{n\to\infty}\text{FLÄCHE}(0,x,n) = f(x)$. Somit stellt die Flächenfunktion das unbestimmte Integral von $f(x)$ dar, und man kann schreiben

$$\lim_{n\to\infty}\text{FLÄCHE}(0,x,n) = F(x) = \int f(x)\,dx.$$

Wenn wir nun für $x = b$ und $x = a$ substituieren, erhalten wir eine Regel, mit der sich bestimmte Integrale auswerten lassen:

$$\int_a^b f(x)\,dx = F(b) - F(a).$$

Dafür wird oft die folgende Notation verwendet: $\int_a^b f(x)\,dx = F(x)\Big|_a^b = F(b) - F(a)$.

Die folgenden Beispiele sollen diese Schreibweise geläufig werden lassen.

**Beispiel 7D**

Berechnen Sie $\int_{-1}^{2} x^2\,dx$.

**Lösung**

Nach den Integrationsregeln aus Tabelle 7.2 bestimmen wir das unbestimmte Integral

$$\int x^2\,dx = \frac{x^3}{3} + c,$$

damit ist mit $F(x) = \frac{x^3}{3}$ eine Stammfunktion gegeben. Daher rechnen wir weiter

$$\int_{-1}^{2} x^2\,dx = \frac{x^3}{3}\Bigg|_{-1}^{2} = F(2) - F(-1) = \frac{2^3}{3} - \frac{(-1)^3}{3} = 3.$$

**Beispiel 7E**

Berechnen Sie $\int_0^1 1+\frac{x^2}{2}-\frac{x^4}{3}dx$.

**Lösung**

$$\int_0^1 1+\frac{x^2}{2}-\frac{x^4}{3}dx = x+\frac{x^3}{6}-\frac{x^5}{15}\Bigg|_0^1.$$

Man ermittelt den Wert der Stammfunktion für die Grenzen $x = 0$ und $x = 1$ und subtrahiert diese Werte.

$$\int_0^1 1+\frac{x^2}{2}-\frac{x^4}{3}dx = \left(1+\frac{1}{6}-\frac{1}{15}\right) - 0 = \frac{33}{30} = 1{,}1.$$

Mit *DERIVE* kann man bestimmte Integrale direkt auswerten. Die folgenden Befehle berechnen das bestimmte Integral aus Beispiel 7E.

**Schreiben** Sie: 1 + x^2/2 – x^4/3 ⏎ **Analysis Integriere**

Bestätigen Sie die vorgeschlagene Integrationsvariable, und setzen Sie für die untere Grenze den Wert 0 und für die obere Grenze den Wert 1 ein. **Vereinfachen** und **approXimieren** ergibt ebenfalls das Ergebnis 1,1.

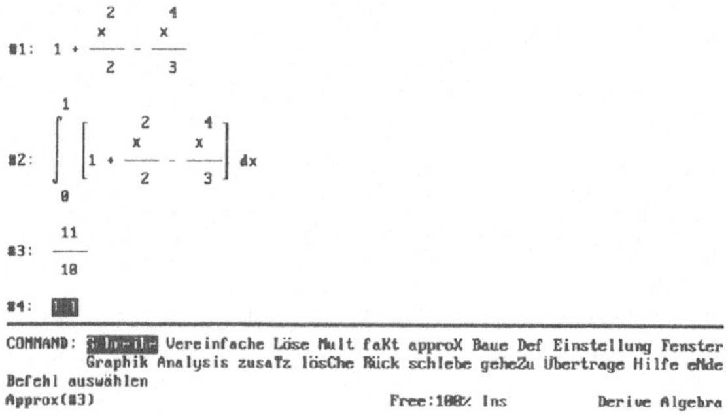

#1: $1 + \frac{x^2}{2} - \frac{x^4}{3}$

#2: $\int_0^1 \left[1 + \frac{x^2}{2} - \frac{x^4}{3}\right] dx$

#3: $\frac{11}{10}$

#4: 1.1

COMMAND: Schreibe Vereinfache Löse Mult faKt approX Baue Def Einstellung Fenster
Graphik Analysis zusaTz lösChe Rück schiebe geheZu Übertrage Hilfe eNde
Befehl auswählen
Approx(#3) Free:100% Ins Derive Algebra

Abbildung 7.14

Abbildung 7.14 zeigt Ihnen zur Kontrolle das Algebrafenster. Beachten Sie bitte, daß Ihnen *DERIVE* die richtige formale Schreibweise für das bestimmte Integral bietet.

*Übung 7B*

Verwenden Sie bei allen Aufgaben *DERIVE* dazu, um Ihre Lösung zu kontrollieren.

1. Ermitteln Sie die unbestimmten Integrale der folgenden Funktionen.

| | | |
|---|---|---|
| (a) $4x^3$ | (b) $3x^5$ | (c) $x^{1/2}$ |
| (d) $13x^2 - 7x^3$ | (e) $3x^5 + 2x^3 - x + 4$ | (f) $6 + 3x - 2x^2$ |
| (g) $(4x + 2)^2$ | (h) $(1 - x)^2$ | (i) $\dfrac{1}{x^2}$ |
| (j) $x^{-0,7}$ | (k) $1,7x^{-2,3}$ | (l) $3x^{-1}$ |
| (m) $5x^{-6} + 3x^{-2}$ | (n) $2x^{0,3} + \dfrac{1}{x}$ | (o) $9x^{17} - 2x^4 + 3x^{-2}$ |

2. Berechnen Sie auch hier die unbestimmten Integrale.

| | | |
|---|---|---|
| (a) $e^{2x}$ | (b) $e^{-5x}$ | (c) $e^{0,1x}$ |
| (d) $3e^{4x}$ | (e) $6e^{6x}$ | (f) $-0,9e^{-0,5x}$ |
| (g) $4e^{3x} - 3e^{-2x}$ | (h) $0,6e^{3,1x} - 0,9e^{-0,3x}$ | |

3. Ermitteln Sie die unbestimmten Integrale für die trigonometrischen Funktionen

| | | |
|---|---|---|
| (a) $\sin 5x$ | (b) $\cos 1,5x$ | (c) $4\sin 3x$ |
| (d) $3\sin 2x - 2\cos 3x$ | (e) $2\sin \pi x$ | (f) $1,5\cos 3\pi x$ |
| (g) $2\sin \omega x$ ($\omega$ = konst.) | (h) $1,5\cos 7x + 0,3\sin 2x$ | (i) $e^{0,1x} + 2\sin \pi x$ |
| (j) $3x^2 + 4,2e^{-0,6x} + \cos 0,9x$ | | (k) $\dfrac{1}{3x} + 0,5\sin 5x$ |

4. Werten Sie die bestimmten Integrale aus:

| | | |
|---|---|---|
| (a) $\int_1^2 x^2\, dx$ | (b) $\int_0^1 (3x + 6)\, dx$ | (c) $\int_{-1}^1 (x^2 - 3x + 4) dx$ |
| (d) $\int_0^1 2e^{3x}\, dx$ | (e) $\int_1^3 (e^x - e^{-2x})\, dx$ | (f) $\int_{-1}^1 5e^{0,2x}\, dx$ |
| (g) $\int_0^\pi \sin x\, dx$ | (h) $\int_0^{\pi/2} \cos x\, dx$ | (i) $\int_0^4 (7e^{-0,1x} - 2x^{\frac{1}{2}})\, dx$ |

5. Berechnen Sie mittels Integration die Flächeninhalte der folgenden Bereiche:

(a) zwischen $y = 1 - x^2 + x^4$, $y = 0$, $x = 0$ und $x = 1$,

(b) zwischen $y = \sin x$ und der $x$-Achse zwischen $x = 0$ und $x = \pi$,

(c) zwischen $y = e^{-2x}$, $y = 0$, $x = 1$ und $x = 3$,

(d) zwischen $y = 2e^x$, $y = 1$, $x = 0$ und $x = 2$.

6. Integrieren Sie

(a) $(x-1)(x-2)$ (b) $x^2(x+2)$ (c) $\frac{1+x}{x^3}$

(d) $\frac{x^4+1}{x^2}$ (e) $\frac{a}{x^2}+b$, $a, b =$ konst.

(f) $ax^2 + bx + c$, $a, b, c =$ konst.

7. Der Graph einer Funktion mit der Ableitung $y' = 2 + 2x - x^2$ geht durch den Punkt P(1,1). Wie lautet die Funktionsgleichung?

8. Die Steigung einer Kurve, die den Punkt Q(0,1) enthält wird durch $1 + x^2$ beschrieben. Bestimmen Sie die Kurvengleichung.

9. (a) $\int t^2\,dt$ (b) $\int (3t+1)\,dt$ (c) $\int (t^3 + 2t^2)\,dt$

(d) $\int \frac{1}{t^2}\,dt$ (e) $\int (5t^7 + 4t^3 - t^{-1})\,dt$ (f) $\int (t-1)^2\,dt$

(g) $\int (a\,t^2 + b\,t + c)\,dt$, mit $a$, $b$, $c =$ konst.

(h) $\int e^{2t}\,dt$ (i) $\int 2e^{0,1t}\,dt$ (j) $\int 2\sin \pi\, t\,dt$

(k) $\int \frac{1}{t}\,dt$ (l) $\int 5\cos 0{,}1\,t\,dt$ (m) $\int (\sin t + \cos t)\,dt$

(n) $\int \frac{1}{v^2}\,dv$ (o) $\int p^{-\frac{1}{2}}\,dp$ (p) $\int (u^2 + 3u + 8)\,du$

(q) $\int \frac{1}{w}\,dw$ (r) $\int e^{2u}\,du$ (s) $\int \sqrt{y}\,dy$

10. Die Beschleunigung $a(t)$ eines bewegten Körpers ist mit seiner Geschwindigkeit $v(t)$ durch die Beziehung

$$a = \frac{dv}{dt} \text{ verknüpft.}$$

Ermitteln Sie die Geschwindigkeitsfunktion aus den vorliegenden Daten:

(a) $a = t^2$; $v(t = 0) = 2$. ($v = 2$ für $t = 0$).

(b) $a = t + 1$; $v(t = 1) = 1$.

(c) $a = 3\cos t$.

11. Die auf einen Körper ausgeübte Kraft $F(x)$ steht mit der potentiellen Energie $V(x)$ in der Beziehung

$$F = \frac{dV}{dx}.$$

(a) Welche potentielle Energie gehört zur Erdanziehungskraft $F = mg$?

(b) Ermitteln Sie die potentielle Energie in einem elastischen Seil, wenn die Kraft $F$ gegeben ist durch $F = k(x - L)$.

## 7.3 Mehr über Flächeninhalte

Die Einführung in die Integralrechnung hat das bestimmte Integral mit Flächeninhalten in Verbindung gebracht. Man muß aber mit dieser Interpretation sehr sorgfältig und vorsichtig umgehen. Betrachten Sie z.B. das folgende Integral.

$$\int_{-1}^{1} x\,dx = \left.\frac{x^2}{2}\right|_{-1}^{1} = \frac{1}{2} - \frac{1}{2} = 0.$$

Hat das nun zu bedeuten, daß der Graph von $f(x) = x$ mit der $x$-Achse zwischen $x = -1$ und $x = 1$ keine Fläche bildet? Abbildung 7.15 zeigt Ihnen jedoch eindeutig diese Fläche.

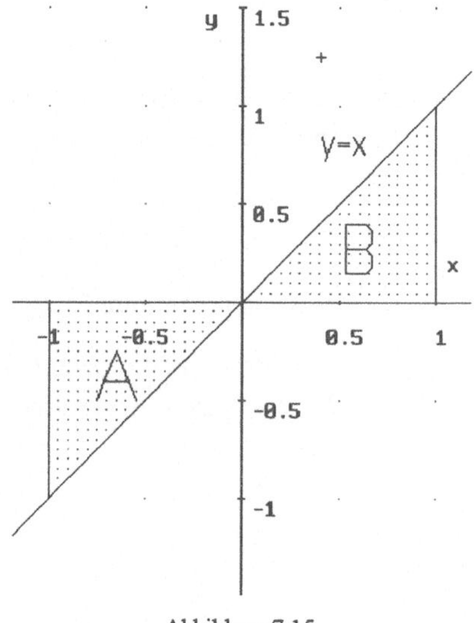

Abbildung 7.15

Offensichtlich ist der Inhalt des Dreiecks A = 0,5 und der Inhalt des anderen Dreiecks B auch 0,5 und damit hat die gesamte punktierte Fläche den Inhalt 1.

Der Wert des Integrals ist aber vollkommen richtig 0.

Um diesen Widerspruch aufzuklären, betrachten Sie bitte zwei getrennte Integrale: $\int_{-1}^{0} x\,dx$ und $\int_{0}^{1} x\,dx$.

$$\int_{-1}^{0} x\,dx = \left.\frac{x^2}{2}\right|_{-1}^{0} = 0 - \frac{1}{2} = -\frac{1}{2}$$

$$\int_{0}^{1} x\,dx = \left.\frac{x^2}{2}\right|_{0}^{1} = \frac{1}{2} - 0 = \frac{1}{2}$$

Für negative Funktionswerte - der Graph liegt unter der $x$-Achse - ergibt sich für das bestimmte Integral ein negativer Wert. Da Flächeninhalte immer als positive Größen angesehen werden, können wir das Integral ohne Berücksichtigung des Vorzeichens als einen Flächeninhalt interpretieren. Wir nehmen also nur den absoluten Betrag.

Daher: Fläche $A = \left| \int_{-1}^{0} x\,dx \right| = \left| -\frac{1}{2} \right| = \frac{1}{2}.$

(Die beiden senkrechten Striche für den absoluten Betrag sind nicht mit der Schreibkonvention im Zusammenhang mit der Stammfunktion und den beiden Grenzen zu verwechseln).

Es ist sehr wichtig, den Wert eines Integrals nur mit Vorsicht als einen Flächeninhalt zu betrachten. Aus diesem Grund kann man nur raten, zuerst den Funktionsgraphen zu skizzieren und dann die Funktion - falls nötig - abschnittsweise unter Berücksichtigung der Vorzeichen zu integrieren. Abbildung 7.16 zeigt das Algebrafenster mit der Lösung der Aufgabe, die Fläche zwischen $y = x^2 - 4$, $y = 0$, $x = 0$ und $x = 3$ zu berechnen.

Die Funktion hat bei $x = 2$ eine Nullstelle im betrachteten Integrationsintervall, d.h. der Funktionswert wechselt dort sein Vorzeichen. In Zeile #3 finden Sie das Integral von $x = 0$ bis $x = 2$. Es ist negativ, da die Parabel in diesem Abschnitt ganz unter der $x$-Achse verläuft. In Zeile #5 sehen Sie den positiven Flächenanteil für das Intervall [2,3]. Die Gesamtfläche ergibt sich aus der Summe der Absolutbeträge der beiden Teilflächen.

$$A = \frac{16}{3} + \frac{7}{3} = \frac{23}{3} \approx 7{,}67.$$

#1: $x^2 - 4$

#2: $\int_0^2 (x^2 - 4)\,dx$

#3: $-\frac{16}{3}$

#4: $\int_2^3 (x^2 - 4)\,dx$

#5: $\frac{7}{3}$

#6: 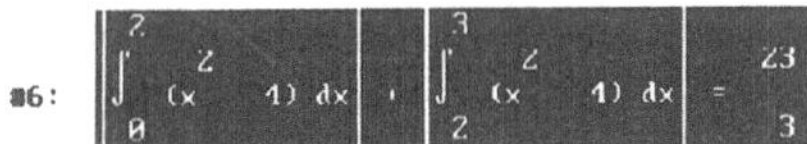


```
COMMAND: Schreibe Vereinfache Löse Mult faKt approX Baue Def Einstellung Fenster
         Graphik Analysis zusaTz lösChe Rück schlebe gehcZu Ubertrage Hilfe eNde
Befehl auswählen
User=Simp(User)                           Free:100% Ins          Derive Algebra
```

Abbildung 7.16

*Übung 7C*

1. Skizzieren Sie den Graphen von $y = x^5$. Zeigen Sie, daß

$$\int_{-2}^{2} x^5\,dx = 0.$$ Begründen Sie anhand des Graphen das Ergebnis.

2. Berechnen Sie die schraffierten Bereiche in den vier Grafiken.

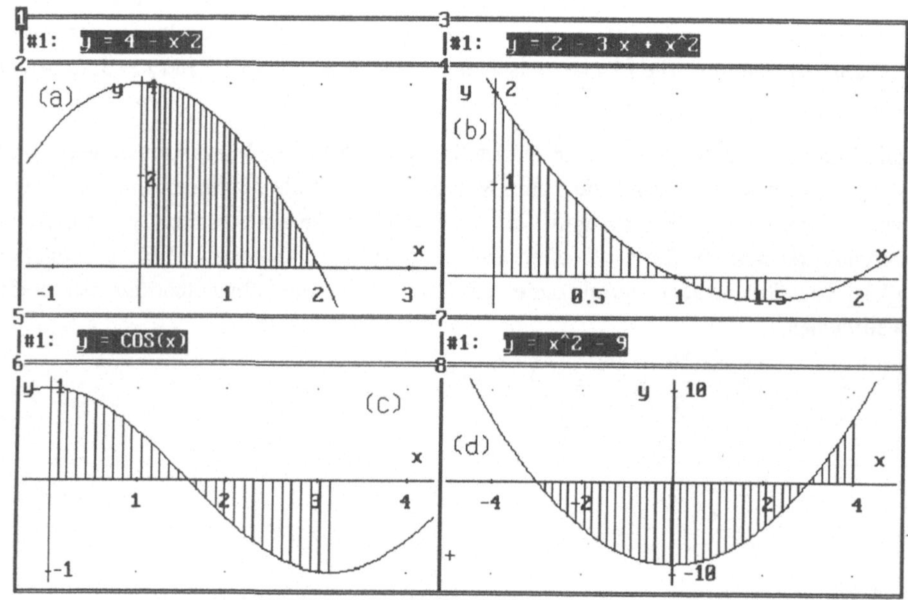


Abbildung 7.17

3. Berechnen Sie die folgenden bestimmten Integrale, und interpretieren Sie die Ergebnisse über Flächeninhalte.

(a) $\int_{-1}^{1} (x-2)\,dx$ (b) $\int_{0,5}^{2} \frac{1}{x}\,dx$

(c) $\int_{0}^{2} (x^2 - x)\,dx$ (d) $\int_{-1}^{1} 2e^{-x}\,dx$

(e) $\int_{-\pi/2}^{\pi/2} \sin x\,dx$ (f) $\int_{0}^{1} (3e^{-x} - 2)\,dx$

4. In den folgenden Grafiken sind die Funktionsgraphen in irgendeiner Weise symmetrisch. Der Inhalt des stärker schraffierten Teiles ist jeweils vorgegeben. Leiten Sie daraus den Inhalt der ganzen schraffierten Fläche, sowie den Wert des angegebenen bestimmten Integrals ab.

(a)

Berechnen Sie

$\int_{-3}^{3} f(x)\,dx$

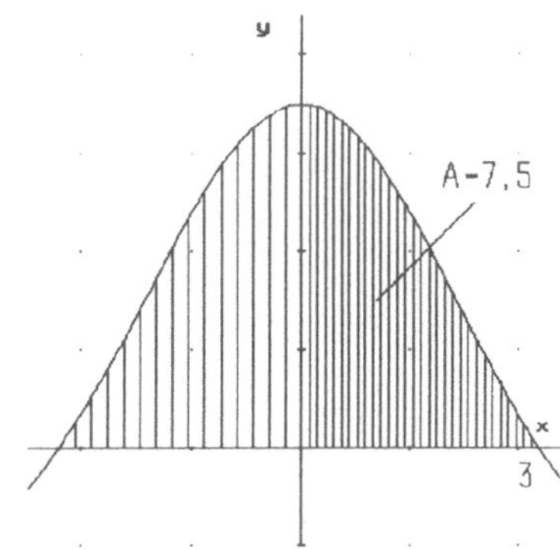


(b)

Berechnen Sie

$\int_{-3}^{3} f(x)\,dx$

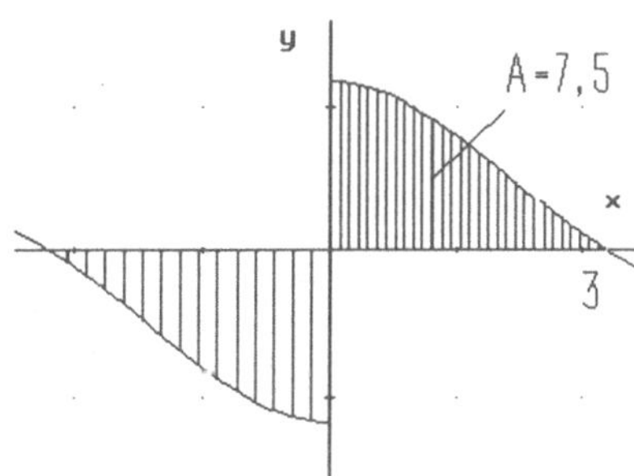


(c)

Berechnen Sie

$\int_{0}^{1} f(x)\,dx, \quad \int_{0}^{2} f(x)\,dx,$

$\int_{0}^{2} f(x)\,dx$

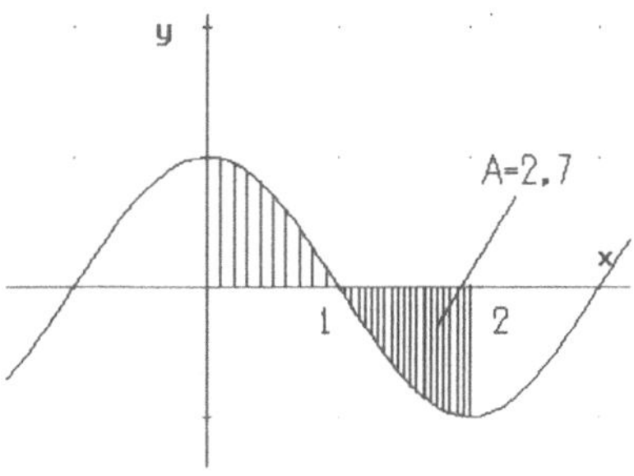


Abbildung 7.18

## 7.4 Integration mittels Substitution

Die Integrationsmethode mittels Substitution beinhaltet eine Variablentransformation mit dem Zweck, das vorliegende Integral auf ein Grundintegral zurückzuführen. Das ist eine sehr mächtige Integrationstechnik.

**Beispiel 7E**

Berechnen Sie $\int (3x-1)^4\,dx$.

**Lösung**

Die Substitution $u = 3x - 1$ führt zwar $(3x-1)^4$ auf $u^4$ zurück, aber im Integral $\int u^4\,dx$ treten nun zwei Variable auf. So muß auch $dx$ in einen Term, der $du$ enthalten müßte, transformiert werden. Dazu verwenden wir die Kettenregel.

Aus $u = 3x - 1$ folgt nach Differenzieren $\dfrac{du}{dx} = 3$ und weiter $dx = \dfrac{du}{3}$. Wir substituieren für $dx$ im vorliegenden Integral und erhalten:

$$\int (3x-1)^4\,dx = \int u^4\,\frac{du}{3} = \frac{1}{3}\int u^4\,du = \frac{1}{3}\cdot\frac{u^5}{5} + c = \frac{(3x-1)^5}{15} + c$$

Beachten Sie, daß wir das Endergebnis wieder als Funktion von $x$ darstellen. Die Variable $u$ wird nur als Hilfsgröße verwendet.

**Beispiel 7F**

Berechnen Sie $\int \dfrac{x}{\sqrt{3x^2+2}}\,dx$.

**Lösung**

Der Wurzelausdruck im Nenner scheint der schwierigste Teil des *Integranden* - das ist die zu integrierende Funktion - zu sein. Wir versuchen die Substitution $u = 3x^2 + 2$ und arbeiten wie vorhin:

$$\frac{du}{dx} = 6x \rightarrow dx = \frac{du}{6x}.$$

Unter Beachtung der Potenzregeln für die Notation des Wurzelterms finden wir

$$\int x(3x^2+2)^{-\frac{1}{2}}\,dx = \int x\cdot u^{-\frac{1}{2}}\frac{du}{6x} = \frac{1}{6}\int u^{-\frac{1}{2}}\,du = \frac{1}{6}\cdot 2u^{\frac{1}{2}} + c =$$

$$= \frac{1}{3}\sqrt{3x^2+2} + c.$$

**Beispiel 7G**

Berechnen Sie $\int \frac{4x+1}{2x^2+x+3}dx$.

**Lösung**

Als Substitution bietet sich an: $u = 2x^2 + x + 3$.

$\frac{du}{dx} = 4x+1 \rightarrow dx = \frac{du}{4x+1}$. Daher findet sich weiter

$$\int \frac{4x+1}{2x^2+x+3}dx = \int \frac{4x+1}{u}\cdot\frac{du}{4x+1} = \int \frac{du}{u} = \ln u + c =$$

$$= \ln(2x^2+x+3) + c.$$

**Beispiel 7H**

Berechnen Sie das bestimmte Integral $\int_0^{\pi/2} \sin(2t+\pi)\,dt$.

**Lösung**

Bei bestimmten Integralen haben wir sowohl die Integrationsvariable, als auch die Integrationsgrenzen zu transformieren.

Wählen Sie die Substitution $u = 2t + \pi$, damit weiter $\frac{du}{dt} = 2$ und $dt = \frac{du}{2}$.

Nun sind auch die neuen Grenzen mit Hilfe der gewählten Substitution festzulegen.

Da $u = 2t + \pi$, folgt für $t = 0$: $u = 2\cdot 0 + \pi = \pi$ und
für $t = \pi/2$: $u = 2\cdot\pi/2 + \pi = 2\pi$.

Wir führen nun alle Substitutionen durch und erhalten

$$\int_0^{\pi/2} \sin(2t+\pi)\,dt = \int_\pi^{2\pi} \sin u \frac{du}{2} = \frac{1}{2}\int_\pi^{2\pi} \sin u\, du =$$

$$= \frac{1}{2} \cdot -\cos u \Big|_\pi^{2\pi} = \frac{1}{2}(-\cos 2\pi + \cos \pi) = -1 .$$

Alle dieser Aufgaben lassen sich natürlich auch mit *DERIVE* sofort erledigen. Abbildung 7.19 zeigt Ihnen die mit *DERIVE* gelösten Aufgaben in 2 Algebrafenstern.

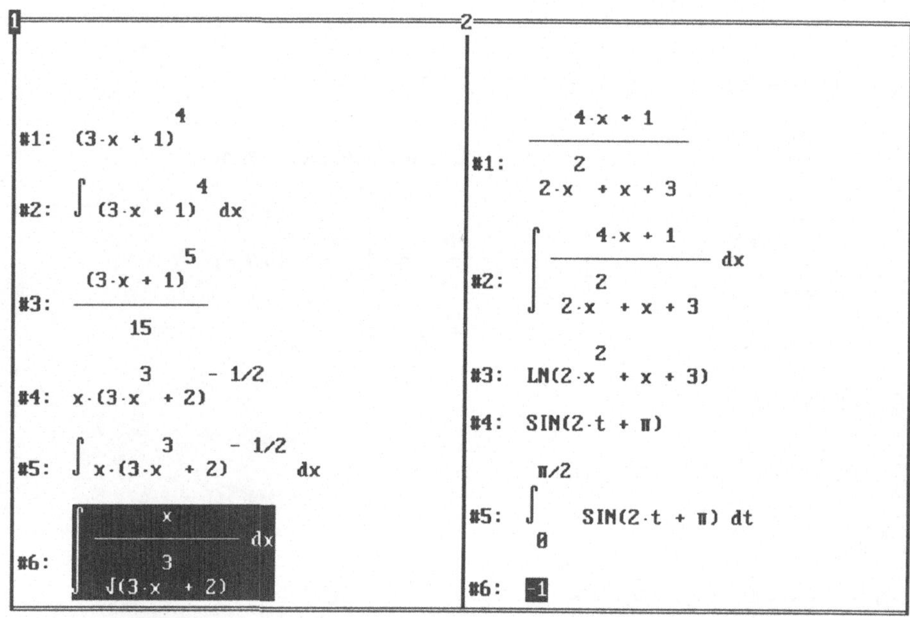


Abbildung 7.19

*Übung 7D*

Kontrollieren Sie alle Antworten mit *DERIVE*

1. Ermitteln Sie die folgenden unbestimmten Integrale mit einer geeigneten Substitution.

(a) $\int x(4x^2-1)\,dx$ (b) $\int \sqrt{x-1}\,dx$

(c) $\int \sin(2x+1)\,dx$ (d) $\int \frac{2}{3x+2}\,dx$

(e) $\int \frac{x}{5x^2-2}\,dx$ (f) $\int \mathrm{e}^{2x+1}\,dx$

(g) $\int (4x+1)^3\,dx$ (h) $\int \frac{1}{(1+x)^2}\,dx$

(i) $\int \frac{dx}{5x-3}$ (j) $\int x\,\mathrm{e}^{x^2}\,dx$

(k) $\int (1+x)^{0,3}\,dx$ (l) $\int \tan x\,dx \quad (u = \cos x)$

(m) $\int (2x+1)(x^2+x+3)^{0,5}\,dx$ (n) $\int \frac{2x+3}{x^2+3x-5}\,dx$

(o) $\int (4t-11)^5\,dt$ (p) $\int \frac{dv}{(3-2v)^2}$

(q) $\int \cos(2y+\pi)\,dy$ (r) $\int \frac{t}{1+t^2}\,dt$

(s) $\int \cos^2\theta \sin\theta\,d\theta$ (t) $\int \sin^4 2\theta \cos 2\theta\,d\theta$

2. Berechnen Sie die folgenden bestimmten Integrale

(a) $\int_0^{\pi/2} \sin(3x-\pi)\,dx$ (b) $\int_1^3 \frac{dx}{5x-3}$ (c) $\int_1^2 \frac{dt}{2t+1}$

(d) $\int_1^3 \sqrt{2x-1}\,dx$ (e) $\int_0^2 \frac{t^2}{1+t^3}\,dt$ (f) $\int_0^1 x\,e^{x^2}\,dx$

(g) $\int_{-1}^2 e^{3u-5}\,du$ (h) $\int_{-1}^1 (4v+1)^3\,dv$

## 7.5 Integration mittels indirekter Substitution

Die Substitutionen in Abschnitt 7.4 nennt man *direkte Substitutionen*, da man sie im allgemeinen sehr deutlich aus den vorliegenden Funktionen erkennen kann. Manchmal ist es notwendig, trigonometrische Substitutionen zu verwenden, die nicht so leicht zu erkennen sind. Diese heißen *indirekte Substitutionen*.

**Beispiel 7I**

Berechnen Sie $\int \frac{1}{\sqrt{16-x^2}}\,dx$.

**Lösung**

Wir wählen die Substitution $x = 4\sin\theta$, dann folgt $\frac{dx}{d\theta} = 4\cos\theta \rightarrow dx = 4\cos\theta\, d\theta$.

Dann rechnen wir weiter:

$$\int \frac{dx}{\sqrt{16-x^2}} = \int \frac{1}{\sqrt{16-16\sin^2\theta}} \cdot 4\cos\theta\, d\theta = \int \frac{1}{4\sqrt{1-\sin^2\theta}} \cdot 4\cos\theta\, d\theta =$$

$$= \int \frac{4\cos\theta}{4\cos\theta}\,d\theta = \qquad \text{(wegen } \sin^2\theta + \cos^2\theta = 1\text{)}$$

$$= \int 1\,d\theta = \theta + c = \arcsin\frac{x}{4} + c.$$

**Beispiel 7J**

Berechnen Sie $\displaystyle\int \frac{1}{1+x^2}\,dx$.

**Lösung**

Wenn wir für $x = \tan\theta$ setzen, dann gilt $\dfrac{dx}{d\theta} = \left(\dfrac{\sin\theta}{\cos\theta}\right)' = \dfrac{1}{\cos^2\theta}$ und $dx = \dfrac{d\theta}{\cos^2\theta}$.

$$\int \frac{1}{1+x^2}\,dx = \int \frac{1}{1+\tan^2\theta}\cdot\frac{d\theta}{\cos^2\theta} = \int d\theta = \theta + c = \arctan x + c.$$

(Dazu benötigen wir: $1 + \tan^2\theta = \dfrac{1}{\cos^2\theta}$, Beispiel 3H)

Nehmen Sie das als eine grundsätzliche Regel:

Wenn der Integrand einen Term der Form $a + bx^2$ enthält, dann versuchen Sie die Substitution $x = \sqrt{\dfrac{a}{b}}\cdot\tan\theta$, wenn aber ein Term die Form $\sqrt{a - bx^2}$ hat, dann wählen Sie $x = \sqrt{\dfrac{a}{b}}\cdot\sin\theta$ für die Substitution. In der anschließenden Übung finden Sie die jeweils geeignete Substitution angegeben.

*Übung 7E*

Bilden Sie die folgenden Integrale unter Verwendung der vorgeschlagenen Substitution. Überprüfen Sie alle Resultate mit *DERIVE*

(a) $\displaystyle\int \frac{1}{\sqrt{1-4x^2}}\,dx;\quad x = \frac{1}{2}\sin\theta$

(b) $\displaystyle\int \frac{1}{1+4t^2}\,dt;\quad t = \frac{1}{2}\tan\theta$

(c) $\displaystyle\int \frac{1}{\sqrt{9-x^2}}\,dx;\quad x = 3\sin\theta$

(d) $\displaystyle\int \frac{1}{1+9x^2}\,dx\quad x = \frac{1}{3}\tan\theta$

(e) $\displaystyle\int_0^{\sqrt{3}/2} \frac{1}{1+4u^2}\,du\quad u = \frac{1}{2}\tan\theta$

(f) $\displaystyle\int_1^{\sqrt{2}} \frac{1}{\sqrt{2-t^2}}\,dt\quad t = \sqrt{2}\sin\theta$

## 7.6 Ein Paar von trigonometrischen Integralen

Die Integration der beiden Funktionen $\sin^2 x$ und $\cos^2 x$ benötigt eine Technik, die sich nicht unter die Substitutionen einreihen läßt.

Gesucht sind die beiden Integrale $\int \sin^2 x\,dx$ und $\int \cos^2 x\,dx$.

Wir verwenden die in Abschnitt 3.12 hergeleiteten Identitäten für den doppelten Winkel:

$$\cos 2x = 1 - 2\sin^2 x \quad \text{und} \quad \cos 2x = 2\cos^2 x - 1.$$

$$\int \sin^2 x\,dx = \frac{1}{2}\int (1-\cos 2x)\,dx = \frac{x}{2} - \frac{\sin 2x}{4} + c$$

$$\int \cos^2 x\,dx = \frac{1}{2}\int (1+\cos 2x)\,dx = \frac{x}{2} + \frac{\sin 2x}{4} + c.$$

## 7.7 Partielle Integration

In diesem Abschnitt führen wir eine Regel für das Integrieren von Produkten von Funktionen ein. Wie bei allen Integrationsregeln kann auch bei dieser keine Garantie dafür gegeben werden, daß sie in allen Fällen zum Erfolg führt. Wir gehen von der Produktregel der Differentialrechnung aus:

$$\frac{d}{dx}(uv) = u\frac{dv}{dx} + v\frac{du}{dx}.$$

Wenn wir beide Seiten dieser Gleichung nach $x$ integrieren, dann ergibt sich

$$\int \left[\frac{d}{dx}(uv)\right] dx = \int u\frac{dv}{dx}\,dx + \int v\frac{du}{dx}\,dx.$$

Daher

$$uv = \int u\frac{dv}{dx}\,dx + \int v\frac{du}{dx}\,dx.$$

Nach Umordnung erhält man die Integrationsvorschrift:

$$\int u \frac{dv}{dx} dx = uv - \int v \frac{du}{dx} dx .$$

Mit dieser Regel kann man einige Produkte von Funktionen integrieren. Sie führt das linke Integral in ein Produkt zweier Funktionen und in anderes Integral auf der rechten Seite dieser Gleichung zurück. Das auf diese Weise neu gewonnene Integral sollte dann einfacher sein als das Ausgangsintegral. Die Methode nennt man *partielles Integrieren*. Das folgende Beispiel zeigt wie dieses Integrationsverfahren eingesetzt wird.

**Beispiel 7K**

Berechnen Sie $\int x \cos x \, dx$.

**Lösung**

Das Produkt der beiden Funktion $x$ und $\cos x$ ist zu integrieren.

Wir setzen $u = x$ und $\frac{dv}{dx} = \cos x$.

Dann ist aber $\frac{du}{dx} = 1$ und $v = \sin x$.

Nun setzen wir in die Integrationsregel ein, und aus

$$\int u \frac{dv}{dx} dx = uv - \int v \frac{du}{dx} dx$$

wird

$$\int x \cos x \, dx = x \sin x - \int \sin x \, dx .$$

Das neu entstandene Integral kann sofort angegeben werden, und damit liegt auch bereits das Resultat vor:

$$\int x \cos x \, dx = x \sin x + \cos x + c .$$

Bei der Auswertung dieses Integrals haben wir die Wahl getroffen, die nicht abgeleitete Größe $u$ mit der Funktion $x$ zu besetzen. Nehmen Sie an, daß wir anders entschieden hätten. Dann hätte gegolten:

$$u = \cos x \text{ und } \frac{dv}{dx} = x. \text{ Damit aber auch, daß } \frac{du}{dx} = -\sin x \text{ und } v = \frac{x^2}{2}.$$

Die Anwendung der Regel hätte uns dann weiter geführt zu:

$$\int x \cos x \, dx = \frac{x^2}{2} \cos x - \int \frac{x^2}{2} (-\sin x) \, dx =$$

$$= \frac{x^2}{2} \cos x + \frac{1}{2} \int x^2 \sin x \, dx.$$

Es ist aber ganz deutlich zu sehen, daß in diesem Fall das neu gewonnene Integral schwieriger ist, als das zu berechnende. Man muß also mit den Substitutionen für $u$ und $v'$ sehr sorgfältig umgehen.

**Beispiel 7L**

Berechnen Sie $\int x^2 \mathrm{e}^{-3x} dx$.

**Lösung**

Wir wählen $u = x^2$, denn $x^2$ wird durch das Differenzieren sicher einfacher, während die Exponentialfunktion im wesentlichen sowohl beim Differenzieren als auch beim Integrieren bis auf einen konstanten Faktor unverändert bleibt.

Aus $u = x^2$ und $v' = \mathrm{e}^{-3x}$ folgt $u' = 2x$ und $v = -\dfrac{\mathrm{e}^{-3x}}{3}$.

Wir setzen in die Formel für die partielle Integration ein und erhalten

$$\int x^2 \mathrm{e}^{-3x} dx = -\frac{x^2}{3} \mathrm{e}^{-3x} - \int -\frac{\mathrm{e}^{-3x}}{3} 2x \, dx =$$

$$= -\frac{x^2}{3} \mathrm{e}^{-3x} + \frac{2}{3} \underbrace{\int x \mathrm{e}^{-3x} dx}_{(I)}.$$

Das neue Integral (I) ist zwar einfacher als das Ausgangsintegral, muß aber wieder mit der partiellen Integration behandelt werden.

Aus $u = x$ und $v' = \mathrm{e}^{-3x}$ folgt $u' = 1$ und $v = -\dfrac{\mathrm{e}^{-3x}}{3}$.

Wir setzen nochmals in die Formel für die partielle Integration ein und erhalten

$$\int x\mathrm{e}^{-3x}\,dx = -\frac{x}{3}\mathrm{e}^{-3x} - \int -\frac{\mathrm{e}^{-3x}}{3}\,dx =$$

$$= -\frac{x}{3}\mathrm{e}^{-3x} + \frac{1}{3}\int \mathrm{e}^{-3x}\,dx =$$

$$= -\frac{x}{3}\mathrm{e}^{-3x} - \frac{\mathrm{e}^{-3x}}{9} + c.$$

Wenn wir nun dieses Teilergebnis für (I) einsetzen, erhalten wir als Resultat für die zweimalige Anwendung des partiellen Integrierens:

$$\int x^2\,\mathrm{e}^{-3x}\,dx = -\frac{x^2}{3}\mathrm{e}^{-3x} + \frac{2}{3}\left(-\frac{x}{3}\mathrm{e}^{-3x} - \frac{\mathrm{e}^{-3x}}{9} + c\right) =$$

$$= -\left(\frac{x^2}{3} + \frac{2x}{9} + \frac{2}{27}\right)\mathrm{e}^{-3x} + C$$

mit $C$ als einer beliebigen Konstanten.

*Übung 7F*

Kontrollieren Sie alle Antworten mit *DERIVE*

1. Ermitteln Sie die folgenden unbestimmten Integrale.

(a) $\int x\sin x dx$ (b) $\int x\mathrm{e}^{x}\,dx$

(c) $\int x^2\,\mathrm{e}^{2x}\,dx$ (d) $\int x\sin 3x\,dx$

(e) $\int t^2\,\mathrm{e}^{t}\,dt$ (f) $\int x\ln x\,dx$

(g) $\int \ln x\,dx$ (Hinweis: $u = \ln x$ und $v' = 1$).

2. Berechnen Sie den Wert der folgenden bestimmten Integrale.

(a) $\int_0^1 u\,e^u\,du$ (b) $\int_0^{\pi/2} x\cos 2x\,dx$

(c) $\int_2^4 x\sqrt{x-1}\,dx$ (d) $\int_0^2 t^2\,e^{-2t}\,dt$

(e) $\int_0^{\pi/2} e^x\,\sin x\,dx$ (f) $\int_0^{\pi/3} e^{-2x}\,\sin 3x\,dx$

## 7.8 Partialbruchzerlegung

Das Integral der Form $\int \frac{1}{a+bx}dx$ kann leicht ausgewertet werden und ergibt $\frac{\ln(a+bx)}{b}$. Diese Tatsache ermöglicht die Berechnung der Integrale von Funktionen der Form $\frac{f(x)}{g(x)}$, mit Polynomen im Zähler und Nenner. Bei dieser Integrationstechnik zerlegt man den Integranden in „Teilbrüche". Das folgende Beispiel soll das Verfahren beschreiben.

**Beispiel 7M**

Berechnen Sie $\int \frac{x+1}{x^2+x-2}dx$.

**Lösung**

Der Nenner $x^2 + x - 2$ kann faktorisiert werden in $(x + 2)(x - 1)$. Damit läßt sich der gegebene Bruchterm in zwei *Partialbrüche* zerlegen, und zwar folgendermaßen:

$$\frac{x+1}{x^2+x-2} \equiv \frac{x+1}{(x+2)(x-1)} \equiv \frac{A}{x+2} + \frac{B}{x-1}.$$

Es fällt auf, daß anstelle des Gleichheitszeichens das Identitätszeichen $\equiv$ verwendet wird. Das soll ausdrücken, daß die Terme für alle $x$ übereinstimmen sollen

Wir bringen die rechte Seite auf gemeinsamen Nenner und vergleichen den Zähler dieses Bruchterms mit dem Zähler des gegebenen Integranden.

$$\frac{x+1}{x^2+x-2} \equiv \frac{A(x-1) + B(x+2)}{(x+2)(x-1)}.$$

$$(x+1) \equiv A(x-1) + B(x+2).$$

Da diese Identität für alle $x$ erfüllt sein muß, können wir $x$ mit beliebigen Werten belegen, um $A$ und $B$ zu bestimmen. Besonders einfach wird es, wenn wir für $x = 1$ und $x = -2$ einsetzen.

Dann gibt $x = 1$: $2 = 3B$, und dies führt zu $B = \frac{2}{3}$,

und $x = -2$ gibt $-1 = -3A$, und dies führt zu $A = \frac{1}{3}$.

Man kann auch einen Koeffizientenvergleich durchführen. Das geht dann so:

$x + 1 \equiv (A + B)\,x + 2B - A$. Daraus folgt, daß

$A + B = 1$ (die Koeffizienten von $x$), und

$2B - A = 1$ (die konstanten Glieder)

Die Lösung dieses Gleichungssystems liefert wie zuvor $A = \frac{1}{3}$ und $B = \frac{2}{3}$.

Das Integral läßt sich jetzt in anderer Form aufschreiben:

$$\int \frac{x+1}{x^2+x-2}\,dx = \int \frac{1}{3}\cdot\frac{1}{x+2} + \frac{2}{3}\cdot\frac{1}{x-1}\,dx =$$

$$= \frac{1}{3}\ln(x+2) + \frac{2}{3}\ln(x-1) + c.$$

Diese Vorgangsweise läßt sich allerdings nur dann durchführen, wenn sich der Nenner $g(x)$ in lauter reelle Linearfaktoren zerlegen läßt. Es gibt aber viele Polynome mit quadratischen Termen $ax^2 + bx + c$, die sich nicht in zwei Linearfaktoren zerlegen lassen. Das erfordert eine Möglichkeit, auch Integrale der Form

$$\int \frac{1}{ax^2+bx+c}\,dx$$

auswerten zu können.

**Beispiel 7N**

Berechnen Sie $\int \frac{1}{x^2 - 4x + 6} dx$.

**Lösung**

Als ersten Schritt ergänzen wir den Nennerterm zu einem vollständigen Quadrat

$$x^2 - 4x + 6 = (x-2)^2 + 2.$$

Dann führen wir eine erste Substitution durch.

$$u = x - 2 \text{ und } dx = du.$$

Dadurch ändert das Integral wesentlich seine Form.

$$\int \frac{1}{x^2 - 4x + 6} dx = \int \frac{1}{(x-2)^2 + 2} dx = \int \frac{1}{u^2 + 2} du .$$

Eine weitere Substitution, wie in Abschnitt 7.5 gezeigt, bringt uns dem Ziel schon sehr nahe:

$$u = \sqrt{2} \tan\theta \text{ und } du = \frac{\sqrt{2}\, d\theta}{\cos^2 \theta}$$

verändern das Integral ein zweites Mal in

$$\int \frac{1}{u^2 + 2} du = \int \frac{1}{2(1 + \tan^2 \theta)} \cdot \frac{\sqrt{2}}{\cos^2 \theta} d\theta = \int \frac{d\theta}{\sqrt{2}} = \frac{\theta}{\sqrt{2}} + c.$$

Wenn wir nun zweimal rücksubstituieren - $\theta$ durch $\arctan \frac{u}{\sqrt{2}}$ und $u$ durch $x - 2$ - - dann erhalten wir als endgültiges Ergebnis für dieses Integral

$$\int \frac{1}{x^2 - 4x + 6} dx = \frac{1}{\sqrt{2}} \arctan \frac{x-2}{\sqrt{2}} + c.$$

*Übung 7G*

Berechnen Sie die folgenden Integrale mittels Partialbruchzerlegung. Verwenden Sie *DERIVE* nur zur Probe. Beachten Sie, daß *DERIVE* die Resultate manchmal in einer anderen Form ausgibt.

(a) $\displaystyle\int \frac{2}{(x+1)(x-1)}\,dx$ (b) $\displaystyle\int \frac{1}{(2x-1)(x+2)}\,dx$

(c) $\displaystyle\int \frac{5}{(x+1)(x-3)}\,dx$ (d) $\displaystyle\int \frac{3}{(t-2)(t-3)}\,dt$

(e) $\displaystyle\int \frac{2v+1}{(2v-1)(2v+3)}\,dv$ (f) $\displaystyle\int_1^2 \frac{2x+1}{(x+2)(x+3)}\,dx$

(g) $\displaystyle\int \frac{2x^2-9x+1}{x(x-1)(x+3)}\,dx$ (h) $\displaystyle\int_0^1 \frac{t(t-2)}{(t+1)(t^2+1)}\,dt$

(i) $\displaystyle\int \frac{1}{x^2-9x+25}\,dx$ (j) $\displaystyle\int_0^1 \frac{1}{(x+1)^2(x+2)}\,dx$

(Ein Tip für die letzte Aufgabe: Bei einem mehrfach auftretenden Linearfaktor muß die Mehrfachheit auch in der Partialbruchzerlegung ihren Niederschlag finden. Verwenden Sie $\dfrac{A}{(x+1)}+\dfrac{B}{(x+1)^2}+\dfrac{C}{(x+2)}$ ).

*Übung 7H*

Das Integrieren ist ein sehr weites Gebiet, das viele verschiedene Techniken umfasst. Das Geschick liegt oft darin, zu erkennen und zu entscheiden, welche Technik für ein bestimmtes Integral geeignet ist. Die folgenden Integrale geben Ihnen Gelegenheit, die jeweils passende Integrationsmethode zu wählen. Überprüfen Sie Ihre Antworten mit *DERIVE*.

1. (a) $\displaystyle\int \sin x \cos x\,dx$ (b) $\displaystyle\int \frac{3x^2}{x^3-3}\,dx$ (c) $\displaystyle\int e^{2x} - \sin 4x\,dx$

(d) $\displaystyle\int_1^4 \frac{dx}{\sqrt{5-x}}$ (e) $\displaystyle\int x\sin^2 x\,dx$ (f) $\displaystyle\int_0^1 \frac{1}{4+t^2}\,dt$

(g) $\int_0^1 \frac{1}{4-t^2}dt$ (h) $\int \frac{t}{4+t^2}dt$ (i) $\int_0^1 t\,e^{4t^2}\,dt$

(j) $\int \frac{5}{t^2+t-6}dt$ (k) $\int \frac{u^2+2}{u}du$ (l) $\int \sqrt{1-v^2}\,dv$

(m) $\int u^2(u^2+1)\,du$ (n) $\int_0^2 e^{4t-1}\,dt$ (o) $\int u^2 \sin u\,du$

(p) $\int t\,e^{3t}\,dt$

2. Die Geschwindigkeit eines sich geradlinig bewegenden Körpers ist gegeben durch $v(t) = (3t + 5)^2$ msec$^{-1}$, wobei $t$ die Zeit bedeutet. Welche Entfernung legt der Körper während der ersten 5 Sekunden zurück?

3. Bei einem physikalischen Experiment hat man herausgefunden, daß die Änderungsrate der Temperatur umgekehrt proportional ist zu $(2t + 3)^2$. Ermitteln Sie eine Formel für die Temperatur als eine Funktion der Zeit $t$.

4. Eine Kraft $F(x) = 15x - 20$ wirkt auf ein Objekt über eine elastische Feder. Die potentielle Energie $V(x)$ ist mit der Kraft verknüpft über $\frac{dV}{dx} = F$. Verwenden Sie die Integration, um $V(x)$ zu finden.

5. Eine Kurve hat in jedem ihrer Punkte die Steigung $\frac{dy}{dx} = \frac{1}{x^2 - 3x + 2}$. Welche Gleichung beschreibt die Kurve, wenn sie den Punkt P(0,1) enthalten soll?

6. Welche Fläche schließt der Graph von $y = x\,(x-1)\,(x-2)$ mit der $x$-Achse zwischen $x = 0$ und $x = 4$ ein?

7. Berechnen Sie die Fläche zwischen den Graphen von $y = 2$ und $y = x(3-x)$.

8. Eine Funktion $f(t)$ ist tabellarisch gegeben.

| $t$ | $f(t)$ |
|---|---|
| 1,8 | 6,050 |
| 2,0 | 7,389 |
| 2,2 | 9,025 |
| 2,4 | 11,023 |
| 2,6 | 13,464 |
| 2,8 | 16,445 |
| 3,0 | 20,086 |
| 3,2 | 24,533 |
| 3,4 | 29,964 |

Suchen Sie einen Näherungswert für $\int_{1,8}^{3,4} f(t)\,dt$.

9. Gegeben ist die Funktion $f(x) = 2x - 3$

(a) Zeichnen Sie den Graphen der Funktion und bestimmen Sie den Inhalt der vom Graphen, der $x$-Achse, $x = 1$ und $x = 2$ begrenzten Fläche.

(b) Berechnen Sie $\int_1^2 (2x-3)\,dx$.

Stimmen die Ergebnisse von (a) und (b) überein? Entspricht ein Integral immer einem Flächeninhalt?

10. Ein Öltröpfchen fällt mit einer Fallgeschwindigkeit $v$ durch ein Medium, das einen Widerstand proportional zu $v^{3/2}$ erzeugt. Die erreichte Endgeschwindigkeit sei $u$. Um die Geschwindigkeit $u/2$ zu erreichen ist die Zeit $t$ nötig.

$$t = \frac{u}{g}\int_0^{0,5} \frac{1}{1 - x^{3/2}}\,dx.$$

Werten Sie diesen Ausdruck mit *DERIVE* aus.

11. Jener Teil der intern ausgestrahlten Heizenergie, der auf ein Thermoelement fällt, das zentral auf der Achse einer Heizröhre mit der Länge $L$ und dem Radius $R$ angebracht ist, ist gegeben durch

$$H = \frac{1}{2}\int_{-1}^{1} \frac{a}{\left(1+(ax)^2\right)^{3/2}}\,dx \quad \text{mit } a = \frac{L}{2R}.$$ Berechnen Sie $H$ für $L = R = 8\text{cm}$.

# 8 Numerische Methoden

## 8.1 Das Newtonsche Näherungsverfahren

In Kapitel 5 haben Sie gesehen, wie man Iterationsformeln dazu verwenden kann, Gleichungen zu lösen. In diesem Abschnitt werden wir Methoden untersuchen, die zu einer i.a. konvergierenden Iterationsvorschrift zur Lösung von Gleichungen der Form $f(x) = 0$ führen wird.

*DERIVE Aktivität 8a*

(A) Gegeben ist die Gleichung

$$x^3 + 2x - 2 = 0.$$

(i) **Schreiben** und **Zeichnen** Sie den Graphen von $y = x^3 + 2x - 2 = 0$.

(ii) Verwenden Sie **Übertragen** zum **Laden** der **Zusatzdatei** DIF_APPS. Diese Untersuchung soll zeigen, wie sich die Genauigkeit einer Lösung mit Hilfe der schon bekannten TANGENT-Funktion deutlich verbessern läßt. Nehmen Sie $x = 1$ als ersten Näherungswert für die Lösung der vorliegenden Gleichung.
**Schreiben** und **Vereinfachen** Sie TANGENT(x^3 + 2x – 2,x,1), und lassen Sie die Tangenten zum Funktionsgraphen zeichnen. Beachten Sie nun, daß der Schnittpunkt der Tangente mit der $x$-Achse näher bei der Kurve liegt als der erste Näherungswert. Wenn Sie **Löse** auf die Tangentengleichung anwenden, haben Sie sofort den Schnittpunkt der Tangente mit der $x$-Achse gefunden. Dieser Wert - er müßte 0,8 sein - stellt eine erste verbesserte Lösung der Gleichung dar.

(iii) Bewegen Sie das Fadenkreuz in die Stelle (0,8/0), und machen Sie diese Stelle mit **zenTriere** zum Mittelpunkt des Grafikfensters. Verändern Sie nun den **Maßstab** auf **x**: 0.05 und **y**: 0.1. Ermitteln Sie dann die Kurventangente an der Stelle der verbesserten Schätzung, hier bei $x = 0,8$, zeichnen Sie diese Tangente, und ermitteln Sie mit **Löse** einen nächsten besseren Näherungswert für die Lösung der Gleichung. ($x \approx 0,7714$)

(B) Wiederholen Sie diese Aktivität mit der Gleichung

$$x^4 - 1{,}4x^3 - 1{,}8x^2 + x = 0.$$

(C) Bestimmen Sie bei den nächsten Beispielen jeweils über die Tangente an der Stelle des ersten - angegebenen - Näherungswertes eine verbesserte Lösung. Verwenden Sie bei allen Aufgaben die vorgeschlagenen Werte für das **zenTrieren** und für den **Maßstab**.

(i) $\frac{x^4}{10} - 1 = 0$, erster Näherungswert $x_1 = 2$.
(Zentrum in (1,5/0); Maßstab: x:0.5 y: 0.5).

(ii) $\cos x - x = 0$, erster Näherungswert $x_1 = 1$.
(Zentrum in (0/0); Maßstab: x:1 y:1).

(i) $e^x - x^2 = 0$, erster Näherungswert $x_1 = -1$.
(Zentrum in (0/0); Maßstab: x:1 y:1).

In *DERIVE* Aktivität 8a haben Sie gesehen wie man durch wiederholtes Zeichnen der Tangente immer näher an die gesuchte Lösung einer Gleichung gelangen kann. Ihnen wird sicher auch aufgefallen sein, daß nur wenige Verfahrensschritte notwendig waren, um ein befriedigendes Resultat im Vergleich zu den Methoden aus Kapitel 5 zu erreichen.

Abbildung 8.1 zeigt den Graphen einer Funktion $f(x)$, die Tangente an einer Stelle $x_n$, und wie man vom Näherungswert $x_n$ zum verbesserten Wert $x_{n+1}$ gelangt.

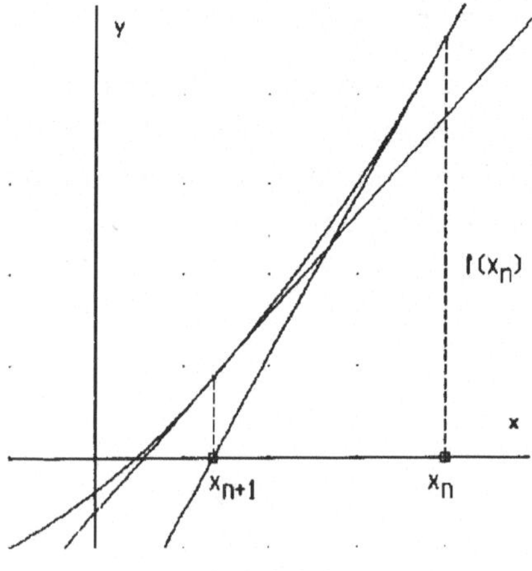


Abbildung 8.1

Die Steigung der Tangente an der Stelle $x = x_n$ ist gegeben durch $f'(x_n)$. Man kann aber die Tangentensteigung auch aus Abbildung 8.1 ablesen. Der Differentialquotient ergibt sich aus dem auftretenden Dreieck als

$$f'(x) = \frac{f(x_n)}{x_n - x_{n+1}}.$$

Wenn wir diese Formel nach $x_{n+1}$ auflösen, erhalten wir eine Iterationsvorschrift, die uns von einem Näherungswert $x_n$ zum nächsten, $x_{n+1}$ bringt.

$$x_n - x_{n+1} = \frac{f(x_n)}{f'(x_n)} \quad \text{oder}$$

$$\boxed{x_{n+1} = x_n - \frac{f(x_n)}{f'(x_n)}.}$$

Dieses Schema ist unter dem Namen *Newtonsches Näherungsverfahren* bekannt. Es ist ein wirkungsvolles Werkzeug zum Lösen von Gleichungen.

**Beispiel 8A**

Suchen Sie eine positive Lösung von $x^4 - x^2 - 1 = 0$.

**Lösung**

Bevor mit dem Lösungsalgorithmus begonnen werden kann, muß ein geeigneter erster Näherungswert als Startwert gefunden werden. Dazu verhilft uns eine Wertetabelle.

| $x$ | $f(x) = x^4 - x^2 - 1$ |
|---|---|
| 0 | −1 |
| 1 | −1 |
| 2 | 11 |

Da der Funktionswert zwischen $x = 1$ und $x = 2$ sein Vorzeichen wechselt - und er daher irgendwo dazwischen den Wert 0 annehmen muß - ist sicher in diesem Intervall eine Lösung zu finden. Es ist daher sinnvoll den ersten Näherungswert aus dem Intervall [1,2] zu wählen. In diesem Fall nehmen wir gleich den linken Randpunkt $x_1 = 1$.

In diesem Beispiel ist die Funktion definiert mit

$$f(x) = x^4 - x^2 - 1.$$

Einmaliges Differenzieren ergibt die erste Ableitung

$$f'(x) = 4x^3 - 2x.$$

Nach dem Newtonschen Verfahren erhält man nun die Iterationsformel

$$x_{n+1} = x_n - \frac{f(x_n)}{f'(x_n)} = x_n - \frac{x_n{}^4 - x_n{}^2 - 1}{4x_n{}^3 - 2x_n}.$$

Aus $x_1 = 1$ folgt: $\quad x_2 = 1 - \frac{1^4 - 1^2 - 1}{4 \cdot 1^3 - 2 \cdot 1} = 1{,}5$

Aus $x_2 = 1{,}5$ folgt: $\quad x_3 = 1{,}5 - \frac{1{,}5^4 - 1{,}5^2 - 1}{4 \cdot 1{,}5^3 - 2 \cdot 1{,}5} \approx 1{,}327$

Wenn wir diesen Prozeß weiter verfolgen, erhalten wir für die nächsten Werte:

$$x_4 \approx 1{,}276$$
$$x_5 \approx 1{,}272$$
$$x_6 \approx 1{,}272$$

Da ab nun die ersten drei Dezimalstellen unverändert bleiben, kann eine positive Lösung auf drei Dezimalstellen genau mit $x \approx 1{,}272$ angegeben werden. (Es ist allerdings nicht sicher, ob es nicht noch eine weitere positive Lösung dieser Gleichung gibt).

*DERIVE Aktivität 8b*

(A) Lösen Sie mit *DERIVE* die Gleichung $x^2 = e^x$ auf die im folgenden vorgeschlagene Art und Weise.

(i) Stellen Sie $x^2 = e^x$ um in die Form $x^2 - e^x = 0$, so daß $f(x) = x^2 - e^x$ gilt.

(ii) **Schreiben** und **Zeichnen** Sie diese Funktion und lesen Sie aus dem Graphen einen ersten Näherungswert ab.

(iii) Differenzieren Sie $f(x)$.

(iv) Mit der F3-Taste können Sie bequem die Newtonsche Formel schreiben:

$$x - \frac{x^2 - e^x}{2x - e^x}.$$

(v) Verwenden Sie **zusaTz Substituiere** und **approX**, um einen besseren Näherungswert zu finden.

(vi) Wiederholen Sie durch fortgesetzte Substitution Schritt (v), bis Sie eine auf 6 Dezimalstellen genaue Lösung gefunden haben.

(vii) **Schreiben** Sie nun (wieder mit der F3-Taste)

ITERATES(x – (x^2 – ê^x)/(2x – ê^x),x,–1)

und **approX**imieren Sie diesen Ausdruck. Der ITERATES-Befehl wendet die Newtonsche Formel beginnend mit $x = -1$ wiederholt solange an, bis eine Lösung gefunden ist. Beachten Sie dabei, wie rasch dieses Verfahren konvergiert. Überzeugen Sie sich bitte, daß die angebotene Lösung wirklich die gegebene Gleichung erfüllt.

(viii) Versuchen Sie andere Startwerte. Führen alle zur gleichen Lösung?

(B) Betrachten Sie nun die Gleichung $x^3 - 5x^2 + 4x + 2 = 0$.

(i) Bilden Sie die Newtonsche Näherungsformel.

(ii) Verwenden Sie ITERATES und **approX,** und suchen Sie damit zu jedem der gegebenen ersten Näherungswerte eine Lösung

(a) 0, (b) 1, (c) 5, (d) 2,7

(iii) **Zeichnen** Sie $x^3 - 5x^2 + 4x + 2$ und prüfen Sie nach, ob die drei Lösungen aus (ii) brauchbar sind.

(iv) Es scheint seltsam, daß der Startwert $x = 2{,}7$ zu einer negativen Lösung führt. Zeichnen Sie mit TANGENT die Kurventangente für die Stelle $x = 2{,}7$ und machen Sie sich klar, warum dieser Startwert zu einer negativen Lösung führen muß.

(C) Bilden Sie die Newtonsche Iterationsformel zur Lösung der Gleichung

$$x^3 - 3x - 5 = 0.$$

Zeichnen Sie den Graphen der zugehörigen Funktion. Berechnen Sie jene Stellen $x$, in denen $f'(x) = 0$. Zeichnen Sie in diesen Stellen die Kurventangenten. Erklären Sie, warum diese Stellen als Startwerte für das Newtonsche Näherungsverfahren vermieden werden müssen.

(D) Wiederholen Sie (C) mit den beiden Gleichungen

(i) $x^2 - 2\sin x = 0$ (ii) $x - e^{x^2} = 0$

Geben Sie in beiden Fällen sinnvolle Bereiche für den ersten Schätzwert an.

**Zusammenfassung**

Die Newtonsche Iterationsformel konvergiert für die meisten Startwerte sehr rasch gegen einen Grenzwert. Aber es können Probleme auftreten! Der erste Näherungswert muß besonders sorgfältig ausgewählt werden. Betrachten Sie die Funktion in Abbildung 8.2.

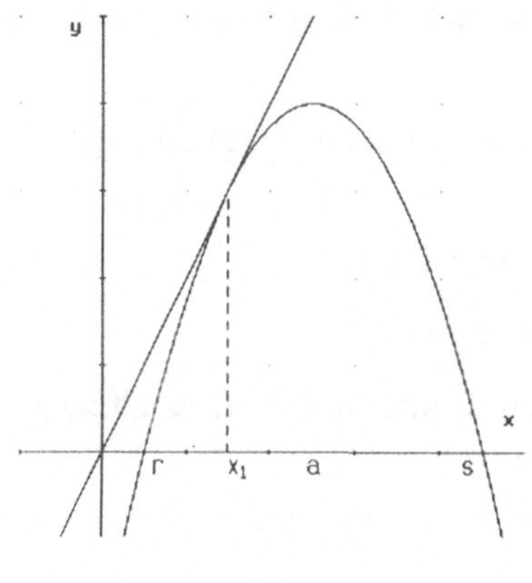


Abbildung 8.2

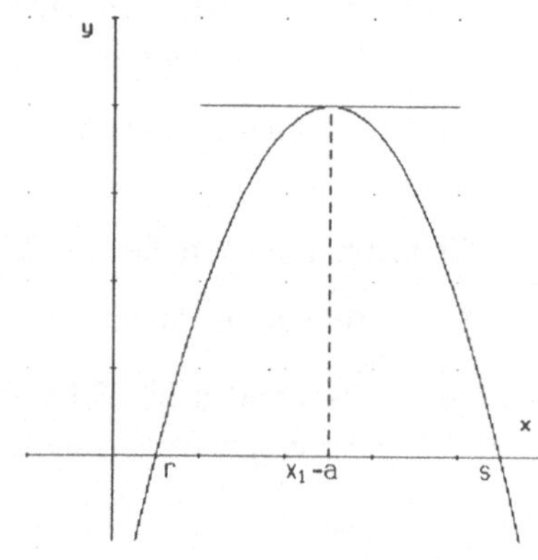


Abbildung 8.3

Nehmen Sie an, daß Sie die Lösung $x = r$ finden wollen. Der Funktionsgraph habe die Eigenschaft, daß bei $x = a$ ein lokales Maximum auftritt. Sie wählen als Startwert eine Zahl $x_1$ zwischen $x = r$ und $x = a$. In diesem Fall wird das Verfahren sicher gegen $x = r$ konvergieren. Wählen Sie aber zufällig eine Zahl $x_1$ mit $a < x_1 < s$ als erste Näherung, dann werden Sie mit diesem Verfahren die Lösung $x = s$ finden, und nicht die von Ihnen gewünschte.

In besondere Schwierigkeiten geraten Sie natürlich, wenn Sie $x_1 = a$ - die Stelle des Extremwerts - wählen. Da ist, wie in Abbildung 8.3 ersichtlich, die Tangente waagrecht. In all den Fällen, in denen an der Lösungsstelle $f'(x) = 0$ ist, kann die Newtonsche Näherungsmethode nicht angewendet werden.

*DERIVE* stellt eine Funktion für das Lösen von nichtlinearen Gleichungen bereit. Diese Funktion heißt **NEWTONS** und findet sich in der Zusatzdatei **SOLVE.MTH**. In der Anwendung dieser Funktion müssen Sie die Gleichung $f(x)$, die Variable $x$ und den ersten Näherungswert als Vektoren - d.h. in [ ] - angeben. Zusätzlich können Sie als letzten Parameter die gewünschte Anzahl von Iterationen feststetzen. Wenn Sie z.B. die Gleichung $x - e^x = 0$ mit dem Startwert $x_1 = 1$ lösen wollen, dann **Schreiben** Sie bitte:

NEWTONS([x – ê^(–x)],[x],[1],6)

Nach **approX** erhalten Sie eine Liste mit den ersten 6 Näherungswerten. Überprüfen Sie mit NEWTONS die Antworten aus der folgenden Übung 8A.

*Übung 8A*

1. Lösen Sie mit dem Newtonschen Näherungsverfahren die folgenden Gleichungen

   (a) $x - 2\sin x = 0$ (b) $x^3 - x + 8 = 0$ (c) $x^3 = e^x$

   (d) $\cos x = x$ (e) $x^4 = x + 2$ (f) $\frac{1}{x} = e^x$

2. Unter Verwendung der Schreibweise $x^n = a$ finden Sie eine Iterationsformel zur Berechnung der $n$-ten Wurzel aus einer Zahl. Bestimmen Sie dann mit Hilfe dieser Formel

   (a) $\sqrt[3]{10}$ (b) $\sqrt[5]{8}$ (c) $\sqrt[10]{100}$ .

3. Gegeben sei die Gleichung $x^3 - 3x = 0$.

   (a) Skizzieren oder **Zeichnen** Sie den Graphen von $y = x^3 - 3x$.

   (b) Bei zwei Startwerten versagt die Newtonsche Naherungsmethode. Ermitteln Sie diese beiden Werte, indem Sie an den entsprechenden Stellen die Tangenten zeichnen. Erklären Sie außerdem das Versagen der Methode in diesen Fällen.

4. Wo hat der Graph von $y = e^x - 4x^2$ seine Extremwerte?

5. Ein Motor erzeugt unter Belastung Wärme in konstantem Ausmaß und gibt diese Wärme proportional zum Wärmeüberschuß $T$ ab, so daß zum Zeitpunkt $t$ [in min] gilt

   $$T = \frac{10}{k} - \frac{10}{k} e^{-kt}, \quad \text{mit } k = \text{konstant und positiv.}$$

   Nach 10 Minuten hat die Temperatur um 50°C zugenommen. Berechnen Sie näherungsweise den Wert für $k$ auf 4 Dezimalstellen genau.

## 8.2 Die Approximation von Funktionen durch Reihen

*DERIVE Aktivität 8c*

(A) (i) **Schreiben** und **Zeichnen** Sie die Funktion sin $x$. Dann **Schreiben** und **Zeichnen** Sie die Reihe

$$x-\frac{x^3}{6}+\frac{x^5}{120}-\frac{x^7}{5040}.$$

(ii) Vergleichen Sie die beiden Graphen. Welche Eigenschaften haben Sie gemeinsam? Für welchen Bereich stellt die Reihe eine gute Approximation der Sinusfunktion dar?

(B) (i) **Schreiben** und **Zeichnen** Sie die Exponentialfunktion $e^x$. Dann **Schreiben** und **Zeichnen** Sie die Reihe

$$1+x+\frac{x^2}{2}+\frac{x^3}{6}+\frac{x^4}{24}.$$

(ii) Welche Gemeinsamkeiten können Sie nun entdecken. In welchem Intervall stellt die Reihe eine brauchbare Näherungsfunktion für die Exponentialfunktion dar?

(iii) Ersetzen Sie über **zusaTz Substituiere** die Variable $x$ durch $2x$. Zeichnen Sie den Graphen der neu entstandenen Reihe. Welche Funktion könnte durch sie angenähert werden. Zeichnen Sie die Funktion Ihrer Vorstellung und überprüfen Sie so Ihre Überlegungen.

(C) Jede der unten angegebenen Reihen approximiert eine der unter a, b und c gegebenen Funktionen.

(a) $y=\frac{1}{x}$ (b) $y=\cos x$ (c) $y=\sin 2x$

(i) $1-\frac{x^2}{2}+\frac{x^4}{24}-\frac{x^6}{720}$ (ii) $6-15x+20x^2-15x^3+6x^4-x^5$

(iii) $2x-\frac{4x^3}{3}+\frac{4x^5}{15}-\frac{8x^7}{315}$

**Schreiben** und **Zeichnen** Sie die Reihen. Versuchen Sie, die entsprechenden Funktionen zu identifizieren, und überprüfen Sie mit *DERIVE* Ihre Vermutungen. In welchen Intervallen sind die einzelnen Approximationen brauchbar?

## 8.3 Die Maclaurin-Reihe

Einige der vorhin betrachteten Reihen, wie jene für $e^x$, sin$x$ und cos$x$ geben die besten Näherungen nahe bei $x = 0$, während sowohl für zu- als auch für abnehmende $x$-Werte die Qualität der Approximation sinkt. Derartige Näherungsentwicklungen tragen den Namen *Maclaurin-Reihen*. Sie gründen sich auf Informationen über die zu approximierende Funktion an der Stelle $x = 0$.

Um eine solche Reihe zu entwickeln, betrachten Sie bitte eine Approximation in Form eines Polynoms

$$f(x) = a_0 + a_1 x + a_2 x^2 + a_3 x^3 + a_4 x^4 + \cdots\cdots ,$$

wobei die Koeffizienten $a_i$ so zu bestimmen sind, daß das Polynom eine gute Näherungsfunktion darstellt.
Für $x = 0$ muß dann gelten $f(0) = a_0$, da alle anderen Summanden verschwinden.

Wir differenzieren das Polynom viermal und erhalten

$$f'(x) = a_1 + 2a_2 x + 3a_3 x^2 + 4a_4 x^3 + \cdots\cdots$$

$$f''(x) = 2a_2 + 6a_3 x + 12a_4 x^2 + \cdots\cdots$$

$$f'''(x) = 6a_3 + 24a_4 x + \cdots\cdots$$

$$f^{IV}(x) = 24a_4 + \cdots\cdots$$

Jetzt substituieren wir in allen vier Ableitungen für $x = 0$, und es ergibt sich

$$f'(0) = a_1, \quad f''(0) = 2a_2, \quad f'''(0) = 6a_3, \quad f^{(4)}(0) = 24a_4$$

Damit lassen sich also die Koeffizienten $a_i$ durch den Funktionswert und die Werte der Ableitungen an der Stelle $x = 0$ ausdrücken:

$$a_0 = f(0), \quad a_1 = f'(0), \quad a_2 = \frac{f''(0)}{2}, \quad a_3 = \frac{f'''(0)}{6}, \quad a_4 = \frac{f^{(4)}(0)}{24} .$$

Dieses Resultat läßt sich verallgemeinern zu

$$a_n = \frac{f^{(n)}(0)}{n!} .$$

(Dabei bedeutet $f^{(n)}$ die n-te Ableitung von $f$).

Damit läßt sich die Maclaurin-Reihe folgendermaßen anschreiben:

$$f(x) = f(0) + f'(0)x + \frac{f''(0)x^2}{2!} + \frac{f'''(0)x^3}{3!} + \cdots\cdots\cdots\cdots + \frac{f^{(n)}(0)}{n!} + \cdots\cdots$$

Das ist nun in Wirklichkeit eine Reihe mit unendlich vielen Gliedern, aber in der Praxis genügen ein paar wenige der ersten Summanden, um eine geeignete Approximationsfunktion zu erreichen. Aus diesem Grund ist die Näherung nur für Werte in der Umgebung von $x = 0$ gültig.

**Beispiel 8B**

Ermitteln Sie die ersten drei von Null verschiedenen Glieder der Maclaurin-Reihe für $f(x) = \sin x$.

**Lösung**

Im ersten Schritt bestimmen wir die Ableitungen von $\sin x$ und deren Werte an der Stelle $x = 0$.

$$
\begin{array}{ll}
f(x) = \sin x & f(0) = 0 \\
f'(x) = \cos x & f'(0) = 1 \\
f''(x) = -\sin x & f''(0) = 0 \\
f'''(x) = -\cos x & f'''(0) = -1 \\
f^{(4)}(x) = \sin x & f^{(4)}(0) = 0 \\
f^{(5)}(x) = \cos x & f^{(5)}(0) = 1
\end{array}
$$

Jetzt haben wir drei nicht verschwindende Ableitungen gefunden, daher läßt sich die Maclaurin-Reihe im geforderten Ausmaß bereits notieren.

$$\sin x = 0 + 1 \cdot x + \frac{0 \cdot x^2}{2!} + \frac{(-1) \cdot x^3}{3!} + \frac{0 \cdot x^4}{4!} + \frac{1 \cdot x^5}{5!} + \cdots\cdots \approx x - \frac{x^3}{6} + \frac{x^5}{120}$$

*Übung 8B*

1. Entwickeln Sie die Maclaurin-Reihen für die folgenden Funktionen, indem Sie die ersten drei von Null verschiedenen Glieder angeben.

   (a) $e^x$ (b) $\cos x$ (c) $\sin x^2$ (d) $\frac{1}{1+x}$

   (e) $\tan x$ (f) $\sqrt{1-x}$ (g) $\ln(\cos x)$ (h) $e^{x^2}$

   Vergleichen Sie mit *DERIVE* jede Funktion mit ihrer Approximation, und schlagen Sie jeweils jenes Intervall vor, für das Ihrer Meinung nach die Reihe eine brauchbare Näherung bildet. Für die Funktionen (d) und (f) vergleichen Sie bitte diese Reihen mit den für die Funktionen gültigen binomischen Reihen.

2. Wenden Sie die Maclaurin-Reihenentwicklung auf $(1+x)^n$ an, und leiten Sie so den binomischen Lehrsatz her.

$$(1+x)^n = 1+nx+\frac{n(n-1)x^2}{2!}+\frac{n(n-1)(n-2)x^3}{3!}+\cdots\cdot$$

Zeichnen Sie mit *DERIVE* $(1+x)^{0,5}$ und die entsprechende Maclaurin - Reihe. Wieviele Glieder der Reihe müssen Sie berücksichtigen, daß sich die beiden Graphen im Intervall [0,1] decken?

## 8.4 Taylor-Reihen

Die Maclaurin-Reihe einer Funktion ist nur für $x$-Werte nahe Null brauchbar, und ihre Bestimmung hängt davon ab, ob es möglich ist, den Funktionswert und die Ableitungen an der Stelle $x = 0$ zu berechnen. Für die Funktion $\ln x$ kann z.B. keine Maclaurin-Reihe aufgestellt werden, da weder die Funktion selbst, noch die Ableitungen an der Stelle $x = 0$ definiert sind. Eine *Taylor-Reihe* ist der Maclaurin-Reihe ähnlich, aber sie ist gültig auch für Argumente $x$, die nicht in der nächsten Umgebung von $x = 0$ liegen. Die Maclaurin-Reihe ist eigentlich nur ein Sonderfall der Taylor-Reihe.

Die Taylor-Reihe an der Stelle $x = a$ hat die Form

$$f(x) = a_0 + a_1(x-a) + a_2(x-a)^2 + a_3(x-a)^3 + a_4(x-a)^4 + \cdots\cdots$$

Die unbekannten Koeffizienten $a_i$ gewinnen wir auf die gleiche Weise, wie wir das für die Maclaurin - Reihe getan haben. Wir belegen $x$ sowohl in der Funktion als auch in den Ableitungen mit $x = a$.
Fortgesetztes Differenzieren führt uns zu

$$f'(x) = a_1 + 2a_2(x-a) + 3a_3(x-a)^2 + 4a_4(x-a)^3 + \cdots\cdots$$
$$f''(x) = 2a_2 + 6a_3(x-a) + 12a_4(x-a)^2 + \cdots\cdots$$
$$f'''(x) = 6a_3 + 24a_4(x-a) + \cdots\cdots$$

Wir substituieren für $x = a$ und erhalten

$$a_0 = f(a),\quad a_1 = f'(a),\quad a_2 = \frac{f''(a)}{2},\quad a_3 = \frac{f'''(a)}{6},\ldots\ldots\ldots, a_n = \frac{f^{(n)}(a)}{n!}.$$

Die Taylor-Reihe lautet daher:

$$f(x) = f(a) + f'(a)(x-a) + \frac{f''(a)(x-a)^2}{2!} + \frac{f'''(a)(x-a)^3}{3!} + \cdots\cdots\cdots\cdots$$

(Beachten Sie, daß sich diese Reihe für $a = 0$ auf eine Maclaurin-Reihe reduziert).

**Beispiel 8C**

(i) Bestimmen Sie die ersten drei von Null verschiedenen Glieder der Taylor-Entwicklung für $f(x) = \ln x$ an der Stelle $x = 1$.

(ii) Berechnen Sie mit Hilfe dieser Reihe den Wert von ln 1,1.

**Lösung**

(i) Wir ermitteln die Werte der Funktion und der ersten paar Ableitungen an der Stelle $x = 1$ solange, bis wir drei von Null verschiedene Werte gefunden haben.

$$f(x) = \ln x \qquad f(1) = 0$$

$$f'(x) = \frac{1}{x} \qquad f'(1) = 1$$

$$f''(x) = -\frac{1}{x^2} \qquad f''(1) = -1$$

$$f'''(x) = \frac{2}{x^3} \qquad f'''(1) = 2$$

Die Taylor-Reihe an der Stelle $x = 1$ lautet daher

$$f(x) = f(1) + f'(1)(x-1) + \frac{f''(1)(x-1)^2}{2!} + \frac{f'''(1)(x-1)^3}{3!} + \cdots\cdots =$$

$$= 0 + 1(x-1) + \frac{(-1)(x-1)^2}{2} + \frac{2(x-1)^3}{6} + \cdots\cdots =$$

$$= (x-1) - \frac{(x-1)^2}{2} + \frac{(x-1)^3}{6} + \cdots\cdots$$

(ii) Um den ln 1,1 zu berechnen, haben wir nur für $x = 1{,}1$ in die Taylor-Reihe einzusetzen:

$$\ln 1{,}1 \approx (1{,}1-1) - \frac{(1{,}1-1)^2}{2} + \frac{(1{,}1-1)^3}{3} =$$

$$= 0{,}1 - \frac{0{,}1^2}{2} + \frac{0{,}1^3}{3} = 0{,}0953.$$

*DERIVE Aktivität 8d*

Mit *DERIVE* kann man Taylor- und Maclaurin-Reihen auf direktem Weg ermitteln. Wir beschreiben zuerst die Vorgangsweise und werden diese anschließend dazu verwenden, um einige Eigenschaften dieser Reihen hervorzuheben.

(A) (i) **Schreiben** Sie zuerst die Funktion, deren Reihenentwicklung Sie anstreben, z.B. sinx. Drücken Sie dann [A] [T] [↵] für **Analysis Taylor**. Bestätigen Sie die vorgeschlagene **Variable:x**. Sie werden aufgefordert den **Grad:** und den **Punkt:** für die Taylor-Reihe anzugeben. Das sind die höchste gewünschte Potenz in der entstehenden Reihe und die Stelle $x = a$, an der sie entwickelt werden soll. Geben Sie für unser Beispiel die Werte 5 für den Grad und 0 für den Punkt an. **Vereinfachen** Sie den entstehenden Ausdruck TAYLOR(sin(x), x, 0, 5). Warum liefert dieses kleine Einführungsbeispiel eine Maclaurin-Reihe?

(ii) **Zeichnen** Sie die Funktion und die entstandene Maclaurin-Reihe. Beurteilen Sie den Gültigkeitsbereich der Approximation.

(iii) Untersuchen Sie, auf welche Weise mehr Glieder der Reihe - ein höherer Grad - den Bereich für eine brauchbare Näherung vergrößern.

(iv) Was geschieht, wenn Sie die Reihe lieber an den Stellen $\pi$, $\pi/2$ oder $2\pi$ entwickeln?

(B) (i) Bestimmen Sie die Maclaurin-Reihe für $f(x) = e^x$. Zeichnen Sie den Graphen und vergleichen Sie ihn mit dem der Exponentialfunktion.

(ii) Untersuchen Sie auch hier, wie sich mit steigendem Grad die Qualität der Approximation verbessert.

(iii) Versuchen Sie eine Taylor-Reihe an einer negativen Stelle $a$ zu erzeugen. Wie wirkt sich diese Tatsache auf die Güte der Annäherung aus?

(C) Versuchen Sie, eine Reihe zur Approximation der Logarithmusfunktion $\ln x$ aufzustellen. Welche Probleme treten dabei auf?

(D) Entwickeln Sie die Taylor-Reihe für $\dfrac{1}{1+x}$ an den Stellen $x = -0{,}5$ und $x = 0{,}5$.

Vergleichen Sie den Graphen der Funktion mit den jeweils aus den ersten vier Summanden bestehenden Reihe an den beiden Stellen. Machen Sie einen Vorschlag für ein Intervall, in dem die Approximation brauchbar ist. Gibt es Stellen, an denen es für diese Funktion keine Taylor-Reihe gibt?

*Übung 8C*

1. Ermitteln Sie die ersten drei von Null verschiedenen Glieder der Taylor-Reihe für

   (a) $\cos x$ an der Stelle $x = \pi/3$,

   (b) $\tan x$ an der Stelle $x = \pi/4$,

   (c) $\dfrac{1}{x}$ an der Stelle $x = 1$.

2. (a) Wie lautet die Maclaurin-Reihe für $\sin 2x$?

   (b) Schreiben Sie die Maclaurin-Reihe für $\sin 3x$ auf.

3. (a) Finden Sie eine Erklärung für die Tatsache, daß es für $\ln(\cos x)$ eine Maclaurin-Reihe gibt, für $\ln(\sin x)$ aber keine.

   (b) Ermitteln Sie die ersten 5 nicht verschwindenden Glieder der Maclaurin-Reihe für $f(x) = \ln(\cos x)$.

   (c) Benützen Sie diese Reihe dazu, um einen Näherungswert für

   $$\int_0^{0{,}1} \frac{\ln(\cos x)}{x^2}\,dx$$

   zu berechnen.

4. Verwenden Sie eine Maclaurin-Reihe, um näherungsweise das bestimmte Integral

   $$\int_{0{,}5}^{1} \frac{\mathrm{e}^x}{\mathrm{x}}\,dx$$

   zu berechnen.
   Welche Überlegungen leiten Ihre Wahl für den Grad der Maclaurin-Reihe für die Exponentialfunktion $\mathrm{e}^x$ ?

5. Berechnen Sie mit Hilfe einer Maclaurin-Reihe näherungsweise

   $$\int_0^1 e^{x^2}\,dx.$$

   Welche Überlegungen führen zur Festsetzung des Grades der Reihe?

## 8.5 Numerische Integration

Die Integrationsmethoden aus Kapitel 7 ermöglichen die exakte Auswertung von Integralen. Diese Lösungen werden *analytisch* genannt. In technisch-wissenschaftlichen Anwendungen muß man aber oft Integrale auswerten, bei denen die - sonst unbekannte Funktion - durch ihre Wertetabelle gegeben ist. Man braucht daher eine Methode, die auf diese vorliegenden numerischen Werte zurückgreift. Außerdem hat man oft eine Funktion zu integrieren, für die es keine analytische Integrationsmethode gibt.

So hat z.B. das Integral $\int e^{x^2}\, dx$ keine analytische Lösung.

Die Betrachtung von Integralen als Flächen unter Funktionsgraphen gestattet es, ein Näherungsverfahren für die Integration zu entwickeln. In der Einführung zur Integralrechnung haben wir die Fläche als eine Summe von Rechtecken approximiert. Eine andere Möglichkeit wäre es, anstelle von Rechtecken Trapeze zu verwenden.

Wenn wir also das Integral $\int_a^b f(x)\,dx$ zu berechnen haben, teilen wir das Intervall [a,b] in $n$ gleiche Teilintervalle mit der Länge $h = \frac{b-a}{n}$. Die Kurve approximieren wir durch einen Streckenzug und die Fläche durch eine Summe von Trapezen, wie es in Abbildung 8.4 gezeigt wird.

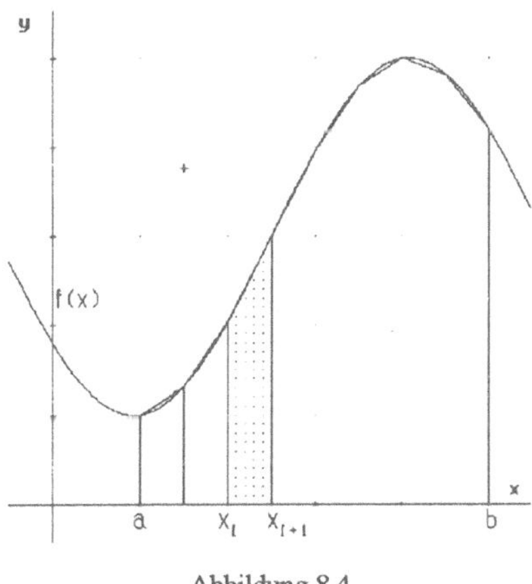


Abbildung 8.4

Der Flächeninhalt des punktierten i-ten Trapezes ergibt sich als

$$\frac{1}{2}\Big(f(x_i) + f(x_{i+1})\Big)(x_{i+1} - x_i). \qquad (h = x_{i+1} - x_i)$$

Ein Näherungswert für die Gesamtfläche ist demnach

$$s = \sum_{i=0}^{n-1} \frac{h}{2}\left(f(x_i) + f(x_{i+1})\right) \text{ mit } x_0 = a \text{ und } x_n = b.$$

Wenn wir diese Summe ausschreiben, läßt sie sich vereinfachen:

$$s = \frac{h}{2}\left[\left(f(x_0) + f(x_1)\right) + \left(f(x_1) + f(x_2)\right) + \cdots\cdots + \left(f(x_{n-1}) + f(x_n)\right)\right].$$

Sie können feststellen, daß alle Summanden mit Ausnahme des ersten $f(x_0) = a$ und des letzten $f(x_n) = b$ doppelt auftreten, daher läßt sich der Ausdruck zusammenfassen:

$$s = \frac{h}{2}\left(f(a) + 2f(x_1) + 2f(x_2) + \cdots\cdots + 2f(x_{n-1}) + f(b)\right).$$

Die *Trapezregel* liefert einen Schätzwert für die Fläche

$$\int_a^b f(x)\,dx \approx s.$$

Bei steigender Anzahl von Teilintervallen, deren Breite damit abnimmt, kann der Näherungswert verbessert werden.

**Beispiel 8D**

Wenden Sie die Trapezregel mit vier Teilintervallen an, um einen Näherungswert für das Integral $\int_0^1 \mathrm{e}^x\,dx$ zu finden.

**Lösung**

Wenn $a = 0$ und $b = 1$, dann ist bei vier Teilintervallen $h = 0{,}25$. Man setzt in die Formel für die Trapezregel ein und es ergibt sich:

$$\int_0^1 \mathrm{e}^x\,dx \approx \frac{0{,}25}{2}\left(\mathrm{e}^0 + 2\mathrm{e}^{0{,}25} + 2\mathrm{e}^{0{,}5} + 2\mathrm{e}^{0{,}75} + \mathrm{e}^1\right) = 1{,}7272 \text{ (auf 4 Dez.stellen).}$$

Der Vergleich mit der exakten Lösung von $\mathrm{e} - 1 \approx 1{,}7183$ zeigt einen Fehler von 0,52%. Der mit der Trapezregel berechnete Näherungswert ist auf 2 Dezimalstellen genau.

Die Trapezregel ist aber nur ein Approximationsverfahren von vielen. Die *Simpsonsche Regel* ist ein anderes. Sie beruht darauf, die gegebene Funktion abschnittsweise durch quadratische Funktionen (= Parabeln) anstatt durch Gerade zu approximieren.

Wir betrachten wieder das allgemeine Problem, das bestimmte Integral $\int_a^b f(x)\,dx$ zu berechnen. Wir teilen das Intervall [a,b] in eine *gerade* Anzahl von Teilintervallen der Breite $h$ und definieren für jeweils zwei benachbarte Teilintervalle ein quadratisches Polynom $p(x)$ derart, daß die Funktionswerte von $p(x)$ und $f(x)$ an den *Stützstellen* $x_{i-1}$, $x_i$ und $x_{i+1}$ übereinstimmen. (Beachten Sie bitte Abbildung 8.5).

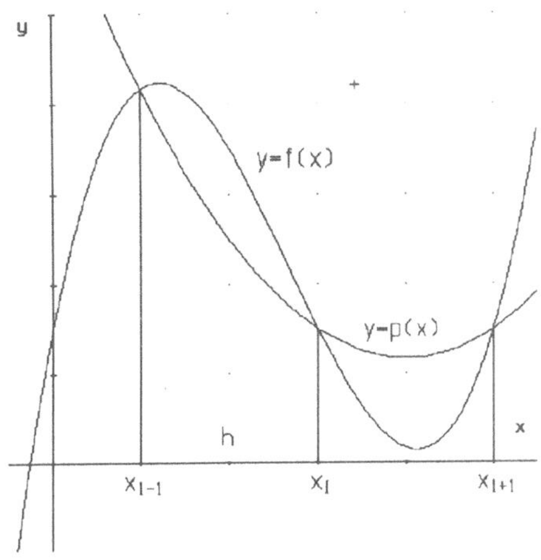


Abbildung 8.5

Die quadratische Funktion lautet allgemein $p(x) = ax^2 + bx + c$. Die Koeffizienten $a$, $b$ und $c$ lassen sich aus dem folgenden Gleichungssystem bestimmen.

$$\begin{aligned} ax_{i-1}^2 + bx_{i-1} + c &= f(x_{i-1}) \\ ax_i^2 + bx_i + c &= f(x_i) \\ ax_{i+1}^2 + bx_{i+1} + c &= f(x_{i+1}) \end{aligned}$$

Wenn man $p(x)$ über das Intervall $[x_{i-1}\,,\, x_{i+1}]$ integriert, das Ergebnis vereinfacht und schließlich die Werte für $a$, $b$ und $c$ substituiert, gelangt man nach etwas mühevoller Rechnung zum Ergebnis

$$\int_{x_{i-1}}^{x_{i+1}} p(x)dx = \frac{h}{3}\Big(f(x_{i-1}) + 4f(x_i) + f(x_{i+1})\Big), \qquad \left(h = \frac{x_{i+1} - x_{i-1}}{2}\right).$$

Unter Berücksichtigung der Tatsache, daß man alle Flächen für die auftretenden Paare von Teilintervallen zu addieren hat, ergibt sich:

$$\int_a^b p(x)\,dx \approx \frac{h}{3}\Big(f(x_0)+4f(x_1)+2f(x_2)+4f(x_3)+\cdots\cdots+4f(x_{n-1})+f(x_n)\Big)$$

mit $f(x_0) = f(a)$ und $f(x_n) = f(b)$. Diese Regel heißt *Simpsonsche Regel*. Sie läßt sich in Worte fassen und ist in dieser Form auch leicht zu merken.

$$\int_a^b p(x)dx \approx$$

$$\approx \frac{h}{3}\ \text{(erster Fw.+ letzter Fw. + 4 × Fw. der ungeraden Stützst. + 2 × Fw. der geraden Stützst.)}$$

**Beispiel 8E**

Berechnen Sie mit der Simpsonschen Regel unter Verwendung von 4 Teilintervallen näherungsweise das bestimmte Integral $\int_0^1 e^x\, dx$.

**Lösung**

Wir stellen in einer kleinen Tabelle die Stützstellen und die zugehörigen Funktionswerte zusammen. Die Intervallbreiten sind $h = 0{,}25$.

| $x$ - Werte | Funktionswerte |
|---|---|
| $a = x_0 = 0$ | $e^0$ |
| $x_1 = 0{,}25$ | $e^{0,25}$ |
| $x_2 = 0{,}50$ | $e^{0,50}$ |
| $x_3 = 0{,}75$ | $e^{0,75}$ |
| $b = x_4 = 1$ | $e$ |

Wenn wir nun in die Simpsonsche Regel einsetzen, erhalten wir sofort

$$\int_0^1 e^x\, dx \approx \frac{0{,}25}{3}\Big(e^0 + e^1 + 4(e^{0,25} + e^{0,75}) + 2e^{0,5}\Big) = 1{,}7183 \quad \text{(auf 4 Dez.st.)}$$

Dieses Ergebnis stimmt mit dem exakten in vier Dezimalstellen überein.

*Übung 8D*

1. Verwenden Sie die Trapezregel und die Simpsonsche Regel, um die folgenden Integrale näherungsweise zu berechnen.

   (a) $\int_{-1}^{1} e^{x^2}\, dx$, ($n = 8$ Teilintervalle)

   (b) $\int_{0}^{1} \frac{2}{1+x^2}\, dx$, ($n = 4$)

   (c) $\int_{2}^{3} \frac{1}{x}\, dx$, ($n = 6$)

2. Werten Sie das Integral

$$\int_{0,2}^{1} \frac{\sin x}{x}\, dx$$

   unter Verwendung der Simpsonschen Regel mit (a) zwei, (b) vier, und (c) sechs Teilintervallen aus. Vergleichen Sie die Ergebnisse.

3. Bestimmen auf drei Dezimalstellen genau den Wert für das gegebenen Integral unter Anwendung der Trapezregel.

$$\int_{0}^{\pi/2} \frac{x \sin x}{1+\cos^2 x}\, dx$$

4. Eine Funktion *f* ist durch eine Wertetabelle gegeben:

| $x$ | 0,800 | 1,000 | 1,200 | 1,400 | 1,600 | 1,800 | 2,000 |
|---|---|---|---|---|---|---|---|
| $f(x)$ | 4,132 | 5,721 | 6,013 | 7,192 | 8,270 | 9,314 | 10,910 |

   Verwenden Sie die (a) Trapezregel und (b) die Simpsonsche Regel, um das Integral $\int_{0,8}^{2,0} f(x)\, dx$ mit $h = 0{,}2$ zu berechnen.

5. Wenn *DERIVE* bestimmte Integrale auswerten soll, dann versucht es intern zuerst eine geschlossene Form für die Stammfunktion zu finden und dann den Wert dieser Stammfunktion an der Untergrenze vom Wert an der Obergrenze zu subtrahieren. Das kann aber zu Problemen führen.

   (a) Berechnen Sie $\int_{-1}^{1} \frac{1}{x^2}$ unter Verwendung von **Analysis Integriere** und **Vereinfache**.

   (b) **Zeichnen** Sie $\frac{1}{x^2}$. Hat *DERIVE*'s Antwort auf (a) einen Sinn?

   (c) Wiederholen Sie (a), verwenden Sie im letzten Schritt aber **approX** anstelle von **Vereinfache**. Was geschieht jetzt? Können Sie *DERIVE*'s Antwort auf dieses Kommando erklären?

Um ein bestimmtes Integral näherungsweise über **approX** zu berechnen verwendet *DERIVE* eine Form der Simpsonschen Regel. Falls diese Werte nicht existieren - d.h. nicht konvergieren - gibt *DERIVE* einen Warnton und/oder bei anderen Versionen eine Meldung **zweifelhafte Rechengenauigkeit** aus

6. Berechnen Sie mit *DERIVE* **approX**imativ die folgenden Integrale. Welche(s) Integral(e) existiert nicht? Können Sie an Hand der Funktionsgraphen der(s) Integranden auch erklären, warum diese(s) Integral(e) nicht konvergiert(en)?

   (a) $\int_{0,2}^{3,1} \frac{1}{x^2}\,dx$

   (b) $\int_{0}^{1} \frac{1}{\sqrt{x}}\,dx$

   (c) $\int_{-1}^{1} \frac{1}{x}\,dx$

   (d) $\int_{0}^{2} \frac{dx}{(x-1)^2}$

# 9 Differentialgleichungen

## 9.1 Das Aufstellen einer Differentialgleichung

Im Zuge einer Problemslösung kann es oft notwendig sein, Informationen über eine Änderungsrate zu verwenden, um eine Gleichung zu formulieren.

So besagt z.B. das Newtonsche Abkühlungsgesetz, daß die Abkühlungsrate eines Gegenstands jeweils proportional ist zur Differenz der Temperaturen des Körpers und seiner Umgebung. Es sei $T$ die momentane Temperatur des Gegenstands und $T_0$ die Temperatur der Umgebung, in der sich dieser Gegenstand befindet. Dann beträgt der Temperaturunterschied natürlich $T - T_0$. Die Änderungsrate der Temperatur ist gegeben durch $\frac{dT}{dt}$, und sie ist proportional zur Differenz, daher gilt:

$$\frac{dT}{dt} \propto \alpha (T - T_0)$$

oder

$$\frac{dT}{dt} = k(T - T_0),$$

wobei $k$ eine Proportionalitätskonstante ist.

Eine derartige Gleichung nennt man eine *Differentialgleichung (DGL) 1.Ordnung*, da sie nur 1. Ableitungen enthält. Das nächste Beispiel stellt eine DGL 2.Ordnung dar, da die höchste auftretende Ableitung eine zweite ist.

$$\frac{d^2x}{dt^2} + \frac{dx}{dt} + 6x = \sin t$$

Mit Gesetzen wie dem Newtonschen Abkühlungsgesetz lassen sich Differentialgleichungen aufstellen. In diesem Kapitel werden wir uns hauptsächlich nur mit DGL 1.Ordnung auseinandersetzen.

**Beispiel 9A**

Die Bevölkerung eines Landes hat eine Zuwachsrate, die proportional ist zu ihrer jeweiligen Größe. Im Zeitpunkt, in dem der Bevölkerungsstand bei 30 Millionen liegt, beträgt die Zuwachsrate 1 Million/Jahr. Verwenden Sie diese Informationen, um eine DGL aufzustellen.

**Lösung**

$P(t)$ sei die Größe der Bevölkerung zum Zeitpunkt $t$. Die Zuwachsrate $\frac{dP}{dt}$ soll proportional zu $P$ sein, dann läßt sich formulieren:

$$\frac{dP}{dt} \propto P$$

oder

$$\frac{dP}{dt} = k \cdot P$$

wobei $k$ wieder eine Proportionalitätskonstante ist.

Aus den vorliegenden zusätzlichen Informationen läßt sich auch $k$ berechnen. Für $P = 30$ ist $\frac{dP}{dt} = 1$, so daß

$$1 = \mathrm{k} \cdot 30$$

$$\mathrm{k} = \frac{1}{30}.$$

Damit lautet die gesuchte Differentialgleichung endgültig:

$$\frac{dP}{dt} = \frac{P}{30}.$$

**Beispiel 9B**

Ein Fallschirmspringer mit der Masse 60 kg erreicht eine Endgeschwindigkeit von 4 $msec^{-1}$ . Nehmen Sie die Erdbeschleunigung mit 10 $msec^{-2}$ an und, nehmen Sie weiter an, daß der Luftwiderstand proportional ist zur jeweiligen momentanen Fallgeschwindigkeit. Stellen Sie die DGL auf, die den Ausdruck $\frac{dv}{dt}$ enthält, wobei $v$ die Momentangeschwindigkeit des Fallschirmspringers zum Zeitpunkt $t$ darstellt.

**Lösung**

Da die Erdanziehung $g$ nach unten, der Luftwiderstand $R$ aber nach oben wirkt, ist die resultierende Kraft $mg - R$. Wir setzen die Werte für $m$ und $g$ ein und berücksichtigen die herrschende Proportionalität zwischen $R$ und $v$ ($R = k{\cdot}v$). Die auf den Springer wirkende Kraft ist dann

$600 - k{\cdot}v$, mit $k$ als Proportionalitätskonstante.

Nach dem 2.Newtonschen Gesetz ist die Kraft = Masse × Beschleunigung ($F = m{\cdot}a$) mit $a = \frac{dv}{dt}$. Daher lautet die Gleichung vorerst

$$600 - k \cdot v = 60\frac{dv}{dt}.$$

Es bleibt noch übrig, die Konstate $k$ zu bestimmen.

Zum Zeitpunkt, in dem der Fallschirmspringer seine Endgeschwindigkeit erreicht, gibt es keine Beschleunigung mehr, d.h. wenn $v = 4$ $msec^{-1}$, dann ist $\frac{dv}{dt} = 0$. Die Geschwindigkeit ist nun konstant.

$$600 - 4k = 0$$
$$k = 150.$$

Die gesuchte DGL hat daher die Form

$$\frac{dv}{dt} = 10 - \frac{150v}{60} = 10 - 2{,}5v \quad \text{oder} \quad v' = 10 - 2{,}5v.$$

**Beispiel 9C**

Das Volumen einer Kugel reduziert sich mit einer konstanten Abnahmerate. Bilden Sie eine DGL für die Änderungsrate des Kugelradius $\frac{dr}{dt}$.

**Lösung**

Die Abnahmerate für das Volumen soll konstant sein, d.h.

$$\frac{dV}{dt} = -k.$$

Der Differentialquotient wird negativ angesetzt, um die Abnahme auszudrücken.

Nun wenden wir die Kettenregel an

$$\frac{dV}{dr} = \frac{dV}{dr} \cdot \frac{dr}{dt} = -k.$$

Das Kugelvolumen ist bekanntlich $\frac{4r^3\pi}{3}$

Damit ist aber $\quad \frac{dV}{dr} = 4r^2\pi.$

Dieser Ausdruck wird in die vorige Beziehung eingesetzt, und es ergibt sich

$$4r^2\pi \cdot \frac{dr}{dt} = -k$$

oder

$$\frac{dr}{dt} = -\frac{k}{4r^2\pi}.$$

Der Radius der Kugel reduziert sich mit einer Geschwindigkeit, die verkehrt proportional zum Quadrat des Radius - und damit zur Kugeloberfläche - ist.

*Übung 9A*

1. Wählen Sie für alle im folgenden beschriebenen Probleme eine geeignete Variable, erstellen Sie die zugehörige Differentialgleichung, und bestimmen Sie den Wert der Proportionaltätskonstanten.

   (a) In einem Stromkreis vermindert sich die Stromstärke mit einer Rate, die proportional zur momentan fließenden Stromstärke ist. Bei einer herrschenden Stromstärke von 40 Milliampere beträgt die Abnahmerate gerade 0,5 mA/sec.

   (b) Ein heißer Körper kühlt ab mit einer Geschwindigkeit, die proportional ist zur Differenz seiner und der Temperatur seiner Umgebung. Die Luft um ihn habe die Temperatur von 15°C. In dem Augenblick, in dem der Körper selbst eine Temperatur von 150°C aufweist, nimmt diese mit einer Geschwindigkeit von 12°C/min ab.

   (c) Bei einem Tank mit quadratischer Grundfläche ($s = 2$ m) und senkrechten Seitenflächen ist das Material porös geworden. Das im Tank befindliche Wasser dringt durch den Boden und die Seitenwände mit einer Rate, die proportional ist zu der von der Flüssigkeit im Tank benetzten Fläche. Bei einem Wasserstand von 3 m fällt dieser mit einer Geschwindigkeit von 20 $\text{cmh}^{-1}$.

   (d) Ein Kristall bildet sich aus einer Lösung mit einer Zuwachsrate, die proportional ist sowohl zur momentanen Masse des Kristalls, wie auch zur noch in der Lösung befindlichen Masse. Zu Beginn des Kristallisationsprozesses waren 20 g Masse in der Lösung. (Hinweis: Wenn schon $m$ Gramm in Kristallform übergegangen sind, bleiben noch $20 - m$ Gramm in der Lösung. Die Proportionalitätskonstante $k$ kann aus diesen Angaben nicht berechnet werden).

2. Aus einem Ballon entweicht Luft mit einer Änderungsrate, die proportional ist zur jeweiligen Ballonoberfläche. Beim Ballonradius von 20 cm tritt die Luft mit 8000 $\text{cm}^3\text{sec}^{-1}$ aus. Zeigen Sie, daß für den Radius eine konstante Abnahmerate gilt - er nimmt mit konstanter Geschwindigkeit ab. Bestimmen Sie außerdem die Zeit, innerhalb derer sich der Radius von 20 cm auf 15 cm reduziert.

3. Eine auf 2°C gekühlte Getränkeflasche wird aus dem Gefrierfach genommen, um bei einer Raumtemperatur von 22°C genossen zu werden. Treffen Sie eine passende Annahme, und stellen Sie die DGL für die Erwärmung der Flasche auf.

4. Wasser wird mit 0,3 $m^3 sec^{-1}$ in einen Behälter gepumpt, der die Form eines auf die Spitze gestellten Kreiskegels mit einem Basisradius von 2 m und einer Höhe von 8 m hat. Suchen Sie einen Ausdruck für $\frac{dh}{dt}$, wenn $h$ der Wasserstand in dem Behälter ist.

## 9.2 Richtungsfelder

*DERIVE* gestattet es, Richtungsfelder für DGL 1.O. zu zeichnen. Mit einer DGL kann man für jeden Punkt der Ebene die Steigung der durch die DGL beschriebenen Funktion, die diesen Punkt enthält, berechnen. So liefert etwa das Bevölkerungsmodell aus dem Beispiel 9A die DGL

$$\frac{dP}{dt} = \frac{P}{30}.$$

Abbildung 9.1 zeigt das zugehörige Richtungsfeld.

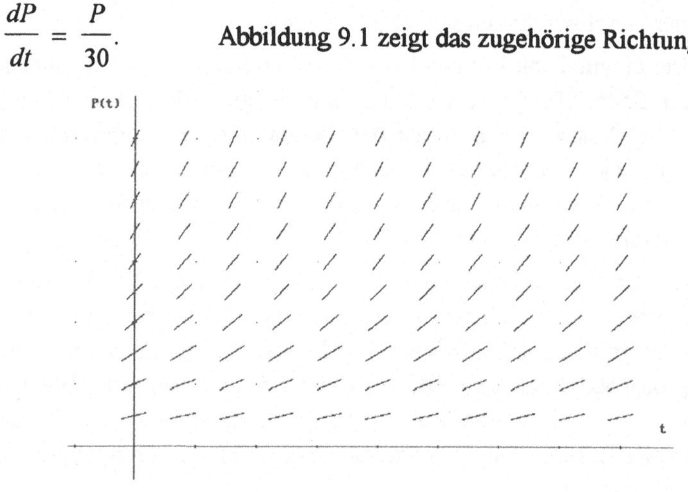


Abbildung 9.1

Dieses Bild entsteht folgendermaßen: Man wählt in der *t-P*-Ebene eine Menge von geeigneten Punkten und kann in jedem Punkt P($t_i$, $P_i$) eine kurze Strecke mit dem Wert für $\frac{dP}{dt}$ als Steigung einzeichnen. So ergibt sich z.B. im Punkt P(1,10) die Steigung als $\frac{dP}{dt} = \frac{P}{30} = \frac{10}{30} = \frac{1}{3}$. Dieser Wert ist die Steigung jener Funktion, die durch die DGL beschrieben wird und den Punkt P enthält. Eine ganze Menge derartiger Strecken bezeichnet man als *Richtungsfeld* der vorliegenden DGL. Das Bild erinnert an Kompaßnadeln, die sich in einem Magnetfeld ausrichten.

Bei der Betrachtung des Richtungsfeldes können wir eine Vorstellung davon bekommen, wie die Bevölkerung mit der Zeit zunimmt. Beachten Sie bitte, daß alle senkrechten Abschnitte des Graphen identisch sind, da $\frac{dP}{dt}$ nur von $P$, aber nicht von $t$ abhängt.

In Abbildung 9.2 finden Sie das Richtungsfeld von Abbildung 9.1 mit einer Anzahl von darübergelegten Kurven. Alle diese Kurven sind Graphen von möglichen Lösungen der DGL, von denen jede einzelne zu einer anderen Anfangsbevölkerung gehört. Sie können deutlich sehen, wie sich die Lösungskurven in das vorgezeichnete Richtungsfeld einfügen.

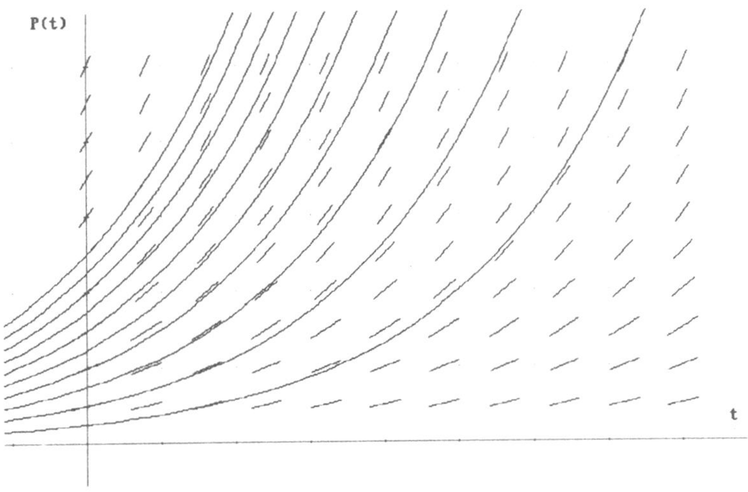


Abbildung 9.2

Diese Kurven nennt man eine *Kurvenschar*. Jede einzelne stellt eine *spezielle* oder *partikuläre* Lösung der DGL dar.

Nehmen Sie als zweites Beispiel die Differentialgleichung

$$\frac{di}{dt} = 1 - 2i\,,$$

die beschreiben soll, wie sich die Stromstärke in einem Stromkreis ändert. Das Richtungsfeld wird in Abbildung 9.3 gezeigt. Beachten Sie dabei, wie sich der Strom abnehmend oder zunehmend dem festen Wert 0,5 nähert.

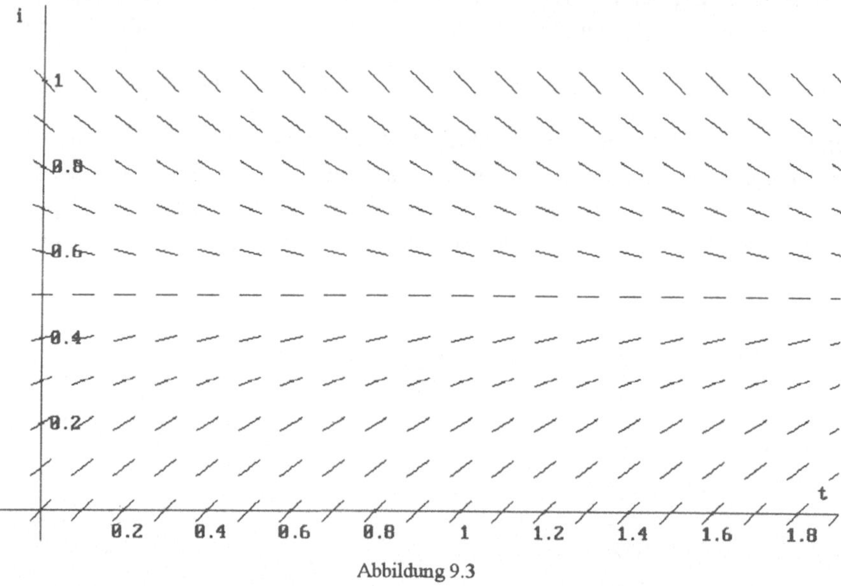


Abbildung 9.3

In Abbildung 9.4 sind zusätzlich einige partikuläre Lösungen aus der durch die DGL gegebenen Kurvenschar eingefügt. Jede Kurve verkörpert einen jeweils anderen Ausgangswert für den Strom.

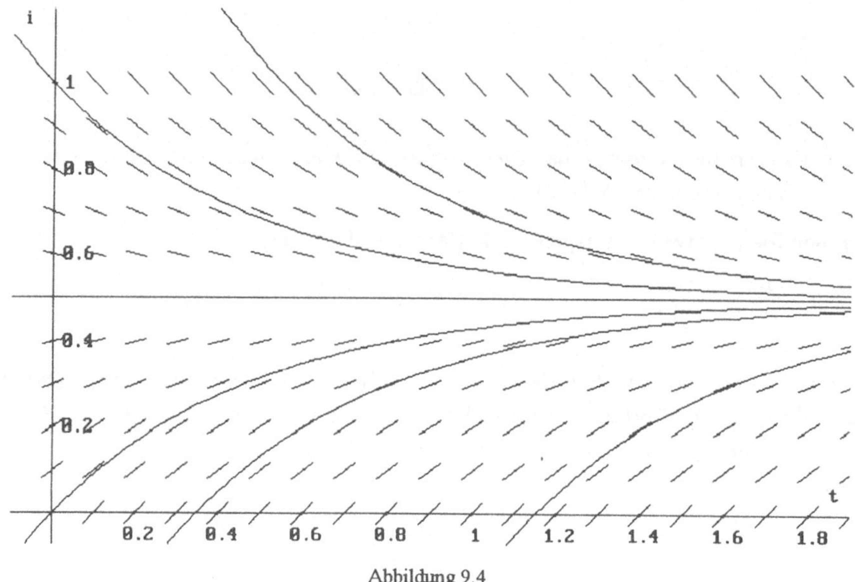


Abbildung 9.4

*DERIVE Aktivität 9a*

In dieser Aktivität wollen wir mit *DERIVE* Richtungsfelder zeichnen und mit ihnen einige Probleme lösen.

(A) (i) **Übertragen Laden** Sie die **Zusatzdatei** ODE_APPR.

(ii) Betrachten Sie eine DGL, ähnlich der, die zu den Abbildungen 9.3 und 9.4 geführt hat.

$$\frac{di}{dt} = 5 - 2i$$

**Schreiben** Sie: DIRECTION_FIELD(5 – 2i,t,0,5,10,i,0,5,10). Im nächsten Abschnitt wird diese Funktion genau erklärt werden.

**approXimieren** Sie diesen Term. Das kann einige Zeit dauern. Das Resultat kann sofort gezeichnet werden und ergibt das Richtungsfeld.

(iii) Mit **Graphik Overlay** erzeugen Sie ein Grafikfenster, das über das Algebrafenster gelegt wird. Über **Einstellungen Modus** wählen Sie die beiden Optionen **Connected** und **Small** in den Feldern **Modus:** und **Größe:**. Setzen Sie die **Kreuzkoordinaten** an die Stelle (2/2,5) und **zenTrieren** Sie. Als **Maßstab** erweisen sich x:0.5 und y:2 geeignet. Nun können Sie das Richtungsfeld **Zeichnen** und sollten eines der beiden nächsten Bilder auf Ihrem Bildschirm sehen können.

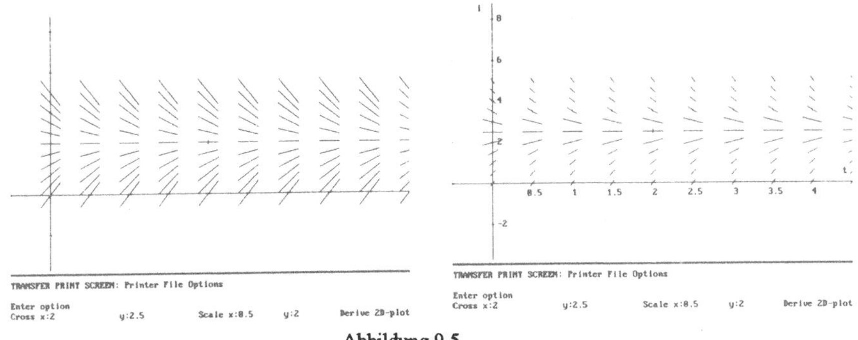


Abbildung 9.5

Die linke Grafik stammt von *DERIVE* 2.x, die rechte von *DERIVE* 3.x. Der Unterschied besteht deshalb, da die Versionen die Längen der Strecken unterschiedlich berechnen. In *DERIVE* 3.x sind die Strecken bei gleichen Maßstäben auf den Achsen etwa gleich lang, bei *DERIVE* 2.x ist dies nicht der Fall.

(iv) Welchem Wert nähert sich der Strom $i$ bei wachsender Zeit $t$?

(v) Wechseln Sie wieder zurück ins **Algebrafenster**, und **Schreiben** Sie VECTOR(2.5 – 2cê^(-2t),c,–5,5). **Vereinfachen** und **Zeichnen** Sie diese Kurvenschar in das vorliegende Richtungsfeld. Die Gleichung der Kurvenschar lautet

$$y = 2{,}5 - 2ce^{-2t}.$$

Dabei kann $c$ jede beliebige Zahl sein. Der VECTOR-Befehl läßt $c$ die Werte $-5, -4, \ldots\ldots 4, 5$ annehmen. Die Lösung der DGL, die diese Konstante $c$ enthält, heißt *allgemeine Lösung der Differentialgleichung*. Jede einzelne Kurve aus der Schar entspricht einer Funktion mit einem speziellen Wert für $c$ und stellt den Graphen einer *partikulären Lösung* dar.

(B) (i) Eine Population $P(t)$ wächst nach der Gesetzmäßigkeit

$$\frac{dP}{dt} = 0{,}05P.$$

**Schreiben** Sie DIRECTION_FIELD(0.05P,t,0,100,10,P,0,200,10). Diese Funktion erzeugt ein Richtungsfeld, bei dem die Variablen $t$ im Bereich $0 \leq t \leq 100$ in 10 Schritten und $P$ für $0 \leq P \leq 200$ ebenfalls in 10 Schritten Punkte $(t_i, P_i)$ in der t-P-Ebene festlegen, in denen die Tangentenstücke gezeichnet werden sollen. **approXimieren** Sie diesen Ausdruck, und **Zeichnen** Sie ihn im **Maßstab** x:10, y:50 mit dem Punkt (50,100) als Zentrum des Grafikfensters.

(ii) **Schreiben** Sie im **Algebrafenster** VECTOR(cê^(0.05t),t,0,100,10), **approXimieren** und **Zeichnen** Sie die Kurvenschar, gegeben durch

$$P(t) = c \cdot e^{0{,}05t}.$$

Der Scharparameter $c$ nimmt die Werte 0, 10, 20, .......,100 an. Die Gleichung der Kurvenschar beschreibt die allgemeine Lösung der DGL, während jedes $c$ zu einer speziellen Lösung führt.

(C) (i) Eine Probe radioaktiven Materials hat die Zerfallsrate

$$\frac{dm}{dt} = -0,1m \frac{dm}{dt} = -0,1m.$$

**Schreiben** Sie DIRECTION_FIELD(–0.1m,t,0,20,10,m,0,10,10).Mit **approX** und **Zeichne** erzeugen Sie das zugehörige Richtungsfeld in der $t$-$m$-Ebene, wobei $t$ von 0 bis 20 und $m$ von 0 bis 10 jeweils in 10 Schritten durchlaufen werden. Wählen Sie einen geeigneten **Maßstab** und **zenTrieren** Sie selbständig die entstandene Grafik.

(ii) **Schreiben** Sie VECTOR(cê^(–0.1t),c,5,15) und **approXimieren** oder **Vereinfachen** Sie zu einer Kurvenschar, die sich in das vorbereitete Richtungsfeld einfügt. Die allgemeine Lösung der DGL lautet

$$m(t) = c \cdot e^{-0,1t}.$$

(D) (i) Ein Paragleiter geht mit einer Geschwindigkeit zu Boden, für die gilt

$$\frac{dv}{dt} = 10 - v.$$

Zeichnen Sie das Richtungsfeld für den Bereich $0 \leq t \leq 10$ und $0 \leq v \leq 20$. Wie hoch ist die Endgeschwindigkeit des Paragleiters?

(ii) Eine radioaktive Substanz der Masse $m$ hat eine gegebene Zerfallsrate

$$\frac{dm}{dt} = -\frac{m}{2}.$$

Zeichnen Sie ein Richtungsfeld für $0 \leq t \leq 8$ und $0 \leq m \leq 4$. Zeigen Sie, daß $m \cdot e^{-t/2}$ eine partikuläre Lösung dieser DGL ist, indem Sie die Kurve ins vorliegende Richtungsfeld einbetten.

(iii) Zeichnen Sie das Richtungsfeld zur Differentialgleichung

$$\frac{dy}{dx} = \frac{y}{x}.$$

Welche Form haben nach Ihrer Meinung die Lösungskurven?

## 9.3 Trennung der Variablen

Es kann sehr schwierig werden, manche Differentialgleichung zu lösen. Bei vielen reicht aber zur Lösung ein einfaches Verfahren, bekannt unter dem Namen *Trennung der Variablen*. Wenn eine DGL in die Form

$$\frac{dy}{dx} = f(x) \cdot g(y)$$

gebracht werden kann, dann kann diese Methode zum Erfolg führen. Betrachten Sie dazu die beiden folgenden Beispiele:

$$\frac{dy}{dx} = y \cdot \sin x \quad \rightarrow \quad f(x) = \sin x, g(y) = y.$$

$$\frac{dy}{dx} = 3y^2 \quad \rightarrow \quad f(x) = 3, g(y) = y^2.$$

Um zu einer Lösung zu gelangen, muß die Gleichung umgestellt werden zu

$$\frac{dy}{g(y)\,dx} = f(x).$$

Dieser Schritt gibt der Methode den Namen. Die Variablen werden getrennt. Wenn wir nun die beiden Seiten der Gleichung nach $x$ integrieren, ergibt sich

$$\int \frac{1}{g(y)} \frac{dy}{dx}\,dx = \int f(x)\,dx$$

$$\int \frac{1}{g(y)}\,dy = \int f(x)\,dx.$$

Wenn sich beide Seiten integrieren lassen, führt das zu allgemeinen Lösung der DGL, die eine Integrationskonstante enthält. Das ist der Parameter der durch die allgemeine Lösung beschriebenen Kurvenschar. Gegebene Anfangswerte für $x$ und $y$ führen zu einem konkreten Wert für die Integrationskonstante und damit zur zugehörigen speziellen Lösung der DGL.

**Beispiel 9D**

Die Bevölkerungszahl $P$ eines Landes (in Millionen) hat die Wachstumsrate

$$\frac{dP}{dt} = \frac{P}{50}.$$

(a) Wie lautet die allgemeine Lösung dieser Differentialgleichung?

(b) Bestimmen Sie die spezielle Lösung für $P = 100$ bei $t = 0$.

**Lösung**

(a) Umordnung mit dem Ziel der Variablentrennung ergibt

$$\frac{1}{P} \cdot \frac{dP}{dt} = \frac{1}{50}$$

Wir integrieren nach $t$.

$$\int \frac{1}{P} \cdot \frac{dP}{dt} dt = \int \frac{1}{P} dP = \int \frac{1}{50} dt$$

$$\ln P = \frac{t}{50} + c_0 .$$

Beachten Sie dabei, daß Sie die Integrationskonstante $c_0$ als willkürliche Größe nur bei einem Integral hinzufügen müssen. Die Gleichung wird nach $P$ aufgelöst.

$$P = \mathrm{e}^{\frac{t}{50} + c_0} = \mathrm{e}^{c_0} \cdot \mathrm{e}^{\frac{t}{50}} = C \cdot \mathrm{e}^{\frac{t}{50}}. \qquad (\mathrm{e}^{c_0} = C)$$

Damit ist auch die allgemeine Lösung gegeben.

(b) Für die spezielle Lösung berücksichtigen wir, daß $P(t{=}0) = 100$.

$$100 = C \cdot \mathrm{e}^0$$

$$C = 100$$

Die spezielle Lösung lautet daher

$$P = 100 \cdot \mathrm{e}^{\frac{t}{50}}$$

**Beispiel 9E**

Das Newtonsche Abkühlungsgesetz führt in einem besonderen Fall zu der DGL

$$\frac{dT}{dt} = -5(T-20).$$

Bestimmen Sie die spezielle Lösung für $T(t=0) = 80$.

**Lösung**

Sowohl die Variablentrennung als auch die anschließende Integration sind möglich.

$$\frac{1}{T-20} \cdot \frac{dT}{dt} = -5$$

$$\int \frac{dT}{T-20} = -\int 5\,dt$$

$$\ln(T-20) = -5t + c_0$$

$$T-20 = \mathrm{e}^{-5t+C_0} = \mathrm{e}^{-5t} \cdot \mathrm{e}^{C_0} \qquad (\mathrm{e}^{C_0} = C)$$

$$T = 20 + C \cdot \mathrm{e}^{-5t}$$

Das ist die allgemeine Lösung. Wir substituieren für $T = 80$ und $t = 0$.

$$80 = 20 + C \cdot \mathrm{e}^0$$
$$C = 60$$

Die spezielle Lösung heißt

$$T = 20 + 60\mathrm{e}^{-5t}$$

**Beispiel 9F**

Die nächste DGL modelliert die Geschwindigkeit eines senkrecht fallenden Körpers unter Berücksichtigung des Luftwiderstands:

$$\frac{dv}{dt} = 10 - 0{,}2v.$$

(a) Wie lautet die allgemeine Lösung dieser Differentialgleichung?

(b) Bestimmen Sie die spezielle Lösung für den Fall, daß der Körper seine Fallbewegung aus der Ruhelage beginnt.

**Lösung**

(a) Wie in Beispiel 9E werden durch Umordnung zuerst die Variablen getrennt. Anschließend wird zu integrieren versucht.

$$\frac{1}{10-0{,}2v}\frac{dv}{dt} = 1$$

$$\int \frac{1}{10-0{,}2v} dvt = \int dt$$

$$-\frac{\ln(10-0{,}2v)}{0{,}2} = t + c_0$$

$$\ln(10-0{,}2v) = -0{,}2t - 0{,}2c_0$$

$$10-0{,}2v = e^{-0{,}2t} \cdot e^{-0{,}2c_0} \qquad (e^{-0{,}2c_0} = C)$$

$$10-0{,}2v = C \cdot e^{-0{,}2t}$$

$$v = \frac{10 - C\cdot e^{-0{,}2t}}{0{,}2} = 50 - 5C\cdot e^{-0{,}2t}.$$

Das ist die allgemeine Lösung dieser Differentialgleichung.

(b) Da der Körper seine Fallbewegung aus der Ruhelage beginnt, gilt hier $v(t{=}0) = 0$.

$$0 = 50 - 5C{\cdot}e^0$$

$$C = 10$$

Die gesuchte partikuläre Lösung heißt also

$$v = 50\,(1 - e^{-0{,}2t}).$$

Es muß unbedingt darauf hingewiesen werden, daß sich nicht alle DGL 1.O. mit dieser Methode lösen lassen, da es sehr leicht geschehen kann, daß die Variablen nicht getrennt werden können. Die Differentialgleichung

$$\frac{dy}{dx} = \sin(x+y)$$

kann sicher nicht in die gewünschte Form gebracht werden, da sich $\sin(x + y)$ in kein Produkt $f(x){\cdot}g(y)$ zerlegen läßt. Es gibt eine Vielzahl weiterer analytischer Methoden zur Lösung von Differentialgleichungen, deren Behandlung den Rahmen dieses Buches weit überschreiten würde.

*DERIVE Aktivität 9b*

Setzen Sie bitte am Beginn dieser Aktivität *DERIVE* in den Eingabemodus Word durch **Einstellung Eingabe Modus: Word**. Das ist deshalb notwendig, weil wir für die Anfangsbedingung die Bezeichnungen **x0** und **y0** für $x_0$ und $y_0$ benötigen und *DERIVE* im Standardeingabemodus **Character** dies sonst als $x \cdot 0$ interpretieren würde.

(A) Betrachten Sie die Differentialgleichung $\frac{dy}{dx} = k \cdot y$, wobei $k$ = konstant.

Das ist ein Beispiel für eine einfache DGL 1.O., die durch Variablentrennung gelöst werden kann.

$$\frac{1}{y}\frac{dy}{dx} = k.$$ Man integriert beide Seiten und erhält

$$\int_{y0}^{y} \frac{1}{y} dy = \int_{x0}^{x} k\, dx.$$

Die Untergrenzen $x_0$ und $y_0$ für die beiden Integrale nennt man die *Anfangsbedingungen*, und diese beschreiben einen Zustand, des durch die DGL modellierten Systems.

(i) **Schreiben** Sie 1/y ⏎ **Analysis Integriere y**, und setzen Sie $y_0$ und $y$ als untere und obere Grenze ein. Sie sehen jetzt das bestimmte Integral

$$\int_{y0}^{y} \frac{1}{y} dy.$$ Vereinfachen Sie noch **nicht**!!

(ii) **Schreiben** Sie nun k ⏎ **Analysis Integriere x**, und setzen Sie $x_0$ und $x$ als untere und obere Grenze ein. Sie erhalten ein zweites bestimmtes Integral

$$\int_{x0}^{x} k\, dx.$$

(iii) Mit der F3-Taste bilden Sie nun die Gleichung

$$\int_{y0}^{y} \frac{1}{y} dy = \int_{x0}^{x} k\, dx,$$ die Sie jetzt auch **Vereinfachen**.

$$\ln(y) - \ln(y_0) = k \cdot x - k \cdot x_0.$$

(iv) **Lösen** Sie diese Gleichung nach $y$ auf, und Sie sollten die allgemeine Lösung der DGL in einer Form, die $k$, $x_0$ und $y_0$ enthält, erhalten.

$$y = y_0 \cdot e^{kx - kx_0}.$$

(v) Wir nützen die bekannten Anfangsbedingungen ($x_0 = 0$, $y_0 = 10$), substituieren diese Werte mit **zusaTz Substituiere** und erhalten die spezielle Lösung

$$y = 10\,e^{kx}.$$

($k$ ist **nicht** die Integrationskonstante und daher auch **nicht** Scharparameter der durch die allgemeine Lösung beschriebenen Kurvenschar).

(B) (i) **Übertragen Laden** Sie die **Zusatzdatei** ODE1.
(ODE kommt von Ordinary Differential Equation = gewöhnliche DGL.)

(ii) Sie sollen nun die DGL

$$\frac{dy}{dx} = x^2\, y$$

mit Hilfe dieser Datei lösen. In ihr findet sich eine Funktion **SEPARABLE**, die i.a. jene DGLn lösen kann, welche über die Methode der Variablentrennung (= Separation) sind.

**Schreiben** Sie: SEPARABLE(x^2,y,x,y,x0,y0) und **Vereinfachen** Sie diesen Ausdruck. **Lösen** Sie den entstehenden Term nach $y$ auf, und Sie erhalten die allgemeine Lösung der DGL von *DERIVE* angeboten.

(iii) Substituieren Sie die Anfangsbedingungen $x_0 = 0$ und $y_0 = 12$, und **Vereinfachen** Sie zu einer speziellen Lösung. **Zeichnen** Sie diese Lösung.

(iv) Bestimmen Sie mit *DERIVE* den zum Argument $x = 10$ gehörenden Funktionswert $y$.

(v) Welcher $x$-Wert ergibt den $y$-Wert 50? (Vernachlässigen Sie allfällige komplexe Werte).

**Zusammenfassung**

Jede Differentialgleichung der Form

$$\frac{dy}{dx} = f(x)g(y)$$

kann mit SEPARABLE(f(x),g(y),x,y,x₀,y₀), wobei $x_0$ und $y_0$ die Anfangsbedingungen sind, gelöst werden (- falls die entstehenden Integrale überhaupt analytisch lösbar sind).

(C) Lösen Sie die nächsten Probleme mit *DERIVE*.

(i) Ein Fallschirmspringer fällt mit einer Beschleunigung

$$\frac{dv}{dt} = 10 - 0{,}3v\,.$$

Lösen Sie diese DGL unter der Anfangsbedingung $v(t = 0) = 0$. Zeichnen Sie die Lösungskurve, und stellen Sie die Endgeschwindigkeit des Springers fest.

(ii) Die Änderungsrate der Temperatur eines Körpers sei bekannt mit

$$\frac{d\theta}{dt} = -\frac{\theta - 40}{2}\,.$$

Wie lautet die partikuläre Lösung der DGL, wenn das Objekt anfänglich die Temperatur von 80°C hat? Wie lange dauert es, bis es auf 60°C abgekühlt ist?

(iii) Eine Insektenpopulation habe die Zuwachsrate

$$\frac{dP}{dt} = 0{,}25\,P\,.$$

In welchem Zeitraum verdoppelt sich jeweils die Population?

*Übung 9B*

1. Bestimmen Sie jeweils die allgemeine Lösung der DGL.

(a) $\frac{dy}{dx} = y$ (b) $\frac{dy}{dx} = x \cdot y$ (c) $\frac{dy}{dx} = x^3 y$

2. Die Zerfallsrate einer radioaktiven Substanz ist

$$\frac{dm}{dt} = -5m.$$

(a) Wie lautet die allgemeine Lösung?
(b) Bestimmen Sie die spezielle Lösung für die Ausgangsmasse $m(t=0) = 10$.

3. Bestimmen Sie für jede DGL die partikuläre Lösung.

(a) $x\frac{dy}{dx} = y^2, \quad y(x=1) = 10$

(b) $\frac{dy}{dx} = x^2 y^2, \quad y(x=0) = 2$

(c) $\frac{dy}{dx} = \frac{x^2}{y}, \quad y(x=0) = 10$

4. Die Abkühlung eines Objektes wird beschrieben durch

$$\frac{d\theta}{dt} = -5(\theta - 20).$$

Dabei ist θ die Temperatur in °C und $t$ die Zeit in Minuten. Wie lange dauert es, bis sich das Objekt von 80°C auf 50°C abkühlt?

5. Lösen Sie die Differentialgleichungen

(a) $\frac{dy}{dx} = e^{-y} \sin 2x, \quad y(x=0) = 10$

(b) $\frac{dy}{dx} = x^2 e^y, \quad y(x=0) =$

(c) $\frac{dy}{dx} = \frac{e^x}{y}, \quad y(x=0) = 2.$

6. Bestimmen Sie die allgemeine Lösung zu den nächsten DGL.

(a) $\frac{dy}{dx} = x^2 (y^2 - 4)$ (b) $\frac{dy}{dx} = \frac{y+2}{x-2}$

(c) $\frac{dy}{dx} = x^2 y + x^2 y^2$

7. Ein kleines Teilchen bewegt sich in einer Flüssigkeit so, daß es die folgende Differentialgleichung erfüllt.

$$\frac{dv}{dt} = -0{,}2\,(v + v^2).$$

Bestimmen Sie die spezielle Lösung zu $v(t = 0) = 40$.

8. Welche der nächsten DGL kann mit der Methode der Variablentrennung gelöst werden?

(a) $\frac{dx}{dt} = e^t x^2$ (b) $\frac{dP}{dx} = e^{x-P}$

(c) $\frac{dy}{dx} = \cos(x - y)$ (d) $\frac{dv}{dt} = v^2 + t^2$

## 9.4 Numerische Lösungen mit der Eulerschen Methode

Die Eulersche Methode ermöglicht einen einfachen Zugang zum Auffinden von numerischen Lösungen für DGL 1.O. der Form

$$\frac{dy}{dx} = f(x,y).$$

Wenn man ein Paar Argument - Funktionswert, z.B. $(x_0, y_0)$, kennt, dann kann man an dieser Stelle den Differentialquotienten $y' = f(x_0, y_0)$ berechnen. Damit ist aber die Steigung der Tangente an die Lösungskurve durch diesen Punkt $(x_0, y_0)$ gegeben. Diese Tangente sehen Sie auch in Abbildung 9.6. Wir interpretieren die Tangente als lineare Approximation der Kurve und können den nächsten $y$-Wert $y_1$ erhalten, indem wir den $x$-Wert um einen kleinen Wert $h$ erhöhen. Der Wert für $y_1$ ergibt sich demnach als

$$y_1 = y_0 + h \cdot f(x_0, y_0).$$

In weiteren Schritten lassen sich näherungsweise Funktionswerte für weiter entfernte Argumente $x$ berechnen. Allgemein stellt

$$y_{n+1} = y_n + h \cdot f(x_n, y_n)$$

eine einfache Iterationsformel zur Lösung von DGL 1.O. dar. Diese Methode wird nach Leonhard Euler das *Eulersche Verfahren* genannt.

**Beispiel 9G**

Bestimmen Sie mit dem Eulerschen Verfahren eine näherungsweise Lösung der DGL

$$\frac{dy}{dx} = x \cdot y \quad \text{an der Stelle } x = 1{,}5$$

unter der Anfangsbedingung $y(x = 1) = 4$.

**Lösung**

Hier sind $x_0 = 1$ und $y_0 = 4$. Als Schrittweite $h$ verwenden wir $h = 0{,}1$.

$$\begin{aligned} y_1 &= y_0 + h \cdot f(x_0, y_0) = \\ &= 4 + 0{,}1 \cdot 4 = \\ &= 4{,}4. \end{aligned} \qquad \begin{aligned} y_2 &= y_1 + h \cdot f(x_1, y_1) = y_1 + h \cdot x_1 \cdot y_1 = \\ &= 4{,}4 + 0{,}1 \cdot 1{,}1 \cdot 4{,}4 = \\ &= 4{,}884. \end{aligned}$$

Das Verfahren wird übersichtlicher, wenn wir eine Tabelle zu Hilfe nehmen.

| $i$ | $x_i$ | $y_i$ | $f(x_i,y_i)$ |
|---|---|---|---|
| 0 | 1 | 4 | 4 |
| 1 | 1,1 | 4,4 | 4,84 |
| 2 | 1,2 | 4,884 | 5,8608 |
| 3 | 1,3 | 5,4701 | 7,1111 |
| 4 | 1,4 | 6,1812 | 8,6537 |
| 5 | 1,5 | 7,0466 | 10,5699 |

Beachten Sie, daß die exakte Lösung - sie wird auch hier die *analytische Lösung* genannt - für dieses Problem den Wert $y(x = 1{,}5) = 7{,}47$ ergibt. Die spezielle Lösung der DGL ist nämlich

$$y = C \cdot e^{0{,}5x^2} \quad \text{mit } C = 4e^{-0{,}5},$$

und diese Funktion hat an der Stelle $x = 1{,}5$ den Funktionswert 7,47.

Eine kleinere Schrittweite $h$ bringt auch nach dem Eulerschen Verfahren eine Erhöhung der Genauigkeit mit sich.

*DERIVE Aktivität 9c*

(A) (i) **Übertragen Laden** Sie die **Zusatzdatei** ODE_APPR.
Das Problem aus Beispiel 9G soll mit einer in der Datei ODE_APPR.MTH bereits vorhandenen Funktion nach der Eulerschen Methode behandelt werden.

$$\frac{dy}{dx} = x \cdot y, \ (x_0 = 1, y_0 = 4); \ \text{gesucht ist } y(x = 1{,}5).$$

**Schreiben** Sie: EULER(xy,x,y,1,4,0.1,5). (Der Eingabemodus ist wieder **Character**). Damit wird insgesamt 5 mal mit der Schrittweite 0,1 iteriert. **approXimieren** Sie diesen Ausdruck, um eine Liste von Punkte zu erhalten. Vergleichen Sie diese Werte mit den Werten in der Tabelle von vorhin. Lesen Sie den Näherungswert für $y(x = 1{,}5)$ aus der Liste ab.

(ii) Öffnen Sie ein **Graphikfenster**. Wählen Sie im Untermenü **Modus** in den **Einstellungen** den **Modus: Connected** und die **Größe:Small**, um die Punkte, die die Funktion EULER für Sie erzeugt hat, als einen Linienzug darzustellen. Passen Sie den **Maßstab** und das Zentrum des Bildes an, um eine möglichst gute Darstellung zu erreichen. Der Linienzug ist eine Approximation der tatsächlichen Lösungskurve durch (1,4).

(iii) Kehren Sie ins **Algebrafenster** zurück, und **Schreiben** Sie die analytische Lösung 4ê^0.5(x^2 - 1). **Zeichnen** Sie auch den Graphen. Sie werden sofort feststellen, daß die Abweichung der Approximation von der exakten Lösung mit wachsender Entfernung vom Punkt (1,4) zunimmt.

(iv) **Schreiben** und **approXimieren** Sie EULER(xy,x,y,1,5,0.05,10). Das ergibt mit $h = 0{,}05$ eine bessere Näherung, da die Anzahl der Iterationen verdoppelt wird. **Zeichnen** Sie auch diesen Polygonzug, und vergleichen Sie ihn mit den früheren Ergebnissen.

(B) Ein Fallschirmspringer fällt in dem Augenblick, in dem sich der Schirm öffnet, mit einer Geschwindigkeit von 20 msec$^{-1}$. Seine Geschwindigkeit ändert sich im Verlauf des Falles nach der DGL

$$\frac{dv}{dt} = 10 - v^{\frac{3}{2}}.$$

**Schreiben** und **approXimieren** Sie EULER(10-v^(3/2),t,v,0,20,0.1,20). Zeichnen Sie das Ergebnis. Welche Endgeschwindigkeit erreicht der Springer?

(C) (i) Suchen Sie mit EULER((x^3+y^2)/10,x,y,1,1,0.4,10) eine numerische Lösung für die DGL

$$\frac{dy}{dx} = \frac{x^3 + y^2}{10} \quad \text{mit } (x_0 = 1, y_0 = 1).$$

**approXimieren** und **Zeichnen** Sie das Ergebnis.

(ii) Verwenden Sie 20 Iterationsschritte mit einer Schrittweite $h = 0{,}2$.

(iii) Verdoppeln Sie die Schrittanzahl mit $h = 0{,}1$.

(iv) Reduzieren Sie die Schrittweite, und erhöhen Sie die Schrittanzahl solange bis sich zwei aufeinanderfolgende Graphen am Bildschirm überdecken.

**Zusammenfassung**

Jede DGL 1.O. $\frac{dy}{dx} = f(x,y)$ mit Anfangswerten ($x_0$, $y_0$) kann mit der *DERIVE*-Funktion **EULER($f(x,y)$, $x$, $y$, $x_0$, $y_0$, $h$, $n$)** näherungsweise numerisch gelöst werden. Dabei bedeuten $h$ die Schrittweite und $n$ die Anzahl der Iterationen.

*Übung 9C*

1. Lösen Sie die Differentialgleichung

$$\frac{d\theta}{dt} = 4t - 0{,}05\theta$$

mit den Anfangswerten $t = 0$ und $\theta = 80$. Verwenden Sie das Eulersche Verfahren mit $h = 1$, um den Wert für $\theta(t = 6)$ näherungsweise zu berechnen.

Die analytische Lösung ist $\theta = 80t - 1600 + 1680\ e^{-0{,}05t}$. Wie groß ist der relative Fehler der Näherungslösung in %.

2. Mit der Eulerschen Methode und einer Schrittweite $h = 0{,}1$ suchen Sie den Funktionswert $y$ an der Stelle $x = 3{,}7$ für die Lösungskurve der DGL

$$\frac{dy}{dx} = \frac{x^3 y}{10}$$

mit den Anfangsbedingungen $x_0 = 3, y_0 = 10$.

3. Bestimmen Sie den Funktionswert $y(x = 0{,}3)$ einer Lösungskurve der Differentialgleichung

$$\frac{dy}{dx} = xy^2$$

durch den Punkt $P(0,1)$. Arbeiten Sie mit dem Eulerschen Verfahren.

Suchen Sie auch die analytische Lösung mit der Methode der Variablentrennung, und geben Sie den relativen Fehler der Näherungslösung an.

4. Bestimmen Sie den Funktionswert an der Stelle $x = 5$ für die DGL

$$\frac{dy}{dx} = \frac{x + y}{y}$$

unter den Anfangsbedingungen $(x_0 = 0, y_0 = 2)$.

Verwenden Sie dabei die Schrittweite $h = 1$.

# 10 Komplexe Zahlen

## 10.1 Das Auftreten von komplexen Zahlen

Komplexe Zahlen kommen oft vor, wenn man Gleichungen höheren Grades lösen muß. So ergibt sich z.B. das in Abbildung 10.1 gezeigte Algebrafenster, wenn wir mit *DERIVE* die Gleichung

$$x^4 - x^3 + 2x^2 + 2x - 4 = 0$$

lösen. (Setzen Sie bitte **Einstellung Genauigkeit Mixed**).

```
#1:  Precision := Mixed

      4    3      2
#2:  x  - x  + 2·x  + 2·x - 4

#3:  x = 1

#4:  x = -1.17950

#5:  x = 0.589754 + 1.74454·î

#6:  x = 0.589754 - 1.74454·î
```

Abbildung 10.1

Zwei der Lösungen sind Zahlen bekannter Art: $x = 1$ und $x = -1{,}17950$. Die beiden anderen Lösungen $x = 0{,}589754 - 1{,}74454\,\hat{\imath}$ und $x = 0{,}589754 + 1{,}74454\,\hat{\imath}$ sind Beispiele eines neuen Typs von Zahlen, die *komplexe Zahlen* genannt werden.

*DERIVE Aktivität 10a*

**Lösen** Sie mit *DERIVE* die nächsten fünf Gleichungen (**Genauigkeit Mixed**).

$$x^2 + 2 = 0$$
$$x^2 + x + 3 = 0$$
$$x^3 + 15x - 4 = 0$$
$$x^4 - 3x^2 + 2x - 4 = 0$$
$$x^6 + x^5 - x^3 - 11x^2 + 2x - 12 = 0$$

Können Sie einen Zusammenhang zwischen dem Grad der Gleichung und der Anzahl der Lösungen herstellen?
Können Sie in den komplexen Lösungen eine Regelmäßigkeit erkennen?
Überprüfen Sie Ihre Vermutungen anhand einiger weiterer Polynomgleichungen.

**Zusammenfassung**

Sie haben sicher herausgefunden, daß jeweils die Anzahl der Lösungen mit dem Grad der Gleichung übereinstimmt und daß die komplexen Lösungen immer paarweise auftreten. In jedem Paar unterscheiden sich die beiden komplexen Zahlen im Vorzeichen des zweiten Summanden. So erhalten wir bei unserer Mustergleichung

$$x^4 - x^3 + 2x^2 + 2x - 4 = 0$$

das komplexe Zahlenpaar

$$0{,}589754 - 1{,}74454\,\hat{\imath} \text{ und } 0{,}589754 + 1{,}74454\,\hat{\imath}.$$

Die Bedeutung des Symbols î kann an dem Beispiel $x^2 + 2 = 0$ erklärt werden. Umstellung dieser Gleichung ergibt

$$x^2 = -2.$$

Wir ziehen die Quadratwurzel und erhalten

$$x_{1,2} = \pm\sqrt{-2} = \pm\sqrt{2}\cdot\sqrt{-1},$$

während *DERIVE* dafür ± 1.4142 î (= ± $\sqrt{2}$ î ) geschrieben hat.

Das Symbol î entspricht der $\sqrt{-1}$. Üblicherweise schreibt man dafür ein gewöhnliches i (nur Ingenieure verwenden manchmal ein j). i heißt die *imaginäre Einheit*. *DERIVE* unterscheidet die imaginäre Einheit i von der Variablen i, wenn man ähnlich wie bei der Eulerschen Zahl e die Tastenkombination [Alt] + [I] oder #i eingibt.

Alle Lösungen der *DERIVE* Aktivität 10a hatten die Form $z = a + b\cdot i$. Wenn $b = 0$ ist, dann hat die Zahl eine bekannte Gestalt und heißt *reelle Zahl*. Ist aber $b \neq 0$, dann nennt man eine derartige Zahl eine *komplexe Zahl*.

In unseren Beispielen sind $a$ und $b$ selbst reelle Zahlen. $a$ ist der *Realteil* und $b$ der *Imaginärteil* von $z$. Man schreibt dafür Re($z$) und Im($z$).

Mit jeder komplexen Zahl $z = a + b\cdot i$ ist eine zweite komplexe Zahl $z^* = a - b\cdot i$ verknüpft, die man als die zu $z$ *konjugiert komplexe* Zahl bezeichnet.

Sie konnten feststellen, daß unter den Lösungen der gegebenen Gleichungen die komplexen Lösungen immer als konjugiert komplexe Paare auftreten.

**Beispiel 10A**

Bestimmen Sie von jeder der gegebenen komplexen Zahlen den Real- und Imaginärteil sowie die konjugiert komplexe Zahl.

(a) $-4+2i$, (b) $3-6i$, (c) $1{,}72-4{,}21i$

**Lösung**

Sie finden die Lösungen in der folgenden Übersicht zusammengestellt

| | $z$ | Re($z$) | Im($z$) | $z^*$ |
|---|---|---|---|---|
| (a) | $-4+2i$ | $-4$ | 2 | $-4-2i$ |
| (b) | $3-6i$ | 3 | $-6$ | $3+6i$ |
| (c) | $1{,}72-4{,}21i$ | 1,72 | $-4{,}21$ | $1{,}72+4{,}21i$ |

*Übung 10A*

1. Bestimmen Sie von jeder der gegebenen komplexen Zahlen den Real- und Imaginärteil, sowie die konjugiert komplexe Zahl.

   (a) $2-3i$ (b) $6+2i$ (c) $1{,}73-2{,}19i$

   (d) $1{,}7+4{,}6i$ (e) $-5{,}17+1{,}03i$ (f) $-4i$

   (g) $17i$ (h) $x-y\cdot i$ (i) $p+q\cdot i$

2. Lösen Sie die folgenden Gleichungen

   (a) $x^2+2x+3=0$ (b) $x^2+9=0$

   (c) $2x^2-x+1=0$ (d) $3x^2+2x+2=0$

3. Zeigen Sie, daß für jede komplexe Zahl $z=a+bi$ gilt:

   (a) $z\,z^*=a^2+b^2$

   (b) $z+z^*=2\mathrm{Re}(z)$

   (c) $z-z^*=2\mathrm{Im}(z)$

4. Suchen Sie jeweils die quadratische Gleichung, deren Lösung das angegebene Paar konjugiert komplexer Zahlen ist.

   (a) $2-3i$ ; $2+3i$ (b) $0{,}2+0{,}5i$ ; $0{,}2-0{,}5i$

   (c) $3-5i$ ; $3+5i$ (d) $a+bi$ ; $a-bi$

## 10.2 Die Gaußsche Zahlenebene

Die komplexe Zahl $z = a + bi$ kann im kartesischen Koordinatensystem durch den Punkt $(a,b)$ dargestellt werden. Der Pfeil vom Ursprung zu diesem Punkt wird gerne gezeichnet, um sich die Zahl besser vorstellen zu können. So zeigt Abbildung 10.2 die Bilder der komplexen Zahlen $3 + 2i$, $-1 + i$, $-2 - 3i$ und $4 - 2i$.

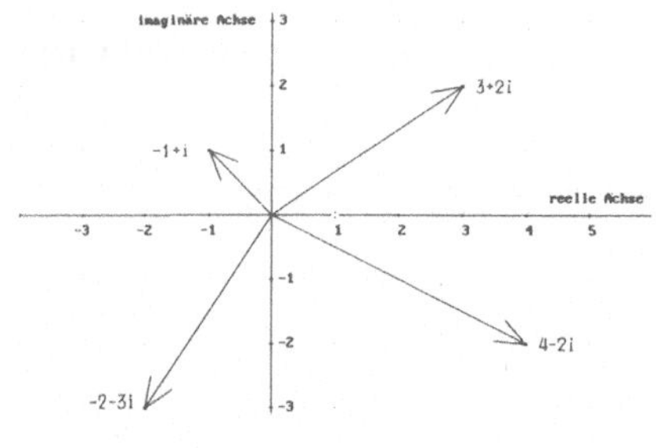


Abbildung 10.2

In Richtung der $x$-Achse wird der Realteil und in Richtung der $y$-Achse der Imaginärteil von $z$ aufgetragen. Dieses derart modifizierte Koordinatensystem nennt man die *Gaußsche Zahlenebene*.

In der Gaußschen Zahlenebene läßt sich die Größe einer komplexen Zahl mit der Länge des Pfeiles und ihre Richtung mit dem Winkel, den der Pfeil mit der positiven Richtung der reellen Achse einschließt, in Verbindung bringen.

Die Länge des Pfeiles heißt der *Betrag* von $z$, der Winkel ist das *Argument* oder die *Phase* von $z$.

Für die komplexe Zahl $z = a + bi$ gilt:

$$\text{Betrag} = |z| = r = \sqrt{a^2 + b^2}$$

Argument = $\arg(z) = \theta =$
$= \angle$ ($OP$ mit positiver Richtung der reellen Achse)

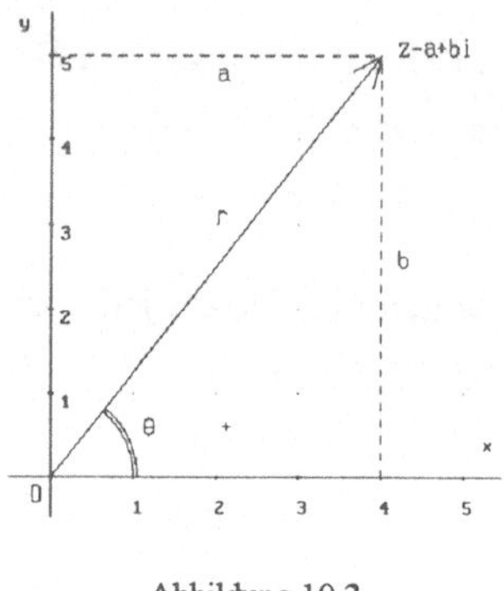


Abbildung 10.3

Liegt $z$ in der oberen Halbebene, dann gilt $0 \leq \arg(z) \leq \pi$, für $z$ unterhalb der reellen Achse gilt $-\pi < \arg(z) < 0$.

**Beispiel 10B**

Stellen Sie die folgenden drei komplexen Zahlen in der Gaußschen Zahlenebene dar. Bestimmen Sie für jede von ihnen den Betrag und das Argument.

(a) $z_1 = 3 + 2i$, (b) $z_2 = -4 - 2i$, (c) $z_3 = 1 - 2i$

**Lösung**

In Abbildung 10.4 sehen Sie die graphische Darstellung.

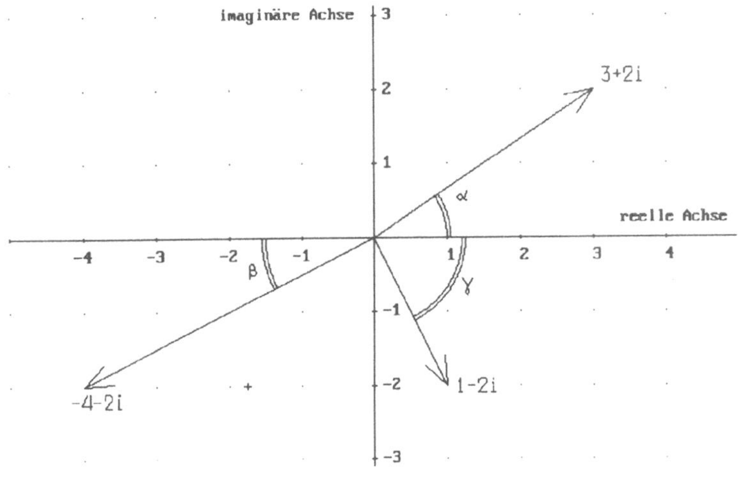


Abbildung 10.4

(a) $z_1 = 3 + 2i$:

$$|z_1| = |3+2i| = \sqrt{3^2+2^2} = \sqrt{13}$$

$$\arg(z_1) = \arg(3+2i) = \alpha = \arctan\frac{2}{3} = 0{,}522$$

(b) $z_2 --4-2i$.

$$|z_2| = |-4-2i| = \sqrt{4^2+2^2} = \sqrt{20}$$

$$\arg(z_2) = \arg(-4-2i) = -(\pi - \beta) =$$

$$= -\left(\pi - \arctan\frac{2}{4}\right) = -2{,}68$$

(a) $z_3 = 1 - 2i$:

$$|z_3| = |1-2i| = \sqrt{1^2+2^2} = \sqrt{5}$$

$$\arg(z_3) = \arg(1-2i) = -\gamma = -\arctan 2 = -1{,}11$$

Aus Abbildung 10.3 kann man eine Beziehung zwischen $\mathrm{Re}(z) = a$ und $\mathrm{Im}(z) = b$ einerseits und Betrag $= r$ und $\arg(z) = \theta$ andererseits herauslesen:

$$a = r \cdot \cos\theta \quad \text{und} \quad b = r \cdot \sin\theta.$$

So kann die komplexe Zahl $z = a + bi$ durch $r$ und $\theta$ ausgedrückt werden

$$z = r\cos\theta + i\,r\sin\theta \;=\; r\,(\cos\theta + i\sin\theta).$$

Das bezeichnet man als die *Polarform* einer komplexen Zahl.

So ist z.B. die Polarform der komplexen Zahl $z_3 = 1 - 2i$ aus Beispiel 10B gegeben durch $\sqrt{5}\left(\cos 1{,}11 - i\sin 1{,}11\right)$, da $\cos(-1{,}11) = \cos 1{,}11$ und $\sin(-1{,}11) = -\sin 1{,}11$.

*Übung 10B*

1. Bestimmen Sie von jeder der gegebenen komplexen Zahlen den Betrag und das Argument, stellen Sie sie auch in der Gaußschen Zahlenebene dar, und bringen Sie sie in die Polarform.

   (a) $i$ (b) $1 + i$ (c) $2 - 3i$
   (d) $-1 - 4i$ (e) $-3 - 4i$ (f) $-5 + 12i$
   (g) $1$ (h) $-3i$ (i) $-4$
   (j) $1 - i\sqrt{3}$ (k) $-1 - i\sqrt{3}$ (l) $1{,}32 - 6{,}21i$

   Überprüfen Sie Ihre Antworten mit *DERIVE*. Den Betrag und das Argument von $z$ erhalten Sie mit den *DERIVE*-Funktionen **ABS(z)** und **PHASE(z)**. Vergessen Sie nicht auf [Alt] + [I] für î!.

2. Bestimmen Sie die Lösungen der Gleichungen, und bringen Sie diese in Polarform.

   (a) $x^2 + 2x + 2 = 0$

   (b) $x^2 + 8 = 0$

3. Bestimmen Sie mit *DERIVE*

   (a) $\left|3 + 4i\right|$ (b) $\arg(3 - 4i)$ (c) $\left|(1+i)(3-2i)\right|$

   (d) $\left|\dfrac{5-12i}{1+i}\right|$ (e) $\arg\left(\dfrac{5-12i}{1+i}\right)$ (f) $\left|(3-i)^2\,(2+i)^3\right|$

## 10.3 Rechnen mit komplexen Zahlen

Die Addition, Subtraktion und die Multiplikation von komplexen Zahlen sind ganz klar definiert. Zum Beispiel:

$$(2-3i)+(1+4i)=2-3i+1+4i=(2+1)+(-3i+4i)=3+i$$

$$(2-3i)-(1+4i)=2-3i-1-4i=(2-1)+(-3i-4i)=1-7i$$

$$(2-3i)\cdot(1+4i)=2+8i-3i-12i^2=2+8i-3i+12=14+5i$$

Zur Division zweier komplexer Zahlen verwenden wir die konjugiert komplexe.

Betrachten Sie $z=\dfrac{2-3i}{1+4i}$. Wir multiplizieren Zähler und Nenner mit $(1-4i)$:

$$z=\frac{(2-3i)(1-4i)}{(1+4i)(1-4i)}=\frac{2-8i-3i+12i^2}{1-(4i)^2}=\frac{2-11i-12}{1-16i^2}=\frac{-10-11i}{1+16}=\frac{-10-11i}{17}$$

*Übung 10C*

1. Bestimmen Sie zu jedem der gegebenen Paare von komplexen Zahlen

   $z_1+z_2,\ z_1-z_2,\ z_1\cdot z_2,\ \dfrac{z_1}{z_2},\ z_1^2$ und $3z_1-2z_2$.

   (a) $z_1=i,\ z_2=3+4i$ (b) $z_1=-3+4i,\ z_2=1-i$

   (c) $z_1=1+i,\ z_2=1-i$ (d) $z_1=-6-i,\ z_2=1-2i$

   (e) $z_1=3+2i,\ z_2=5-i$ (f) $z_1=-3-4i,\ z_2=5+12i$

   Überprüfen Sie alle Antworten mit *DERIVE*.

2. Gegeben sei die komplexe Zahl $z=3-2i$. Berechnen Sie

   (a) $i\cdot z$ (b) $z^*$ (c) $\dfrac{1}{z}$ (d) $\dfrac{1}{z^*}$

3. Zeigen Sie in der Gaußschen Zahlenebene, daß die Multiplikation einer beliebigen komplexen Zahl $z$ mit der imaginären Einheit $i$ eine Drehung im mathematisch positiven Sinn (gegen den Uhrzeigersinn) um $\pi/2$ (=90°) bewirkt.

4. Suchen Sie den Real- und Imaginärteil $a$ und $b$, wenn

(a) $a+bi = \dfrac{3}{\cos\theta + i\sin\theta}$.

(b) $a+bi = \dfrac{2-i}{1+\cos\theta - i\sin\theta}$.

5. Bestimmen Sie den Real- und Imaginärteil von $z$, wenn

$$\frac{1}{z} = \frac{1}{1+i} - \frac{1}{2-i}.$$

6. Verwenden Sie PHASE von *DERIVE* und zeigen Sie, daß

(a) das Argument von $(1 + i)^3$ das dreifache Argument von $(1 + i)$ ist,

(b) das Argument von $\left(-\frac{1}{2}+\frac{\sqrt{3}}{2}i\right)^4$ viermal das Argument von $z=-\frac{1}{2}+\frac{\sqrt{3}}{2}i$ darstellt.

Schlagen Sie eine Regel für die Bildung des Betrags und des Arguments von $z^n$ vor, in der neben der Hochzahl $n$ der Betrag und das Argument von $z$ vorkommen. Testen Sie mit *DERIVE* Ihre Idee für $i^6$, $(2 + 3i)^3$, $(4 - 2i)^5$, $(1 - i)^7$ und $(4{,}7 + 1{,}7i)^9$.

Schreiben Sie schließlich $z^n$ in Polarform für $z = r(\cos\theta + i\sin\theta)$.

7. (a) **Vereinfachen** Sie mit *DERIVE* den Ausdruck $e^{2+3i}$.

(b) Bestimmen Sie Betrag und Argument für das Ergebnis von (a).

Wiederholen Sie (a) und (b) für die Exponentialterme

(c) $e^{1-i}$ (d) $e^{3+4i}$ (e) $e^{0,4i}$

Welchen Schluß können Sie für das Argument $\arg(e^{a+bi})$ ziehen?

## 10.4 Die Eulersche Formel

Wir vereinen nun die Ergebnisse der Aufgaben 6 und 7 aus Übung 10C.

In Aufgabe 6 sahen Sie, daß sich für

$$z = r\,(\cos\theta + i\sin\theta)$$

die Potenz $z^n$ immer schreiben läßt als

$$z^n = r^n\ (\cos(n\theta) + i\ \sin(n\theta)).$$

D.h. $|z^n| = |z|^n$ und $\arg(z^n) = n\cdot\arg(z)$.

Dieses wichtige Ergebnis heißt die *Formel von Moivre.*

In Aufgabe 7 war zu erkennen, daß $e^{a+bi}$ eine komplexe Zahl mit dem Argument $b$ ist. So verwenden wir die Polarform und erhalten nach Zerlegung von $z = e^{a+bi}$ in

$$z = e^{a+bi} = e^a \cdot e^{bi}\ :$$

$$e^a = \text{reelle Zahl} = |z| \text{ und}$$

$$e^{bi} = \text{komplexe Zahl} = \cos b + i\sin b.$$

Der zweite Teil

$$\boxed{e^{bi} = \cos b + i\sin b}$$

ist die *Eulersche Formel.* Sie stellt eine faszinierende Verbindung zwischen der Exponentialfunktion und den trigonometrischen Funktionen her.

Komplexe Zahlen lassen sich auf drei verschiedene Arten darstellen:

| | |
|---|---|
| $z = x + iy$ | Kartesische Form |
| $z = r(\cos\theta + i\sin\theta)$ | Polarform oder trigonometrische Form |
| $z = r\cdot e^{i\theta}$ | Exponentialform |

**Beispiel 10C**

Verwenden Sie die Eulersche Formel, um die Formel von Moivre zu beweisen.

**Lösung**

Es sei $z = r(\cos\theta + i\sin\theta)$. Nach der Eulerschen Formel gilt aber auch

$$z = r \cdot e^{i\theta}.$$

Nach den Potenzregeln ergibt sich für beliebige $n$

$$z^n = (r \cdot e^{i\theta})^n = r^n \cdot e^{n i \theta}.$$

Wenn wir für den zweiten Faktor nochmals die Eulersche Formel anwenden, dann erhalten wir

$$z^n = r^n (\cos n\theta + i \sin n\theta).$$

**Beispiel 10D**

Schreiben Sie $z = -1 + i$ in Polarform und berechnen Sie $(-1 + i)^8$.

**Lösung**

$$|z| = |-1+i| = \sqrt{2} \text{ und } \arg(z) = \arctan(-1) = \frac{3\pi}{4} \qquad (0 \le \theta \le \pi\,!!)$$

Daher läßt sich $z$ schreiben als

$$z = -1 + i = \sqrt{2}\left(\cos\frac{3\pi}{4} + i\sin\frac{3\pi}{4}\right).$$

Weiter ergibt sich dann für die 8.Potenz:

$$z^8 = (-1+i)^8 = \left(\sqrt{2}\right)^8 \left[\cos\left(8 \cdot \frac{3\pi}{4}\right) + i \sin\left(8 \cdot \frac{3\pi}{4}\right)\right] =$$

$$= 2^4 \cdot (\cos 6\pi + i \sin 6\pi) = 2^4 (1 + i \cdot 0) = 16.$$

*Übung 10D*

1. Schreiben Sie jede der folgenden komplexen Zahlen in Polar- und Exponentialform.

(a) $3 + 4i$ (b) $1 - i$ (c) $-\frac{\sqrt{3}}{2} - \frac{1}{2}i$

(d) $5 - 12i$ (e) $-2 + 2i$ (f) $-0{,}3 - 0{,}7i$

(g) $\frac{1}{3+4i}$ (h) $\frac{1}{1+2i}$ (i) $\frac{1-i}{5-12i}$

2. Schreiben Sie die folgenden komplexen Zahlen in kartesischer Form. Stellen Sie die Zahlen auch in der Gaußschen Zahlenebene dar.

(a) $e^{i\pi}$ (b) $3e^{-i\pi/2}$ (c) $e^{-i\pi}$

(d) $2e^{0{,}7i}$ (e) $4e^{-0{,}1i}$ (f) $0{,}9e^{i\pi/4}$

3. Gegeben seien die beiden komplexen Zahlen $z_1 = 2e^{i\pi/4}$ und $z_2 = 3e^{-i\pi/2}$. Bestimmen Sie den Betrag und das Argument von:

(a) $z_1^{\,2}$ (b) $z_2^{\,3}$ (c) $z_1^{\,2} \cdot z_2^{\,3}$ (d) $\frac{z_1^{\,2}}{z_2^{\,3}}$

4. Wiederholen Sie Aufgabe 3 mit $z_1 = 4e^{0{,}7i}$ und $z_2 = 0{,}5e^{-0{,}1i}$.

5. Schreiben Sie $3 - 4i$ in Polarform und berechnen Sie $(3 - 4i)^6$.

6. Schreiben Sie $1 + i$ in Polarform und berechnen Sie $(1 + i)^{12}$.

7. Multiplizieren Sie $(\cos\theta + i\sin\theta)^3$ aus, und verwenden Sie die Formel von Moivre, um $\cos 3\theta$ und $\sin 3\theta$ durch $\cos\theta$ und $\sin\theta$ auszudrücken.

## 10.5 Wurzeln aus komplexen Zahlen

Eine der häufigsten Anwendungen der Formel von Moivre ist das Berechnen von Wurzeln aus komplexen Zahlen, wie z.B. $\sqrt{z}$ oder $\sqrt[4]{z}$. Die nächsten Beispiele zeigen die Vorgangsweise.

**Beispiel 10E**

Bestimmen Sie die drei Kubikwurzeln von $z = 1 + i$.

**Lösung**

Der Betrag von $z$ ist $|z| = \sqrt{2}$ und das Argument ist $\arg(z) = \theta = \frac{\pi}{4}$. Damit lautet $z$ in

Polarform: $$1 + i = \sqrt{2}\left(\cos\frac{\pi}{4} + i\sin\frac{\pi}{4}\right).$$

Ziehen Sie auf beiden Seiten der Gleichung die dritte Wurzel, und wenden Sie die Formel von Moivre an:

$$(1+i)^{\frac{1}{3}} = \left(\sqrt{2}\right)^{\frac{1}{3}}\left(\cos\frac{\pi}{4} + i\sin\frac{\pi}{4}\right)^{\frac{1}{3}} =$$

$$= 2^{\frac{1}{6}}\left(\cos\frac{\pi}{12} + i\sin\frac{\pi}{12}\right)$$

In kartesischer Form lautet eine Kubikwurzel von $1 + i$: $\sqrt[3]{1+i} \approx 1{,}084 + 0{,}291i$.

Wenn wir die beiden restlichen Kubikwurzeln angeben wollen, müssen wir uns in Erinnerung rufen, daß das Argument einer komplexen Zahl wegen der Periodizität von $\sin\theta$ und $\cos\theta$ nicht eindeutig bestimmt ist. Man könnte für $z$ allgemeiner schreiben:

$$z = r(\cos\theta + i\sin\theta) = r[\cos(\theta + 2\pi k) + i\sin(\theta + 2\pi k)] \quad \text{mit } k = 0, \pm 1, \pm 2, \ldots$$

Abbildung 10.5 zeigt die Werte für ein Argument $\theta$ mit $k = 0$, 1 und 2. Jeder Wert für $k$ beschreibt eine komplette Drehung des Strahls $OP$ um $2\pi$.

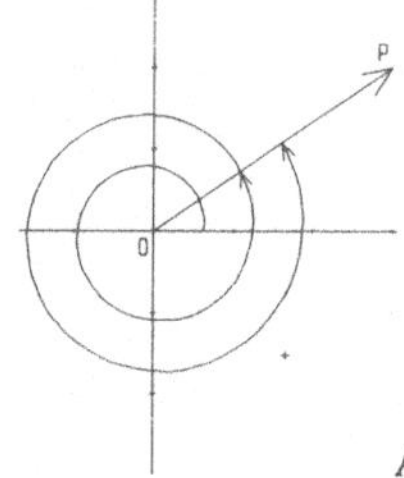


Abbildung 10.5

So läßt sich $z = 1 + i$ allgemeiner schreiben in der Form

$$1+i = \sqrt{2}\left[\cos\left(\frac{\pi}{4}+2\pi k\right)+i\sin\left(\frac{\pi}{4}+2\pi k\right)\right].$$

Ziehen Sie bitte nochmals die 3.Wurzel auf beiden Seiten der Gleichung, und berücksichtigen Sie natürlich wieder die Moivre'sche Formel.

$$(1+i)^{\frac{1}{3}} = \sqrt[6]{2}\left[\cos\left(\frac{\pi}{12}+\frac{2\pi k}{3}\right)+i\sin\left(\frac{\pi}{12}+\frac{2\pi k}{3}\right)\right].$$

Nun setzen Sie für $k$ einige Werte ein, und berechnen Sie die entstehenden komplexen Zahlen. Sie merken bald, daß sich die Ergebnisse für $k = 0,1,2$ in den Werten für $k = 3,4,5$ und $k = 6,7,8$ u.s.w. wiederholen.

| | | | |
|---|---|---|---|
| $k = 0$: | $1{,}084 + 0{,}291i$ | $k = 3$: | $1{,}084 + 0{,}291i$ |
| $k = 1$: | $-0{,}794 + 0{,}794i$ | $k = 4$: | $-0{,}794 + 0{,}794i$ |
| $k = 2$: | $-0{,}291 - 1{,}084i$ | $k = 5$: | $-0{,}291 - 1{,}084i$ |

Die Formel für $\sqrt[3]{1+i}$ gibt genau drei verschiedene Kubikwurzeln, die zu $k = 0,1,2$ gehören. Sie finden ihre Darstellung in der Gaußschen Zahlenebene in Abbildung 10.6

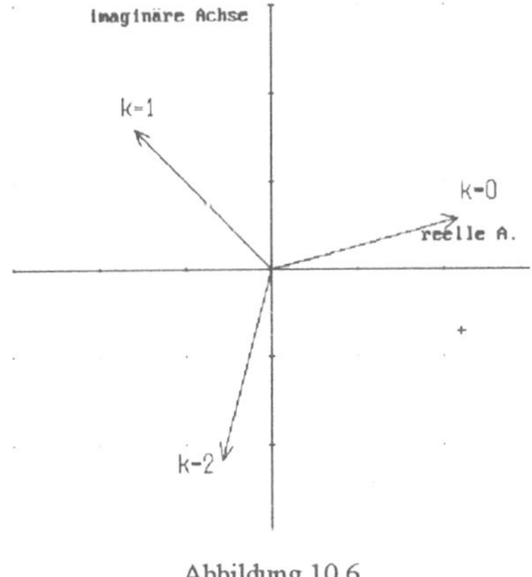


Abbildung 10.6

Die allgemeine Vorschrift, alle $n$ $n$-ten Wurzeln einer komplexen Zahl $z$ zu finden, lautet daher folgendermaßen:

- Bringen Sie $z$ in die Polarform: $z = r[\cos(\theta + 2\pi k) + i\sin(\theta + 2\pi k)]$
- $\sqrt[n]{z} = \sqrt[n]{r}\left(\cos\frac{\theta+2\pi k}{n} + i\sin\frac{\theta+2\pi k}{n}\right)$; $k = 0,1,2, \ldots\ldots, n-1$.

**Beispiel 10F**

Berechnen Sie alle 4. Wurzeln aus z = 3 + 4$i$.

**Lösung**

$$|z| = 5;\ \arg(z) = \theta = 0{,}9273.$$

$$3 + 4i = 5\,[\cos(0{,}9273 + 2\pi k) + i\,\sin(0{,}9273 + 2\pi k)].$$

daher ergibt sich nach dem Wurzel ziehen:

$$\sqrt[4]{3+4} = \sqrt[4]{5}\left(\cos\frac{0{,}9273+2\pi k}{4} + i\sin\frac{0{,}9273+2\pi k}{4}\right),\quad k = 0,1,2,3.$$

$$\begin{aligned}
k=0:&\quad z_1 = 1{,}4553 + 0{,}3436i\\
k=1:&\quad z_2 = -0{,}3436 + 1{,}4553i\\
k=2:&\quad z_3 = -1{,}4553 - 0{,}3436i\\
k=3:&\quad z_4 = 0{,}3436 - 1{,}4553i
\end{aligned}$$

*Übung 10E*

1. Ermitteln Sie die Quadrat- und Kubikwurzeln aus den gegebenen komplexen Zahlen, und stellen Sie diese in kartesischer Form dar.

   (a) $1 - i$ (b) $2 + i$ (c) $3i$

   (d) $4$ (e) $-1 + i\sqrt{3}$ (f) $-5 - 12i$

2. Bringen Sie die folgenden komplexen Zahlen in Polarform.

   (a) $\left(\sqrt{3} - 1\right)^{\frac{1}{5}}$ (b) $\left(1 + i\right)^{\frac{4}{3}}$

   (c) $\left(-3 + 4i\right)^{-\frac{2}{3}}$ (d) $(-1)^{\frac{1}{6}}$

3. Mit *DERIVE* erhalten Sie für $\left(2 - i\right)^{\frac{1}{3}}$ die komplexe Zahl 1,29207 – 0,20129$i$. Nutzen Sie die Darstellung in der Gaußschen Zahlenebene, um die beiden anderen Kubikwurzeln zu finden.

4. Verwenden Sie *DERIVE* und die Gaußsche Zahlenebene, um die Wurzel zu ziehen.

   (a) $\sqrt[4]{3i}$ (b) $\sqrt[6]{\sqrt{3} - i}$

# 11 Matrizen

In diesem Kapitel wollen wir eine kurze Einführung in das Rechnen mit Matrizen geben. Die Matrizen werden dann dazu verwendet, um lineare Gleichungssysteme zu lösen.

## 11.1 Einführung

In der Mathematik werden wir oft mit Listen von Zahlen oder Symbolen konfrontiert. So kann z.B. das Zahlenpaar (2,3) einen Punkt in der $x$-$y$-Ebene beschreiben. In den Kapiteln 1 und 2 haben wir *DERIVE*s FIT-Funktion dazu verwendet, um eine geeignete Kurve durch eine Menge von Datenpunkten zu legen. Dazu bekamen die Daten in *DERIVE* die Form

$\begin{bmatrix} 1 & 7 \\ 2 & 11 \\ 3 & 15 \\ 4 & 19 \end{bmatrix}$. Derartige rechteckige Zahlentableaus nennt man *Matrizen*.

Üblicherweise verwendet man anstelle der eckigen Klammern - die *DERIVE* aus technischen Gründen benützt - runde Klammern. Die vorliegende *Matrix* sieht dann so aus:

$$\begin{pmatrix} 1 & 7 \\ 2 & 11 \\ 3 & 15 \\ 4 & 19 \end{pmatrix}$$

Eine Matrix ist ein Schema von Zahlen, die in *Zeilen* und *Spalten* angeordnet sind.

$$A = \begin{pmatrix} 1 & -3 \\ 0 & 4 \\ 5 & 1 \end{pmatrix}$$

ist eine Matrix mit 3 Zeilen und 2 Spalten.

$$B = \begin{pmatrix} -1 & 0 \\ 6 & 3 \end{pmatrix}$$

ist eine Matrix mit 2 Zeilen und 2 Spalten.

$$C = \begin{pmatrix} a_1 & a_2 & a_3 \\ b_1 & b_2 & b_3 \end{pmatrix}$$ ist eine Matrix mit 2 Zeilen und 3 Spalten.

$$D = \begin{pmatrix} 1 & 0 & 4 & -5 & 6 \end{pmatrix}$$ ist eine Matrix mit 1 Zeile und 5 Spalten.

Eine Matrix mit $m$ Zeilen und $n$ Spalten bezeichnet man als eine $m \times n$-*Matrix*. Eine $1 \times n$-Matrix wie die Matrix $D$ heißt *Zeilenvektor* und eine $m \times 1$-Matrix wird *Spaltenvektor* oder nur *Vektor* genannt.

Wenn in einer Matrix gleich viele Zeilen wie Spalten auftreten, dann spricht man von einer *quadratischen Matrix*. Die Matrix $B$ unter den gezeigten Beispielen ist daher eine quadratische Matrix.

Unter einer *Diagonalmatrix* wollen wir eine Matrix verstehen, bei der alle Elemente mit Ausnahme derer, die in der *Hauptdiagonalen* - von links oben nach rechts unten - stehen, den Wert 0 haben.

$$\begin{pmatrix} 1 & 0 & 0 \\ 0 & 4 & 0 \\ 0 & 0 & -3 \end{pmatrix}$$ ist eine $3 \times 3$-Diagonalmatrix.

Schließlich ist noch die *Einheitsmatrix* von Bedeutung. Das ist eine Diagonalmatrix, bei der alle Elemente der Hauptdiagonalen den Wert 1 annehmen. Einheitsmatrizen werden immer mit dem Buchstaben $I$ bezeichnet.

Die $4 \times 4$-Einheitsmatrix sieht dann so aus: $I = \begin{pmatrix} 1 & 0 & 0 & 0 \\ 0 & 1 & 0 & 0 \\ 0 & 0 & 1 & 0 \\ 0 & 0 & 0 & 1 \end{pmatrix}$.

Man verwendet Matrizen häufig zur Darstellung von linearen Gleichungssystemen (LGS), wie z.B.:

$$\begin{aligned} 2x_1 - 4x_2 + x_3 &= 5 \\ x_1 + x_2 - 3x_3 &= -1 \\ x_1 - x_2 + x_3 &= 0 \end{aligned}$$

Es wird sich zeigen, daß die Eigenschaften der Koeffizientenmatrix $A$ des LGS für den Lösungsprozeß des Systems von großer Bedeutung sind. Die unbekannten Größen schreiben wir als einen $3\times 1$-Spaltenvektor $x$.

$$A = \begin{pmatrix} 2 & -4 & 1 \\ 1 & 1 & -3 \\ 3 & -1 & 1 \end{pmatrix} \text{ und } x = \begin{pmatrix} x_1 \\ x_2 \\ x_3 \end{pmatrix}.$$

Wenn wir auch die Konstanten rechts vom Gleichheitszeichen in einem Spaltenvektor $b$ zusammenfassen, kann das Gleichungssystem in Matrizenschreibweise formuliert werden.

$$\begin{pmatrix} 2 & -4 & 1 \\ 1 & 1 & -3 \\ 3 & -1 & 1 \end{pmatrix} \cdot \begin{pmatrix} x_1 \\ x_2 \\ x_3 \end{pmatrix} = \begin{pmatrix} 5 \\ -1 \\ 0 \end{pmatrix}.$$

In Kurzform lautet dieses System dann

$$A \cdot x = b$$

Zusammenfassend läßt sich sagen: Um ein lineares Gleichungssystem zu lösen, müssen wir eine Matrizengleichung der Form $A{\cdot}x = b$ lösen. Dabei ist $A$ eine quadratische Matrix, $x$ und $b$ sind Spaltenvektoren.

*Übung 11A*

Schreiben Sie jedes der vorliegenden LGS in Matrizendarstellung um.

(a) $\begin{array}{rcrcr} x & - & y & = & 4 \\ 2x & + & 3y & = & 1 \end{array}$

(b) $\begin{array}{rcrcr} -2x & + & y & = & -6 \\ x & - & y & = & 4 \end{array}$

(c) $\begin{array}{rcrcrcr} 3x & - & 6y & + & z & = & 7 \\ -2x & + & y & - & 3z & = & 2 \\ x & + & y & + & z & = & 0 \end{array}$

(d) $\begin{array}{rcrcrcr} 4x_1 & - & x_2 & + & x_3 & = & 1 \\ 3x_1 & + & x_2 & - & 2x_3 & = & -3 \\ -x_1 & - & 4x_2 & + & x_3 & = & 5 \end{array}$

(e) $\begin{array}{rcrcrcrcrcr} x_1 & - & 3x_2 & + & x_3 & + & 4x_4 & - & x_5 & = & 0 \\ -x_1 & & & - & 4{,}1x_3 & & & + & 2x_5 & = & 1{,}3 \\ 0{,}3x_1 & - & 0{,}7x_2 & & & + & 4{,}1x_4 & - & x_5 & = & 2{,}7 \\ 1{,}4x_1 & - & x_2 & & & + & 3{,}1x_4 & & & = & 0{,}4 \\ 3x_1 & + & x_2 & - & x_3 & + & 2x_4 & - & x_5 & = & -3{,}5 \end{array}$

## 11.2 Rechnen mit Matrizen

Matrizen lassen sich addieren, subtrahieren und multiplizieren. Aber eine Matrix kann *nicht* durch eine andere *dividiert* werden.

### Gleichheit von Matrizen

Zwei Matrizen $A$ und $B$ sind genau dann *gleich*, wenn sie sowohl in der Anzahl der Reihen und Spalten, als auch in allen entsprechenden Elementen übereinstimmen.

Z.B. wenn $A = \begin{pmatrix} a_1 & a_2 & a_3 \\ b_1 & b_2 & b_3 \end{pmatrix}$ und $B = \begin{pmatrix} 0 & -1 & 2 \\ 4 & 1 & -1 \end{pmatrix}$, dann heißt $A = B$, daß

$$a_1 = 0, \qquad a_2 = -1, \qquad a_3 = 2$$
$$b_1 = 4, \qquad b_2 = 1, \qquad b_3 = -1$$

### Addition und Subtraktion von Matrizen

Es lassen sich nur Matrizen mit gleichen Dimensionen addieren oder subtrahieren. Einander entsprechende Elemente werden dabei addiert, bzw. subtrahiert. Es seien

$$A = \begin{pmatrix} 0 & -1 & 2 \\ 4 & 1 & -1 \end{pmatrix} \text{ und } B = \begin{pmatrix} 3 & 2 & -1 \\ 0 & -1 & -2 \end{pmatrix}.$$

Die beiden $2 \times 3$ Matrizen können sowohl addiert, als auch subtrahiert werden.

$$A + B = \begin{pmatrix} 0 & -1 & 2 \\ 4 & 1 & -1 \end{pmatrix} + \begin{pmatrix} 3 & 2 & -1 \\ 0 & -1 & -2 \end{pmatrix} = \begin{pmatrix} 0+3 & -1+2 & 2-1 \\ 4+0 & 1-1 & -1-2 \end{pmatrix} = \begin{pmatrix} 3 & 1 & 1 \\ 4 & 0 & -3 \end{pmatrix}.$$

$$A - B = \begin{pmatrix} 0 & -1 & 2 \\ 4 & 1 & -1 \end{pmatrix} - \begin{pmatrix} 3 & 2 & -1 \\ 0 & -1 & -2 \end{pmatrix} = \begin{pmatrix} 0-3 & -1-2 & 2-(-1) \\ 4-0 & 1-(-1) & -1-(-2) \end{pmatrix} = \begin{pmatrix} -3 & -3 & 3 \\ 4 & 2 & 1 \end{pmatrix}.$$

Die Matrizenaddition ist *kommutativ* (=vertauschungsfähig), da $A + B = B + A$. Die Subtraktion zweier Matrizen hat diese Eigenschaft natürlich nicht, denn es ist sofort einsichtig, daß $A - B \neq B - A$.

### Multiplikation einer Matrix mit einer Zahl

Um eine Matrix mit einer Zahl zu multiplizieren, multipliziert man jedes ihrer Elemente mit dieser Zahl. $A$ sei die Matrix von oben. Dann gilt

$$-2A = -2\begin{pmatrix} 0 & -1 & 2 \\ 4 & 1 & -1 \end{pmatrix} = \begin{pmatrix} -2\cdot 0 & -2\cdot(-1) & -2\cdot 2 \\ -2\cdot 4 & -2\cdot 1 & -2\cdot(-1) \end{pmatrix} = \begin{pmatrix} 0 & 2 & -4 \\ -8 & -2 & 2 \end{pmatrix}.$$

### Beispiel 11A

Gegeben sind die beiden Matrizen $B = \begin{pmatrix} 1 & 0 & 1 \\ -2 & 1 & 3 \end{pmatrix}$ und $C = \begin{pmatrix} 0 & -1 & 5 \\ 4 & 0 & 1 \end{pmatrix}$. Bestimmen Sie die Matrix $A$ aus der Matrizengleichung

$$3A + 2B = C.$$

### Lösung

Wir wenden die üblichen Rechenregeln der Algebra an und lösen die Gleichung nach $A$ auf.

$$A = \frac{1}{3}(C - 2B).$$

Mit den gegebenen Matrizen $B$ und $C$ führt dies zu

$$A = \frac{1}{3}\left[\begin{pmatrix} 0 & -1 & 5 \\ 4 & 0 & 1 \end{pmatrix} - 2\begin{pmatrix} 1 & 0 & 1 \\ -2 & 1 & 3 \end{pmatrix}\right] = \frac{1}{3}\begin{pmatrix} -2 & -1 & 3 \\ 8 & -2 & -5 \end{pmatrix} = \begin{pmatrix} -\frac{2}{3} & -\frac{1}{3} & 1 \\ \frac{8}{3} & -\frac{2}{3} & -\frac{5}{3} \end{pmatrix}.$$

### Multiplikation von Matrizen

Zwei Matrizen $A$ und $B$ können miteinander multipliziert werden und ergeben das Produkt $AB$, wenn die Anzahl der Spalten von $A$ mit der Anzahl der Zeilen von $B$ übereinstimmt. Ist diese Bedingung erfüllt, dann berechnet man $AB$, indem man jede Zeile von $A$ mit jeder Spalte von $B$ auf eine besondere Art multipliziert.

**Beispiel 11B**

Gegeben seien drei Matrizen $A = \begin{pmatrix} 2 & -1 \\ 1 & -3 \end{pmatrix}$, $B = \begin{pmatrix} 4 & 1 & 5 \\ -3 & 0 & 7 \end{pmatrix}$ und $C = \begin{pmatrix} 1 & 0 \\ -2 & 6 \\ 5 & -1 \end{pmatrix}$.

Berechnen Sie alle möglichen Produkte von $A$, $B$ und $C$.

**Lösung**

Wir können versuchen, die Produkte

$$AB, BA, AC, CA, BC \text{ und } CB$$

zu bilden. Da aber die Spaltenanzahl der ersten Matrix mit der Zeilenanzahl der im Produkt an zweiter Stellen stehenden Matrix übereinstimmen muß, bleiben nur drei sinnvolle Matrizenmultiplikationen übrig, und zwar

$$AB, CA \text{ und } BC.$$

Wir berechnen zuerst $AB$:

$$AB = \begin{pmatrix} 2 & -1 \\ 1 & -3 \end{pmatrix}\begin{pmatrix} 4 & 1 & 5 \\ -3 & 0 & 7 \end{pmatrix} = \begin{pmatrix} 2\cdot4+(-1)\cdot(-3) & 2\cdot1+(-1)\cdot0 & 2\cdot5+(-1)\cdot7 \\ 1\cdot4+(-3)\cdot(-3) & 1\cdot1+(-3)\cdot0 & 1\cdot5+(-3)\cdot7 \end{pmatrix} =$$

$$= \begin{pmatrix} 11 & 2 & 3 \\ 13 & 1 & -16 \end{pmatrix}$$

Man könnte versuchen, die Rechenvorschrift in Worte zu fassen: Um das Element in der $r$-ten Zeile und $s$-ten Spalte $a_{rs}$ der Produktmatrix zu erhalten, hat man alle Elemente aus der $r$-ten Zeile von Matrix $A$ der Reihe nach mit allen Elementen der $s$-ten Spalte von Matrix $B$ zu multiplizieren und diese Teilprodukte zu summieren. Wir wollen z.B. die Entstehung des Elementes $a_{2,3}$ in $AB$ (2.Zeile, 3.Spalte) nachvollziehen.

$$AB = \begin{pmatrix} 2 & -1 \\ 1 & -3 \end{pmatrix}\begin{pmatrix} 4 & 1 & 5 \\ -3 & 0 & 7 \end{pmatrix} = \begin{pmatrix} * & * & * \\ * & * & c=a_{2,3} \end{pmatrix}$$

$$c = 1\cdot5 + (-3)\cdot7 = -16$$

Auf gleiche Weise bilden wir

$$CA = \begin{pmatrix} 1 & 0 \\ -2 & 6 \\ 5 & -1 \end{pmatrix}\begin{pmatrix} 2 & -1 \\ 1 & -3 \end{pmatrix} = \begin{pmatrix} 1\cdot2+0\cdot(-1) & 1\cdot(-1)+0\cdot(-3) \\ (-2)\cdot2+6\cdot1 & (-2)\cdot(-1)+6\cdot(-3) \\ 5\cdot2+(-1)\cdot1 & 5\cdot(-1)+(-1)\cdot(-3) \end{pmatrix} = \begin{pmatrix} 2 & -1 \\ 2 & -16 \\ 9 & -2 \end{pmatrix}.$$

Wir bilden auch das letzte Produkt

$$BC = \begin{pmatrix} 4 & 1 & 5 \\ -3 & 0 & 7 \end{pmatrix} \begin{pmatrix} 1 & 0 \\ -2 & 6 \\ 5 & -1 \end{pmatrix} = \begin{pmatrix} 4\cdot 1 + 1\cdot(-2) + 5\cdot 5 & 4\cdot 0 + 1\cdot 6 + 5\cdot(-1) \\ (-3)\cdot 1 + 0\cdot(-2) + 7\cdot 5 & (-3)\cdot 0 + 0\cdot 6 + 7\cdot(-1) \end{pmatrix} =$$

$$= \begin{pmatrix} 27 & 1 \\ 32 & -7 \end{pmatrix}$$

Die Beispiele von Matrizenmultiplikationen in Beispiel 11B zeigen zwei ihrer wichtigen Eigenschaften:

1. Im allgemeinen gilt $AB \neq BA$. Die Matrizenmultiplikation ist nicht kommutativ. Sehen Sie z.B.

$$\begin{pmatrix} 1 & 0 \\ 1 & 3 \end{pmatrix} \begin{pmatrix} 1 & 4 \\ -1 & 0 \end{pmatrix} = \begin{pmatrix} 1 & 4 \\ -2 & 4 \end{pmatrix}$$

$$\begin{pmatrix} 1 & 4 \\ -1 & 0 \end{pmatrix} \begin{pmatrix} 1 & 0 \\ 1 & 3 \end{pmatrix} = \begin{pmatrix} 5 & 12 \\ -1 & 0 \end{pmatrix}$$

2. Wenn $A$ eine $m \times r$-Matrix und $B$ eine $r \times n$-Matrix ist, dann ist die Prouktmatrix $AB$ eine $m \times n$-Matrix.

$$\underset{m \times r}{A} \cdot \underset{r \times n}{B} = \underset{m \times n}{C}$$

*Übung 11B*

Für alle folgenden Aufgaben verwenden Sie bitte die gegebenen Matrizen.

$$A = \begin{pmatrix} 0 & 1 \\ 1 & 0 \end{pmatrix} \qquad B = \begin{pmatrix} 1 & 3 & 0 \\ -1 & 2 & 1 \end{pmatrix} \qquad C = \begin{pmatrix} 1 & 4 & 2 \\ 0 & -2 & 1 \\ -1 & 1 & 0 \end{pmatrix}$$

$$D = \begin{pmatrix} 0 & 1 \\ 1 & 2 \\ -1 & -3 \end{pmatrix} \qquad E = \begin{pmatrix} 0 & 1 & 3 \\ -1 & 0 & 2 \\ 0 & 1 & 2 \end{pmatrix} \qquad F = \begin{pmatrix} 0 & 1 & -1 & 3 \\ -1 & 2 & 3 & 0 \\ 4 & 0 & -1 & 2 \end{pmatrix}$$

$$G = \begin{pmatrix} 1 & 0 \\ 0 & 1 \end{pmatrix}$$

$I$ sei die Einheitsmatrix in jeweils passender Größe.

1. Berechnen Sie die folgenden Matrizenausdrücke, soweit sie existieren:

(a) $C+E$ (b) $A+B$ (c) $-3E$

(d) $A+I$ (e) $A-I$ (f) $2C-3E$

(g) $E+F$ (h) $AB$ (i) $AC$

(j) $DE$ (k) $ED$ (l) $EF$

(m) $FC$ (n) $BC$ (o) $AI$

(p) $BI$ (q) $IB$ (r) $DI$

2. $x$ sei der Spaltenvektor $\begin{pmatrix} x_1 \\ x_2 \\ x_3 \end{pmatrix}$. Bilden Sie die Produkte $Bx$, $Cx$ und $Ex$.

3. Bestimmen Sie die Matrix $X$, wenn gilt

(a) $X+C=E$ (b) $X+3C=5E$ (c) $2X-C=2E$

4. Bestimmen Sie die Werte für $a$ und $b$ aus $\begin{pmatrix} a & 1 \\ 1 & b \end{pmatrix} A = I$.

5. Zeigen Sie, daß, wenn $X$ und $I$ beide eine $m \times m$-Matrix sind, immer gilt

$$XI = IX = X.$$

## 11.3 *DERIVE* und Matrizen

Dieser Abschnitt macht Sie mit den wichtigsten Befehlen für den Umgang mit Matrizen in *DERIVE* vertraut. Der Einsatz von *DERIVE* beim Arbeiten mit Matrizen erspart im gleichem Maße Zeit wie die Verwendung eines Taschenrechners beim Rechnen mit Zahlen.

*DERIVE Aktivität 11a*

(A) Eine Matrix geben Sie am bequemsten mit dem **Def**-Befehl aus dem Hauptmenü ein.

Betrachten Sie z.B. die Matrix $A = \begin{pmatrix} 1 & 0 & 3 \\ -1 & 2 & 4 \end{pmatrix}$.

**Def Matrix** verlangt von Ihnen die Angabe der Zeilen- und Spaltenanzahl. Geben Sie daher für **Zeilen:** 2 und **Spalten:** 3 an. Jetzt müssen Sie der Reihe nach die Elemente der Matrix eingeben. Tippen Sie daher die Elemente, getrennt durch ↵ ein: 1 ↵ 0 ↵ 3 ↵ −1 ↵ 2 ↵ 4 ↵.

Jetzt sollten Sie im Algebrafenster die Matrix *A* wie in Zeile #1 in Abbildung 11.1 sehen.

Sie können diese Matrix mit *a* bezeichnen. Dazu verwenden Sie die Befehlskombination **Def Funktion** und antworten **Name:** a ↵ **Wert: #1**. Es gibt eine zweite, kürzere Methode: **Schreiben** Sie: a := #1. Damit ergibt sich Abbildung 11.1.

```
       [  1  0  3 ]
#1:    [ -1  2  4 ]

            [  1  0  3 ]
#2:   a :=  [ -1  2  4 ]
```

Abbildung 11.1

(B) Geben Sie die nächsten beiden Matrizen in den Zeilen #3 und #5 ein, und geben Sie diesen auch ihre Bezeichnungen.

$$B = \begin{pmatrix} 0 & -2 & 1 \\ -1 & 1 & 3 \end{pmatrix} \qquad C = \begin{pmatrix} 0 & -1 \\ 2 & 3 \\ -4 & 5 \end{pmatrix}$$

(C) **Schreiben** Sie nun A + B und **Vereinfachen** Sie. Sie erhalten

$$A+B=\begin{pmatrix}1 & -2 & 4\\ -2 & 3 & 7\end{pmatrix}.$$

Sie können auch **Schreiben**: #1 + #3 und **Vereinfachen**. Sie sehen dann die beiden zu addierenden Matrizen, gefolgt von ihrer Summe wie in Abbildung 11.2.

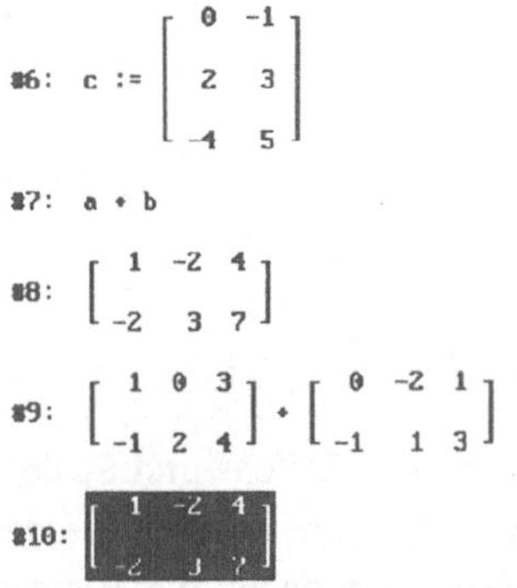

#6: $c := \begin{bmatrix}0 & -1\\ 2 & 3\\ -4 & 5\end{bmatrix}$

#7: a + b

#8: $\begin{bmatrix}1 & -2 & 4\\ -2 & 3 & 7\end{bmatrix}$

#9: $\begin{bmatrix}1 & 0 & 3\\ -1 & 2 & 4\end{bmatrix} + \begin{bmatrix}0 & -2 & 1\\ -1 & 1 & 3\end{bmatrix}$

#10: $\begin{bmatrix}1 & -2 & 4\\ -2 & 3 & 7\end{bmatrix}$

Abbildung 11.2

(D) Um zwei Matrizen zu multiplizieren müssen Sie den gewöhnlichen Punkt . als Rechenzeichen zwischen den beiden Matrizen verwenden. **Schreiben** Sie A.B und Sie werden das Matrizenprodukt **Vereinfachen** können. Sie können aber auch hier alternativ **Schreiben**: **#1.#5** und dann dieses Produkt **Vereinfachen**.

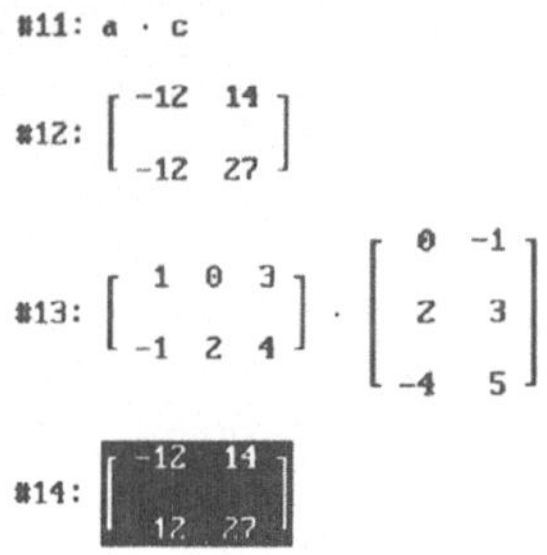

#11: a · c

#12: $\begin{bmatrix}-12 & 14\\ -12 & 27\end{bmatrix}$

#13: $\begin{bmatrix}1 & 0 & 3\\ -1 & 2 & 4\end{bmatrix} \cdot \begin{bmatrix}0 & -1\\ 2 & 3\\ -4 & 5\end{bmatrix}$

#14: $\begin{bmatrix}-12 & 14\\ -12 & 27\end{bmatrix}$

Abbildung 11.3

(E) Was geschieht, wenn Sie *A . B* versuchen? Warum verweigert *DERIVE* die Multiplikation?

(F) Überprüfen Sie mit *DERIVE* Ihre Antworten auf die Aufgaben 1 und 3 aus Übung 11B.

## 11.4 Die Inverse von quadratischen Matrizen

In Abschnitt 11.3 wurde erwähnt, daß eine Division zwischen Matrizen nicht möglich sei. Es ist aber doch eine der Division ähnliche Rechenoperation zwischen Matrizen definiert. Dazu müssen wir die *Inverse* einer Matrix verwenden.

Nehmen Sie bitte an, daß $A$ und $B$ zwei $n \times n$-Matrizen seien und daß $I$ die dazu passende Einheitsmatrix darstellen möge. Wenn nun die Beziehung

$$A.B = I$$

gilt, dann heißt $B$ die *inverse Matrix* von $A$, und sie wird als $A^{-1}$ geschrieben. So heißt das dann

$$A \,.\, A^{-1} = A^{-1} \,.\, A = I.$$

**Beispiel 11C**

Gegeben sind die Matrizen $A = \begin{pmatrix} a & b \\ c & d \end{pmatrix}$ und $B = \dfrac{1}{ad-bc}\begin{pmatrix} d & -b \\ -c & a \end{pmatrix}$

mit $ad - bc \neq 0$. Zeigen Sie, daß

$$AB = BA = I.$$

**Lösung**

$$AB = \frac{1}{ad-bc}\begin{pmatrix} a & b \\ c & d \end{pmatrix} \cdot \begin{pmatrix} d & -b \\ -c & a \end{pmatrix} = \frac{1}{ad-bc}\begin{pmatrix} ad-bc & 0 \\ 0 & -bc+ad \end{pmatrix} =$$

$$= \begin{pmatrix} 1 & 0 \\ 0 & 1 \end{pmatrix} = I$$

$$BA = \frac{1}{ad-bc}\begin{pmatrix} d & -b \\ -c & a \end{pmatrix} \cdot \begin{pmatrix} a & b \\ c & d \end{pmatrix} = \frac{1}{ad-bc}\begin{pmatrix} ad-bc & 0 \\ 0 & -bc+ad \end{pmatrix} =$$

$$= \begin{pmatrix} 1 & 0 \\ 0 & 1 \end{pmatrix} = I$$

Dieses Beispiel hat uns zu einer einfachen Formel zur Bestimmung der Inversen einer 2×2-Matrix geführt. Es hat aber auch gezeigt, daß die Inverse nicht immer existieren muß. Wenn $ad - bc = 0$, dann ist die Inverse nicht definiert. Der zahlenmäßige Wert von $ad - bc$, der mit der Matrix $A$ verknüpft ist, heißt die *Determinante* von $A$. Jeder quadratischen Matrix kann der Wert einer Determinanten zugeordnet werden. Wir wollen in diesem Zusammenhang nicht die Theorie der Determinanten besprechen, aber eine wichtige Eigenschaft der Determinanten einer Matrix ist ihr Zusammenhang mit der inversen Matrix.

> Wenn die Determinante einer Matrix $A$ den Wert 0 hat, dann wird die Matrix als *singulär* bezeichnet, und es gibt keine inverse Matrix. Alle anderen Matrizen heißen *regulär.*

**Beispiel 11D**

Zeigen Sie, daß die Matrix $A = \begin{pmatrix} 1 & 2 \\ 2 & 4 \end{pmatrix}$ keine Inverse hat.

**Lösung**

Der Wert der Determinante von $A$ ist $1 \cdot 4 - 2 \cdot 2 = 0$. Daher ist die Matrix singulär, und sie hat keine Inverse.

Eine der Anwendungen der inversen Matrix ergibt sich im Zusammenhang mit der Lösung eines linearen Gleichungssystems. Nehmen Sie an, Sie haben ein System von $n$ linearen Gleichungen mit $n$ Unbekannten in Matrizenschreibweise gegeben.

$$A \cdot x = b$$

Dabei sind $x$ und $b$ jeweils $n \times 1$ Spaltenvektoren und $A$ ist eine $n \times n$ Matrix.

Wenn wir beide Seiten der Gleichung von links mit $A^{-1}$ multiplizieren, dann erhalten wir:

$$\begin{aligned} A^{-1} \cdot A &= A^{-1} \cdot b \\ I \cdot x &= A^{-1} \cdot b \\ x &= A^{-1} \cdot b \end{aligned}$$

Das heißt, wenn wir die inverse Matrix $A^{-1}$ finden können, können wir das System auch nach dem Vektor $x$ auflösen.

**Beispiel 11E**

Lösen Sie das Gleichungssystem

$$\begin{aligned} 2x &+ y &= 1 \\ x &+ 4y &= 11 \end{aligned}$$

**Lösung**

In Matrizenschreibweise läßt sich das Problem so anschreiben:

$$\begin{pmatrix} 2 & 1 \\ 1 & 4 \end{pmatrix} \cdot \begin{pmatrix} x \\ y \end{pmatrix} = \begin{pmatrix} 1 \\ 11 \end{pmatrix}$$

so daß

$$\begin{pmatrix} x \\ y \end{pmatrix} = \begin{pmatrix} 2 & 1 \\ 1 & 4 \end{pmatrix}^{-1} \cdot \begin{pmatrix} 1 \\ 11 \end{pmatrix}.$$

Wir verwenden nun die Formel aus Beispiel 11C und berechnen die inverse Matrix unter Verwendung der Determinante.

$$\begin{pmatrix} 2 & 1 \\ 1 & 4 \end{pmatrix}^{-1} = \frac{1}{7}\begin{pmatrix} 4 & -1 \\ -1 & 2 \end{pmatrix}$$

Damit können wir weiter arbeiten und erhalten:

$$\begin{pmatrix} x \\ y \end{pmatrix} = \frac{1}{7}\begin{pmatrix} 4 & -1 \\ -1 & 2 \end{pmatrix} \cdot \begin{pmatrix} 1 \\ 11 \end{pmatrix} = \frac{1}{7}\begin{pmatrix} -7 \\ 21 \end{pmatrix} = \begin{pmatrix} -1 \\ 3 \end{pmatrix}.$$

Die Lösung lautet daher $(x = -1, y = 3)$.

*Übung 11C*

1. Bestimmen Sie, wenn möglich, die inverse Matrix zu

(a) $A = \begin{pmatrix} 1 & 5 \\ 3 & -2 \end{pmatrix}$ (b) $B = \begin{pmatrix} 0 & 2 \\ -1 & 4 \end{pmatrix}$

(c) $C = \begin{pmatrix} -1 & 2 \\ 6 & -12 \end{pmatrix}$ (d) $D = \begin{pmatrix} 0{,}3 & -0{,}4 \\ 1 & 0{,}7 \end{pmatrix}$

2. Lösen Sie die folgenden Gleichungssysteme mit Hilfe der inversen Matrix.

(a) $\begin{array}{rcrcr} x & + & 5y & = & 2 \\ 3x & - & 2y & = & 1 \end{array}$ (b) $\begin{array}{rcrcr} 0{,}3x & - & 0{,}4y & = & 1{,}2 \\ x & + & 0{,}7y & = & 0{,}8 \end{array}$

(c) $\begin{array}{rcrcr} 2x & + & 5y & = & 19 \\ 3x & + & y & = & 9 \end{array}$ (d) $\begin{array}{rcrcr} ax & + & by & = & r \\ cx & + & dy & = & s \end{array}$

3. Gegeben seien die Matrizen $A = \begin{pmatrix} 1 & -1 & 2 \\ 2 & 0 & 1 \\ -1 & 3 & 4 \end{pmatrix}$ und $B = \frac{1}{18}\begin{pmatrix} -3 & 10 & -1 \\ -9 & 6 & 3 \\ 6 & -2 & 2 \end{pmatrix}$.

Zeigen Sie, daß $B = A^{-1}$, und lösen Sie dann das lineare Gleichungssystem

$$\begin{array}{rcrcrcr} x & - & y & + & 2z & = & 2 \\ 2x & & & + & z & = & -1 \\ -x & + & 3y & + & 4z & = & 3 \end{array}$$

4. Gegeben sind die beiden Matrizen $A$ und $B$. Zeigen Sie, daß $A = B^{-1}$, und lösen Sie dann das angegebene Gleichungssystem.

$$A = \begin{pmatrix} 0 & 1 & -1 & 2 \\ -1 & 3 & 1 & 1 \\ 4 & -2 & 0 & -1 \\ 1 & 1 & -1 & 2 \end{pmatrix}, \quad B = \begin{pmatrix} -1 & 0 & 0 & 1 \\ -6 & -0{,}5 & -1{,}5 & 5{,}5 \\ 9 & 1{,}5 & 2{,}5 & -8{,}5 \\ 8 & 1 & 2 & -7 \end{pmatrix}$$

$$\begin{array}{rcrcrcrcr} -x_1 & & & & & + & x_4 & = & 2 \\ -6x_1 & - & 0{,}5x_2 & - & 1{,}5x_3 & + & 5{,}5x_4 & = & 0 \\ 9x_1 & + & 1{,}5x_2 & + & 2{,}5x_3 & - & 8{,}5x_4 & = & 0{,}1 \\ 8x_1 & + & x_2 & + & 2x_3 & - & 7x_4 & = & 0 \end{array}$$

5. Man kann mit *DERIVE* sowohl die inversen Matrizen als auch die Determinanten finden.

(A) Geben Sie die Matrix $\begin{pmatrix} 1 & -1 & 2 \\ 2 & 0 & 1 \\ -1 & 3 & 4 \end{pmatrix}$ ein.

**Schreibe** [F3] überträgt die Matrix in die Eingabezeile. Fügen Sie nun bitte ^ (−1) [↵] an, und das Algebrafenster wird Ihnen zeigen:

$$\begin{pmatrix} 1 & -1 & 2 \\ 2 & 0 & 1 \\ -1 & 3 & 4 \end{pmatrix}^{-1} .$$

**Vereinfache** bringt Ihnen die gewünschte Inverse als Ergebnis.

(B) Bestimmen Sie mit *DERIVE* die inversen Matrizen zu den gegebenen.

(i) $\begin{pmatrix} 2 & 1 \\ -1 & 4 \end{pmatrix}$

(ii) $\begin{pmatrix} 1 & 2 & -1 \\ -1 & 1 & 2 \\ 2 & -1 & 1 \end{pmatrix}$

(iii) $\begin{pmatrix} 1 & 1 & 2 & 3 \\ 1 & 2 & 4 & -1 \\ 2 & 4 & -1 & 1 \\ 0 & 1 & 2 & -1 \end{pmatrix}$

(iv) $\begin{pmatrix} 1 & 2 & 3 \\ 4 & 5 & 6 \\ 7 & 8 & 9 \end{pmatrix}$

(C) Jetzt wollen wir mit *DERIVE* den Wert von Determinanten berechnen.

Nehmen Sie nochmals die Matrix von (A), und bezeichnen Sie diese mit *a*.

**Schreiben** Sie DET(a) und **Vereinfachen** Sie diesen Term. Sie werden die Zahl 18 als Ergebnis erhalten.

Lassen Sie *DERIVE* die Determinanten der in (B) gegebenen Matrizen berechnen. Was läßt sich über die Inverse der Matrix von (iv) aussagen?

(D) Gegeben ist das folgende lineare Gleichungssystem

$$\begin{array}{rcrcrcr} 2x_1 & + & x_2 & + & 3x_3 & = & 5 \\ & & 2x_2 & + & x_3 & = & 4 \\ 3x_1 & + & x_2 & + & 6x_3 & = & 10 \end{array}$$

(i) Schreiben Sie das Gleichungssystem in Matrizenform.

(ii) Bestimmen Sie die Inverse der Koeffizientenmatrix.

(iii) Lösen die das Gleichungssystem. Finden Sie $(x_1, x_2, x_3)$.

(E) Lösen Sie mit der Vorgangsweise aus (D) die folgenden Gleichungssysteme:

(i)
$$\begin{array}{rcrcrcr} x_1 & + & 2x_2 & - & x_3 & = & 1 \\ -x_1 & + & x_2 & + & 2x_3 & = & -5 \\ 2x_1 & - & x_2 & + & x_3 & = & 4 \end{array}$$

(ii)
$$\begin{array}{rcrcrcrcr} x & + & 2y & + & 3z & + & w & = & 4 \\ 2x & + & y & + & z & + & w & = & 3 \\ x & + & 3y & + & z & + & w & = & 2 \\ & & y & + & z & + & 2w & = & 1 \end{array}$$

(iii)
$$\begin{array}{rcrcrcrcr} x_1 & + & 2x_2 & + & 3x_3 & + & x_4 & = & 5 \\ 2x_1 & + & x_2 & + & x_3 & + & x_4 & = & 3 \\ x_1 & + & 2x_2 & + & x_3 & & & = & 4 \\ & & x_2 & + & x_3 & + & 2x_4 & = & 0 \end{array}$$

(iv)
$$\begin{array}{rcrcrcrcr} -x_1 & & & & & + & x_4 & = & 2 \\ -6x_1 & - & 0,5x_2 & - & 1,5x_3 & + & 5,5x_4 & = & 0 \\ 9x_1 & + & 1,5x_2 & + & 2,5x_3 & - & 8,5x_4 & = & 0,1 \\ 8x_1 & + & x_2 & + & 2x_3 & - & 7x_4 & = & 0 \end{array}$$

6. Eine andere, direkte Methode mit *DERIVE* ein lineares Gleichungssystem zu lösen, ist die folgende: Geben Sie die Gleichungen als einen Spaltenvektor ein, und verwenden Sie dazu die Befehlsfolge **Def veKtor**.

Betrachten Sie z.B. das System

$$\begin{aligned} x + 2y &= 3 \\ -x - 3y &= 4 \end{aligned}$$

Drücken Sie auf [D] [K] für **Def** und **veKtor**.

Auf die Frage nach der **Dimension:** geben Sie die Antwort 2 ↵, weil zwei Gleichungen als Komponenten des Vektors folgen, und

auf die Frage nach den **elementen**: antworten Sie mit
$x + 2y = 3$ ↵ $-x - 3y = 4$ ↵.

**Löse** bringt Ihnen die gesuchte Lösung wieder in Form eines Vektors. In Abbildung 11.4 sehen Sie die beiden Zeilen des Algebrafensters.

```
#1:  [x + 2·y = 3, -x - 3·y = 4]

#2:  [x = 17, y = -7]
```

Abbildung 11.4

Lösen Sie mit **Def veKtor** die linearen Gleichungssysteme aus Übung 11B, Aufgabe 5, Teile (D) und (E).

# Lösungen zu den Übungen

## Übung 1A

2. (a) $y = 3x$ (b) $y = \frac{4}{3}x - \frac{1}{3}$ (c) $y = x + 4$
   (d) $y = -2x + 6$ (e) $y = \frac{1}{3}x - 1$ (f) $y = -\frac{1}{5}x + 5$
   (g) $y = -3x + 7$ (h) $y = -\frac{4}{3}x + \frac{14}{3}$

## Übung 1B

1. (a) nicht prop. (b) nicht prop. (c) $S = 10R$ (d) $t = 1{,}5v$
2. $k = \frac{5}{8}$; 6,25 $N$
3. $k = 0{,}2$; 500 km
4. 1,5 cm
5.

| Normalkraft $F$ [N] | 19,8 | 16,2 | 15,3 |
|---|---|---|---|
| Reibung $R$ [N] | 6,1 | 4,99 | 4,7 |

6. $P = k\rho T$

## Übung 1C

1. (a) $y = 4{,}03846x + 0{,}676923$ (b) $v = -9{,}8t + 20$
   (c) $s = 3{,}1r - 4{,}2$ (d) $p = 1{,}72x + 0{,}309998$
2. (b) $R = 0{,}172758T + 44{,}6184$ (c) $R = 48{,}07$ Ohm
3. $v = 3{,}26742t - 0{,}048$; Beschleunigung $a = 3{,}27$ msec$^{-2}$

## Übung 1D

1. (a) $x = 5$ (b) $x = \frac{11}{2}$ (c) $x = \frac{6}{7}$ (d) $x = 0{,}4$
   (e) $x = 1$ (f) $x = -3$ (g) $x = 2$ (h) $x = 1{,}2$
   (i) $t = 4$ (j) $t = 26$ (k) $x = 1{,}575$ (l) $x = 1{,}393$
2. 45, 47, 49
3. (a) 20 cm,10 cm (b) 19 cm, 11 cm
4. (a) a = 2 (b) v = 4 (c) v = –2

## Übung 1E

1. (a) $x = 10, y = 6$ (b) $x = 3, y = 2$ (c) $x = 6, y = 2$

   (d) $x = \frac{38}{17}, y = -\frac{20}{17}$ (e) $a = 4, b = -2$ (f) $t = 5, u = -2$

## Übung 1F

1. (a) $(x+4)(x+5)$ (b) $(x-4)(x-3)$ (c) $(x+1)(x+3)$ (d) $(x+2)(x+3)$

   (e) $(x-1)(x+1)$ (f) $(2x+1)(x-5)$ (g) $(2x+1)(x+2)$ (h) $(5x+1)(x-7)$

   (i) $(3x+2)(x-4)$ (j) $(x-2)(x+2)$

3. (a) $x_{1,2} = -3$ (b) $x_1 = -2; x_2 = -8$

   (c) $x_1 = 2; x_2 = -2{,}5$ (d) $x_1 = 4; x_2 = -4$

4. (a) $x_1 = 1; x_2 = -7$ (b) $x_1 = -2{,}52; x_2 = 1{,}19$ (c) keine reelle L.

   (d) keine reelle L. (e) $x_1 = 0{,}232; x_2 = 1{,}434$ (f) keine reelle L.

   (g) $x_1 = 1; x_2 = -\frac{94}{13}$ (h) $x_1 = 2{,}65; x_2 = -2{,}65$

## Übung 1H

1. (a) 0 (b) 1 (c) 3 (d) 4 (e) 5 (f) –7

2. (a) $\frac{x^2}{4}$ (b) $\frac{x-6}{2}$ (c) $\frac{x^2}{2}$

   (d) $\frac{x}{2} - 6$ (e) $\left(\frac{x-6}{2}\right)^2$ (f) $\frac{x^2-6}{2}$

## Übung 1I

1. (a) $\frac{x+10}{6}$ (b) $\frac{x}{4} - 2$ (c) $\frac{x^2-7}{2}$ (d) $\sqrt[3]{\frac{x+5}{8}}$

   (e) $\frac{x^2+4}{2}$ (f) $\left(\frac{x+5}{4}\right)^2 - 1$ (g) $2\left((x+5)^2 - 1\right)$

   (h) $\sqrt[3]{(5x)^2 - 4}$

2. (a) $\frac{2(x+2)}{1-x}$ (b) $\frac{x}{1-x}$ (c) $\sqrt[3]{\frac{2x}{1-x}}$

(d) $\frac{3}{2x}$ (e) $\frac{2(x+3)}{1-x}$ (f) $\sqrt[3]{\frac{3-x}{2x-1}}$

3. (a) 0 (b) $\frac{1}{2}$ (c) $\frac{9}{2}$ (d) $-\frac{47}{8}$ (e) $-\frac{13}{2}$ (f) $\frac{5}{2}$

**Übung 1J**

1. (a) $x=1, y=0$ (b) $x=-\frac{2}{3}, y=0$ (c) $x=1, x=2, y=0$

(d) $x=0, x=-2, y=0$ (e) $x=-1, y=2$ (f) $x=4, y=1$

(g) $x=-2, x=4, y=0$ (h) $x=5, x=-4, y=1$

**Übung 2A**

1. (a) $x^5$ (b) $a^{11}$ (c) $128a^5$ (d) $3x^3$ (e) $c^4$

(f) $3^8=6561$ (g) $a^6$ (h) $a^8b^{12}$ (i) $\frac{1}{5}$ (j) $\frac{1}{16}$

(k) $a^2$ (l) $a^{-1}=\frac{1}{a}$ (m) $m\,g^3$ (n) $a^{3x}-a^{-x}$ (o) $\frac{a^6}{x^4y^2}$

2. (a) $x^{\frac{1}{2}}$ (b) $x^{\frac{5}{2}}$ (c) $x^{\frac{1}{2}}$

(d) $x^6$ (e) $x^2$ (f) $x^{-\frac{1}{2}}$

3. (a) 3 (b) 2 (c) 2 (d) 1000 (e) 10

(f) 0,5 (g) 1 (h) 5 (i) 1

4. (a) 320000 (b) 0,0001473 (c) 9810

(d) 0,00000103 (e) 192300000000 (f) 3168000

(g) 59050000000 (h) 4740000

5 (a) $3{,}75\cdot10^8$ Joule (b) $3{,}16\cdot10^{-11}$ m

(c) $2{,}7\cdot10^{-3}$ m (d) $1{,}82\cdot10^{-22}$ Joule

(e) $6{,}3\cdot10^5$ N (f) $3{,}15\cdot10^7$ sec

**Übung 2B**

1. (a) 1 (b) 7,389 (c) 0,04979 (d) 4,953 (e) 1,234

   (f) 1,822 (g) 2,718 (h) 1,649 (i) 54,60 (j) 0,8187

3.

| $n$ | $\left(1+\frac{1}{n}\right)^n$ |
|---|---|
| 1 | 2 |
| 1,5 | 2,1516574 |
| 2 | 2,25 |
| 3 | 2,37037 |
| 4 | 2,44140 |
| 5 | 2,48832 |
| 10 | 2,59374 |
| 100 | 2,70481 |
| 1000 | 2,71692 |
| 10000 | 2,71816 |

4. (a) 1,196051 (b) 8,16616 (c) 1210,28 (d) −0,0216608

**Übung 2C**

1. (a) 0,30103 (b) 1 (c) 0,6234 (d) −0,1549

   (e) 0,6931 (f) 1,435 (g) −0,35667 (h) 0

   (i) 3 (j) 2 (k) 0 (l) 1

3 (a) 0,491 (b) −0,699 (c) 0,531 (d) 1,629

  (e) 2,416 (f) −0,755 (g) 5,474 (h) 66,69

  (i) $\frac{10^6}{3}$ (j) 4,440

4 $Q_0$ ist die Maximalladung; $t = 0{,}014$ Sekunden; für $t$ gegen $\infty$ geht $Q$ gegen $Q_0$.

5. $t = 2{,}77259$

6. 5599 Jahre, 18599 Jahre, 24198 Jahre

7. (a) 86071, 74082, 47237, 22313 Pascal
   (b) 4,62 km
   (c) 15,25 km

**Übung 2D**

1. (a) $3\ln a + 2\ln b$ (b) $2\ln x + \ln 0{,}1$ (c) $\ln 3{,}7 + \ln t - \ln a$
   (d) $\ln 3 + \ln p + 2\ln(x+y)$ (e) $0{,}5\log 2 + \log s - \log t$ (f) $\log 0{,}2 + 2\log v$
   (g) $1 + \log x + 2\log y$ (h) $\ln 0{,}5 + \ln a + 2\ln t$ (i) $\log 3+\log(a+b)-\log s$

2. (a) $\log 8$ (b) $\log(20x)$ (c) $\ln\dfrac{10ab}{c}$
   (d) $\ln(a^3b^5)$ (e) $\ln\dfrac{x^2}{y^4}$ (f) $\log\dfrac{a^{1,5}x}{y}$

3. (a) 135,2 (b) 2,008 (c) 2,686

**Übung 2E**

1. (a) lineare Funktion: 6
   (b) Potenzfunktion: 1
   (c) Exponentialfunktion: 2,3

2. (a) $y = 3{,}43x^{1,9}$ (b) $t = 1{,}5s^{-2}$

3. (a) $v = 4e^{-0,2u}$ (b) $y = 6{,}8e^{1,2x}$

4. $T = 0{,}2R^{1,5}$

5. $p = 0{,}61e^{0,067T}$

6. $I = 0{,}00076e^{24,5V}$

7. $p = 100e^{-0,15h}$

8. $k = 5{,}1 \cdot 10^{12}\, e^{-30300/T}$

**Übung 3A**

1. (a) $\dfrac{13\pi}{6} = 1{,}13$ rad (b) $\dfrac{\pi}{10} = 0{,}314$ rad (c) 85,9°
   (d) 28,6° (e) 160,4° (f) $\dfrac{5\pi}{6} = 2{,}618$ rad
   (g) 286,5° (h) $\dfrac{31\pi}{20} = 4{,}869$ rad (i) 57,296°
   (j) $\dfrac{\pi}{180} = 0{,}0175$ rad

2.

| Grad | 0 | 30 | 45 | 60 | 90 | 120 | 135 | 150 | 180 |
|---|---|---|---|---|---|---|---|---|---|
| rad | 0 | $\frac{\pi}{6}$ | $\frac{\pi}{4}$ | $\frac{\pi}{3}$ | $\frac{\pi}{2}$ | $\frac{2\pi}{3}$ | $\frac{3\pi}{4}$ | $\frac{5\pi}{6}$ | $\pi$ |

| Grad | 210 | 225 | 240 | 270 | 300 | 315 | 330 | 360 |
|---|---|---|---|---|---|---|---|---|
| rad | $\frac{7\pi}{6}$ | $\frac{5\pi}{4}$ | $\frac{4\pi}{3}$ | $\frac{3\pi}{2}$ | $\frac{5\pi}{3}$ | $\frac{7\pi}{4}$ | $\frac{11\pi}{6}$ | $2\pi$ |

3. (a) 0,4 rad (b) 1,75 rad

4. $\frac{2}{3}$ rad = 0,67 rad; 48 $cm^2$

5. 1,2 cm

**_DERIVE_ Aktivität 3A**

(E) (a) 10,30 m (b) 29,1°

(F) 6,71 Meilen; 63,4°

(G) 58,4 m

(H) (a) 36,9° (b) 63,4° (c) 63,5°

**_DERIVE_ Aktivität 3B**

(C) $a = 5{,}76$ cm, $b = 9{,}22$ cm (D) $\alpha = 39{,}1°$, $\gamma = 64{,}1°$, Fläche $A = 32{,}1\ cm^2$

(E) (a) 622 m (b) 65 m

(F) (a) $PR = 125{,}7$ m; $QR = 178{,}2$ m (b) Fläche $A = 9284\ m^2$

(G) 170°; 34,9 cm (H) 4,27 Seemeilen; 333°

**Übung 3B**

2. (a) ungerade (b) gerade (c) gerade (d) –
(e) – (f) gerade (g) gerade (h) ungerade
(i) gerade (j) gerade (k) gerade

**Übung 3C**

1. (a) 57,289962 (b) 572,95721 (c) 5729,5779
(d) –5729,5779 (e) –572,95721 (f) –57,289962

2. Bei allen ungeraden Vielfachen von 90°, d.h. bei ±270°, ±450°, ±630°, ......

**Übung 3D**

1.
| | (i) | (ii) | (iii) | (iv) |
|---|---|---|---|---|
| (a) | 3 | 5 | 0 | 0 |
| (b) | 4 | 1 | $\frac{\pi}{2}$ | 0 |
| (c) | 1 | 3 | $-\frac{2\pi}{3}$ | 0 |
| (d) | 1 | 3 | 0 | 2 |
| (e) | 1 | 3 | $-\frac{2}{3}$ | 0 |
| (f) | 2 | 4 | $\frac{\pi}{4}$ | 1 |
| (g) | 1 | $\frac{1}{2}$ | $2\pi$ | –3 |
| (h) | 0,1 | $2\pi$ | $\frac{3}{2}$ | 0,5 |

3. (a) $6\cos 2t$ (b) $3\sin(4t+\pi)$ (c) $\tan 5t + 3$
(d) $10\sin\left(5t - \frac{\pi}{2}\right)$ (e) $0{,}5\cos(3t-2) - 1$ (f) $\frac{\pi}{10}$
(g) $\frac{10}{\pi}$ (h) $200\pi$

5.
| | (i) | (ii) |
|---|---|---|
| (a) | $\frac{2\pi}{3}$ | $\frac{3}{2\pi}$ |
| (b) | $\frac{2\pi}{5}$ | $\frac{5}{2\pi}$ |
| (c) | $\frac{1}{4}$ | 4 |
| (d) | 4 | $\frac{1}{4}$ |
| (e) | $\frac{\pi}{4}$ | $\frac{4}{\pi}$ |

**Übung 3E**

1. $f(t) = 80\sin 120\pi t$

2. 6 cm;1,5 Hz
   (a) wieder in Zentrallage    (b) 1,85 cm links vom Zentrum

3. $T = 11\sin\left(\frac{\pi t}{6} + \frac{\pi}{2}\right) + 16$; $T$(Juni) = 21,5°C; $T$(Januar) = 6,47°C

4. $a = 6{,}5$; $w = \frac{2\pi}{12{,}4} \approx 0{,}5067$; $\alpha = \frac{\pi}{2}$; Wasserstände: 5,97 m, 4,48 m und 2,26 m

**Übung 3F**

(a) 23,6°    (b) 66,4°    (c) 21,8°
(d) –53,1°    (e) 143,1°    (f) –38,7°

**Übung 3G**

1. (a) –331,965°, –208,035°, 28,034°, 151,965°
   (b) –260,212°, –99,788°, 99,788°, 260,212°
   (c) –305,54°, –125,54°, 54,46°, 234,46°
   (d) –312,84°, –47,16°, 47,16°, 312,84°
   (e) –243,43°, –63,43°, 116,57°, 296,57°
   (f) –117,13°, –62,87°, 242,87°, 297,13°

3. (a) –71,94°, 71,94°, 288,06°, 431,94°
   (b) –41,67°, 138,33°, 318,33°, 498,33°
   (c) 64,16°, 115,84°, 424,16°, 475,84°

**Übung 3H**

1. (a) 51,7°    (b) –46,4°    (c) –61,6°
   (d) 81,4°    (e) 3,44°    (f) 161,8°

2. (a) –1,29    (b) –0,100    (c) 1,51
   (d) 1,91    (e) 0,464    (f) 0,110

3. (a) 0,995    (b) 0,995    (c) 0,75
   (d) –0,314    (e) 0,298    (f) –0,848
   (g) 0,8    (h) –0,55    (i) 0,75

**Übung 3I**

1. –5,20168; –1,0815; 1,0815,5,20168
2. –6,11946; –3,30532; 0,16373; 2,97786
3. –3,23135; –0,0897581; 3,05183; 6,19343
4. –3,00113; –0,140461; 3,28205; 6,13858
5. –5,36809; –2,22649; 0,9151; 4,05669
6. –4,72238: –1,56079; 1,56079; 4,72238

**Übung 3J**

3. (a) 45°, 135°, 215°, 315° (b) 15,3°, 164,7°
(c) 35,9°, 144,1°, 184,2°, 355,8° (d) 60°, 131,8°, 228,2°, 300°
(e) 53,6°, 147,5°, 212,5°, 306,4° (f) 61°, 119°, 270°
(g) keine Lösungen (h) 39,2°, 140,8°, 219,2°, 320,8°

**Übung 3K**

1. $\cos(\alpha + ß) = 0$
$\sin(\alpha + ß) = 1$
$\tan(\alpha + ß)$ ist nicht definiert
$\alpha + ß = 90°$

2. (a) $\frac{7}{25}$ (b) $\frac{15}{17}$ (c) $\frac{7}{24}$ (d) $\frac{15}{8}$ (e) $-\frac{304}{425}$
(f) $\frac{304}{297}$ (g) $\frac{87}{425}$ (h) $\frac{416}{87}$ (i) $\frac{527}{625}$ (j) $\frac{240}{289}$

3. (a) 0,866 (b) 0,6 (c) 1,73 (d) 0,75 (e) 0,393
(f) –0,427 (g) –0,1196 (h) –8,30 (i) –0,5 (j) 0,96

4. (b) (i) $-\sin\alpha$ (ii) $-\cos\alpha$ (iii) $-\sin\alpha$
(iv) $-\cos\alpha$ (v) $\sin\alpha$ (vi) $\frac{\tan\alpha - 1}{1 + \tan\alpha}$

5. (a) $-\sin 7x$ (b) $2\sin 40° \cos 20°$ (c) $-2\sin 40° \sin 10°$
(d) $0,5\ (\sin 80° + \sin 20°)$ (e) $-0,5\ (\cos 50° - \cos 30°)$ (f) $\sin 29°$
(g) $2\cos 40° \sin 5°$ (h) $\sin(45° + x)$

6. (b) $4\cos^3\alpha - 3\cos\alpha$ (c) $-4\sin\alpha\cos\alpha + 8\sin\alpha\cos^3\alpha$

## Übung 3L

1. (a) $13\sin(x+22{,}6°)$ (b) $13\sin(x-22{,}6°)$
   (c) $\sqrt{5}\sin(x+63{,}4°)$ (d) $10\sin(x-53{,}1°)$
   (e) $\sqrt{26}\sin(x-11{,}3°)$ (f) $\sqrt{45}\sin(x-26{,}6°)$

2. $A\sin x + B\cos x = R\cos(x-\alpha)$ mit $R=\sqrt{A^2+B^2}$ und $\alpha = \tan^{-1}\left(\frac{A}{B}\right)$

3. (a) $13\cos(x-22{,}6°)$ (b) $\sqrt{45}\cos(x-116{,}6°)$
   (c) $\sqrt{5}\cos(x-116{,}6°)$ (c) $\sqrt{10}\cos(x-18{,}4°)$

4. (a) 4,9°, 129,9° (b) –157,4°, 22,6°
   (c) –36,8°, 90° (d) 143,1°
   (e) –180°, 22,6°, 180° (f) 74,8°, 158,4°

## Übung 4A

1. (a) $u_n = 3n+1$ (b) $u_n = n^2+2$
   (c) $u_n = n^2-1$ (d) $u_n = 5n-1$

2. (a) 2, 4, 8, 16, 32 kein Grenzwert
   (b) $1, \frac{1}{3}, \frac{1}{9}, \frac{1}{27}, \frac{1}{81}$ Grenzwert = 0
   (c) –2, 4, –8, 16, –32 kein Grenzwert
   (d) $-\frac{1}{2}, \frac{1}{4}, -\frac{1}{8}, \frac{1}{16}, -\frac{1}{32}$ Grenzwert = 0
   (e) $3, \frac{5}{2}, \frac{7}{3}, \frac{9}{4}, \frac{11}{5}$ Grenzwert = 2
   (f) 1,1; 2,01; 3,001; 4,0001; 5,00001 kein Grenzwert

3. (a) $u_n = 3^{n-1}$ (b) $u_n = 19-5n$
   (c) $u_n = 5+0{,}1^n$ (d) $u_n = \frac{n}{n+2}$

**Übung 4B**

1. (a) $4+9+16+25=54$
   (b) $1+\frac{1}{2}+\frac{1}{3}+\frac{1}{4}+\frac{1}{5}+\frac{1}{6}=\frac{49}{20}=2{,}45$
   (c) $2+6+10+14=32$
   (d) $2+4+6+8+10=30$
   (e) $1+\frac{1}{4}+\frac{1}{9}=\frac{49}{36}$
   (f) $-2+5+24+61=88$

2. (a) $\sum_{i=1}^{5}(21-5n)$
   (b) $\sum_{i=1}^{4}2\cdot 3^{i-1}$
   (c) $\sum_{i=1}^{6}\frac{i^2}{2}$
   (d) $\sum_{i=1}^{5}(-2)^{i-1}$

3. nur (e) hat den Grenzwert $\frac{\pi^2}{6}$

**Übung 4C**

1. (a) 64; $u_n=9n-8$ (b) $-3$; $u_n=5-n$ (c) 19; $u_n=2n+3$
2. (a) $d=3, n=28$ (b) $d=4, n=18$ (c) $d=-7, n=16$
3. (a) 852 (b) $-78$ (c) 1515
4. (a) 100 (b) 205
5. 420
6. 4
7. $a=6, d=4$

**Übung 4D**

1. (a) (i) 1,2 (ii) 20,6391 (iii) 65,9963
   (b) (i) 0,8 (ii) 0,174483 (iii) 5,40948
   (c) (i) $-0{,}5$ (ii) 0,0033203 (iii) $-1{,}1289$
   (d) (i) 1,6 (ii) 13744 (iii) 13983,3
2. (a) $\frac{200}{3}$ (b) existiert nicht (c) 10 (d) $-\frac{10}{19}$
3. $\frac{7}{3}$ m
4. 2 Lösungen: $c_1=2$, $c_2=\frac{1}{3}$

## Übung 4E

1. (a) $x^4 + 4x^3 + 6x^2 + 4x + 1$ (b) $8 + 12x + 6x^2 + x^3$

   (c) $1 - 5x + 10x^2 - 10x^3 + 5x^4 - x^5$ (d) $625 + 1500x + 1350x^2 + 540x^3 + 81x^4$

   (e) $125 - 150x + 60x^2 - 8x^3$ (f) $x^5 - 5x^4y + 10x^3y^2 - 10x^2y^3 + 5xy^4 - y^5$

   (g) $u^4 + 4u^2 + 6 + \frac{4}{u^2} + \frac{1}{u^4}$ (h) $16x^4 + 32x^2 + 24 + \frac{8}{x^2} + \frac{1}{x^4}$

2. (a) 1920000 (b) −96 (c) −343 (d) −12

3. (a) 1716 (b) −42240 (c) 9773,15625 (d) $-6{,}084 \cdot 10^{-6}$

   (e) $6435a^8b^7$ (f) $-3432a^7b^7$

4. (a) $(1 - x)^6$ (b) $(0{,}5 + x)^4$ (c) $(1 - 0{,}5x)^4$

## Übung 4F

1. (a) $1 - 2x + 3x^2 - 4x^3$ (b) $1 - 3x + 6x^2 - 10x^3$

   (c) $1 + \frac{3}{2}x + \frac{3}{8}x^2 - \frac{1}{16}x^3$ (d) $1 - \frac{x}{2} + \frac{3x^2}{8} - \frac{5x^3}{16}$

2. (a) $|x| < \frac{1}{2}$ (b) $|x| < 3$ (c) $|x| < \frac{1}{4}$ (d) $|x| < \frac{1}{5}$

3. (a) $1 + \frac{3}{2}x - \frac{9}{8}x^2 + \frac{27}{16}x^3$ $|x| < \frac{1}{3}$

   (b) $1 + 4x + 12x^2 + 32x^3$ $|x| < \frac{1}{2}$

   (c) $1 - 4x + 16x^2 - 64x^3$ $|x| < \frac{1}{4}$

   (d) $1 - x + \frac{3}{2}x^2 - \frac{5}{2}x^3$ $|x| < \frac{1}{2}$

4. 0,989949; 1,0955

5. (b) $\frac{x^2}{9} - \frac{2x^3}{27} + \frac{x^4}{27} - \frac{4x^5}{243}$ (c) $|x| < 3$ (d) $\frac{1}{9} - \frac{2x}{27} + \frac{x^2}{27} - \frac{4x^3}{243}$

6. (a) $\frac{1}{2}-\frac{x}{4}+\frac{x^2}{8}-\frac{x^3}{16}$ (b) $\frac{1}{4}-\frac{x}{8}+\frac{x^2}{16}-\frac{x^3}{32}$

(c) $\frac{1}{25}-\frac{2}{125}x+\frac{3}{625}x^2-\frac{4}{3125}x^3$ (d) $\sqrt{2}\left(1+\frac{x}{4}-\frac{x^2}{32}+\frac{x^3}{128}\right)$

## Übung 5A

1. 1,50 2. −2,31 3. 1,935 4. −0,567

5. (a) 2,15443 (b) 2,71442

## Übung 5B

1. 6,1926; nein

2. 0,8074; nein

3. (b) 3,1004; 3,107
(c) die zweite konvergiert rascher; 3,1073

4. (a) 2,8284; 3,1623
(c) $2x^2 = a$; 2,2361

5. (a) 0 (b) $x_{n+1} = \sqrt{\sin x_n}$, $x_{n+1} = \sin^{-1}(x_n^2)$; die erste konvergiert
(c) 0,877

6. (a) 1,74 (b) 0,739 (c) −1,841; 1,146

## Übung 6A

1. (a) $7x^6$ (b) $\frac{1}{3}x^{-\frac{2}{3}}$ (c) $-3x^{-4}$ (d) $-\frac{5}{2}x^{-\frac{7}{2}}$
(e) $12x^2$ (f) $9x^{\frac{1}{2}}$ (g) $-\frac{0,7}{x^2}$ (h) $9x^8 + 4x^3 + 1$
(i) 0 (j) $30x^4 - 2$ (k) $-3x^{-2} - x^{-\frac{3}{2}}$ (l) $15 - 12x^3 + 14x^6$
(m) $24x^2 + 2x - 3$ (n) $6,3x^8 + 0,6x^{-3}$ (o) $-0,3x^{-4} + 5,7x^2$
(p) 0

2. (a) 12 (b) 5 (c) 1

(d) –4 (e) $-\frac{1}{9}$ (f) $\frac{1}{4}$

**Übung 6B**

1. (a) $6, y = 6x - 9$ (b) $12, y = 12x + 16$

(c) $\frac{5}{16}, y = \frac{5}{16}x - \frac{1}{8}$ (d) $\frac{1}{4}, y = \frac{1}{4}x + 1$

(e) $\frac{5}{4}, y = \frac{5}{4}x - \frac{1}{4}$ (f) $0{,}461827, y = 0{,}461827x + 0{,}791704$

(g) $-\frac{100}{9}, y = -\frac{100}{9}x + \frac{20}{3}$ (h) $-1{,}11976; y = -1{,}11976x + 2{,}05094$

(i) $-96, y = -96x - 144$ (j) $135, y = 135x - 729$

(k) $-2, y = -2x + 1$ (l) $-7, y = 10 - 7x$

2. (a) –1 und fallend; 15 und steigend

(b) 12 und steigend; 0 und stationär; 3 steigend

(c) –7 und fallend; –3,25 und fallend

(d) –1,21837 und fallend; 1,11679 und steigend; lokales Minimum in $[x_1, x_2]$

**Übung 6C**

1. 64,44 km/h

Zu- und Abfahrt zur, bzw. von der Autobahn, Straßenarbeiten auf der M1, Tankaufenthalt(e), .....

2. 1,15msec$^{-2}$

3. (a) 35 msec$^{-1}$ (b) 25 msec$^{-1}$ (c) 17,5 msec$^{-1}$

(b) 40 msec$^{-1}$, 30 msec$^{-1}$, 20 msec$^{-1}$, 10 msec$^{-1}$, 0 msec$^{-1}$ (der Stein steht still)

(c) zu allen Zeitpunkten –10 msec$^{-2}$, die Beschleunigung ist senkrecht nach unten gerichtet

4. 1,41 Fische/Sekunde; 0,67 Fische/Sekunde

5. $\frac{dA}{dr} = 2\pi r$

6. (a)

| $x_1$ | $f(x_1)$ | $\Delta f(x)$ | mittlere Änderungsrate zwischen $x = 1{,}5$ und $x_1$ |
|---|---|---|---|
| 1,7 | 7,87 | 1,12 | 5,6 |
| 1,6 | 7,28 | 0,53 | 5,30 |
| 1,55 | 7,0075 | 0,2575 | 5,15 |
| 1,51 | 6,80030 | 0,0502999 | 5,02999 |
| 1,501 | 6,75500 | 0,05 | 5 |
| 1,5001 | 6,7505 | 0,0005 | 5 |

Die momentante Änderungsrate für $f$ an der Stelle $x = 1{,}5$ ist 5.

(b) $\frac{df}{dx} = 5$

7.

| $r_1$ | $p(r_1)$ | $\Delta p(r)$ | mittlere Änderungsrate zwischen $r_0 = 2$ und $r_1$ |
|---|---|---|---|
| 2,2 | 4,78181 | 0,78181 | 3,90905 |
| 2,1 | 4,39523 | 0,39523 | 3,95229 |
| 2,01 | 4,03995 | 0,03995 | 3,995 |
| 2,001 | 4,00399 | 0,00399 | 3,99 |
| 2,0001 | 4,0004 | 0,0004 | 4 |

Die momentante Änderungsrate für $p$ an der Stelle $r = 2$ ist 4.

**Übung 6D**

1. (a) $2x$ (b) $1$ (c) $6x - 4$ (d) $10x + 2$
   (e) $3x^2$ (f) $6x^2 + 3$ (g) $-\frac{1}{x^2}$ (h) $0$

2. $g'(t) = \lim\limits_{h \to 0} \frac{g(t+h) - g(t)}{h}$
   (a) $1$ (b) $6t - 4$ (c) $15t^2 - 6$ (d) $0$

## Übung 6E

1. (a) (0/–12) Minimum
   (b) (0/9) Maximum
   (c) (–1,25/–6,125) Minimum
   (d) (–0,167/2,083) Maximum
   (e) (0/3) Wendepunkt
   (f) (–0,0972/5,049) Maximum
   (3,431/–16,9) Minimum
   (g) (–0,76929/10,8765) Maximum
   (h) (–1/–4) Maximum; (1/0) Minimum

2. (e) (0/3)
   (f) (1,67/–5,926)
   (g) (0,1835/2,7542); (1,8165/–10,3097)

## Übung 6F

1. (a) $6x$
   (b) $-12x + 100x^3 - 30x^4$
   (c) $2 + \frac{1}{4}x^{-\frac{3}{2}} + \frac{5}{16}x^{-\frac{9}{4}}$
   (d) $\frac{2}{x^3}$
   (e) $-\frac{1}{2}x^{-\frac{3}{2}} + 6x$
   (f) $8 - 210x^4$
   (g) 8
   (h) 0
   (i) $-\frac{1}{4}t^{-\frac{3}{2}} + \frac{3}{8}t^{-\frac{7}{4}} - \frac{4}{3}t^{-\frac{7}{3}}$
   (j) $n(n-1)x^{n-2}$

3. (a) $20x^3 - 24x^2$; $60x^2 - 48x$; $120x - 48$
   (b) $-12x + 100x^3 - 30x^4$; $-12 + 300x^2 - 120x^3$; $600x - 360x^2$
   (c) $\frac{2}{x^3}, -\frac{6}{x^4}, \frac{24}{x^5}$
   (d) $-\frac{1}{4}t^{-\frac{3}{2}} - 12t$; $\frac{3}{8}t^{-\frac{5}{2}} - 12$; $-\frac{15}{16}t^{-\frac{7}{2}}$

## Übung 6G

(a) Minimum in (0/–11)
(b) Wendepunkt in (1/7)
(c) Minimum in (0,382/–1), Maximum in (1,5/0,5625), Minimum in (2,618/–1)
(d) Minimum in (1,42264/0,385), Maximum in (2,57735/–0,385)
(e) Maximum in (1/2), Minimum in (–1/–2)
(f) kein Extremwert vorhanden

**Übung 6H**

1. 1 m
2. Basisradius = 1,3365 m; Höhe = 2,673 m; Oberfläche = 33,7m$^2$
3. $S = x + y$ ist ein Minimum (bei $xy = k$) bei $x = y = \sqrt{k}$.
   Für $k = 10^{-4}$ ergibt sich $x = y = 10^{-2}$ Kmol$^2$dm$^{-6}$
4. (a) $v = \frac{1}{3}\sqrt{\frac{3T}{a}}$
5. 800 m$^2$
7. 8 cm
8. $\frac{20}{3}$ cm

**Übung 6I**

1. (a) $4e^{4x}$, $16e^{4x}$ (b) $-7e^{-7x}$, $49e^{-7x}$
   (c) $2e^{0,5x}$, $e^{0,5x}$ (d) $-2{,}6e^{-1,3x}$; $3{,}38e^{-1,3x}$
   (e) $\frac{1}{x}, -\frac{1}{x^2}$ (f) $\frac{3}{x}, -\frac{3}{x^2}$
   (g) $\pi \cos \pi x; -\pi^2 \sin \pi x$ (h) $2\cos 2x; -4\sin 2x$
   (i) $13{,}02\cos 3{,}1x; -40{,}362\sin 3{,}1x$ (j) $-4\sin 4x; -16\cos 4x$
   (k) $-0{,}2\sin 0{,}2x; -0{,}04\cos 0{,}2x$ (l) $-3\pi\sin 2\pi x; -6\pi^2\cos 2\pi x$
   (m) $0{,}03e^{0,1x} - 0{,}35\cos 0{,}5x; 0{,}003e^{0,1x} + 0{,}175\sin 0{,}5x$
   (n) $-12\sin 3x - 12\cos 4x; -36\cos 3x + 48\sin 4x$
   (o) $-0{,}1e^{-0,1x} + 0{,}1e^{0,1x}$; $0{,}01e^{-0,1x} + 0{,}01e^{0,1x}$
   (p) $\frac{1}{x} - \frac{6}{x} = -\frac{5}{x}; \frac{5}{x^2}$
2. (a) $y = -5{,}98x + 3{,}134$ (b) $y = x - 1$
   (c) $y = 7{,}389x - 7{,}389$ (d) $y = -0{,}1x + 0{,}4$
4. (a) $-500$°Csec$^{-1}$ (b) $-3{,}37$°Csec$^{-1}$
5. $\frac{dP}{dt} = -9{,}03e^{-2,1t}$
6. (a) 0,21 msec$^{-1}$; 0,16 msec$^{-1}$ (b) 0 msec$^{-2}$; $-0{,}0947$ msec$^{-2}$

## Übung 6J

1. (a) $e^{2x}\left(2\sqrt{x}+\dfrac{1}{2\sqrt{x}}\right)$ (b) $e^{3x}\,(3x^2+2x)$

(c) $x^4\,e^{-2x}\,(5-2x)$ (d) $2x\cos 2x+\sin 2x$

(e) $\dfrac{\cos \pi x}{2\sqrt{x}}-\pi\sqrt{x}\,\sin \pi x$ (f) $e^{3x}\,(15x^3+15x^2)=15x^2e^{3x}\,(x+1)$

(g) $\sec^2 x=\tan^2 x+1$ (h) $1+\ln x$

(i) $\dfrac{2x\cos 2x-2\sin 2x}{x^3}$ (j) $\dfrac{e^{-3x}\,(1-6x)}{2\sqrt{x}}$

(k) $\dfrac{-3\sin 2x\sin 3x-2\cos 3x\cos 2x}{\sin^2 2x}$ (l) $\dfrac{2e^{2x}\,(x-1)-2e^{-2x}\,(x+1)}{x^3}$

(m) $15(3x-1)^4$ (n) $2\,(4x+1)^{-\frac{1}{2}}$

(o) $-\pi\sin(\pi x-3)$ (p) $2xe^{x^2}$

(q) $\dfrac{2x}{x^2+1}$ (r) $-2\tan 2x$

(s) $0$ (t) $e^{-2x}\,[3x^2\cos 3x+2x\sin 3x(1-x)]$

(u) $12\sin(1-4x)$ (v) $\dfrac{3(6x^2-1)^2\,(6x^2+1)}{x^4}$

(w) $e^{5x}\,(0{,}7\cos 0{,}7x+5\sin 0{,}7x)$ (x) $\dfrac{2}{x}$

(y) $\sec x\,\tan x$ (z) $-2\,(4x+1)^{-\frac{3}{2}}$

2. (a) Minimum bei (0,7937/1,88988) (b) keiner

(c) Minimum bei (0/0) (d) keiner

(e) Maximum bei $t=n\pi+0{,}294$, $n=0,\pm1,\pm2,\ldots\ldots$
Minimum bei $t=n\pi+1{,}865$, $n=0,\pm1,\pm2,\ldots\ldots$

(f) keiner

(g) keiner

(h) Wendepunkte mit waagrechten Tangenten an den Stellen $n\pi$

3. (c) 1,15 rad = 65,9°

4. (a) 9 cm (b) 1 sec (c) Zunahme mit 1 $cmsec^{-1}$ (d) 12 cm

5. (a) (–2/3) Maximum; (2/0,33) Minimum

(b) $x = 2n\pi - \frac{\pi}{4}$, Minimum

$y = \pm 2,33$

$x = 2n\pi + \frac{3\pi}{4}$, Maximum

(c) $x = 2\pi n \pm \pi$, Wendepunkte

(d) $x = n\pi + \frac{\pi}{4}$; Maximum für $n$ = gerade und Minimum für $n$ = ungerade

6. (a) $X = R$

**Übung 7A**

1. Für die Schätzungen werden die Intervallmitten verwendet. Die genauen Werte stehen in Klammern.

(a) 8,9775 (9) (b) 3,74625 (4)

(c) 0,500228 (0,5) (d) 3,59660 (3,69328)

2. (a) $\int_0^3 x^2\,dx$ (b) $\int_1^2 x^3\,dx$

(c) $\int_0^{\frac{\pi}{3}} \sin x\,dx$ (d) $\int_{-1}^3 e^{-2x}\,dx$

3. (b) 2,37 m (bei Verwendung von Trapezen in 10 Teilintervallen)

4. (a) 12,92 Meilen

(b) Indem man die Geschwindigkeit in kürzeren Zeitabständen notiert.

**Übung 7B**

1. (a) $x^4 + c$ (b) $\frac{1}{2}x^6 + c$ (c) $\frac{2}{3}x^{\frac{3}{2}} + c$

(d) $\frac{13}{3}x^3 - \frac{7}{4}x^4 + c$ (e) $\frac{1}{2}x^6 + \frac{1}{2}x^4 - \frac{1}{2}x^2 + 4x + c$

(f) $6x + \frac{3}{2}x^2 - \frac{2}{3}x^3 + c$ (g) $\frac{16}{3}x^3 + 8x^2 + 4x + c$

(h) $\frac{x^3}{3} - x^2 + x + c$ (i) $-\frac{1}{x} + c$ (j) $\frac{1}{0{,}3}x^{0{,}3} + c$

(k) $-\frac{1{,}7}{1{,}3}x^{-1{,}3} + c$ (l) $3\ln x + c$ (m) $-x^{-5} - 3x^{-1} + c$

(n) $\frac{2}{1{,}3}x^{1{,}3} + \ln x + c$ (o) $\frac{1}{2}x^{18} - \frac{2}{5}x^5 - 3x^{-1} + c$

2. (a) $\frac{1}{2}e^{2x} + c$ (b) $-\frac{1}{5}e^{-5x} + c$ (c) $10e^{0{,}1x} + c$

(d) $\frac{3}{4}e^{4x} + c$ (e) $e^{6x} + c$ (f) $1{,}8e^{-0{,}5x} + c$

(g) $\frac{4}{3}e^{3x} + \frac{3}{2}e^{-2x} + c$ (h) $\frac{0{,}6}{3{,}1}e^{3{,}1x} + 3e^{-0{,}3x} + c$

3. (a) $-\frac{1}{5}\cos 5x + c$ (b) $\frac{2}{3}\sin 1{,}5x + c$

(c) $-\frac{4}{3}\cos 3x + c$ (d) $-\frac{3}{2}\cos 2x - \frac{2}{3}\sin 3x + c$

(e) $-\frac{2}{\pi}\cos \pi x + c$ (f) $\frac{1}{2\pi}\sin 3\pi x + c$

(g) $-\frac{2}{\omega}\cos \omega x + c$ (h) $\frac{1{,}5}{7}\sin 7x - 0{,}15\cos 2x + c$

(i) $10e^{0{,}1x} - \frac{2}{\pi}\cos \pi x + c$ (j) $x^3 - 7e^{-0{,}6x} + \frac{10}{9}\sin 0{,}9x + c$

(k) $\frac{1}{3}\ln x - 0{,}1\cos 5x + c$

4. (a) $\frac{7}{3}$ (b) 7,5 (c) $\frac{26}{3}$

(d) $\frac{2}{3}(e^3 - 1) \approx 12{,}7236$ (e) 17,301 (f) 10,0668

(g) 2 (h) 1 (l) 12,4109

5. (a) $\frac{13}{15}$ (b) $2$

(c) $\frac{1}{2}\left(e^{-2}-e^{-6}\right)$ (d) $2e^2-4$

6. (a) $\frac{x^3}{3}-\frac{3x^2}{2}+2x+c$ (b) $\frac{x^4}{4}+\frac{2x^3}{3}+c$

(c) $-\frac{1}{2x^2}-\frac{1}{x}+c$ (d) $\frac{x^3}{3}-\frac{1}{x}+c$

(e) $-ax^{-1}+bx+c$ (f) $\frac{ax^3}{3}+\frac{bx^2}{2}+cx+d$

7. $y=2x+x^2-\frac{x^3}{3}-\frac{5}{3}$

8. $y=x+\frac{x^3}{3}+1$

9. (a) $\frac{t^3}{3}+c$ (b) $\frac{3t^2}{2}+t+c$ (c) $\frac{t^4}{4}+\frac{2t^3}{3}+c$

(d) $-\frac{1}{t}+c$ (e) $\frac{5t^8}{8}+t^4-\ln t+c$ (f) $\frac{t^3}{3}-t^2+t+c$

(g) $\frac{at^3}{3}+\frac{bt^2}{2}+ct+d$ (h) $\frac{1}{2}e^{2t}+c$ (i) $20e^{0,1t}+c$

(j) $-\frac{2}{\pi}\cos\pi t+c$ (k) $\ln t+c$ (l) $50\sin 0,1t+c$

(m) $-\cos t+\sin t+c$ (n) $-\frac{1}{v}+c$ (o) $2p^{\frac{1}{2}}+c$

(p) $\frac{u^3}{3}+\frac{3u^2}{2}+8u+c$ (q) $\ln w+c$ (r) $\frac{e^{2u}}{2}+c$

(s) $\frac{2}{3}y^{\frac{3}{2}}+c$

10. (a) $v=\frac{t^3}{3}+2$ (b) $v=\frac{t^2}{2}+t-\frac{1}{2}$ (c) $v=3\sin t+c$

11. (a) $V = mgx + c$ (b) $= \frac{k}{2}x^2 - k\,L\,x + c$

**Übung 7C**

2. (a) $\frac{16}{3}$ (b) $\frac{11}{12}$ (c) 2 (d) $\frac{118}{3}$

3. (a) –4; die Fläche zwischen $y = x - 2$, $y = 0$, $x = 1$ und $x = -1$ ist 4

   (b) 2ln2; die Fläche begrenzt von $y = \frac{1}{x}$, $y = 0$, $x = 0{,}5$ und $x = 2$ ist 1,3863

   (c) $\frac{2}{3}$; bedeutet keine Fläche, da der Integrand im Integrationsintervall das Vorzeichen wechselt

   (d) $2(e^1 - e^{-1})$; Fläche zwischen $y = 2e^{-x}$, $y = 0$, $x = -1$ und $x = 1$ ist 4,7008

   (e) 0; kein Flächeninhalt, das $y = \sin x$ bei $x = 0$ das Vorzeichen wechselt

   (f) $1 - 3e^{-1}$; keine Fläche, da bei $x = \ln 1{,}5$ ein Vorzeichenwechsel eintritt.

4. (a) $A = 15$; $\int_{-3}^{3} f(x)\,dx = 15$

   (b) $A = 15$; $\int_{-3}^{3} f(x)\,dx = 0$

   (c) $A = 5{,}4$; $\int_0^1 f(x)\,dx = 2{,}7$; $\int_1^2 f(x)\,dx = -2{,}7$; $\int_0^2 f(x)\,dx = 0$

## Übung 7D

1. (a) $x^4 - \frac{x^2}{2} + c$ (b) $\frac{2}{3}(x-1)^{\frac{3}{2}} + c$ (c) $-\frac{1}{2}\cos(2x+1) + c$

(d) $\frac{2}{3}\ln(3x+2) + c$ (e) $\frac{1}{10}\ln(5x^2-2) + c$ (f) $\frac{1}{2}e^{2x+1} + c$

(g) $\frac{1}{16}(4x+1)^4 + c$ (h) $-\frac{1}{1+x} + c$ (i) $\frac{1}{5}\ln(5x-3) + c$

(j) $\frac{1}{2}e^{x^2} + c$ (k) $\frac{1}{1,3}(1+x)^{1,3} + c$ (l) $-\ln(\cos x) + c$

(m) $\frac{2}{3}(x^2+x+3)^{1,5} + c$ (n) $\ln(x^2+3x-5) + c$ (o) $\frac{1}{24}(4t-11)^6 + c$

(p) $\frac{1}{2(3-2r)} + c$ (q) $\frac{1}{2}\sin(2y+\pi) + c$ (r) $\frac{1}{2}\ln(1+t^2) + c$

(s) $-\frac{\cos^3\theta}{3} + c$ (t) $\frac{\sin^5 2\theta}{10} + c$

2. (a) $-\frac{1}{3}$ (b) $\frac{\ln 6}{5}$ (0,3584)

(c) $\frac{1}{2}\ln\frac{5}{3}$ (0,2554) (d) $\frac{5\sqrt{5}-1}{3}$ (3,3934)

(e) $\frac{2}{3}\ln 3$ (0,7324) (f) $\frac{1}{2}(e^1 - 1)$ (0,8591)

(g) $\frac{1}{3}(e^1 - e^{-8})$ (0,9060) (h) 34

## Übung 7E

(a) $\frac{1}{2}\arcsin 2x + c$ (b) $\frac{1}{2}\arctan 2t + c$

(c) $\arcsin\frac{x}{3} + c$ (d) $\frac{1}{3}\arctan 3x + c$

(e) $\frac{\pi}{6} \approx 0,5236$ (f) $\frac{\pi}{4} \approx 0,7854$

**Übung 7F**

(a) $-x\cos x + \sin x + c$

(b) $x\,e^x - e^x + c$

(c) $\frac{1}{2}x^2 e^{2x} - \frac{1}{2}x e^{2x} + \frac{1}{4}e^{2x} + c$

(d) $-\frac{1}{3}x\cos 3x + \frac{1}{9}\sin 3x + c$

(e) $t^2 e^t - 2te^t + 2e^t + c$

(f) $\frac{1}{2}x^2 \ln x - \frac{x^2}{4} + c$

(g) $x\ln x - x + c$

2. (a) 1 (b) –0,5 (c) 8,6328 (d) 0,1905

(e) $\frac{1+e^{\frac{\pi}{2}}}{2} \approx 2{,}9052$

(f) $\frac{3}{13}(e^{-\frac{2\pi}{3}} + 1) \approx 0{,}2592$

**Übung 7G**

(a) $\ln(x-1) - \ln(x+1) + c$

(b) $\frac{1}{5}\ln(2x-1) - \frac{1}{5}(x+2) + c$

(c) $\frac{5}{4}\ln(x-3) - \frac{5}{4}\ln(x+1) + c$

(d) $3\ln(t-3) - 3\ln(t-2) + c$

(e) $\frac{1}{4}\ln(2v-1) + \frac{1}{4}\ln(2v+3) + c$

(f) $5\ln 5 + 3\ln 3 - 16\ln 2$ (0,2527)

(g) $\frac{23}{6}\ln(x+3) - \frac{3}{2}\ln(x-1) - \frac{1}{3}\ln x + c$

(h) $\frac{5}{4}\ln 2 - \frac{3\pi}{8}$ (–0,3117)

(i) $\frac{2}{\sqrt{19}}\arctan\frac{2x-9}{\sqrt{19}}$

(j) $\ln 3 - 2\ln 2 + 0{,}5$ (0,2123)

**Übung 7H**

(a) $\frac{1}{2}\sin^2 x + c$ oder $-\frac{1}{2}\cos^2 x + c$ oder $-\frac{1}{4}\cos 2x + c$

(b) $\ln(x^3 - 3) + c$

(c) $\frac{1}{2}e^{2x} + \frac{1}{4}\cos 4x + c$

(d) 2

(e) $-\frac{x\sin 2x}{4} + \frac{\cos 2x}{4} + \frac{x^2}{4} + c$

(f) $\frac{1}{2}\arctan\frac{1}{2}$ (0,2318)

(g) $\frac{\ln 3}{4}$ (0,2747)

(h) $\frac{1}{2}\ln(4+t^2)+c$

(i) $\frac{1}{8}(e^4-1)$ (6,70)

(j) $\ln(t-2)-\ln(t+3)+c$

(k) $\frac{u^2}{2}+2\ln u+c$

(l) $\frac{1}{2}\arcsin v+\frac{v\sqrt{1-v^2}}{2}+c$

(m) $\frac{u^5}{5}+\frac{u^3}{3}+c$

(n) $\frac{1}{4}(e^7-e^{-1})$ (274,07)

(o) $(2-u^2)\cos u+2u\sin u+c$

(p) $\frac{1}{3}t\,e^{3t}-\frac{1}{9}e^{3t}+c$

2. 875 Meter

3. $T=\frac{k}{2(2T+3)}+T_0$ ; dabei ist $k$ eine Proportionalitätskonstante und $T_0$ ist die Integrationskonstante.

4. $=\frac{15}{2}x^2-20x+c$

5. $y=\ln(x-2)-\ln(x-1)+1-\ln 2$

6. Gesamtfläche = 16,5

7. Fläche $A-\frac{1}{6}$

8. 26,3856 (bei Verwendung der rechten Intervallenden)

9. (a) $A=0{,}5$ (b) $\int_1^2 2x-3\,dx=0$

10. $t=0{,}5919\frac{u}{g}$

11. $H=0{,}4472$

## Übung 8A

(a) 1,89549; 0, –1,89549 (b) –2,1663

(c) 1,85722; 4,5364 (d) 0,7391

(e) –1; 1,3532 (f) 0,5671

2. (a) 2,1544 (b) 1,5157 (c) –1,5850; 1,5850

3. Die Methode konvergiert nicht an den Stellen $x = -1$ und $x = 1$

4. Maximum in (0,1444/1,0719) und Minimum in (3,2617/–16,4608)

5. $K = 0{,}1594$

## Übung 8B

1. (a) $1 + x + \frac{x^2}{2}$ (b) $1 - \frac{x^2}{2} + \frac{x^4}{24}$ (c) $x^2 - \frac{x^6}{6} + \frac{x^{10}}{120}$

(d) $1 - x + x^2$ (e) $x + \frac{x^3}{3} + \frac{2x^5}{15}$ (f) $1 - \frac{x}{2} - \frac{x^2}{8}$

(g) $-\frac{x^2}{2} - \frac{x^4}{12} - \frac{x^6}{45}$ (h) $1 + x^2 + \frac{x^4}{2}$

## Übung 8C

1. (a) $0{,}5 - 0{,}866\left(x - \frac{\pi}{3}\right) - 0{,}25\left(x - \frac{\pi}{3}\right)^2$

(b) $1 + 2\left(x - \frac{\pi}{4}\right) + 2\left(x - \frac{\pi}{4}\right)^2$ (c) $1 - (x-1) + (x-1)^2$

2. (a) $2x - \frac{4}{3}x^3 + \frac{4}{15}x^5$ (b) $3x - \frac{9}{2}x^3 + \frac{81}{40}x^5$

3. (b) $-\frac{x^2}{2} - \frac{x^4}{12} - \frac{x^6}{45} - \frac{17x^8}{2520} - \frac{31x^{10}}{14175}$ (c) –0,05003

4. 1,4408

5. 1,4618

**Übung 8D**

1. (a) Trapezregel: 2,9814 Simpson: 2,9247
   (b) Trapezregel: 1,5656 Simpson: 1,5708
   (c) Trapezregel: 0,4058 Simpson: 0,4055

2. (a) 0,746546 (b) 0,746528 (c) 0,746526
   Der gesuchte Wert ist auf 4 Dezimalstellen genau 0,7465

3. 0,845 (mit 32 Teilintervallen)

4. Trapezregel: 8,81 Simpson: 8,83

6. die Integrale (c) und (d) existieren nicht.

**Übung 9A**

1. (a) $I$ sei die Stromstärke (in Milliampere) zur Zeit $t$ (in Sekunden):
   $$\frac{dI}{dt} = -\frac{I}{80}$$
   (b) $T$ sei die Temperatur (°C) zum Zeitpunkt $t$ (in Minuten):
   $$\frac{dT}{dt} = -\frac{4}{45}(T-45)$$
   (c) $h$ sei der Wasserstand (Meter) zum Zeitpunkt $t$ (Stunden):
   $$\frac{dh}{dt} = -\frac{1}{35}(1+2h)$$
   (d) $m$ sei die abgeschiedene Masse (Gramm) zum Zeitpunkt $t$ (Sekunden):
   $$\frac{dm}{dt} = k\,m(20-m)$$

2. Es bedarf $\pi$ Sekunden, daß sich der Radius von 20 cm auf 15 cm reduziert.

3. Nehmen Sie an, daß die Temperaturänderung proportional ist zur Differenz der Temperaturen der Flasche und des Raums. Dann gilt:
   $$\frac{dT}{dt} = k\,(22-T)$$

4. $\dfrac{dh}{dt} = \dfrac{4{,}8}{\pi h^2}$

## Übung 9B

1. (a) $y = Ae^x$ (b) $y = Ae^{\frac{1}{2}x^2}$ (c) $y = Ae^{\frac{1}{4}x^4}$

2. (a) $m = Ae^{-5t}$ (b) $m = 10e^{-5t}$

3. (a) $y = \dfrac{10}{1 - 10\ln x}$ (b) $y = \dfrac{6}{3 - 2x^3}$ (c) $y = \sqrt{100 + \dfrac{2x^3}{3}}$

4. $\dfrac{\ln 2}{5}$ Minuten

5. (a) $y = \ln\left(e^{10} + \dfrac{1}{2} - \dfrac{\cos 2x}{2}\right)$ (b) $y = -\ln\left(\dfrac{3 - ex^3}{3e}\right)$

   (c) $y = \sqrt{2e^x + 2}$

6. (a) $y = \dfrac{2\left(Ae^{\frac{4x^3}{3}} + 1\right)}{1 - Ae^{\frac{4x^3}{3}}}$ (b) $y = A(x-2) - 2$

   (c) $y = \dfrac{Ae^{\frac{x^3}{3}}}{1 - Ae^{\frac{x^3}{3}}}$

7. $v = \dfrac{1}{1{,}025e^{0{,}2t} - 1}$

8. (a) und (b)

## Übung 9C

1. Euler: $\theta(6) \approx 114{,}954$; relativer Fehler: 7,7%
2. Euler: $y(3{,}7) \approx 86{,}8358$; exakt: 82,0900; relativer Fehler: 5,8%
3. Euler: $y(0{,}3) \approx 1{,}0304$; exakt: 1,04712; relativer Fehler: 1,6%
4. 8,85957

**Übung 10A**

1.

| | $z$ | Re($z$) | Im($z$) | $z^*$ |
|---|---|---|---|---|
| (a) | $2-3i$ | 2 | $-3$ | $2+3i$ |
| (b) | $6+2i$ | 6 | 2 | $6-2i$ |
| (c) | $1{,}73-2{,}19i$ | 1,73 | $-2{,}19$ | $1{,}73+2{,}19$ |
| (d) | $1{,}7+4{,}6i$ | 1,7 | 4,6 | $1{,}7-4{,}6i$ |
| (e) | $-5{,}17+1{,}03i$ | $-5{,}17$ | 1,03 | $-5{,}17-1{,}03i$ |
| (f) | $-4i$ | 0 | $-4$ | $+4i$ |
| (g) | $17i$ | 0 | 17 | $-17i$ |
| (h) | $x-yi$ | $x$ | $-y$ | $x+yi$ |
| (i) | $-p+qi$ | $-p$ | $q$ | $-p-qi$ |

2. (a) $x_1=-1+i\sqrt{2},\ x_2=-1-i\sqrt{2}$

(b) $x_1=3i,\ x_2=-3i$

(c) $x_1=\frac{1}{4}+\frac{i\sqrt{7}}{4},\ x_2=\frac{1}{4}-\frac{i\sqrt{7}}{4}$

(d) $x_1=-\frac{1}{3}+\frac{i\sqrt{5}}{3},\ x_2=-\frac{1}{3}-\frac{i\sqrt{5}}{3}$

4. (a) $x^2-4x+13=0$ (b) $100x^2-40x+29=0$

(c) $x^2-6x+34=0$ (d) $x^2-2ax+(a^2+b^2)=0$

**Übung 10B**

1. (a) Betrag = 1, Argument = $\frac{\pi}{2}$, Polarform: $\cos\frac{\pi}{2}+i\sin\frac{\pi}{2}$

(b) Betrag = $\sqrt{2}$, Argument = $\frac{\pi}{4}$, Polarform: $\sqrt{2}\left(\cos\frac{\pi}{4}+i\sin\frac{\pi}{4}\right)$

(c) Betrag = $\sqrt{13}$, Argument = $-0{,}983$, Polarform: $\sqrt{13}\,(\cos 0{,}983-i\sin 0{,}983)$

(d) Betrag = $\sqrt{17}$, Argument = –1,816, Polarform: $\sqrt{17}\,(\cos 1{,}816 - i \sin 1{,}816)$

(e) Betrag = 5, Argument = –2,214, Polarform: $5(\cos 2{,}214 - i \sin 2{,}214)$

(f) Betrag = 13, Argument =1,966, Polarform: $13(\cos 1{,}966 + i \sin 1{,}966)$

(g) Betrag = 1, Argument = 0, Polarform: $1(\cos 0 + i \sin 0)$

(h) Betrag = 3, Argument = $-\frac{\pi}{2}$, Polarform: $3\left(\cos\frac{\pi}{2} - i \sin\frac{\pi}{2}\right)$

(i) Betrag = 4, Argument = π, Polarform: $4\,(\cos\pi - i \sin\pi)$

(j) Betrag = 2, Argument = –1,047, Polarform: $2\,(\cos 1{,}047 - i \sin 1{,}047)$

(k) Betrag = 2, Argument = –2,094, Polarform: $2\,(\cos 2{,}094 - i \sin 2{,}094)$

(l) Betrag = 6,35, Argument = –1,36, Polarform: $6{,}35\,(\cos 1{,}36 - i \sin 1{,}36)$

2. (a) $x_1 = -1 + i,\ x_2 = -1 - i$

$$x_1 = \sqrt{2}\left(\cos\frac{3\pi}{4} + i\sin\frac{3\pi}{4}\right),\quad x_2 = \sqrt{2}\left(\cos\frac{3\pi}{4} - i\sin\frac{3\pi}{4}\right)$$

(b) $x_1 = i\sqrt{8},\ x_2 = -i\sqrt{8}$

$$x_1 = \sqrt{8}\left(\cos\frac{\pi}{2} + i\sin\frac{\pi}{2}\right),\quad x_2 = \sqrt{8}\left(\cos\frac{\pi}{2} - i\sin\frac{\pi}{2}\right)$$

3. (a) 5 (b) –0,927 (c) 5,099

(d) 9,19 (e) –1,96 (f) 111,803

**Übung 10C**

1. (a) $3 + 5i, -3 - 3i, -4 + 3i, \frac{4 + 3i}{25}, -1, -6 - 5i$

(b) $-2 + 3i, -4 + 5i, 1 + 7i, \frac{-7+i}{2}, -7 - 24i, -11 + 14i$

(c) $2, 2i, 2, i, 2i, 1 + 5i$

(d) $-5 - 3i, -7 + i, -8 + 11i, \frac{-4 - 13i}{5}, 35 + 12i, -20 + i$

(e) $8 + i, -2 + 3i, 17 + 7i, \frac{1+i}{2}, 5 + 12i, -1 + 8i$

(f) $2 + 8i, -8 - 16i, 33 - 56i, \dfrac{-63+16i}{169}, 7 + 24i, -19 - 36i$

2. (a) $2 - 3i$ (b) $3 + 2i$ (c) $\dfrac{3}{13} + \dfrac{2i}{13}$ (d) $\dfrac{3}{13} - \dfrac{2i}{13}$

4. (a) $a = 3\cos\theta, b = -3\sin\theta$

(b) $a = \dfrac{2\cos\theta + \sin\theta + 2}{2(\cos\theta + 1)}$; $b = \dfrac{-(\cos\theta - 2\sin\theta + 1)}{2(\cos\theta + 1)}$

5. $\mathrm{Re}(z) = \dfrac{1}{5}, \mathrm{Im}(z) = \dfrac{7}{5}$

6. (b) $\left|z^n\right| = |z|^n, \arg(z^n) = n\arg(z);\ z^n = r^n\ (\cos n\theta + i\sin n\theta)$

**Übung 10D**

1. (a) $5(\cos 0{,}927 + i\sin 0{,}927) = 5\,e^{0{,}927i}$

(b) $\sqrt{2}\left(\cos\dfrac{\pi}{4} - i\sin\dfrac{\pi}{4}\right) = \sqrt{2}\,e^{-\frac{\pi i}{4}}$

(c) $\cos\dfrac{5\pi}{6} - i\sin\dfrac{5\pi}{6} = e^{-\frac{5\pi i}{6}}$

(d) $13(\cos 1{,}176 - i\sin 1{,}176) = 13\,e^{-1{,}176i}$

(e) $2\sqrt{2}\left(\cos\dfrac{3\pi}{4} + i\sin\dfrac{3\pi}{4}\right) = 2\sqrt{2}\,e^{\frac{3\pi i}{4}}$

(f) $0{,}762(\cos 1{,}976 - i\sin 1{,}976) = 0{,}762\,e^{-1{,}976i}$

(g) $\dfrac{1}{5}(\cos 0{,}93 - i\sin 0{,}93) = \dfrac{e^{-0{,}93i}}{5}$

(h) $\dfrac{1}{\sqrt{5}}(\cos 1{,}11 - i\sin 1{,}11) = \dfrac{e^{-1{,}11i}}{\sqrt{5}}$

(i) $0{,}109\,(\cos 0{,}391 + i\sin 0{,}391) = 0{,}109\,e^{0{,}391i}$

2. (a) $-1$ (b) $3i$ (c) $-1$ (d) $1{,}53 + 1{,}29i$
   (e) $3{,}980 - 0{,}399i$ (f) $0{,}636 + 0{,}63i$

3. (a) Betrag = 4; Argument = $\frac{\pi}{2}$ (b) Betrag = 27; Argument = $\frac{\pi}{2}$
   (c) Betrag = 108; Argument = $\pi$ (d) Betrag = $\frac{4}{27}$; Argument = 0

4. (a) Betrag = 16; Argument = 1,4 (b) Betrag = 0,125; Argument = –0,3
   (c) Betrag = 2; Argument = 1,1 (d) Betrag = 128; Argument = 1,7

5. $5\,(\cos 0{,}927 - i \sin 0{,}927)$, $15265(\cos 0{,}719 + i \sin 0{,}719)$

6. $\sqrt{2}\left(\cos\frac{\pi}{4} + i \sin\frac{\pi}{4}\right)$, $64(\cos 3\pi + i \sin 3\pi) = -64$

7. $\cos 3\theta = \cos^3\theta - 3\sin^2\theta\cos\theta = 4\cos^3\theta - 3\cos\theta$
   $\sin 3\theta = 3\sin\theta\cos^2\theta - \sin^3\theta = 3\sin\theta - 4\sin^3\theta$

**Übung 10E**

| | | Quadratwurzeln | Kubikwurzeln |
|---|---|---|---|
| 1. | (a) | $1{,}09868 - 0{,}455089i$<br>$-1{,}09868 + 0{,}455089i$ | $1{,}08421 - 0{,}290514i$<br>$-0{,}290514 + 1{,}08421i$<br>$-0{,}793700 - 0{,}793700i$ |
| | (b) | $1{,}45534 + 0{,}343560i$<br>$-1{,}45534 - 0{,}343560i$ | $1{,}29207 + 0{,}201294i$<br>$-0{,}820363 + 1{,}01832i$<br>$-0{,}471711 - 1{,}21961i$ |
| | (c) | $1{,}22474 + 1{,}22474i$<br>$-1{,}22474 - 1{,}22474i$ | $1{,}24902 + 0{,}721124i$<br>$-1{,}24902 + 0{,}721124i$<br>$-1{,}442224i$ |
| | (d) | $2$<br>$-2$ | $1{,}58740$<br>$-0{,}793700 + 1{,}37472i$<br>$-0{,}793700 - 1{,}37472i$ |
| | (e) | $0{,}707106 + 1{,}22474i$<br>$-0{,}707106 - 1{,}22474i$ | $0{,}965155 + 1{,}09112i$<br>$-1{,}18393 - 1{,}09112i$<br>$0{,}218782 + 1{,}09112i$ |
| | (f) | $2 - 3i$<br>$-2 + 3i$ | $1{,}86444 - 1{,}43269i$<br>$0{,}308530 + 2{,}33100i$<br>$-2{,}17297 - 0{,}898307i$ |

2. (a) $2^{\frac{1}{5}}\left(\cos\frac{-\frac{\pi}{6}+2k\pi}{5}+i\sin\frac{-\frac{\pi}{6}+2k\pi}{5}\right)$, $k=0,1,2,3,4$

(b) $2^{\frac{2}{3}}\left(\cos\frac{\frac{\pi}{4}+2k\pi}{3}+i\sin\frac{\frac{\pi}{4}+2k\pi}{3}\right)^4=2^{\frac{2}{3}}\left(\cos\frac{\pi+8k\pi}{3}+i\sin\frac{\pi+8k\pi}{3}\right)$,

k = 0,1,2

(c) $5^{-\frac{2}{3}}\left(\cos\frac{2{,}214+2k\pi}{3}+i\sin\frac{2{,}214+2k\pi}{3}\right)^{-2}=$

$=5^{-\frac{2}{3}}\left(\cos\frac{4{,}428+4k\pi}{3}-i\sin\frac{4{,}428+4k\pi}{3}\right)$, $k=0,1,2$

(d) $\cos\frac{(2k+1)\pi}{6}+i\sin\frac{(2k+1)\pi}{6}$, k = 0,1,2,3,4,5

3. $-0{,}471711+1{,}21961i$ und $-0{,}820363-1{,}01832i$

4. (a) $1{,}21589+0{,}503639i$, $-0{,}503639+1{,}21589i$, $-1{,}21589-0{,}503639i$ und $0{,}503639-1{,}21589i$

(b) $1{,}11819-0{,}097829i$, $0{,}643817+0{,}919467i$, $-0{,}474372+1{,}01729i$, $-1{,}11819+0{,}97829i$, $-0{,}643817-0{,}919467i$, $0{,}474372-1{,}01729i$

## Übung 11A

(a) $\begin{pmatrix} 1 & -1 \\ 2 & 3 \end{pmatrix}\begin{pmatrix} x \\ y \end{pmatrix} = \begin{pmatrix} 4 \\ 1 \end{pmatrix}$

(b) $\begin{pmatrix} -2 & 1 \\ 1 & -1 \end{pmatrix}\begin{pmatrix} x \\ y \end{pmatrix} = \begin{pmatrix} -6 \\ 4 \end{pmatrix}$

(c) $\begin{pmatrix} 3 & -6 & 1 \\ -2 & 1 & -3 \\ 1 & 1 & 1 \end{pmatrix}\begin{pmatrix} x \\ y \\ z \end{pmatrix} = \begin{pmatrix} 7 \\ 2 \\ 0 \end{pmatrix}$

(d) $\begin{pmatrix} 4 & -1 & 1 \\ 3 & 1 & -2 \\ -1 & -4 & 1 \end{pmatrix}\begin{pmatrix} x_1 \\ x_2 \\ x_3 \end{pmatrix} = \begin{pmatrix} 1 \\ -3 \\ 5 \end{pmatrix}$

(e) $\begin{pmatrix} 1 & -3 & 1 & 4 & -1 \\ -1 & 0 & -4{,}1 & 0 & 2 \\ 0{,}3 & -0{,}7 & 0 & 4{,}1 & -1 \\ 1{,}4 & -1 & 0 & 3{,}1 & 0 \\ 3 & 1 & -1 & 2 & -1 \end{pmatrix}\begin{pmatrix} x_1 \\ x_2 \\ x_3 \\ x_4 \\ x_5 \end{pmatrix} = \begin{pmatrix} 0 \\ 1{,}3 \\ 2{,}7 \\ 0{,}4 \\ -3{,}5 \end{pmatrix}$

## Übung 11B

1. (a) $\begin{pmatrix} 1 & 5 & 5 \\ -1 & -2 & 3 \\ -1 & 2 & 2 \end{pmatrix}$ (b) unmöglich (c) $\begin{pmatrix} 0 & -3 & -9 \\ 3 & 0 & -6 \\ 0 & -3 & -6 \end{pmatrix}$

(d) $\begin{pmatrix} 1 & 1 \\ 1 & 1 \end{pmatrix}$ (e) $\begin{pmatrix} -1 & 1 \\ 1 & -1 \end{pmatrix}$ (f) $\begin{pmatrix} 2 & 5 & -5 \\ 3 & -4 & -4 \\ -2 & -1 & -6 \end{pmatrix}$

(g) unmöglich (h) $\begin{pmatrix} -1 & 2 & 1 \\ 1 & 3 & 0 \end{pmatrix}$ (i) unmöglich

(j) unmöglich (k) $\begin{pmatrix} -2 & -7 \\ -2 & -7 \\ -1 & -4 \end{pmatrix}$ (l) $\begin{pmatrix} 11 & 2 & 0 & 6 \\ 8 & -1 & -1 & 1 \\ 7 & 2 & 1 & 4 \end{pmatrix}$

(m) unmöglich (n) $\begin{pmatrix} 1 & -2 & 5 \\ -2 & -7 & 0 \end{pmatrix}$ (o) $\begin{pmatrix} 0 & 1 \\ 1 & 0 \end{pmatrix}$

(p) unmöglich (q) $\begin{pmatrix} 1 & 3 & 0 \\ -1 & 2 & 1 \end{pmatrix}$ (r) $\begin{pmatrix} 0 & 1 \\ 1 & 2 \\ -1 & -3 \end{pmatrix}$

2. $Bx = \begin{pmatrix} x_1 + 3x_2 \\ -x_1 + 2x_2 + x_3 \end{pmatrix}$ (b) $Cx = \begin{pmatrix} x_1 + 4x_2 + 2x_3 \\ -2x_2 + x_3 \\ -x_1 + x_2 \end{pmatrix}$ (c) $Ex = \begin{pmatrix} x_2 + 3x_3 \\ -x_1 + 2x_3 \\ x_2 + 2x_3 \end{pmatrix}$

3. (a) $\begin{pmatrix} -1 & -3 & 1 \\ -1 & 2 & 1 \\ 1 & 0 & 2 \end{pmatrix}$ (b) $\begin{pmatrix} -3 & -7 & 9 \\ -5 & 6 & 7 \\ 3 & 2 & 10 \end{pmatrix}$ (c) $\begin{pmatrix} \frac{1}{2} & 3 & 4 \\ -1 & -1 & \frac{5}{2} \\ -\frac{1}{2} & \frac{3}{2} & 2 \end{pmatrix}$

4. $a = 0, b = 0$

## Übung 11C

1. (a) $\begin{pmatrix} \frac{2}{17} & \frac{5}{17} \\ \frac{3}{17} & -\frac{1}{17} \end{pmatrix}$ (b) $\begin{pmatrix} 2 & -1 \\ \frac{1}{2} & 0 \end{pmatrix}$ (c) keine Inverse

   (d) $\begin{pmatrix} \frac{70}{61} & \frac{40}{61} \\ -\frac{100}{61} & \frac{30}{61} \end{pmatrix}$

2. (a) $x = \frac{9}{17}, y = \frac{5}{17}$ (b) $x = \frac{116}{61}, y = -\frac{96}{61}$

   (c) $x = 2, y = 3$ (d) $x = \frac{dr - bs}{ad - bc}, y = \frac{as - cr}{ad - bc}$

3. $x = \frac{19}{18}, y = -\frac{5}{6}, z = \frac{10}{9}$

4. $x_1 = -0{,}1$; $x_2 = -1{,}9$; $x_3 = 8$; $x_4 = 1{,}9$

# Index